D1550277

RACHEL ROSENZWEIG
SOLIDARITÄT MIT DEN LEIDENDEN IM JUDENTUM

STUDIA JUDAICA

FORSCHUNGEN ZUR WISSENSCHAFT
DES JUDENTUMS

HERAUSGEGEBEN VON
E. L. EHRLICH
BASEL

BAND X

WALTER DE GRUYTER · BERLIN · NEW YORK
1978

SOLIDARITÄT MIT DEN LEIDENDEN IM JUDENTUM

VON
RACHEL ROSENZWEIG

WALTER DE GRUYTER · BERLIN · NEW YORK
1978

Gedruckt mit Hilfe der Geschwister Boehringer Ingelheim Stiftung
für Geisteswissenschaften in Ingelheim am Rhein.
Übersetzung und Neubearbeitung des hebräischen Originals durch
die Verfasserin.

CIP-Kurztitelaufnahme der Deutschen Bibliothek

Rosenzweig, Rachel
Solidarität mit den Leidenden im Judentum.
– 1. Aufl. – Berlin, New York:
de Gruyter, 1977.
(Studia Judaica ; Bd. 10)
ISBN 3-11-005939-8

DEN DREIEN, DIE ICH NICHT GEKANNT HABE

EVA PIKOVA, dem jüdischen Kind, das 1943
mit 12 Jahren in Auschwitz ermordet wurde.

SIEGFRIED GUTH, meinem Vater, der 1943
mit 32 Jahren in Sizilien gefallen ist.

SOPHIE SCHOLL, dem deutschen Mädchen, das 1943
mit 22 Jahren in München hingerichtet wurde.

Nein, nein, mein Gott, wir woll'n noch leben,
du darfst nicht lichten unsre Reihn,
wir woll'n nach bessrem Morgen streben,
dann wird ja soviel Arbeit sein! (Eva Pikova)

* * *

Möge ich den Mut haben zu ändern,
    was zu ändern ist;
möge ich die Kraft haben, mich zu fügen
    in das, was nicht zu ändern ist;
und möge ich weise genug sein,
    zwischen beidem stündlich zu unterscheiden!

VORBEMERKUNGEN FÜR DEN DEUTSCHEN LESER

Volk und Mensch

ISRAEL ist eine Gemeinschaft, die durch ihr gemeinsames Geschick, ihr Bewußtsein von ihrer Aufgabe in der Welt und einer ihr eigenen Lebensorientierung zusammengeschweißt wurde. Was mit dem Namen „Israel", mit den poetischen Titeln ZION und KNESSET-ISRAEL, oder mit den Begriffen VOLK und GEMEINSCHAFT gemeint ist, umgreift viel mehr als eine Nation oder eine Religion. Was dieser Gemeinschaft vor allem bewußt sein muß, ist, daß sie vom EINZELNEN *(jaḥid)* abhängt. Grammatikalisch äußert sich das darin, daß das Verb, das Israels Tun oder Geschick bezeichnet, im Plural steht. Weil die gegenseitige Abhängigkeit und Verantwortung also bereits in der Sprache enthalten ist, muß diese Konstruktion zuweilen auch dem deutschen Leser zugemutet werden: „all ISRAEL BÜRGEN füreinander".

Dasselbe gilt für die Konstruktion „der Mensch und sein Anderer", „du und DEIN ANDERER" *(reᶜeka* oder *zulatka)*. Die Sprache weist den Weg ins Denken.

Lehre und Tradition

Die religiöse, juristische, ethische und philosophische Orientierung, die WEISUNG *(torah)*, weist dem Menschen den Weg, den er gehen muß, ‚damit er lebe' in dieser Welt und in dieser Zeit. Literarisch schlug sich die Weisung in den ersten fünf Büchern der Bibel nieder. Das fünfte, das von den Wissenschaftlern mit dem griechischen Fremdwort DEUTERONOMIUM („Wiederholung der Weisung") bezeichnet wird, zeigt bereits, wie Generation um Generation jene Lebensorientierung dem sich vertiefenden Wirklichkeitsverständnis gemäß korrigiert und klarer ins Bewußtsein gebracht wurde.

Wie die Bücher der Weisung in keine der modernen literarischen Kategorien passen, sondern alles umfassen, Geschichte und Gleichnis, Gesetz und Liturgie, Tröstung und Mahnung, so wurden im Lauf der Jahrhunderte noch viele Bücher verfaßt und schließlich in der BIBEL (dem sogenannten Alten Testament) redigiert. Weil das hebräische Denken, Gestalt geworden in der hebräischen Sprache, trotz Auschwitz „verdeutscht" wurde, nicht verenglischt und nicht verfranzösischt, sondern verdeutscht, so ist es natürlich, daß alle Zitate der Bibel (immer durch einfache Anführungszeichen ‚. . .' kenntlich gemacht) der BUBER-ROSENZWEIG-Bibel entnommen sind, es sei denn, daß eine Übersetzung, die ja trotz aller Treue immer nur einen Teil der Konnotationen des Orginalworts wiedergeben kann, in dem Kontext dieses Buches irreführend wäre.

Der Prozeß der steten Neubesinnung auf die Weisung zum Leben setzte sich auch nach der biblischen Zeit fort, und zwar lange Zeit als MÜNDLICHE LEHRE. Nach der Katastrophe von 135 n. d. Z. war es dann notwendig, zunächst einmal die normativen Teile, HALACHA („Gehen") genannt, zu fixieren. Die Alten nannten dies Werk auf hebräisch MISCHNA, was ebenfalls „Wiederholung der Weisung" bedeutet. Vieles zuerst Ausgeschiedene wurde später dennoch gesammelt und teils in einem Werk namens TOSEPHTA („Zusatz") redigiert, teils als BARAITA („draußen befindlich") in dazu passenden Kontexten der GEMARA untergebracht. Die Gemara („Vervollständigung") enthält die Diskussionen um die Mischna, aber auch all das umfangreiche Material an Geschichte und Geschichten, Exegesen und Paränesen, AGGADA („Erzählung") genannt, das Jahrhunderte lang von Vater zu Sohn tradiert wurde. Aus Mischna und Gemara wurde schließlich der TALMUD redigiert, der PALÄSTINENSISCHE im Land Israel ums Jahr 400 und der BABYLONISCHE in den GELEHRTENSCHULEN *(ješibot)* des neuen geistigen Zentrums im Exil ums Jahr 525.

Aber auch hier fand noch nicht alles Platz, und viele Traditionen und Interpretationen wurden als MIDRASCH („Auslegung") überliefert und gesammelt. Die frühen, mehr halachischen Midraschim sind als Auslegung zu den gesetzlichen Teilen der Weisung geordnet, die späteren, mehr aggadischen, bringen Deutungen zu fast allen biblischen Büchern oder bieten gar, wie die Krone der Midraschim, „Tanna de be Eliahu", freie Predigt und Erzählung.

Die Einzigartigen und der Eine

Wenn irgendetwas Israel zum EINZIGARTIGEN VOLK *('am segulah)* machte, so war es das Phänomen des EINZIGARTIGEN MENSCHEN *('iš segulah)*, von Mose angefangen, über die sogenannten PROPHETEN bis hin zu den WEISEN. Wie die Ersteren, so hatten auch die Letzteren zu verschiedenen Zeiten verschiedene Namen. Manche trugen den Titel RABBI oder RABBAN im Land Israel bzw. RAB in Babylonien („Meister"), weswegen die Zeit zwischen der ZWEITEN ZERSTÖRUNG (70 n. d. Z.) und dem Abschluß des Talmuds die RABBINISCHE ZEIT genannt wird. Sie waren ordiniert und lehrten im LEHRHAUS *(bet-ha-midraš)* oder hatten ein Amt im Richterkollegium, dem SANHEDRIN, oder in der Selbstverwaltung, dem PATRIARCHAT. Andre waren große Meister, ohne daß sie den Titel erlangten. Sie selber nannten sich meist „Weise" oder bescheidner WEISENSCHÜLER. Unter all diesen MÄNNERN DES GEISTES *(anše ha-ruaḥ)* gab es solche, die besondre Verantwortung auf sich nahmen. Ich nenne sie GESANDTE DER GEMEINSCHAFT *(šeliḥe ṣibbur)*.

Der im Bild des einzigartigen Gesandten geschaffene Eine GOTT änderte seinen Namen entsprechend den Bedürfnissen seines Volkes, von JHWH („Ich-Bin-Mit-Euch") zum HEILIGEN-GELOBT-SEI-ER bis zur SCHECHINA („Einwohnung"), die überallhin geht mit Israel ins Leid und immer bei Israel ist, auch wenn sie sündigen.

Gläubige Menschen mögen mir verzeihen, daß ich die Säkularisierung der Welt, der Geschichte und des menschlichen Lebens, mit der Mose und seinesgleichen begannen, und die Rabbi Jochanan ben Sakkai und seinesgleichen weiterführten, fortsetze. Es war Mose, der dem Volk Israel statt aller auf ihr eignes Prestige versessenen Götter einen Gott vor Augen stellte, der vom Menschen forderte, verantwortlich zu sein, verantwortlich für den Zusammenhang zwischen seinem Verhalten und seinem Geschick. Die Not der Menschheit, die Gefährdung Israels verlangen die maximale Ausnutzung unsres menschlichen Potentials. Daher tut es not zu leben, *etsi deus non daretur*, was ich von Bonhoeffers Botschaft vor seiner Hinrichtung 1945 und dem gelebten Beispiel meines Mannes Rafael gelernt habe. Mögen die Gläubigen in ihrem Glauben stark sein und kein Ärgernis daran nehmen, daß auch ich, wie Szczesny, meine, »mich der Ungläubigen annehmen zu müssen«. Um unser Leben und unsre Welt zu gestalten, bedürfen wir der Orientierung, zu welcher dieses Buch ein Beitrag sein soll.

Studium und Verwirklichung

Fünf Jahre sind vergangen, seitdem ich dieses Buch in seiner ersten, hebräischen, Gestalt als Doktorarbeit bei der Hebräischen Universität in Jerusalem eingereicht habe. Meine beiden Lehrer hatten ihr Teil dazu getan, Prof. Flusser mit seiner ansteckenden Begeisterung und Prof. Safrai mit seiner wohltuenden Sachlichkeit beim Korrigieren. Weil das Buch nach „Bewährung der Wahrheit im Leben" rief, um mit Franz Rosenzweig zu sprechen, nahm ich mir nicht die Zeit, für die Veröffentlichung des Buches zu sorgen. Es waren ein Jude und ein Christ, Ludwig Ehrlich in Basel und Reinhold Mayer in Tübingen, die mich mit dem deutschen Verlagsvertrag überraschten.

Möge zwischen meinem Buch und meinem Tun kein zu großer Abgrund sein.

Ramat-Hadar, Israel, am 25. Dezember 1976

Rachel Rosenzweig

DANKSAGUNG

Einige Menschen hatten einen entscheidenden Einfluß auf das Denken, das in dieser Arbeit zum Ausdruck kommt. Ich möchte die Gelegenheit nutzen, um ihnen zu danken.

Es war Dr. Reinhold Mayer, Lehrer an der Universität Tübingen, der die Schätze des Judentums vor mir aufgeschlossen und mich als erster gelehrt hat, mir meiner Verantwortung gegenüber Israels Schicksal bewußt zu werden. – Von ihm lernte ich auch, daß die Interpretation von Zeugnissen der Vergangenheit die Bedürfnisse der Gegenwart in Betracht ziehen muß.

Es war Franz Rosenzweig, welcher mich durch die Hinterlassenschaft seiner Briefe und Zeugnisse gelehrt hat, die Scheidewände zwischen den Menschen beiseitezuschieben und jeden Menschen so zu sehen, wie er zu sein bestimmt ist. – Meine Interpretationsmethode der Bibel fußt auf der seinen.

Es war Prof. David Flusser, Lehrer an der Universität Jerusalem, der mir half, eine neue Beziehung zu Jesus von Nazareth zu gewinnen und Mißverständnisse gegenüber seiner Persönlichkeit und seiner Lehre aufzuklären. – Ich danke ihm auch für die Abende im Jahr 1961, da er mir gewährte, an seinen Studien teilzunehmen, ein Erlebnis, das Studenten unserer Tage nur selten zuteil wird.

(November 1971)

ZUSAMMENFASSUNG

What matters today,
is not the difference between believers and unbelievers,
but that between those who care and those who don't care.

(Abbé Pire, Friedensnobelpreisträger)

Jeder Mensch leidet, und jeder Denker ist sich seines Leidens bewußt. Aber ist er sich auch des Leidens „seines Andern" bewußt? Ist er fähig, sich mit dem Leidenden zu identifizieren? Menschliche Beziehungen werden auf drei Ebenen verwirklicht: Zwischen Mensch und Mensch, zwischen Einzelnem und Gemeinschaft und zwischen Mensch und Menschheit. Für Israels Denker war es das Leiden ihrer Gemeinschaft, das ihnen am stärksten bewußt war. Die ehrliche und tapfere Bewältigung des nationalen Schicksals war wohl Israels Eigenart und Stärke von Anfang an: nicht Heldensagen und Siegesträume kennzeichnen Israels Literatur, sondern die Geschichte von Katastrophen, begleitet von scharfen Mahnungen und liebreichen Tröstungen. Wer ist es, der da tröstet in der Zeit der Not? Wer ist es, der da zurechtweist, protestiert und warnt, um Not zu vermeiden? Die Mahner sind keine Zuschauer von außen wie jene Christen, die eine antisolidarische Ideologie gegen das leidende Israel entwickelten und so die Sendung ihres Meisters an sein Volk zur Lüge machten. Auch waren es nicht die Sektierer von Qumran, die sich „absonderten von den Leuten des Frevels", um bei dem erwarteten Unheil nicht zusammen mit ihrer Gemeinschaft Israel dahingerafft zu werden. Die Mahner Israels waren solche, die sich mit den Leidenden identifizierten und solidarisch waren mit ihrer Gemeinschaft. Ihre Mahnungen und Tröstungen sind nichts anderes denn die Konsequenz aus ihrer Solidarität. Es ist die Solidarität des Einzelnen mit der Gemeinschaft, welche die „Gesandten Israels" hervorgebracht hat und welche auch in der Beziehung zwischen dem Heiligengelobt-sei-er und seinem Volk, ja bereits im Namen JHWH symbolisiert ist. Dieser Solidarität gilt auch ein wesentlicher Teil des rabbinischen Denkens und Lehrens.

Sowohl das Phänomen als das Postulat der Solidarität darf nicht als eine Sache der reinen Ethik angesehen werden. Sie ist einfach Eigeninteresse, Lebensnotwendigkeit. Denn die Solidarität folgt aus der Tatsache der gegenseitigen Abhängigkeit und aus dem Gesetz der gegenseitigen „Haftung".

Dieses Gesetz der Wirklichkeit besagt, daß das Schicksal eines Menschen nicht nur durch seine eigenen Taten bestimmt wird, sondern auch durch die Taten seiner Väter, die Taten seines Andern, die Taten seiner Gemeinschaft. Und umgekehrt: Das Leid der Gemeinschaft ist oft eine Folge ihrer Haftung für das Unrecht oder die Torheit eines Einzelnen. Ein Mensch, der sich dieses Gesetzes bewußt ist, das den Menschen mit seinem Andern und den Einzelnen mit seiner Gemeinschaft verbindet, der muß sich zwangsweise mit seinem Andern identifizieren, muß zwangsweise solidarisch sein mit seiner Gemeinschaft. Andererseits ist's mit der bloßen Demonstrierung von Solidarität nicht getan. – Die Solidarität muß in verantwortliche Tat übersetzt werden, die Leid vermeidet oder aus Leid befreit.

Daher kommt es, daß die innige Solidarität der „Gesandten Israels" mit ihrer Gemeinschaft nicht in Kollektivismus ausartete, sondern umgekehrt gerade ihre Einzigartigkeit, nämlich ihre einzigartige Verantwortlichkeit hervorbrachte. Die Einzigartigkeit jedes Einzelnen ergibt sich aus dem Gesetz der Haftung, denn wie ein Einzelner die Fähigkeit hat, seiner Gemeinschaft zu schaden, so hat er auch die Fähigkeit, sie zu retten. Daher muß sich jeder Einzelne als „potentiellen Abraham" ansehen. Wer diese Berufung verwirklicht, sind jedoch immer nur jene „Einzigartigen" gewesen, jene „Gesandten der Gemeinschaft", an die der Schrei gerichtet ist: Identifiziert euch mit den Leidenden! Identifiziert euch mit den Sündern! Denn ohne Solidarität nützt die Zurechtweisung nichts, ohne Identifikation ist der Protest sinnlos. Aber ohne Zurechtweisung und ohne Protest gibt es kein Entrinnen vom Gesetz der Haftung und keine Aussicht, Unheil zu verhindern.

Das Bewußtsein vom Leiden des Volks und die Solidarität mit der Gemeinschaft ließen nur wenig Raum für ein Wissen um menschliches Leid im allgemeinen und um das Leiden des Andern, des Einzelnen, im besonderen. Das gemeinsame Leid führte nicht zur Solidarität zwischen den Völkern, und das Leiden des Andern erweckte eher Verurteilung denn Identifikation. Und obwohl die praktische Hilfe, vor allem für die Armen, hervorragend organisiert war und wie im Fall von Paulus sogar als eine Sache der öffentlichen Verantwortung galt, so war doch das Motiv zur Hilfe keine Folge der Erkenntnis: mein Leib ist wie der seine, und seine Seele ist wie die meine. Doch gab es Menschen, die Solidarität auch mit dem leidenden Individuum demonstrierten, wie Jesus von Nazareth und Rabbi Jehoschua ben Levi. Sie waren die wahren Nachfolger Mose's, den die Solidarität mit den Bedrückten, wer immer sie waren und wo immer sie litten, zum Handeln trieb.

Theoretisch dagegen verstanden Israels Denker sehr wohl, daß der biblischen Ethik das Prinzip der Identifikation zugrundeliegt. Das ‚Halte lieb deinen Andern', denn er ist ‚wie du' (Lv 19,18), ist, so betonen sie, nicht einfach ein Gebot, und sei es auch das größte, sondern „eine große Regel in der Weisung", das heißt die eigentliche Motivierung richtigen Verhaltens zwischen Mensch und Mensch, wie sie sich in jeder Lage, auch angesichts des Todes, zu bewähren hat. Nicht Liebe ist die Grundlage der Ethik – wie könnte man auch jeden Menschen in jeder Situation lieben? Sondern die Identifikation ist es: Dein Anderer leidet wie du, dein Anderer sündigt wie du, in jeder Hinsicht ist dein Anderer wie du. Deshalb verhalte dich ihm gegenüber, wie du willst, daß er sich dir gegenüber verhalte.

Solidarität verbindet auch die Gemeinschaft mit dem Einzelnen, denn die Gemeinschaft hängt vom Einzelnen ab, wie der Einzelne von der Gemeinschaft abhängt. In der Gesellschaft der biblischen Zeit wurde der einzelne Sünder ,aus dem Innern seines Volks gemerzt' (Lv 20,18), damit er seine Gemeinschaft nicht für seine Sünde haftbar mache. Doch zeigte die Erfahrung, daß oft gerade die Tötung eines solchen Menschen einen Teufelskreis von gegenseitiger Haftung eröffnete. Daher ist es nicht die Beseitigung des Sünders sondern die Zurechtweisung des Sünders, die die Solidarität mit ihm verlangt und ein Entrinnen aus dem Gesetz der Haftung verspricht. In der Solidarität mit dem Einzelnen gingen Israels Denker so weit, daß sie verboten, einen Einzelnen Fremden auszuliefern, selbst wenn er ein Verbrecher sein sollte. „Lieber sollen alle getötet werden denn daß eine einzige Seele aus Israel ausgeliefert werde."

ZEITTAFEL*

DER EREIGNISSE, PERSÖNLICHKEITEN UND LITERATUR, DIE IN DIESEM BUCH EINE ROLLE SPIELEN

(Namen in Klammern sind der Ergänzung halber hinzugefügt)

Imperien	Zeit	Weltgeschichte	Ereignisse im Land Israel	Persönlichkeiten	LITERATUR DER BIBEL	
					Traditionen und Literatur	
IMPERIEN	16.	1570 Neuägyptisches Reich	1500–1200 Ägyptische Vorherrschaft über Kana'an	Abraham? Isaak, Jakob? Josef, Juda?	Traditionen von Gn	
ÄGYPTER	13.	1290—1223 Pharao (Ramses II)	Einwanderung hebräischer Stämme aus Ägypten nach Kana'an	Mose Aaron	Traditionen von Gn, Nu	
	12.		Allmähliche Eroberung u. Besiedlung Kana'ans 1200–1025 Zeit der »Richter« über die Stämme Israels	Josua Achan Debora Jiftach Pinchas	Traditionen von Jo	Ri?
	11.		1025–1006 Staatenbildung Saul König 1006–968	Samuel	Ereignisse von S	
	10.		David König über ganz Israel 968–928 Salomo 928 Reichsteilung	Abner Joab, Absalom Uria, Natan	Er- eig- nis-	Erste Abfassung von Gn, Ex, Nu?
Assyrer	9.	900 Neuassyrisches Reich	Nordreich 871–851 Ahab / Südreich 836–799 Joas	Elia Secharja ben Jehojada	se	
	8.		800–785 (Joas) 785–749 (Jerobeam)	Amos Hosea	von	Am Ho

LITERATUR DER BIBEL

#	Volk	Großmächte	Israel / Juda	Jesaja	K und C	
7.	Assyrer	722–705 (Sargon II.)	722 Fall Samarias, Ende des Nordreichs — 759–726 (Jotam, Ahas)	Jesaja	K und	Js 1–39
6.	Babylonier	605 Neubabylonisches Reich — 605–562 Nebukadnezar	640–608 (Josia, Reform); 608–597 Jojakim, Auflehnung gegen Babylonier; 597 (Jechonja), Erste Exilierung; 597–587 Zedekia; 587 Fall Jerusalems, Ende des Südreichs = ERSTE ZERSTÖRUNG; Exilierung nach *Babylonien*	Jeremia / Ezechiel	C	Dt? — Jr Je
5.	Perser/Meder	539 Perserkönig (Kyros) unterwirft Medien und Babylonien	538 Rückkehr eines Teils der Exilierten; 512 (Einweihung des) Zweiten *Tempels*; 457–445 Esra; 445–425 (Nehemia)	»SEIN Knecht«	Redaktion von S, K und anderer älterer Bücher — Erzählung von Et Redaktion von C	Lv? Js 40–53 — Sa Es Ne

* Teilweise auf Grund von Atlas-carta I, S. 112f und II, S. 6

XVIIIZeittafel

ZEITTAFEL

LITERATUR DER APOKALYPTIKER,

	Zeit	Weltgeschichte	Ereignisse im Land Israel	Persönlichkeiten	Traditionen und Literatur
IMPERIEN	4.	333 (Alexander) unterwirft Persien 348 Tod Platons	332 (Alexander erobert das Land Israel)		Ij? Qo?
Seleukiden/Hellenen	2.	175–164 Antiochos IV.	Antiochos schränkt Religionsfreiheit ein 167–160 Aufstand der Makkabäer gegen seleukidische Herrschaft und »griechische« Kultur 141 (Unabhängigkeit Israels) 103–76 (Alexander Jannai, König und Hoherpriester) Gründung der Qumran-Sekte?	Vorläufer der »Weisen« Führer der Sekte?	Traditionen im Talmud Literatur der Sekte?
Seleukiden/Hellenen	1.	64 Ende des Seleukidenstaates Syria: Römische Provinz	63 (Pompäus erobert Jerusalem) 37–4 (Herodes der Große)	*Hillel* –5 Jesu Geburt +10 Hillels Tod	Schulen Hillels und Schammais legten die Grundlagen für Recht, Religion und Ethik der »Mündlichen Lehre«.
	Jahr-zehnt n. d. Z. 10	14–37 Tiberius	6–41 (Judäa prokuratorische Provinz)		
	20 30		18/19 Gründung der Stadt Tiberias 26–36 Pilatus Prokurator	Johannes d. T. 29/30 *Jesu* Wirken. Tod	

QUMRANSEKTE UND CHRISTEN

Jahr	Römer	Ereignisse	Personen	Traditionen	Schriften
40		41–70 Judäa und Galiläa teils unter direkter, teils indirekter römischer Herrschaft. Konsolidierung der messianischen Gemeinde	Petrus Stephanus R. Gamliel I. *Paulus* Chananja, Priestervorsteher	Traditionen der Evangelien und Ap	Briefe des Paulus
60	69—79 Vespasian	66–73 Aufstand der Nationalisten, Zeloten, und Krieg gegen die Römer			
70		70 Fall Jerusalems = ZWEITE ZERSTÖRUNG 73 Fall Mazada's	Chananja ben Chiskija R. Zadoq		
		70 Verlegung des Sanhedrins nach Jawne, Neubesinnung auf Judentum, Entfaltung des »Lehrhauses« 70–95 TANNAITEN 1. Generation	Josephus R. Jo-cha-nan ben Sakkai	Tra-di-tio-nen im Tal-mud	JK Redak-tion Mk, Mt, Lk Redaktion der Bibel. Achtzehnbittengebet (= Ausscheidung der Christen)
90			R. Jehoschua R. Elieser		
100 110 120 130	96 Ende des Flavischen Kaiserhauses 117–138 Hadrian	c. 96 Einrichtung des Patriarchats in Jawne. Patriarch: Gamliel II., zeitweilig auch R. El-'asar ben Asarja 95–115 TANNAITEN II 115–135 TANNAITEN III 132–135 Aufstand Bar Kochba's, mit Unterstützung R. Aqiba's	Schim'on ben Asai R. Tarfon R. El'asar v. Mode'in R. Jischmael R. Aqiba R. Jehuda *Raschbi*	Jh? Hb? EsA	

Römer

ZEITTAFEL

LITERATUR DER TALMUDIM UND MIDRASCHIM

IMPERIEN	Zeit	Weltgeschichte	Ereignisse im Land Israel	Persönlichkeiten	Neues Zentrum in Babylonien	Traditionen und Literatur
Römer	130	Hadrian	135 KATASTROPHE BETAR Land Israel wird »Palästina« Jerusalem »Aelia Capitolina« RELIGIONSVERFOLGUNG, MARTYRIEN			Tra-di-tio-nen in Tal-mud und Mid-ra-schim
Römer	140	138–161 (Antoninus Pius, Lockerung der Restriktionen gegen Juden)	135–160 TANNAITEN IV 140 (Versammlung der Weisen in Uscha/Galiläa), Erneuerung des Sanhedrins. Patriarch und Vorsitzender des Sanhedrins: R. ben Gamliel	R. Aqiba's Martyrium R. Meir und Brurja R. Jehoschua ben Qarcha R. Schim'on		
Römer	160		160–220 Patriarch u. Vorsitzender des Sanhedrins (in Betsche'arim), dann in Zippori: Rabbi	R. Chija aus Babylonien *Rabbi*		
Römer	220		220 Trennung zwischen Sanhedrin und Patriarchat. Vorsitzender des Sanhedrins: R. *Chanina*		220 *Rab* kehrt nach Bab. zurück, gründet Gelehrtenschule in Sura 247 Rabs Tod	220 Redaktion der Mischna durch Rabbi
Römer	230 240	231–254 Origines gründet theologische	220–250 AMORÄER I R. *Jehoschua ben Levi* R. *Jochanan*	R. *El'asar* R. *Simlai*		Redaktion der Tosef-ta?

LITERATUR DER TALMUDIM UND MIDRASCHIM

			R. Schmuel bar Nachman / Resch Laqisch		R. Jochanans Lehre Grundstock der Gemara von P	Halachische Midraschim
250	Schule in Caesarea	250–279 AMORÄER II Patriarch: R. Jehuda Nesi'a	R. Schmuel bar Nachman / Resch Laqisch	255 Schmuels Tod Ulla	R. Jochanans Lehre Grundstock der Gemara von P	Mch MchJ SLv SNu SDt MTa
270		279 Tod R. Jochanans und R. El'asars Verlegung des Zentrums nach Tiberias	R. Sera kommt	aus Babylonien 257–297 Rab Huna Vorsteher von Sura		
280	284–305 (Diokletian, den Juden wohlgesinnt)	280 Vorsitzende des Sanhedrins: Patriarch: Gamliel V. 280–320 AMORÄER III R. Abbahu in Caesarea Vorkämpfer gegen Anfeindungen der Christen	R. Assi u. R. Ammi aus Babylonien		Tradi-tio-nen	TER?
			R. Sera R. Simon R. Chija bar Abba R. Levi R. Jizchak R. Simon		und	TER?
310	312 (Christentum Staatsreligion) c. 315–340 Eusebius Bischof von Caesarea			nach 309 Gründung von Pumbedita, Wiege des babyl. Talmuds	Dis-kus-sio-nen	
320		320–360 AMORÄER IV		320 Rab Nachmans Tod	in der Gemara	
330	325 (Konzil von Nicäa, Beginn antijüdischer Gesetzgebung)	351/2 Aufstand in Galiläa gegen den oströmischen Kaiser Gallus	R. Acha R. Judan R. Tanchuma	338–352 Raba Vorsteher in Pumpedita. 352 Raba's Tod		GnR? ER?
400	408–451 (Theodosius II., Verschärfung der antijüdischen Gesetzgebung)	360–400 AMORÄER V c. 425 Auflösung des Patriarchats Geistiges Zentrum weiter Tiberias	R. Jose ben Abin	V. und VI. Generation der babylonischen Amoräer	400 Abschluß des Palästinensischen Talmuds durch R. Jose ben R. Abbin	
520					525 Babylonischer Talmud	

Byzantiner

INHALTSVERZEICHNIS

EINLEITUNG

1. Die Gesetze der Leidbewältigung

Leiden und Tod sind Tatsachen, die jeden Menschen und jede Gemeinschaft angehen. Da ist keiner, der es sich leisten kann, sich nicht damit zu befassen. In der frühen Literatur Israels kann man zwischen zwei verschiedenen Verhaltensweisen unterscheiden: die eine Haltung ist, einen Ausweg aus dem Leiden zu finden, die andere, sich mit ihm abzufinden. Es gibt natürlich auch eine objektive Grenze zwischen dem Leid, das sich verhindern oder beseitigen läßt, und dem Leid, mit dem man sich abfinden muß. Diese Grenze verschiebt sich nicht nur mit der Entwicklung der Menschheit, sondern hängt auch von den individuellen Kräften jedes einzelnen Menschen ab. Auch entschied sich keiner der Weisen konsequent für die eine oder andere Haltung. Zu manchen Zeiten kämpfte er, zu anderen Zeiten fand er sich ab. Dennoch gibt es grundsätzliche ideologische Unterschiede, die für Israels Geschichte äußerst folgenreich waren. Die nach einem Ausweg suchten, kannten drei verschiedene Wege:

– Magisches und rituelles Handeln, Opfer, Fasten, Gebet.

– Gewalttat, Krieg, Verbrechen.

– Rationales Handeln, das die Gesetze des Lebens und der Geschichte berücksichtigt.

Die sich mit dem Leiden abzufinden suchten, kannten ebenfalls drei Wege:

– Fatalismus, einschließlich des blinden Glaubens an einen Gott, der für den Verursacher des Leides oder wenigstens für den, der es nicht verhindert, gehalten wird.

– Träumereien von Erlösung oder Rache, Hoffnungen auf Kompensation und Vergeltung in dieser oder der kommenden Welt.

– Nachdenken über den Sinn des Leidens. Die meisten Forschungsarbeiten über das Leiden im Denken Israels beschäftigen sich mit diesem einen Gesichtspunkt (Wichmann, Sanders, Urbach-Leiden, Blake, Robinson-Ctoss, Robinson-Suffering, Peake). Und in der Tat ist das Denken Israels reich an Sinn- und Zielgebungen, die dem Menschen ermöglichen, sich mit seinem Leiden abzufinden: Das Leiden ist Strafe, es erzieht, läutert, entwickelt das Sündenbewußtsein, es sühnt, es macht die Abhängigkeit von Gott bewußt, es nähert Gott, es ist ein Beweis der Liebe Gottes zum leidenden Gerechten, es ermöglicht Bewährung der Liebe des Menschen zu Gott. Das Leiden bereitet auch vor für eine Aufgabe, ist Begleiterscheinung bei der Erfüllung der Aufgabe, ja Bedingung für das Gelingen der Aufgabe.

Die Besonderheit von Israels Haltung gegenüber dem Leid lag jedoch nicht in der Sinngebung, sondern in der Art, wie es Leid zu vermeiden oder zu beseitigen suchte, nämlich weder durch Magie noch durch Gewalt sondern durch verantwortliches Handeln. In dem Augenblick, in dem Israel ein freies Volk wurde, hatte es die Verantwortung für das Leid, das ihm geschah, auf sich zu nehmen (Löwenstamm 7). Ich nenne diese Haltung: die Bewältigung des Leidens.

Diese Bewältigung gründet sich auf das, was man das „dreifache Gesetz der Verantwortung" nennen könnte.

Um Leid zu vermeiden oder zu beseitigen, muß man seine Ursache wissen. Im Unterschied zu andern alten Völkern behauptete Israel eine Kausalität zwischen Tat und Schicksal, zwischen Unrecht und Leid (Reventlow-Rechtfertigung 34; Glatzer 90.100; Urbach-Rabbinen 244.253). Es handelt sich dabei nicht um ein „Vergeltungsdogma" (Koch; Becker 19ff), sondern um ein Gesetz der Wirklichkeit, wie es besonders klar in folgender Bearbeitung eines tannaitischen Midraschs (ER zu 3,38, S. 135) zum Ausdruck kommt:

‚Sieh,
ich gebe heuttags vor euch hin Segnung und Verwünschung'
                    (Dt 11,26; vgl. 30,15.19)
Es sprach R. El'asar:
Von der Stunde an, da der Heilige-gelobt-sei-er dies sagte,
galt: ‚Vom Munde des Höchsten fährts nicht aus,
die Bösgeschicke und das Gute'! (E 3,38)
Sondern von selber kommt das Böse auf die, die Böses tun,
und das Gute auf die, die Gutes tun ...
Aber ich gab ihnen nicht nur zwei Wege (zur Wahl),
sondern sprach zu ihnen: ‚Wähle das Leben'! (Dt 30,19, DtR 4,3)

Das ist das erste Gesetz: des Menschen Tun bestimmt des Menschen Schicksal.

Doch ist dieses Gesetz nur richtig, wenn man den Zusammenhang zwischen Tun und Geschick nicht individualistisch sieht. Israel wußte immer, daß ‚Väter Herlinge essen und die Zähne der Söhne stumpf werden' (Jr 31,29/ Je 18,2) und ‚daß e i n Mann sündigt, du aber zornig bist auf die ganze Gemeinde' (Nu 16,22), ein Satz, der zwar von Mose[1a] als Frage gemeint war, die in diesem

---

[1a] Um den Leser nicht allzusehr zu befremden, wurden allgemeine bekannte biblische Namen wie Israel, Mose, Jakob in der üblichen Transcription belassen, ausgenommen in direkten Zitaten. Weniger bekannte Namen wurden, wie auch alle talmudischen Namen, der hebräischen Phonetik so ähnlich wie möglich transcribiert. Nur wenn ein hebräisches Wort im Original angeführt werden mußte, wurde auf wissenschaftliche Transcription geachtet.

Fall sogar verneint wird, der aber von den Späteren stets als eine der Erfahrung entsprechende Feststellung (wie in Jo 22,18–20) zitiert wurde (s. S. 148–9). Söhne haften für ihre Väter, die Gemeinschaft haftet für den Einzelnen und „all Israel haften füreinander". Was mit diesem Kernsatz, der bis heute Israels Selbstverständnis bestimmt, gemeint ist, soll zunächst eine Geschichte, die Josephus Flavius berichtet, verdeutlichen:

Es war ein jüdischer Mann, der aus seinem Land geflohen war, weil er wegen einiger Vergehen vor Gericht gefordert war und Strafe fürchtete, – ein durchaus böser Mensch. Zu jener Zeit hielt er sich in Rom auf und tat so, als lege er die Weisheit der Gesetze Mose's aus, und gesellte sich drei Männer zu, die ihm charakterlich ganz und gar ebenbürtig waren. Sie verführten Fulvia, eine der vornehmen Frauen, Purpur und Gold für den Tempel in Jerusalem zu schicken. Als sie die Dinge erhielten, verschwendeten sie sie für ihre eigenen Zwecke ... Daraufhin befahl Tiberius, dem Saturninus – sein Freund und Fulvias Gatte – die Sache erzählt hatte, alle Juden aus Rom zu vertreiben. Die Konsuln zwangen viertausend Männer von ihnen, dem Heer beizutreten, sandten sie auf die Insel Sardinien und bestraften sehr viele, die um der Wahrung der väterlichen Gesetze willen nicht in Heer dienen wollten. So wurden sie aus der Stadt vertrieben wegen der Bosheit von vier Männern! (JA 18,3,5)

Derartige Erfahrungen machte Israel unzählige Male in seiner Geschichte. Das Sprichwort: „All Israel bürgen für einander", oder in seiner ursprünglichen Form: „All Israel haften füreinander",[1b] ist so alt, daß alle Kontexte in der rabbinischen Literatur es bereits als bekannt voraussetzen.

Der Zusammenhang, in dem das Sprichwort zum ersten Mal literarisch bezeugt wird (SLv 112b), ist bedeutsam. Das Sprichwort erscheint dort als Auslegung des Verses ‚sie straucheln übereinander', nämlich während der Panik, die das Volk, offenbar zur Zeit der babylonischen Invasion, ergriffen hatte:

Und die Restgebliebenen von euch, ...
verwehten Blatts Geräusch verfolgt sie ...
sie fallen, da keiner verfolgt,
sie straucheln übereinander wie vor dem Schwert.
Ein Aufrichten wird euch nicht sein vor euren Feinden ...
(Lv 26,36 f)

Der Midrasch vermengt diese Beschreibung mit der Zusammenfassung:

[1b] Der Unterschied zwischen der alten Form 'arebin zeh ba-zeh (SLv 112 b; Sn 27 b; NuR 10,5; Sch 39 a) und der neueren, heute durchweg gebräuchlichen Form 'arebin zeh la-zeh (TER 56) wird am besten durch die beiden verschiedenen deutschen Verben „haften" (mehr passiv) und „bürgen" (mehr aktiv) wiedergegeben. Die Vokalisierung müßte eigentlich 'arawin sein (Peretz 304 f), aber sie hat sich nirgends durchgesetzt.

Die Restgebliebenen von euch modern ... um ihre Verfehlung,
auch um die Verfehlungen ihrer Väter mit ihnen modern sie. (39)

Diese Interpretation nun sucht der Aggadist für seine eigene Zeit zu
aktualisieren:

,sie straucheln ein Mann über seinen Bruder' –
es heißt nicht ,ein Mann über seinen Bruder',
sondern: ,ein Mann' über die Verfehlung ,seines Bruders'!
Das lehrt: Daß all Israel füreinander haften!
,ein Aufrichten wird euch nicht sein vor euren Feinden',
das ist die Stunde, in der Jerusalem gefangen wurde.

So selbstverständlich war diese Auslegung schon in seinen Tagen, daß der
Exeget nicht merkte, daß „um die Verfehlung" nicht im Original steht. Die
Römer hatten Israel die alte Erfahrung wieder bitter bestätig, daß für die
Torheit und Verbrechen einer Minderheit das ganze Volk zu büßen hat:
„Wenn sich um ein Honigfaß eine Schlange windet, zerbricht man dann nicht
das Faß wegen der Schlange?" sagte der römische Feldherr Vespasian zu
R. Jochanan ben Sakkai, ehe er Jerusalem einnahm (G 56 b).

Das ist das zweite Gesetz, das Gesetz der Haftung, nämlich der Verantwortung eines Menschen für seinen Andern und für seine Gemeinschaft.

Aus dieser passiven Haftung folgern Israels Denker die Notwendigkeit und
Möglichkeit der aktiven Verantwortung. Der Einzelne ist fähig, nicht nur
sich selbst vor Leid zu bewahren, sondern auch seinen Andern und seine
Gemeinschaft. Ja, er kann sich selber vor Leid nicht bewahren, es sei denn
er bewahre davor auch seinen Andern und seine Gemeinschaft. Denn sein
Geschick ist ja vom Geschick der andern und also vom Tun und Lassen, das
dieses Geschick bestimmt, abhängig. Das kann man aus einem andern Zusammenhang, in dem sich jenes Sprichwort findet, lernen. Innerhalb einer
Diskussion über das juristische Problem, ob die Familienangehörigen eines
Verbrechers wegen ihres Vaters leiden müssen, beweist einer der Weisen, daß
ihr Leiden in der Tat gerechtfertigt ist:

Es heißt ja:
,sie strauchelten ein Mann über seinen Bruder',
ein Mann über die Verfehlung seines Bruders!
Das lehrt, daß sie alle füreinander haften.
Denn es lag in ihrer Hand zu protestieren,
und sie protestierten nicht! (Sn 27 b)

Was für die Verantwortung der Familienmitglieder untereinander gilt, gilt
auch für ganz Israel. Die Tradition besagt, daß es Vergehen gibt – wie fal-
sches Zeugen in SEINEM Namen – wofür „die ganze Welt" zu büßen hat.
Nach Rabbi, dem Redaktor der Mischna, ist es zwar nicht die ganze Welt,
aber doch ganz Israel:

Die ganze Welt? – nein!
Es heißt: ‚sie strauchelten ein Mann über seinen Bruder‘,
ein Mann über die Verfehlung seines Bruders!
Das lehrt, daß all Israel füreinander haften.

Und wiederum: die Haftung ist kein Fatum, das Israel aufgezwungen wird,
sondern ein Schicksal, das sie selbst verschuldet haben –

Da es in ihrer Hand lag zu protestieren,
und sie protestierten nicht! (Sch 39 a)

Die Frage, wie denn Israel gegen das falsche Zeugnis eines einzelnen Menschen praktisch protestieren könnte, wird nicht gestellt. Auch das Schicksal kennt ja keine Fairness. Deshalb tut der Mensch gut daran, aus dem Gesetz der passiven Haftung die Konsequenz der aktiven Bürgschaft, also der Verantwortung, zu ziehen. Das gilt für jeden Menschen, tatsächlich sind es aber immer nur wenige, die diese Bürgschaft, diese Verantwortung auf sich nehmen. Der Midrasch nennt sie zuweilen regelrecht „Bürgen“. So sagt Gott zu einem Gelehrten, der ein Amt in der Gemeinde antritt:

Solange du nicht ernannt warst,
solange bist du nicht für die Gemeinschaft gefaßt worden.
Jetzt, da du ernannt bist.
bist du Bürge für die Gemeinschaft geworden. (JalS zu Pr 6,1, S. 977; ExR 27,9)

Wie der Protest der Weg ist, mit dem jeder Mensch die Schuld Andrer zu verhindern suchen muß, so drückt sich auch die Verantwortlichkeit der Gesandten im Protest oder in der „Zurechtweisung“ aus: „Die Großen werden für die Kleinen bestraft“, heißt es in einer Warnung an die Nasiräer, Leute, die besondere Enthaltsamkeitsgelübde auf sich nahmen, „falls sie sie nicht zurechtgewiesen haben! Denn es heißt ja: ‚sie strauchelten ...‘, das lehrt, daß all Israel füreinander haften.“ (NuR 10,5).

Welches Maß an Verantwortung dieses Verständnis des Haftungsgesetzes vor allem von dem geistigen Führer erfordert, werden wir noch sehn. Weil diese Menschen ihrem Selbstverständnis nach „Gesandte Gottes“, im Grunde aber nichts andres denn „Gesandte der Gemeinschaft“, *šelihe-sibbur,* sind, um einen Begriff aus dem synagogalen Bereich zu entlehnen, reden wir vom dritten Gesetz, dem Gesetz der Sendung.

Die Voraussetzung zur Bewältigung des Lebens und Leidens ist also, daß man den Zusammenhang zwischen diesen drei Gesetzen der Verantwortung anerkennt – das Gesetz der Schuld-Geschick-Sequenz, das Gesetz der Haftung und das Gesetz der Sendung.

Auch in Israel versuchte man immer wieder, aus diesem Gesetz auszubrechen. Man ließ sich entweder zu einem Individualismus verführen – nämlich zur Gleichgültigkeit gegenüber dem Geschick des Andern und der Gemeinschaft – oder zu einem Kollektivismus – nämlich zur Gleichgültigkeit gegenüber dem Geschick des Einzelnen. Die berühmte Frage, warum „es dem Gerechten schlecht und dem Frevler gut gehe" (Br 7 a), wäre nie gestellt worden, wenn der Zusammenhang von Haftung und Verantwortung Allen und zu allen Zeiten bewußt gewesen wäre. Auch die meisten Ideen des „Sichabfindens" sind in individualistischer oder kollektivistischer Auffassung verankert. Mit meinem eigenen Leiden kann ich mich abfinden, wie aber kann i c h mich mit dem Leiden meines Andern abfinden? Ebenso kann sich das Volk als Kollektiv mit seinem Leiden abfinden, wie aber kann sich das Kollektiv mit dem Leiden der Einzelnen, die doch das Volk ausmachen, abfinden?

Dasselbe gilt für die Lösung durch Gewalt: Ein Individuum, das einen Ausweg aus dem Leid durch Gewalt sucht, nimmt keine Rücksicht auf die, denen seine Gewalttätigkeit Leid verursacht. Und umgekehrt, einem Kollektiv, das einen Ausweg durch Gewalt sucht, ist es gleichgültig, welche Konsequenz sich daraus für das Schicksal des Einzelnen ergibt.

Es wäre ein Irrtum, in der Verurteilung der beiden Auffassungen und der beiden Verhaltensweisen eine Sache der reinen Ethik zu sehen. Es ist das Eigeninteresse, welches, nach dem dreifachen Gesetz der Verantwortung, von jedem Einzelnen und von jeder Gemeinschaft fordert, sich sowohl vor Individualismus als vor Kollektivismus zu hüten. Jenes Gesetz der Wirklichkeit – die Verantwortung des Menschen für seine Tat, die gegenseitige Haftung und die Sendung des Einzelnen gegenüber der Gemeinschaft – verlangt ein anderes Verhalten – nämlich das Verhalten der Solidarität.

Israels Bewältigung seines Leidens gründet sich auf solidarisches Verhalten. Dem Erfassen des Phänomens und des Postulats dieses solidarischen Verhaltens gilt diese Arbeit, obwohl wir damit gleichsam einen Baum betrachten, der seiner Wurzeln entledigt und seiner Früchte beraubt ist. Doch kann die Darstellung der Wurzel – jenes Wirklichkeitsgesetzes – und der Früchte – die tatsächliche Bewältigung hier immer nur am Rande erfolgen.

2. Die Quellen zum Thema

Wir ziehen nur die alte jüdische Literatur in Betracht, deren Entstehungszeit im Laufe von etwa 1000 Jahren, nämlich von der Zerstörung des Nordreichs 721 v. d. Z. bis zum Ende der talmudischen Zeit, zusammenfällt mit dem staatlich organisierten Leben des Volks in seinem eignen Land. Der Bogen ist also von Untergang zu Untergang gespannt, und auch in der Zwischenzeit hat es an nationalen Katastrophen nicht gefehlt: da geschah die sog. Erste Tempelzerstörung (587 v. d. Z.), die sog. Zweite Tempelzerstörung (70 n. d. Z.), die Katastrophe von Betar im Gefolge der Bar Kochba Revolte (135 n. d. Z.), aber auch die Religionsverfolgungen zur Zeit des griechischen Antiochus (167 v. d. Z.) und des römischen Hadrian (nach 135 n. d. Z.) erschütterten die Grundfesten der Nation. Man wird sagen, daß die Geschichte

Israels zu allen Zeiten ein derartiges Gewebe von Leid und Trauer war. Doch besteht ein entscheidender Unterschied zwischen Israel in seiner Heimat und Israel in der Verbannung. Solange das Volk auf seinem eigenen Grund und Boden lebte, sah es sich als Herr seines Schicksals, mochte seine äußere Freiheit noch so beschränkt sein. Im Exil dagegen konnten die Einzelnen für ihre Gemeinschaft nur noch eines versuchen, nämlich ein günstiges Verhältnis zum jeweiligen Herrscher zu schaffen, um das Leiden ihrer Volksgenossen zu erleichtern. Wer Israels Schicksal bestimmte, waren Fremde.

Nicht alle literarischen Werke in diesen tausend Jahren haben einen Bezug zum Leiden und zu Leidenden. Es ist bezeichnend, daß in den im Land Israel entstandenen Werken das Problem des Leids und die Bewältigung des Leids eine unvergleichlich größere Rolle gespielt hat als im damaligen jüdischen Exil.

Die Quellen umfassen die meisten Bücher der Bibel, die ja ihre Endredaktion erst zu Anfang des „Zerstörungszeitalters" bekommen haben; – dazu einige Apokryphen, die Schriften des Josephus und die Rollen vom Toten Meer, aber nicht die Werke hellenistischer Juden, wie die sibyllinischen Orakel oder Philo's Werke, die kaum Spuren von Leidensbewältigung und Solidarität mit den Leidenden zeigen.

Dagegen gehören die Schriften des Neuen Testaments als ein integraler Teil zu dieser Literatur. Wie in der rabbinischen Literatur finden sich hier unter einem Hut sowohl die ursprüngliche jüdische Auffassung von der Solidarität als die apokalyptische Ideologie von der individuellen Vergeltung, und zwar im Unterschied zu dem Christentum, das sich außerhalb des Landes Israel entwickelte und das die biblischen Elemente zugunsten der apokalyptischen und hellenistischen allmählich verdrängte (Boman 184). Erst bei den Pionieren des modernen Christentums wird die biblisch-jüdische Grundlage des Neuen Testaments wieder sichtbar (Braun-Theologie; Cox; Cardonnel; Gollwitzer; Sölle). Mit Recht sagte Volz (8), daß in vielen Fällen die Unterscheidungslinie nicht zwischen Judentum und Christentum verläuft, sondern zwischen der Bibel und dem apokalyptischen Judentum-Christentum. Dennoch waren sowohl die Rabbinen als die messianischen Juden noch tief verwurzelt in der Lebensauffassung, die um jenes dreifache Gesetz der Verantwortung kreist.

Als Hauptquelle dient die Midraschliteratur, die in den beiden Talmuden und in vielen Midraschsammlungen verstreut ist. Hier kann man noch deutlicher erkennen, daß die für die Leidbewältigung und die Solidarität mit den Leidenden relevante Literatur auf dem Boden Israels entstanden ist. Ja, eben diese besondere Gattung der jüdischen Literatur, welche „Aggada" oder „Midrasch" genannt wird, hängt mit den Lebensbedingungen im Land Israel zusammen. „Die Blütezeit der Aggada fällt zusammen mit der Zeit politischer Erniedrigung" (Winter 374). Und obwohl ungefähr ein Drittel des b a b y - l o n i s c h e n Talmuds Aggada enthält, hat diese Aggada ihren Ursprung in den meisten Fällen im Lande Israel (ibd. 233). Auch wenn es vorkam, daß ein babylonischer Meister schöpferisch auf dem Gebiet der Aggada war, wie Raba im vierten Jahrhundert, so „spricht er nur wenig über die Leiden Israels in der Gegenwart, – – genau wie die übrigen Babylonier" (Bacher-ABA 130). Nach Raba hörten die Aggadisten sogar ganz auf, gewiß, weil um diese Zeit das organisierte Leben in Israel ein Ende fand und die Befruchtung von dorther aufhörte. Wie kommt es, daß man im Land Israel die Aggada der Halacha vorzog?

> Solange ein Mensch gesund ist – ißt er alles, was es gibt.
> Wird er krank – so will er alle möglichen Delikatessen.

So heißt es in einer anonymen Baraita, und Rabbi Levi, einer der größten Aggadisten im dritten Jahrhundert, erklärt:

> Früher war der Groschen vorhanden –
> – und also begehrte ein Mensch Worte der Mischna, der Halacha, des Talmuds zu hören.
> Jetzt aber, da der Groschen nicht vorhanden ist,
> und wir zudem krank sind von der Versklavung der Fremdherrschaft,
> will man nichts hören als segnende und tröstende Worte!
>
> (CtR 2,13, Pq 101 b)

Schon 200 Jahre vorher hatte R. El'asar von Mode'in, einer der großen Tröster in der Zeit zwischen der Zweiten Zerstörung und der Katastrophe von Betar und der einzige Tannaite, von dem keine Halacha sondern nur Aggada überliefert ist (Bacher-AT I 207), den Midrasch als das „Manna" der Wüste (Ex 16) definiert, „das des Menschen Herz anzieht" (Mch S. 171).

Das heißt nicht, daß das Elend immer Aggada hervorbrachte. Zu andern bösen Zeiten hielten sich die Juden gerade an Halacha. Aber der Midrasch ist in sich selber eine Art der Leidbewältigung, die sich sogar in unsrer Zeit der braunen Gewaltherrschaft noch einmal bewährt hat (Simon-Midrasch).

ERSTER TEIL:
DIE LEIDENDEN

ERSTES KAPITEL: SOLIDARITÄT MIT DER LEIDENDEN MENSCHHEIT

Drei Dinge haben alle Menschen miteinander gemein: Bedürfnisse, Schuld und Leid.

Doch nur wenige Denker waren sich dieser Gemeinsamkeit bewußt, geschweige denn postulierten sie daraus die Solidarität aller Menschen.

1. Qohelet

Was bleibt dem Menschen von all seiner Müh...
all seine Tage sind Schmerzen, und Verdruß ist sein Geschäft (3,22–23)

Ein übles Geschäft hat da Gott den Menschenkindern gegeben...
alles ist Dunst und ein Trachten nach Wind.
Verkrümmtes, nicht vermag mans grade zu richten,
Mangel, nicht vermag mans in Zahl zu bringen... (1,13–15)

... auch das habe ich erkannt,
daß Eine Widerfahrnis ihnen allen widerfährt...
Gleich der Widerfahrnis des Toren mir, auch mir widerfährts... (2,14–15)

Denn Eine Widerfahrnis ist der Menschensöhne
und Eine Widerfahrnis des Getiers, ...
dem Sterben von diesem ist das Sterben von diesem gleich...
Alles geht an Einen Ort,
alles ward aus dem Staub
und alles kehrt wieder zum Staub. (3,19–20)

Der Verfasser eines der jüngsten Bücher der Bibel war ganz durchdrungen von dem Gefühl des Leids in dieser Welt. Die Unvollkommenheit, Sinnlosigkeit, Unlogik eines Lebens, das mit dem Tode endet, bedrückte ihn ständig (Loretz 271). In seiner Zeit war ja die Lösung des „Lebens jenseits des Lebens", die das Bedürfnis des Menschen nach Sinn und Vollkommenheit befriedigt, noch nicht entdeckt. Qohelet verstand es zwar trotzdem, dem Leben einen Sinn zu geben (2,24; 3,22; 5,17; 7,14; 9,10; 11,1.6–9; Loretz

276), doch nicht seine Lösung ist in diesem Zusammenhang interessant, sondern sein Wissen um die menschliche Situation an sich. Er spricht weder von
seinem eigenen Leid noch von Israels Leid. Er spricht vom Leid des Menschen
überhaupt.

> Alles ist gleichwie für alle,
> Eine Widerfahrnis
> dem Bewährten und dem Frevler,
> dem Guten und Reinen und dem Makligen ...
> gleich ist der Gute, gleich der Sünder ...
> Dies ist übel ...
> daß eine Widerfahrnis für alle ist. (9,2–3)

2. Paulus

Das Bewußtsein Qohelets von dem gemeinsamen Geschick aller Menschen
hat seinesgleichen nur noch in der Schöpfungsgeschichte, die von der menschlichen Situation als von einem Fluch redet:

> Zum Weibe sprach er:
> Mehren, mehren will ich deine Beschwernis, ... deine Schwangerschaft,
> in Beschwernis sollst du Kinder gebären ...
> Zu Adam sprach er:
> ... in Beschwer sollst du ... essen alle Tage deines Lebens.
> Im Schweiß deines Antlitzes magst du Brot essen,
> bis du zum Acker kehrst, ...
> denn Staub bist du und zum Staub wirst du kehren. (Gn 3,16–19)

Auch die Idee vom „Leben jenseits des Lebens" war ja nicht für alle
Menschen gedacht. Zwar waren die Kategorien, denen leidloses und vollkom-
menes Leben versprochen wurde, verschieden je nach Zugehörigkeit zur entsprechenden Glaubensgruppe: einmal waren es die Gerechten (nach der ursprünglichen apokalyptischen Auffassung), dann die Auserwählten Gottes
(nach der Lehre der Qumransekte), dann wieder waren es die durch das
Sühneblut Gereinigten (nach der christlichen Anschauung) und dann wieder
ganz Israel (nach dem apokalyptisch-rabbinischen Kompromiß (s. S. 212). Doch
die Menschen überhaupt, die nach Qohelet unter der Mühsal, dem Weh und
der Unvollkommenheit des Lebens leiden, wurden von keinem einzigen der
apokalyptischen Ideologen bedacht.

Auch Paulus erkannte zwar die Gemeinsamkeit der Sünde und riß auf
Grund dieser Erkenntnis die Trennwand zwischen Heiden und Juden nieder
(Rm 3,9), doch von der Gemeinsamkeit des Leids redete er nicht. Das Leid,
von dem in seinen Briefen die Rede ist, ist meist das besondere Leid, das
der Apostel und Messiasanhänger zu erdulden hatte.

Nur einmal zerreißt er die Schranken. „Wir wissen, daß alles Geschaffene insgesamt seufzt und sich schmerzlich ängstigt bis jetzt" (Rm 8,19.22), und er verheißt, daß die ganze Schöpfung, und nicht nur „die Söhne Gottes", nämlich er und seine Adressaten, erlöst werden. Selbst wir, sagt Paulus, denen doch die geistigen Früchte der Erlösung schon zuteilgeworden sind, sehnen uns immer noch nach der Erlösung des Leibes (23).

Im Unterschied zu andern Kontexten, in denen Paulus sich von der Vergeltungslehre leiten läßt (2 Kr 2,10; Rm 14,10.13), ist hier die Befreiung weder vom Glauben noch von Werken abhängig. Denn in diesem Moment fühlt Paulus tiefste Solidarität mit allen Leidenden der Welt. Doch im Unterschied zu Qohelet suchte Paulus keinen Weg, wie das Leiden der Geschöpfe in dieser Zeit und in dieser Welt zu bewältigen sei. Auch hatte der dualistische Ketzer des 2. Jahrhunderts, Marcion, wohl Anlaß, diese universale Solidarität für nicht mit Paulus' sonstiger Einstellung vereinbar zu halten und den Abschnitt deshalb auszulassen (Michel – Römer 201, Anm. 1). Ebenso folgerichtig ist es, daß die universalistische Schule, die im 2. und 3. Jahrhundert die „Apokatastasis panton", die Erlösung aller Geschöpfe, propagierte, und deren berühmtester Vertreter der Kirchenvater Origenes war, von Augustinus scharf angegriffen und offiziell von der Kirche verurteilt wurde (Oxford 67).

3. Esra der Seher

Hunderte von Jahren nach Qohelet, 30 Jahre nach der Zweiten Zerstörung, verbarg sich ein Mann in der Gestalt des babylonischen Exiliertenführers Esra, der nach der ersten Zerstörung lebte, und schrie sein Leid heraus, nicht nur das Leid seiner Generation, sondern das Leid all derer, die in diese Welt gekommen sind. Jakob Licht, der nicht zufällig von allen außerkanonischen Büchern gerade dieses Büchlein in einer populärwissenschaftlichen hebräischen Edition herausgebracht hat, sagt: „Sein Schrei hallt hinüber zu allen Geschlechtern, und sein Denken reicht in die Tiefen menschlicher Existenzfragen, die nicht veralten." (Licht – Esra 7). Das bittere und sinnlose Geschick der Nation fällt in seinem Bewußtsein zusammen mit dem bitteren und sinnlosen Geschick der Menschheit (10)". Warum ist unser Leben voller Mühsal und ohne Hoffnung? Esra kennt die herkömmliche Erklärung von Adams Sünde (EsA 3,7 ff), doch gerade diese Erklärung erweckt in ihm Ekel vor dem Leben selbst:

Es wäre uns besser, wenn wir nicht in die Welt gekommen wären,
als daß wir in Frevel leben, und leiden, ohne zu wissen, weshalb. (4,12)

Wie Qohelet (1,18) verflucht Esra sein Bewußtsein: „Warum ist mir Verstand gegeben, um zu verstehen?" Aber wenn schon, dann will er wenigstens

Antwort auf die ihn quälende Frage bekommen und sich nicht von seinem imaginären Gesprächspartner, dem „Engel", auf die Geheimnisse des Kosmos ablenken lassen (EsA 4,22 f). Man kann sagen, daß Esra die Frage des jüdischen Denkens par excellence stellt. „Das jüdische Denken", sagt Gutmann in seiner „Philosophie des Judentums" (23), „betrifft keine metaphysischen Fragen, es hat kein Interesse an mythologischen Kosmogonien" oder andern philosophischen Fragen, die andere Völker beschäftigen. „Ich begehrte doch nicht nach den Wegen da oben zu fragen, sondern nach dem was uns tagtäglich widerfährt!" (EsA 4,23). Das war es, was die Weisen Israels verstehen wollten, „was uns tagtäglich widerfährt", den Sinn ihres Schicksals, die Bedeutung dessen was ihnen geschah. Keine intellektuelle Neugier, kein „Staunen" (Platon) ist das Motiv ihres Denkens, sondern die tägliche praktische Notwendigkeit, Fehlverhalten und Leiden zu bewältigen, die doch ein Teil jeden Menschenlebens sind.

Der Unterschied zwischen dem biblischen Qohelet und dem apokalyptischen Esra ist, daß Esra das Leid der Geschöpfe nicht nur in dieser Welt sondern auch in der kommenden Welt mitleidet, eine Welt, die wegen all der Sünden und Frevel nur wenigen Freude bringen wird, „aber den Vielen Leid" (7,47). Die Lösung des „Lebens jenseits des Lebens", die ursprünglich als Trost für das Leiden erfunden wurde (z. B. Bar 21,13–17. Gutmann 22, Volz 8, besonders König, z. B. S. 215), war inzwischen selber zum Problem, ja zu verstärktem Leid geworden (EsA 7,117). Die Esra-Apokalypse, sagt Licht (12), ist gleichzeitig Höhepunkt und Krise der eschatologischen Lehre, weil angesichts der Zerstörung Zions deren Unvermögen, auf die tiefsten Fragen der menschlichen Existenz Antworten zu geben, offenbar wurde. Doch warum versagte die Trostlehre gerade angesichts dieses Leidens?

Der Grund ist nicht, daß dieses Leiden größer war als das Leiden anderer Zeiten. Im Gegenteil, je größer das Leid um so blühender die Trostlehre, je unerträglicher das Leben, desto unentbehrlicher die jenseitige Kompensation. War doch die Theorie selber in einer Zeit großer Not und Verfolgung entstanden, nämlich zur Zeit der seleukidischen Religionsbedrückung (König 19). „Die Sehnsucht schafft sich das Dogma" (Volz 131 f). Der Grund ist, daß der apokalyptische Glaube in seinem Wesen nur dem Individuum Trost versprach. Er entstand ja gerade aus der Sehnsucht des Einzelnen nach individueller Gerechtigkeit, nach Kompensation für das, was er als ihm angetanes Unrecht verstand. Es wäre den Menschen damals ja nie ein Zweifel an der Übereinstimmung zwischen ihrem Gerechtigkeitsbegriff und dem ihres Gottes in den Sinn gekommen (Gutmann 24). Das Ziel der Träume des apokalyptischen Menschen ist nicht die Ausmerzung des Bösen aus der Welt, wie es das Ziel der prophetischen Eschatologie ist, auch nicht die Überwindung des Todes wie im griechischen Unsterblichkeitsglauben (Boman 183–93), sondern die Vertauschung dieses unvollkommenen, frustrierenden Daseins mit einem vollkommenen, erfüllenden Leben. Auch die Apokalyptiker unter den Rabbinen sehen in dieser Welt nur einen „Korridor zur kommenden Welt" (A 4,16).

Der Apokalyptiker hat es aufgegeben, „den Lebensweg und den Existenz-
sinn in der historischen Wirklichkeit selber zu suchen", (Licht – Esra 10, Volz
6–8, Gutmann 43), wie Buber in seinem Aufsatz „Prophetie und Apokalyptik"
eindrücklich dargestellt hat.

Doch Esra war kein Individualist, der sich um sein privates Heil gesorgt
hätte. Auch wenn er erzogen worden war, ein solcher zu sein – und die Lehre
vom „Leben jenseits des Lebens" stammt nicht nur aus dem Individualismus,
sondern brachte ihn auch hervor (Volz 41 f) – so war es die Situation seines
Volkes, die ihn sich mit seiner Gemeinschaft zu identifizieren zwang. Angesichts des Leidens der Gemeinschaft sind alle individualistischen Tröstungen
fade. So kommt es, daß die Apokalypse Esras der Ausdruck eines Zusammenstoßes ist zwischen dem alten Solidaritätsgefühl und der verhältnismäßig
neuen Theorie, die das Individuum von der Abhängigkeit von der Gemeinschaft und von seiner Haftung für deren Fehlhandlungen befreien sollte. Der
„Engel", der die individualistische Lehre vom Leben jenseits des Lebens vertritt,
versucht, Esra zu verführen, sich von der leidenden Menge der Menschheit
abzusondern:

> Doch du mische dich nicht unter die Verbrecher,
> und rechne dich selbst nicht unter die Leidenden! (EsA 7,76)

Aber Esra will dem Leid seiner Gemeinschaft nicht ausweichen und der
Wirklichkeit, die ihn mit dieser Gemeinschaft verbindet, nicht entrinnen[2].
In diesem Solidaritätsgefühl unterscheidet er sich nicht von den übrigen Denkern seines Volkes, wie wir noch sehen werden. Doch sein Gefühl umgreift
nicht nur die Söhne seines Volkes sondern alle Menschen. Diese universale
Identifikation ist zwar auch den Rabbinen nicht fremd, doch so stark und
warm findet sie sich in keinem andern Zeugnis jener Zeit.

4. Die Rabbinen

Auch die Weisen litten unter der Unvollkommenheit des Lebens. Vielleicht
rührt die geringe Anzahl der ausdrücklichen Bezugnahmen auf das leidvolle
Geschick des Menschen von der Tatsache her, daß dieses Gefühl derart all-

---

[2] Licht-Esra sagt, daß die Visionen Esra's eine vollkommene Trostlehre ergeben. In Wirklichkeit sind die Tröstungen jedoch alle in den Mund des „Engels"
gelegt, und Esra widerspricht ihnen allen. Nur die siebte Vision ist eine Ausnahme.
Sollte dieses Kapitel wirklich zu dem ursprünglichen Büchlein gehören – und Licht
erwägt nicht einmal die Frage – so würde das bedeuten, daß „Esra" schließlich doch
der Versuchung seines andern Ich erlegen ist, d. h. sich von der Menschheit abson-
derte (14,48). – Auch der Stil ist anders in diesem Kapitel. Während Esra bisher
immer per „wir" redete, redet er nun per „ihr".

gemein und selbstverständlich war, daß es keiner besonderen Worte bedurfte. Dieses Bewußtsein erklärt vielleicht den berühmten Meinungsstreit, von dem eine Baraita erzählt:

> Zweieinhalb Jahre lang waren die Schule Schammais und die Schule Hillels geteilter Meinung.
> Die einen sagten:
> – Es wäre dem Menschen besser, daß er nicht geschaffen wäre,
>   denn daß er geschaffen ist!
> Die andern sagten:
> – Es ist dem Menschen besser, daß er geschaffen ist,
>   denn daß er nicht geschaffen wäre.
> Sie ließen abzählen und entschieden:
> – Es wäre dem Menschen besser, daß er nicht geschaffen wäre,
>   denn daß er geschaffen ist!
> Doch nun, da er geschaffen ist –
> forsche er nach in seinen Taten! (Eru 13 b)

Von einem so langen Meinungsstreit ist sonst nirgends in der talmudischen Literatur die Rede, schon gar nicht von einem, bei dem durch Abstimmung entschieden wurde (Urbach – Rabbinen 224).

Diese Diskussion war gewiß kein intellektueller Sport, sondern entsprang der Notwendigkeit, mit der Wirklichkeit ohne Illusionen und ohne vorschnelle religiöse Tröstungen fertigzuwerden. Die Sehnsucht, tot oder nicht geboren zu sein, wie sie von Hiob (Ij 3,20–23), Qohelet (Qo 4,3) und Esra in erschütternde Worte gefaßt wurde, fand man auch ungefähr hundert Jahre nach jener rabbinischen Abstimmung in demTora-Exemplar von R. Meir: Die Schöpferfreude des ‚und da – es ist sehr gut' (Gn 1,31) verfälschte er, durch den Austausch zweier Buchstaben (*me'od – mot*), in „und da – Tod ist gut" (GnR 9,5).

Andern erscheint das Leben so unerträglich, daß man sich darüber wundern muß, daß der Mensch dennoch das Leben dem Tode vorzieht. Offensichtlich hat der Schöpfer, als er den Menschen schuf, ihm auch den „Trieb" gegeben, dem Leid standzuhalten und „die Seele nicht fallen zu lassen und wegzuwerfen" (GnR 14,4).

Bezeichnend für die jüdische Bewältigung des Leids ist aber die Konsequenz, die bei jener rabbinischen Abstimmung aus dem Schmerz über die menschliche Situation gezogen wurde: Obwohl es unverständlich ist, wozu der Mensch ein so frustrierendes und leidvolles Leben auf sich nehmen muß, „so forsche er doch nach in seinen Taten", vielleicht kann er etwas korrigieren an seinen Fehlhandlungen und so auch etwas verbessern an seinem Geschick.

Dieses generelle Bewußtsein von der Gemeinsamkeit menschlichen Leids wurde auch in konkreten Notzeiten deutlich. So formulierte R. Alexander im

3. Jahrhundert, daß es keinen Menschen gibt, der nicht „Züchtigungen", d. h.
in diesem Fall körperliche Schmerzen und Krankheit erfahren hätte (GnR 92,1;
vgl. TnB meqes 16).

Auch die Geißel der damaligen Menschheit, die Dürre, die den Hunger
zur Folge hatte (vgl. GnR 13,5), macht vor keinem Menschen und vor keiner
Nation halt. Diese Erfahrung brachte einige Weise dazu, für Augenblicke das
besondere Leid Israels zu vergessen und Solidarität mit allen Geschöpfen zu
fühlen. Nur so ist es zu verstehen, daß der Niedergang von Regen für „gleichwertig mit der Auferstehung der Toten" gehalten wurde (Br 31 a, auf Grund
von M Br 5,2; DtR 7,6). Das bedeutet nicht mehr und nicht weniger, als daß
den Vertretern dieser Auffassung das „Leben jenseits des Lebens" zu einem
Gleichnis, und das Leben in dieser Zeit wieder zur Hauptsache wurde. Ja, es
gab Weise, die gingen noch weiter und stellten den Niedergang von Regen
an die Spitze aller Güter und schufen damit ein Band, das alle Menschen
umspannte:

So erzählt man von R. Jehoschua ben Qarcha, einem der letzten Weisen
der Zeit der hadrianischen Verfolgungen (Bacher – AT 2, 308 f.), daß ihn
ein Heide fragte, ob – da doch alle Feste Israels verschieden seien von denen
der Heiden – kein Raum zu gemeinsamer Freude sei. Oh doch, antwortete
der Rabbi: „beim Niedergang von Regen" (GnR 13,6). Ähnlich sagte etwa
100 Jahre später R. Chija bar Abba, der von Babylonien ins Land Israel gekommen und einer der Schüler des großen R. Jochanan war (Bacher – APA 2,
174 f.):

> Größer ist der Niedergang von Regen als die Totenauferstehung.
> Denn die Totenauferstehung ist nur für den Menschen,
> der Niedergang von Regen aber ist für Mensch und Vieh!
> Die Totenauferstehung ist nur für Israel,
> der Niedergang von Regen aber für Israel und für die Heiden. (GnR 13,6)

Und so auch sein Kollege in Caesaria, Abbahu, der Gesprächspartner der
dortigen Christen (Bacher – APA 2,88 f.):

> Größer ist der Regentag als die Totenauferstehung,
> denn die Totenauferstehung ist nur für die Gerechten,
> der Regen aber für Gerechte und Frevler! (Ta 7 a)

Gewiß findet sich dieses universale Solidaritätsgefühl selten, erst recht
eines, das die große apokalyptische Hoffnung abwertet zugunsten des allgemein menschlichen Bedürfnisses nach Brot. Doch mir scheint, daß die
Wichtigkeit einer Meinung nicht durch die Quantität ihrer Vertreter bestimmt
wird. Bestimmend ist, daß dieses Solidaritätsgefühl in jeder Generation einen
Vertreter fand. Auch noch einer der letzten Amoräer, R. Tanchuma bar Chija,
(Bacher – APA 3,336) gab jener Identifikation mit allen unter der Dürre
leidenden Geschöpfen einen tiefen Ausdruck:

Größer ist der Niedergang von Regen als die Verleihung der Weisung,
denn letztere bedeutete Freude nur für Israel,
der Niedergang von Regen aber ist Freude für alle Völker,
für alle Welt, auch für Vieh und Tier und Vögel. (SchT zu Ps 117,1)

5. R. Schmu'el bar Nachmani

Ein Weiser, der sich der Situation der Geschöpfe bewußter war als andere,
war R. Schmu'el bar Nachmani, einer der Grössten der ersten Amoräer im
Lande Israel. Er war es, der die Fälschung R. Meirs „da – Tod ist gut" überlieferte. Er hatte sie von einem Rabbi gehört, als er als Kind auf den Schul-
tern seines Großvaters sitzend nach Bet-Sche'an kam (GnR 9,5). Offensichtlich
identifizierte er sich mit dieser Sehnsucht. Später lebte er im Kreise des
Patriarchen Jehuda Nesi'a in Tiberias und war Zeuge und Mitleidender einer
furchtbaren Hungersnot und Pest (Ta 8 b).
     Wie Qohelet erwähnt R. Schmu'el keinerlei persönliches Leid. Nicht
eigenes Leid ist es, was ihn beschäftigt, sondern das Leid der Gemeinschaft,
das Leid der Geschöpfe im allgemeinen und das Leid Israels im besondern.
     Die Schöpfung ist mangelhaft, so war es ihm schmerzvoll bewußt. „Die
Dinge verdarben" nach der Sünde des erstens Adams[3] und lassen sich nicht
eher reparieren als bis „Der-in-die-Bresche-Tritt", nämlich der Messias,
„kommt" (GnR 12,6). Er weiß zwar, daß, wenn alles in Ordnung wäre, der
Mensch keine Herausforderung zur Tat hätte. »Mach das Bittere süß", lehrte
der Heilige-gelobt-sei-er Mose, als dieser mit den Söhnen Israels zu dem Bitter-
wasser in der Wüste kam (Ex 15,23) und überlegte, wozu denn etwas, wovon
die Welt keinen Nutzen habe, geschaffen worden sei (ExR 43,2). Das Bittere
existiert, damit es süß gemacht werde, und überhaupt ist nichts von Gott
geschaffen worden, das nicht der ergänzenden Tat des Menschen bedürfe,
„der Senf muß gesüßt, das Getreide gemahlen werden und alles Geschaffene
bedarf noch des Tuns" (GnR 41 [42], 3). So versuchte R. Schmu'el sich mit
der Unvollkommenheit und Mangelhaftigkeit dieser Welt zu trösten. Der
Kontext dieser in vielen Versionen überlieferten Predigt aber, in der dieser
Spruch erscheint, (GnR 41[42],2; LvR 11,7. NuR 10,5; EtR Pt 11; RuR Pt 11,
Tn Schemini 9, Mg 10 b, PqR 19,2) und in der R. Schmu'el viele Beispiele für

---

[3] Man muß gut zwischen der Erbsündenlehre bei Paulus und „Esra" einerseits
und der rabbinischen Auffassung andrerseits unterscheiden. Nicht die Sünde wurde
vererbt, sondern Adams Nachkommen müssen seinetwegen leiden, weil sie für ihn
haften (vgl. besonders das Gleichnis R. Levi's, DtR 9,8; QoR 7,13). Nach andrer
Meinung war es gar nicht Adam, der den Tod in die Welt gebracht hatte, sondern
spätere Frevler wie Nebukadnezar, die die römischen Könige symbolisierten, welche
sich „zu Göttern machten". Für diese mußten die Menschen, selbst Adam und alle
die vor ihnen gelebt haben, haften (BB 75 b; GnR 9,5).

das Leid in der Welt bringt, beweist, daß es in geschichtlicher Zeit niemals eine „vollkommene Freude" gegeben habe.

Ein andrer Seufzer R. Schmu'els über die Traurigkeit des Daseins hängte sich an die Torheit des Sintflutgeschlechts, das – nach einem tannaitischen Midrasch – keinen Regen brauchte, um Brot aus der Erde zu gewinnen, und dem es überhaupt zu gut ging, sodaß es übermütig wurde (T So 3,6–12). Doch im Unterschied zu dem Verfasser des tannaitischen Midraschs, der nur die Flutgeneration meinte, behaupteten R. Schmu'el und einige Generationen später R. Jizchak and R. Acha, daß das Leid in die Welt gekommen sein, weil jene Leute das Gute nicht zu schätzen wußten (GnR 34,11; TnB berešit 40, Tn ibd. 12). So bewußt waren sich diese Weisen des menschlichen Leids, daß sie – die sich doch auf die Schrift stützen wollten – den Segen, der nach der Flut von Gott gegeben wurde (Gn 8,21), in Fluch wandelten: Der Anfang des göttlichen Satzes, ‚nicht will ich hinfort wieder alles Lebende schlagen' wird ausgelassen, und die Fortsetzung – ‚hinfort soll, alle Tage der Erde, Saat und Ernte, Frost und Glut, Sommer und Winter, Tag und Nacht niemals aufhören', wird auf alle Leiden des Menschen hin interpretiert: Naturkatastrophen und Kindersterben, Krankheit des Leibes und Mühe des Broterwerbs. Und über all das seufzt R. Schmu'el bar Nachmani: „Schau was uns das Sintflutgeschlecht angetan hat!" (GnR 34,11).

Zusammenfassung

Das allgemeinmenschliche Leiden war den Denkern Israels nur selten bewußt. Die Leiden des „Gerechten" oder die Verfolgungen der Apostel einerseits und das Leiden Israels andrerseits verdrängten das Bewußtsein vom Leid aller Erdenkinder.

Dennoch ragen eine Reihe Denker hervor, denen die Gemeinsamkeit der Geschöpfe im Leid bewußt war: „Qohelet" als Repräsentant der vorapokalyptischen Zeit, Paulus als Repräsentant der apokalyptisch-christlichen Erlösungshoffnung, »Esra" als Repräsentant des Zusammenstoßes zwischen apokalyptischem Individualismus und biblisch-rabbinischem Solidaritätsgefühl und schließlich R. Schmu'el bar Nachmani als Vertreter der rabbinischen eschatologischen Lehre. Einige Weise erkannten zumindest ein besonderes Leid, das Leid der Dürrekatastrophen, die den Hunger zur Folge hatten, als eines, das alle Grenzen zwischen Völkern und Menschen und Geschöpfen sprengt. Ja es gab solche, die die apokalyptischen Tröstungen abwerteten, weil sie nicht alle unter der Dürre Leidenden der Welt einschlossen.

Eine ausdrückliche Konsequenz für das praktische Verhalten zwischen den Völkern sehen wir jedoch nirgends. Aus der gemeinsamen Not ergab sich noch keine gegenseitige Verantwortung.

ZWEITES KAPITEL: DAS LEIDENDE VOLK

1. Israels Schicksal

„Weißt du nicht, daß Israel in dieser Zeit gequält, gestoßen, gezerrt, zerrissen wird und daß Züchtigungen über es kommen?" (Jb 47 a). So lautet die Frageformel, die an einen Menschen zu richten ist, der Jude werden will. Er muß wissen, daß er nicht nur die Religion wechselt und sich verpflichtet, die Gebote zu erfüllen, sondern daß er ein bitteres Schicksal auf sich nimmt, das Schicksal einer „Nation von Gequälten und Gezerrten" (GnR 88,1).

Doch ist das eine Tatsache nur „in dieser Zeit"?

Schon im ältesten Buch der Bibel, dem Richterbuch, heißt es, daß Israel von jeher „bedrängt" wurde, von den Ägyptern und Amoritern, von den Ammonitern und Philistern, den Sidoniern, Amalek und Maon (Ri 10,11–16). In den Fronleiden Ägyptens wurde die Nation geboren und in den Mühsalen der Wüste zusammengeschweißt (Dt 8,2; 15–17), und auch im eignen Land hörte nicht auf ‚ihr Gestöhn vor ihren Bedrückern und Bedrängern' (Ri 2,18).

Die Geschichte Israels begann ja wahrscheinlich in dem Moment, da ‚Mosche groß geworden war und zu seinen Brüdern auszog und ihre Fronleiden sah' (Ex 2,11), nämlich in dem Moment, da ein Mensch die unerträgliche Bedrückung in Ägypten sah und den Sklaven diese Lage zum Bewußtsein brachte. Erst Mose machte aus ihnen ein Volk und verkündete ihnen einen Gott, den sie nie gekannt hatten (Löwenstamm 7). Und erst als sie, in der Wüste, zu einem Volk zu werden begannen, wurden sie für ihr Leiden verantwortlich gemacht. Es ist ja nicht von ungefähr, daß die Bibel für das Fronleiden der Sklaven keinen Grund und keine Erklärung angibt, wie sie es doch sonst mit jedem Leiden tut (ibd 8). Indem Mose ihnen nicht nur einmalig die äußere Freiheit verschaffte, sondern sie auch die innere Freiheit zu lehren suchte (Eru 54 a, ARN S. 10), die darin besteht, daß ein Mensch Verantwortung übernimmt für seine Taten, um sein Geschick bestimmen und Leid vermeiden zu können (Dt 30,15.19), will er sie zum einzigartigen Volk machen. Die Vätergeschichte ist meiner Ansicht nach nur Auslegung, nur Vertiefung der Bedeutung dieser Geschichte. Von den beiden Thesen: ‚ICH bins, der ich dich aus Ur in Chaldäa führte' (Gn 15,7) und ‚ICH bins, der ich dich aus dem Land Ägypten, dem Sklavenhaus führte', (Ex 20,2) weist die zweite auf den Beginn der Geschichte Israels hin, die erste dagegen interpretiert und vertieft deren Bedeutung. Wie Abraham sich aus dem Kollektiv der in Babel zusammenhockenden Menschheit lösen und ein Einzelner werden mußte (Gn 11; Jacob 301), um allen Sippen des Bodens zum Segen werden zu können (Gn 12,1–4), so mußte auch Israel ein einzigartiges Volk werden, damit sich an ihm, wie Amos, einer der frühesten Propheten Israels, lehrte, zuerst der Zusammenhang zwischen Tat und Geschick und die daraus folgende Verantwortung des Menschen für sein Schicksal erweise:

Euch nur habe ich auserkannt
von allen Sippen des Bodens
darum ordne euch ich zu
alle eure Verfehlungen. (Am 3,11)

Objektiv ist es natürlich nicht nur Israel, das jede Fehlhandlung mit Leid zu büßen hat. Auch war das „objektive" Schicksal Israels zu Anfang nicht wesentlich von dem andrer Völker unterschieden. Eroberung und Zerstörung, Austreibung und Zerstreuung brachen nicht nur über Israel herein. Selbst Pogrome und Ausrottung waren nicht dieser Minderheit allein bestimmt. Gewiß haben viele in Israel niemals verstanden, was Amos meinte. Es dauerte viele Jahrhunderte, bis Israel zum einzigartigen Volk wurde, und zwar dank der einzigartigen Einzelnen, die wie Amos in der Bewältigung des nationalen Leidens den Sinn seiner Einzigartigkeit sahen. So dauerte es auch lange, bis dann eines Tages diese Einzigartigkeit selber Leiden verursachte. Von da an wurde Israel das leidende Volk par excellence, „eine Nation von Gequälten und Gezerrten".

Dieses Bewußtsein wird schärfer im Lauf der Jahrhunderte. „Liebeskrank bin ich", heißt es in jenem Zwiegespräch zwischen Israel und dem Heiligen-gelobt-sei-er, das nach rabbinischer Auffassung der Inhalt des Hohenlieds war, „alle Krankheiten bringen die Völker der Welt auf mich dafür, daß ich dich liebe!" (CtR 2,14; Pq 101 b). R. Meir fand ein gutes Gleichnis für die Besonderheit von Israels Leidenssituation:

Wenn sich die Gestirne verfinstern (hebräischß geschlagen werden), so ist das ein böses Zeichen für die Hasser Israels (= die Söhne Israels), weil sie Schläge gewohnt sind.

Das gleicht einem Schriftgelehrten, der in die Schule kommt und sagt: bringt mir den Striemen! Wer ist besorgt? Doch der, der gewohnt ist, geschlagen zu werden! (T Su 2,1; Su 29 a)

Das heißt, auch andere ängsten sich vor Not und Schlägen. Doch bei wem sitzt das Trauma so tief wie bei uns?

2. Die Unheilsliteratur

a) Purim-Rollen und Klagelieder

Eine Übersicht über die Literatur Israels zeigt eine Menge von Büchern, die vom Leiden des Volkes handeln. Dieses Phänomen hat nicht seinesgleichen in der frühen Literatur der Völker. Die Chroniken und Märchen andrer Völker erzählen von Helden und Siegen und nicht von Scheitern und Niederlagen. Selbst Volkserzählungen wie die Esterrolle, das dritte Makkabäerbuch und das Buch Judit, die im internationalen Märchenstil verfaßt sind (Bedrängnis von Unschuldigen mit happy end, nämlich Kompensation für die Bedrückung und Strafe für die Bedrücker), ragen aus dem Rahmen der Weltliteratur heraus. Denn die Rede darin ist nicht von einem einzelnen Menschen, dem Unrecht geschieht, auch nicht von einem Staat in Kriegslage, sondern von einer Nation ohne Staat, der immer wieder die Ausrottung droht.

„Purim-Rollen" wie die drei erwähnten Bücher (Cahane II 232 f, 350.) waren sehr verbreitet, Feiertage wurden nicht nur für die Estererrettung, sondern auch für die Judit-Errettung (Jud) festgelegt, und auch die ägyptische Purimrolle (3. Mak) war offenbar als Lesung an einem dieser Rettung gewidmeten Fest bestimmt. Diese Verbreitung deutet darauf hin, daß sich die Leute mit den Bedrückten dieser Geschichten identifizierten. Es ist dabei nicht wichtig, ob die erzählten Ereignisse „historisch" sind im „archäologischen" Sinn (Ächad-Ha-Am 219 f.). Die Wirklichkeit war oft schlimmer und ohne happy end.

Auch Gillis hat in seiner tiefsinnigen Esterstudie gezeigt, daß das Schürfen nach historischen Tatsachen völlig am Ziel dieses Büchleins vorbeigeht.

Die jeder modernen psychologischen und soziologischen Forschung standhaltende Analyse antisemitischer Motive in der ägyptischen Rolle zeigt die uralte und immer wieder neue Maskierung der Unsicherheit durch Aggression gegenüber dem Schutzlosen: Der Juden Mangel an Loyalität gegenüber König und Regierung trotz ihrer im Volk bekannten Rechtschaffenheit (3. Mak 3, 6–7) wird gerade von denen behauptet, die Grund haben, an der Loyalität ihrer Untertanen zu zweifeln:

> Da wir nun ... verhütten wollen, diese Verruchten, falls sich künftig einmal ein plötzlicher Aufruhr gegen uns erhöbe, als Verräter und barbarische Feinde im Rücken zu haben, so haben wir verordnet, die Bezeichneten sofort nach Eintreffen dieses Briefes samt ihren Weibern und Kindern ringsum von eisernen Fesseln umschlossen unter Mißhandlungen und Folterungen zu uns zu senden zu grausamer und – wie es für Feindselige geziemt – schmachvoller Hinrichtung. Denn wir haben die Überzeugung gewonnen, daß erst, wenn diese insgesamt bestraft sind, unser Staat für die Zukunft völlig in guter Ordnung und bester Verfassung dastehen werde (3. Mak 3,24–26).

Doch nicht das historische Phänomen interessiert in diesem Zusammenhang, sondern seine Spiegelung in Israels Denken und die offenbare Relevanz dieser Geschichten für die Zuhörer.

Ich sagte, daß selbst diese Legenden außergewöhnlich seien in der alten Literatur. Der Eindruck, daß die Quelle von Israels Denken das Leiden und daß das Ziel seines Denkens die Leidensbewältigung ist, verstärkt sich, wenn wir die Literatur betrachten, die nicht mit happy ends endigt, sondern die ganz und gar Klage ist und Suche nach Sinn und Überwindung.

Die nationalen Katastrophen nahmen einen so zentralen Raum im Denken ein, daß man die Bücher der Bibel ordnete und redigierte je nachdem ihr Inhalt „Unglück" oder „Trost" war. Daher schlug man vor, so erzählt eine Baraita, das Buch Jesaja ans Ende der großen Propheten zu stellen, obwohl es ihnen zeitlich vorangeht,

weil ‚Könige' haben am Ende Zerstörung,
‚Jirmijahu' (Jr) handelt nur von Zerstörung,
‚Jecheskel' (Je) handelt zu Anfang von Zerstörung,
zu Ende von Trost,
‚Jeschajahu' (Js) handelt nur von Trost.
Man fügt Zerstörung an Zerstörung und Trost an Trost. (BB 14 b)

Dieselbe Überlegung leitete die Gelehrten bei „dem Ordnen der Schriften", nämlich all der Bücher, die weder zur Weisung noch zu den frühen Geschichtsbüchern noch zu den Propheten gehören: „ ‚Rut' (Ru) und das Buch der ‚Preisungen' (Ps), ‚Ijob' (Ij), ‚Gleichsprüche' (Pr), ‚Qohelet' (Qo), ‚Gesang der Gesänge' (Ct), ‚Wehe' (E), ‚Daniel' (Da), ‚Ester' (Et), ‚Esra' (Es) und ‚Begebenheiten der Tage' (C)". Nach Ansicht derer, die behaupteten, daß Hiob in den Tagen Mose's lebte, hätte man das Buch Hiob den übrigen Schriften voranstellen müssen als das älteste Buch. Doch „anfangen mit Unglück – das tun wir nie" (vgl. auch BB 108; Zlotnik 11). Jemand wandte ein: „Auch ‚Rut' enthält Unglück". Doch die Antwort lautete: „Unglück, das ein gutes Ende hat!" (BB 14 b). Das zeigt übrigens, daß nicht nur moderne Forscher (Fohrer) sondern auch die Rabbinen das happy end des Hiobbuches nicht für original hielten.

Sie achteten in der Tat sehr auf dieses Prinzip, mit Katastrophengeschichten weder zu beginnen noch zu enden. Doch warum ließen die Redaktoren der Volksliteratur die Zeugnisse und Gedanken über Niederlagen und Schmach nicht überhaupt aus? Sie hätten sie doch diskret übergehen und der Vergessenheit anheimfallen lassen können! Warum sorgten sie nicht wenigstens für einen gesunden Ausgleich durch Einstreuung von Heldengeschichten und Siegessagen, wie mit derlei die Völker der Welt ihre Kinder stopfen, um ihr nationales Ehr- und Sicherheitsbedürfnis zu befriedigen?

b) Der Unterschied zwischen Unglücks- und Siegesliteratur

Wie Völker gewöhnlich ihre nationale Vergangenheit behandelten, zeigt ein Blick auf einen der wenigen Abschnitte, die diese Methode übernahmen:

Danket IHM, denn er ist gütig, denn in Weltzeit währt seine Huld.
Der Ägypten in seinen Erstlingen schlug...
Der schüttelte Pharao und sein Heer in das Schilfmeer...
Der herrische Könige erwürgte...
Und gab ihr Land hin als Eigen...
Eigen Jisrael seinem Knecht,...
Der in unsrer Erniedrigung unser gedachte. (Ps 136, 1.10–24; vgl. Ps 135 u. 140)

Sogar hier ist noch eine Erinnerung an Erniedrigung und Schmerz, doch nur damit auf dem schwarzen Hintergrund der Triumph umso heller strahle.

Es geschah wohl nach der Ersten Zerstörung, daß man an dieser Geschichtsphilosophie Kritik übte. Der Verfasser einer der sog. historischen Psalmen[4] bezeugt seine polemische Tendenz, indem er seine Mahnung wie einen der Heldenpsalmen beginnen läßt: ‚Danket IHM, denn er ist gütig, denn in Weltzeit währt seine Huld.' (Ps 106,1). Der eigentlichen Geschichte Israels stellt er jedoch einen Satz voraus, gegen den sich seine Zuhörer gewiß aufbäumten:

Gesündigt haben wir
mitsamt unsern Vätern,
haben uns verfehlt, haben gefrevelt.

Nach dieser Einleitung fährt er fort: ‚Unsere Väter in Ägypten, nicht haben sie deine Wunder begriffen...' Welches die Wunder waren, wird nicht erwähnt, außer dem Ertrinken der Feinde im Schilfmeer. Und auch dieses Wunder wird nicht erzählt, um Nationalstolz zu erwecken, sondern um zu zeigen, daß sich Israel, schon als es ans Schilfmeer kam, auflehnte und Gott es nur ‚um seines Namens willen befreite'. Und seitdem, sagt der Dichter, war unsere Geschichte voller Fehlhandlungen und Leiden, bis die Frevel einen Grad erreichten, ‚da sie schlachteten ihre Söhne und ihre Töchter den Wichten, und vergossen unsträfliches Blut, Blut ihrer Söhne und Töchter'. Als Folge davon traf Israel ein Geschick, welches das ganze Gegenteil von dem ist, auf das der Verfasser des Heldenpsalms so stolz war:

SEIN Zorn entflammte gegen sein Volk,
und er vergreuelte sein Eigentum.
Er gab sie in der Erdstämme Hand,
ihre Hasser durften über sie walten,
ihre Feinde klemmten sie ein,

---

[4] Vgl. auch Ps 78 und Ps 105. – Ps 78 wurde offensichtlich nach der Zerstörung des Nordreichs (78,60.66) gedichtet, als der Dichter noch die Hoffnung haben konnte, daß das Nordreich Israel zugunsten des Südreichs, Juda, verworfen worden sei. Deswegen ist seine Analyse der Vergangenheit viel weniger tief und konsequent als die von Ps 106. Vor allem kennt dieser Dichter noch keine Solidarität mit den Vätern wie der von Ps 106.

unter deren Hand wurden sie niedergezwungen ...
und sie wurden ausgemergelt durch ihren Fehl. (Ps 106,40–43)

Burtt (311) stellt fest, daß das Zeitalter der großen Propheten gerade
die Zeit war (760 bis 535 v. d. Z.), in der Israel von den Großmächten zer-
malmt wurde:

Such a national calamity, among other peoples, had always, as far as our re-
cords show, spelled decay for their religion; it seemed dear proof of either impo-
tence or hopeless hostility on the part of their divinities. The significance of the
Hebrew prophets lies in the fact, that they so profoundly revised the fundamental
ideas and attitudes of their national religion in the f a c e o f t h i s t h r e a t e n -
i n g c a l a m i t y that the cult of JHWH was able as a result of the political
tragedy to embark on a new and momentous course of historical development.

c) Der Unterschied zwischen Traumpoesie und historischem Denken

Grundsätzlich entstand diese Sicht der Geschichte nicht erst in der Exils-
situation, sondern folgte logisch aus Mose's Verantwortungsdenken. Es ist
klar, daß ein Mensch nicht jeden Tag mit sich ins Gericht geht, nicht was
sein persönliches Leben und nicht was die Geschichte seines Volkes betrifft.
Die konkrete Leidenssituation war es, die den Verfasser zu dieser Seelen-
abrechnung zwang. Doch folgt daraus noch keineswegs das oben dargestellte
Ergebnis der Abrechnung. Es war viel natürlicher, sich mit Rache- und Er-
lösungsträumen zu trösten:

An den Stromarmen Babylons, dort saßen wir und wir weinten, ...
Tochter Babel, Vergewaltigerin!
Glückauf ihm, der dir zahlt
dein Gefertigtes, das du fertigtest uns:
Glückauf ihm, der packt und zerschmeißt
deine Kinder an dem Gestein. (Ps 137,1.8–9)

Das ist der Schluß eines krassen Rachetraums. Es folgt kein Satz, der
diesen Schluß vertuschen hilft. Wenn wir dieses Ende mit dem Anfang des
vorhinerwähnten Psalms vergleichen: ,gesündigt haben wir mitsamt unsern
Vätern', so haben wir zwei diagonal entgegengesetzte Haltungen gegenüber
dem nationalen Leiden vor uns.
Es besteht auch kein entscheidender Unterschied zwischen einem Rachetraum und einem Erlösungstraum. Letzterer fand einen schönen Ausdruck in
dem Lied:

Wann ER kehren läßt die Heimkehrerschaft Zions,
werden wie Träumende wir.
Lachens voll ist dann unser Mund,
unsere Zunge Jubels.
Man spricht in der Stämme welt dann:

„Großes hat ER an diesen getan!" –
Großes hatte an uns ER getan,
Froh waren wir worden. (Ps 126)

Die drei Psalmsänger waren in derselben Situation, doch zwei träumen, der eine von Rache, der andre von Erlösung, was beides das Leid zu ertragen aber nicht es zu bewältigen hilft. Die Befreiung aus dem Leid hängt ja, ihrer Meinung nach, nicht von ihnen selber ab, sondern von der Niederlage des Feindes oder von der göttlichen Erlösung (Buber-Prophetie). Wer aber nicht die Verantwortung für sein gegenwärtiges Leiden auf sich nimmt, der kann auch sein zukünftiges Schicksal nicht beeinflussen.

Den unfruchtbaren Zukunftsträumen stellten die Propheten die Analyse der Vergangenheit gegenüber, und dasselbe taten die Weisen nach der Zweiten Zerstörung und der Betar-Katastrophe.[5] Diese Analysen sind nicht an der objektiven, d. h. vielseitigen, komplexen Wahrheit interessiert, also auch nicht an den vielen äußeren Faktoren, die zur Zerstörung führten. Über die äußeren Faktoren hat das Volk ja keine Gewalt, frei ist es nur im Innern: „jeder Einzelne ist König in seinem Haus!" (ARN S. 85) Man muß die Verantwortung für die Vergangenheit auf sich nehmen, um die Gegenwart bewältigen zu können. Man muß den Zusammenhang zwischen Fehlhandlungen und Leiden, zwischen Tat und Schicksal erkennen und das Gesetz der Haftung zwischen Vätern und Söhnen akzeptieren und sich mit den Vätern identifizieren: ‚Gesündigt haben wir mitsamt unsern Vätern'. Es ist dabei nicht wichtig, ob der Zusammenhang zwischen Tat und Geschehen stets als rational erkannt wird. Wichtig ist, daß die Denker Israels die volle Verantwortung für ihr Schicksal in Vergangenheit und Gegenwart auf sich nahmen. Und eben die innere Freiheit, die sich in dieser Verantwortlichkeit bewährte, machte sie immer wieder fähig, aus der Bedrängnis auch einen Weg in die äußere Freiheit zu finden.

Historisches Denken ist es doch, was nach Ansicht der Forscher Israel von Griechenland, und die jüdisch-christliche von jeder andern Religion unterscheidet (Boman, besonders 146–149). Auch wenn sich Israel in der Praxis immer wieder zu Fehlhandlungen hinreißen ließ und unfähig war, sein Schicksal zum Guten zu gestalten, so suchte es doch wenigstens im Rückblick den Grund für seine Leiden in den eigenen Taten, eine Methode, die notwendigerweise historisches Bewußtsein entstehen ließ. Es waren diese beiden Eigen-

---

[5] Eine zusammenfassende Analyse der Rabbinen gibt R. Jochanan ben Torta: T Mn 13,22; P Jm 38 c; Jm 9 b. Eine Interpretation der Fehlhandlungen Israels, die zur Zerstörung führten, findet sich in der Gestalt einer Legende (G 55 b–57 a; ER zu 1,5, S. 65–68; ER zu 4,6, S. 142 f) und in einer Sammlung von spezifischen, meist auf den ersten Blick nicht relevanten Sünden („Jerusalem wurde nur deswegen zerstört weil...") vgl. Sb 119 b. Man muß das rabbinische Denken in seinem Gesamtzusammenhang kennen, um den Wirklichkeitsgehalt dieser Analysen in die heutige Sprache übertragen zu können.

schaften, „a vivid sense of responsibility and historical consciousness" (Burtt 310), die Israels Besonderheit ausmachten. So sagt auch Fölkel über die Eigenart des biblischen Denkens:

... (Every man) is at every moment of his life confronted with the task of successfully living it, that is of acting persistently in a way administering to his wellbeing. Therein consists the practical problem of life (32) ...
If the problem of destiny is practically felt by all men, ... it has first been subjected to conscious, if unsystematic, inquiry by the ancient Jews ... is a man responsible for the conduct of his life and, if so, to what and to whom? The same question may also be asked with reference to communal life, whose prosperity or calamity reverberates on the individual destiny. (33) The consequent need of the i n t e r p r e t a t i o n o f e v e n t s is one of the most important practical discoveries of the ancient Jews ... The belief in a legality of the moral world comparable with the legality of the physical world, is characteristic of the Jewish prophets. (36) The idea of man's responsibility to God is the key-note of the Bible.

Fuchs (62–73) sagt Ähnliches in Bezug auf die spätere Zeit – kein Volk im Römischen Imperium wäre fähig gewesen, nach einer derartigen Total-niederlage als Volk am Leben zu bleiben. Bei Israel führte die Erschütterung zu tieferer Selbsterforschung und von daher zu neuer Interpretation von Vergangenheit und Zukunft.

3. Kennzeichen der Klageliteratur: Solidarität mit der Gemeinschaft und Partnerschaft mit Gott

Blicket her und seht,
obs einen Schmerz gibt wie mein Schmerz,
da mir so mitgespielt hat,
da mich so gepeinigt hat E R! (E 1,12)

Meine Maiden und meine Jünglinge gingen in die Gefangenschaft ...
Meine Augen versagen vor Tränen ...
Über den Zusammenbruch der Tochter meines Volks,
Spielkind und Säugling schmachten
in den Gassen der Burg ...
da sich ihre Seele verschüttet
in den Schoß ihrer Mutter ... (1,18; 2,11–13)

Hinter dieser Poesie von Grauen und Klage erkennt man zwei Eigenschaften des Verfassers, die zur Bewältigung des Leids wichtig sind.
Es ist die Rede von der Katastrophe des Volks, doch der Sprecher ist ein Einzelner! Die Personifizierung des kollektiven Leids in einem leidenden Individuum – „Zion" – ist keine Sache des Stils. Nicht die Menge klagt, denn es gibt kein kollektives Leidensbewußtsein, sondern der Einzelne. Mag ein Mensch in andern Lebenslagen als kollektives Geschöpf fühlen, reagieren und

handeln, in seinem Leiden oder in seiner Todesstunde ist er allein, ist er ein
Einzelner. Und auch wenn ein Mensch das Leiden des ganzen Volkes fühlt,
so ist es doch das Leiden eines Einzelnen. Er mag eine besondere Fähigkeit
zur Identifikation haben, aber er bleibt ein Einzelner.

Es war ein Irrtum der biblischen Forscher, Kollektivismus und Individualismus gegeneinander ausspielen zu wollen, wie es Scharbert (Solidarität 2–22)
deutlich herausgestellt hat. Weder das eine noch das andere trifft zu. Was den
biblischen Menschen kennzeichnet, ist die Haltung der Solidarität.

Die andere Eigenschaft des Klagepoeten ist eng mit der ersten verknüpft:

> Sieh, D U , blicke her,
> wem sonst hast du so mitgespielt? ...
> Gewürgt hast du am Tag deines Zorns,
> geschlachtet hast du! hast nicht geschont! (E 2,20f)

Derartige Worte wurden nicht außerhalb von Israel, unter Ketzern gesagt,
sondern innerhalb von Israel. Ja sie wurden in die Bibel aufgenommen. Was
ist das für ein Gott, der sich solche Rede gefallen läßt? ‚Kein Schmeichler
darf vor sein Antlitz kommen', charakterisiert ihn Hiob (Ij 13,16). „Das ist
nicht die Haltung des Sklaven gegenüber seinem Herrn", wie Jos. Heinemann
sagt (154), sondern die Haltung eines Menschen, der von seinem ihm eben-
bürtigen Partner dasselbe Solidaritätsgefühl mit seinem Volk, dasselbe Verantwortungsgefühl gegenüber Israel fordert, das ihn selber durchdringt. Diese
„Schärfe des Tons" (Heinemann) kennzeichnet das jüdische liturgische Gebet
überhaupt:

> Auch wenn es der Einzelne betet, so ist er ja nichts andres denn der Gesandte
> der Gemeinschaft. Er verlangt nicht die Befriedigung seiner persönlichen Bedürfnisse
> allein, sondern der Bedürfnisse der gesamten Gemeinschaft, mit der er sich identifi-
> ziert. Daher redet er auch stets in der Wir-Form und nicht in der Ich-Form, und
> „jeder, der für die Bedürfnisse der Gemeinde bittet, tut es gleichsam gewalttätig"
> (NuR 21,14; Jos. Heinemann 154).

Nur Freie, die auf ihren Wert vertrauen, sind fähig, so vor Gott zu treten.
Und nur wer auf seinen Wert in den Augen Gottes vertraut und sich selber
als dessen Gesprächs- und Streitpartner sieht, ist fähig, – wenn die erste Verzweiflung, die sich ein Ventil in der Beschuldigung Gottes sucht, vorüber ist
– die Verantwortung für das Leiden des Volkes auf sich zu nehmen.

Diese Freimütigkeit kennzeichnete alle Gesandten Israels, angefangen von
Mose (‚Warum hast du diesem Volk übelgetan!' Ex 5,22) und aufgehört bei
R. Schmu'el bar Nachmani, der von Abraham erzählt, er sei zur Stunde der
Tempelzerstörung vor den Heiligen-gelobt-sei-er getreten, weinend, seinen
Bart raufend und seine Kleider zerreißend, und habe geschrien:

> Was unterscheidet mich dermaßen von jeder andern Nation und Sprache,
> daß solche Schande und Schmach über mich gekommen ist!
> (ER Pt 24, S. 26)

Mose im Midrasch stellt Gott noch schärfer zur Rede wegen der Tempelzerstörung:

> In deiner Weisung hast du geschrieben:
> ‚Ein Rind oder Schaf,
> es und sein Junges sollt ihr nicht an einem Tage metzen‘! (Lv 22,28)

> Aber sie haben ja schon so und so viele Söhne zusammen mit ih-
> ren Müttern getötet,
> und du schweigst!! (ER Pt 24, S. 28; vgl. ER zu 1,9, S. 75; SchT zu Ps 22,3; S. 64)

Solcher Freimut ist bei den Leuten der Qumransekte oder im Christentum
undenkbar. Auch die Vertreter der Theodizee im rabbinischen Judentum (Urbach-Rabbinen 457–464) würden sich über solche Worte entrüsten. Doch die,
die sich mit dem leidenden Volk im tiefsten identifizierten, die konnten sich
nicht in Gottvertrauen beugen und abfinden, die konnten Gott nicht rechtfertigen; handelte es sich doch nicht um ihr eigenes Leiden sondern um das
so vieler anderer Menschen.

Im allgemeinen versteckten sich die Ankläger hinter den Gestalten, die
Israel in den Augen des Volkes repräsentieren: „Zion" in der Bibel-, „Knesset-
Israel" (Versammlung Israels) nach der Zweiten Zerstörung, ebenso Rahel
und Ester, die Väter und Mose. Doch zuweilen wird der Schrei auch in den
Mund einer historischen Persönlichkeit aus der Zeit der Zerstörung gelegt:

> Einmal trat R. Zadoq in den Tempel ein
> und sah den Tempel zerstört.
> Er sprach: Mein Vater im Himmel!
> Deine Stadt hast du zerstört und deinen Tempel hast du verbrannt,
> Und du sitzest da und bist seelenruhig! (TER S. 149)

R. Zadoq war einer der reinsten Ausprägungen des Gesandten Israels, sowohl in seiner Solidarität als in seiner Verantwortlichkeit (Bacher-AT 1,43 ff).
Viele Jahre vor der Zerstörung sah er voraus, was geschehen würde und
versuchte, das Unglück zu verhüten, indem er das blinde Volk zurechtwies
(SNu S. 222) und ein hartes Fasten auf sich nahm (G 56b, ER zu 1,5). Der
Gesandte Israels protestierte und wies zurecht, aber sonderte sich nicht ab
von der Gemeinschaft. Wen das Volk je doch die Mahnung in den Wind
schlug und das Unglück sich ereignete, so tröstete er es und verteidigte es
vor dem Heiligen-gelobt-sei-er. Das ist die doppelte Aufgabe des solidarischen
Menschen, Zurechtweisung und Tröstung (MTa S. 207; SDt § 342, SchT 34,
8). Die Anschuldigungen gegen den Himmel erhielten im allgemeinen keine
Antwort. Die jüdische Literatur überlieferte sie ohne Milderung. Doch R. Zadoq in diesem Midrasch bekam eine Antwort:

> Sofort schlummerte R. Zadoq ein
> und sah den Heiligen-gelobt-sei-er, wie er die Totenklage hielt!
> und die Dienstengel taten es ihm nach ...

Es ist schwer, diese rührende Vision in abstrakte Begriffe zu übertragen. Wir müssen noch mehr von der Identifikation des Menschen mit seiner Gemeinschaft zur Zeit der Not lernen, ehe wir verstehen, in welcher Richtung sich die Vorstellung von Gott in der Zeit zwischen der Ersten und Zweiten Zerstörung entwickelt hat. ,Es wird geschehen, gleichwie Er sich an euch ergötzte, auch gutzutun ... so wird Er sich an euch ergötzen, euch zu tilgen' (Dt 28,63), sagt der Deuteronomist, und auch der Klagende der Ersten Zerstörung kann sich Gott nicht anders vorstellen denn als Feind (E 2,4–5). Der Gott R. Zadoqs dagegen identifizierte sich mit seinem leidenden Volk, genau wie R. Zadoq selber es tat. Wir werden diesem Gott, der in Solidarität leidet, ein eigenes Kapitel widmen.

Die Identifikation mit den Leidenden ist es, die die Unglücksliteratur kennzeichnet, und zwar die Identifikation des Einzelnen mit der Gemeinschaft als Tatsache und die Identifikation Gottes mit seinem Volk als Postulat.

4. Die Sekte und das Leiden Israels

Nicht alle in Israel waren dieser Haltung treu. Es gab solche, wie die Sektenleute vom Toten Meer, die glaubten, sie könnten dem Leiden entrinnen, wenn sie den „Leuten des Frevels", nämlich ihren Volksgenossen die Solidarität verweigerten. Diese antisolidarische Haltung findet ihren Ausdruck auch in der Geschichtsphilosophie der Sekte (QD 2,10–4,10). Es gibt keinen gemeinsamen Nenner zwischen den Leiden der früheren Generationen und den Leiden der Gegenwart. Die Geschichte wird nur erzählt, damit auf dem Hintergrund derer, die untergingen, d. h. derer die verworfen wurden, diejenigen umso heller leuchten, die „übrigblieben", welches sind „die Erwählten Israels, die Herausgerufenen des NAMENS, die am Ende der Tage standhalten." Die Lehre vom „Rest" (QD 1,1; 2,11), die von einigen Propheten entwickelt wurde, um dem Erbarmen Gottes Raum zu schaffen, auch wenn er Gericht walten lassen mußte, diente diesen Leuten zur Rechtfertigung ihrer Absonderung vom Volk (Braun-Qu 2,235–40; Hempel 352, Siedl 47–50; 62–4). Doch dieser Rest ging zugrunde, während die Nation auch noch nach der „End"-Katastrophe weiterlebte. Wir werden diese Haltung in einem eigenen Kapitel genauer analysieren.

5. Die Christen und das Leiden Israels

a) Die Ideologie der Kirche

Auch die Christen identifizierten sich nicht mit dem leidenden Volk, aber aus andern Gründen als die Sektenleute. Zwar setzten auch die Anhänger Jesu ihre Hoffnung auf konkrete und nationale Befreiung aus der römischen

Knechtschaft (Lk 24,21; Ap 1,6). Doch nach der Spiritualisierung der Erlösungshoffnung (Flusser-Christentum 82) gab es in der christlichen Tradition
keinen Raum mehr für das Mitleiden mit dem Volk.

Zu Anfang allerdings sonderten sich die Christen keineswegs ab wie die
Sektenleute (Braun-Qu 2,153–235), sondern lebten mitten in Jerusalem und
nahmen am Tempelleben teil. Auch im Ausland gingen die Apostel überall
zuerst zu den Juden. Eusebius erzählt zwar in seiner Kirchengeschichte (III,
5,3), daß die Christen vor dem Krieg im Jahre 70 eine Prophezeiung erhalten
hätten, sie sollten die Stadt verlassen und sich nach Transjordanien zurück-
ziehen. Doch auch wenn es wahr wäre, daß die Christen sich gerade in der
Zeit der größten Not von Israel absonderten, so war dies doch ohne Zweifel
das Ergebnis eines vorhergehenden Prozesses, nämlich der gewalttätigen Ausstoßung der Christen durch Leute, die wie Saulus von Tarsus ihre Lehre be-
kämpften (Safrai-Geschichte 313). Die Christen sonderten sich also nicht
freiwillig ab, sondern wurden abgesondert.

Die Gefahr, daß die Nation nicht nur äußerlich vernichtet und zerstreut wurde,
sondern auch innerlich zerbröckelte, schien zu groß zu sein, als daß sich Israel den
früheren Liberalismus gegenüber abweichenden religiösen Richtungen leisten zu
können glaubte. (Alon 1, 179–192)

Infolge der Zerstörung wurde dann die Spaltung von christlicher Seite her
endgültig gemacht.

Daran ist durchaus nicht nur die geographische Verschiebung des Schwer-
punkts des Christentums in die hellenistischen Gemeinden nach der Zerstreuung der jerusalemischen Gemeinde schuld, sondern eher die Ideologie,
die nun von den Christen gegen ihr Volk Israel entwickelt wurde.

Die wichtigste alte Quelle für diese Ideologie ist die Geschichte des Euse-
bius, nicht nur weil er zu Anfang des vierten Jahrhunderts das kirchliche
Oberhaupt im Lande Israel war, in Caesarea wirkte und dort gewiß in Kon-
takt mit der berühmten Schule von R. Abbahu, R. Jizchak dem Schmied und
R. Sera war, sondern weil unter all seinen Vorgängern keiner historischen
Sinn und historisches Wissen besaß wie er (Eusebius, Vorwort des Heraus-
gebers S. 16). In seiner großen Bibliothek in Caesarea fand sich auch ein
Exemplar von Josephus' Jüdischem Krieg (JK).

Dessen ausführliche Darstellung der Greuel der Zerstörung diente Eusebius als ein weiterer Beweis für seine Ansicht, daß die Geschichte ein Prozeß
des Krieges zwischen Gott und dem Teufel sei, welcher durch Juden, Ketzer
und Christenverfolger wirkt.

Seiner Ansicht nach also wurden die Christen geheißen, Jerusalem zu
verlassen, um von der Stadt die Verteidigung abzuziehen, die sie ihr, sozusagen als Gerechte in Sodom (Gn 18; Jr 5,1) noch vierzig Jahre lang nach
dem Gottesmord verschafft hatten (III 5,3; 7,8). Die Zerstörung war nichts
denn der Urteilsspruch Gottes *(dike)* über die Verbrechen der Juden gegen
den Messias und seine Apostel, um „jenes Geschlecht von Frevlern total aus-

zurotten" (5,3). War es doch, wie Josephus bemerkt und Eusebius interpretiert, gerade zur Zeit des Pesachfestes, da drei Millionen Juden in Jerusalem zusammengepfercht wurden und zugrundegingen, sei es durch Hunger, Terroristen oder Feinde, also zur selben Zeit, in der sie einst den Gesalbten Gottes gepeinigt hatten (5,6).

Um den Leser zu lehren, wie die „Strafe Gottes" *(timoria)* die Juden verfolgt habe (5,7), genüge es, Josephus' seitenlange Darstellung der Hungersnot zu zitieren, sagt Eusebius, und er faßt zusammen, daß dies die „Vergeltung" *(epicheira)* für das Verbrechen der Juden gewesen sei (7,1).

Wo ist die Solidarität der „siebzig Nationen", die nach einem Midrasch mit der leidenden Knesset-Israel weinen? (ER zu 1,2 S. 59) „Gericht", „Strafe", „Vergeltung", sagen die Christen. Wie deuten dagegen die Juden die Zerstörung?

Ausdrücke wie „Gericht" sind auch bei ihnen durchaus üblich. Aber zunächst ist es ein wesentlicher Unterschied, ob ein Mensch sein eigenes Leiden beurteilt oder ob einer sich überhebt und andrer Leute Leiden an den Pranger stellt (s. S. 61–63). Zweitens: das Unrecht, das nach Meinung der Weisen gerichtet wird, ist völlig verschieden von dem, das die Christen Israel zuschieben, und ihre Annahme, es sei – „gegenseitiger grundloser Haß" gewesen, der die Zerstörung bewirkt habe (T Mn 13,22), kommt jedenfalls der historischen Wahrheit viel näher. Drittens: die Selbstverurteilung Israels ist viel strenger. Nach dem Maßstab der Weisen war es nicht Mord, sondern bloße Beleidigung, und nicht eines Gottessohns, sondern eines gewöhnlichen Menschen namens Bar-Qamza, die „den Heiligen-gelobt-sei-er veranlaßte, Bar-Qamza zu helfen und sein Haus zu zerstören und seinen Tempel zu verbrennen" (G 57 a; Podro 27).

Es sei noch die besondere Meinung von R. Schmuel bar Nachmani zitiert, weil sie sich wie eine Polemik gegen die christliche Auffassung anhört.

In seiner Predigt von den Nöten der Vergangenheit und den Freuden der Zukunft (s. S. 18) findet er gerade in der Eroberung Jerusalems (Jr 38,28) die einzige Freude, die Israel schon zu geschichtlicher Zeit zuteil geworden sei: „denn an eben diesem Tage empfing Israel die *apoche* aller seiner Verfehlungen (GnR 41[42],3; Bacher-APA 1,496). Das wort *apochè* ist griechisch und bedeutet die Schuldeinlösung eines Wechsels. In einer andern Version (LvR 11,7; Tn *šemini 9*) erscheint das Wort *apophasis*, auch dies ist griechisch und bedeutet die Annullierung einer Schuld. Also kein Todesurteil war die Katastrophe, sondern vollkommene Begnadigung.

Eine andere Version deutet die polemische Absicht noch stärker an, indem sie der Begnadigung das „Zeichen" hinzufügt, „daß an eben jenem Tag Menachem", der „Tröster", nämlich der Messias (vgl. ER zu 1,17. S. 89; P Br 5 a) „geboren wurde und Israel *apochè* empfing" (EtR Pt 11, ER zu 4,22, S. 154). Die Zerstörung war also nicht die Rache des Messias, der durch die Juden ermordet wurde, sondern umgekehrt, die Zerstörung war die Bedingung, daß der Messias, der sein Volk trösten wird, geboren werden konnte.

Wie gesagt, das ist offenbar eine Meinung, die die christliche Interpretation entkräften sollte, und spiegelt nicht die wahre Leidensbewältigung der Weisen wieder. Es ist hier auch nicht unsere Sache, die Sühnedeutung des R. Schmu'el, die sogar in der Terminologie mit der christlichen Deutung des Messiastodes identisch ist (vgl. Kol 2,14; Lohse; Reventlow-Rechtfertigung 125), näher zu untersuchen. Nur dies sollte klar werden: Alles Denken über Israels Leiden bei den Weisen geschah aus dem Gefühl tiefster Identifikation. Auch wenn sie dabei zum Ergebnis gelangten, daß die Schuld am Unglück ganz bei Israel lag, auch wenn sie ihre Volksgenossen mit Beschuldigungen geißelten, die äußerlich denen der Schadenfrohen und Rachsüchtigen ähnelten, so waren es doch sie selber, die litten! Sich selbst beschuldigten sie, sich selbst geißelten sie!

b) Jesus von Nazareth und das Leiden Israels

Nach dem, was über den Prozeß der Absonderung der Christen von ihren Volksgenossen gesagt wurde, müssen die Äußerungen Jesu zum Schicksal Israels mit Vorsicht untersucht werden. Eusebius (III,7,3–5) fand einen schneidenden Beweis für die christliche Deutung der Zerstörung darin, daß der Messias selber dieses Leiden vorausgesehen habe und über Jerusalem weinte (Lk 19,43 f; 21,23 f). Dem Detail, daß Jesus „weinte", schenkte er keine Beachtung. Auch moderne Wissenschaftler, die die Prophezeiungen als *vaticinatio ex eventu* oder als apokalyptische Klischees abtun (Bultmann-Tradition 129), bemühten sich selten, hinter diesen Traditionen der christlichen Gemeinde die wahre Beziehung des Propheten zu seinem Volke zu rekonstruieren.

Jesus von Nazareth aber war wie die andern Propheten ein Gesandter Israels, sowohl in seiner Solidarität als in seiner Verantwortlichkeit. Israel war seine Gemeinschaft, ihnen wollte er seine Botschaft bringen, und von Universalismus war er so weit entfernt, daß er eine nichtjüdische Frau, die seine Hilfe erbat, zurückstieß (Mr 7,24–30). Auch seine Schüler behaupteten, er habe ihnen verboten, „auf dem Weg der Heiden und in die Städte der Samariter zu gehen" (Mt 10,5).

All sein Tun und Reden ist in dem Satz symbolisiert: „Als er die Menge sah, zogen sich seine Eingeweide zusammen, denn sie waren verschmachtet und zerstreut wie Schafe, die keinen Hirten haben" (Mt 9,36). Das griechische Wort *splagchnizesthai* (von *splagcha* = Mutterleib, Eingeweide) erscheint nur im Neuen Testament und wurde von der Septuaginta (LXX) offenbar eigens gebildet, um für den bildlichen hebräischen Ausdruck ‚seine Eingeweide – eigentlich seine Mutterleibe – zogen sich zusammen' *(nikmeru raḥamaw)* nach verschiedenen Versuchen (Gn 43,30; 1 K 3,26; vgl. BenS 30,7) endlich einen ebenso bildlichen griechischen Ausdruck zu finden. Das ist keine Barmherzigkeit im modernen Sinn, denn diese impliziert einen Niveauunterschied zwischen dem, der sich erbarmt, und dem, dessen man sich erbarmt, – sondern tiefe Identifikation. Es ist sicher nicht zufällig, daß das Wort selbst im Neuen

Testament, das doch als Zeugnis des Erbarmens Gottes gilt, nur im Munde Jesu oder zur Beschreibung seines Tuns verwandt wird (Mt 14,14/Mr 6,34; Mt 15,32/Mr 9,2).

Die Absicht, die Eusebius in Jesu Worte legt, war gewiß nicht Jesu Absicht. Seine Voraussicht der kommenden Zerstörung unterschied sich nicht von der andrer Juden, die den Zusammenhang zwischen Fehlverhalten und Geschick realistisch beurteilten. Auch R. Jochanan ben Sakkai und R. Zadoq sahen die Zerstörung 40 Jahre vorher voraus (Jm 39 b; P Jm 43 c; G 56 a). Das hinderte die beiden nicht daran, alles zu tun, was in ihrer Macht stand, um die Katastrophe zu verhindern, R. Zadoq mit seinem Fasten und Mahnen und R. Jochanan mit seinen Verhandlungen mit den zelotischen Terroristen (Safrai-Geschichte 308; ARN S. 23).

Es war der Arzt Lukas, der unter den Verfassern der drei ältesten Evangelien die Einzigartigkeit Jesu am tiefsten erfaßte, nämlich seine Solidarität mit den Diskriminierten und Ausgestoßenen (s. S. 66). So ist es nicht verwunderlich, daß sich Lukas auch bei der Beschreibung von Jesu Verhältnis zu seiner Gemeinschaft nicht mit dem Prophezeiungsmaterial, das er bei seinen Vorgängern fand, begnügte, sondern zwei Szenen hinzufügte, die zeigen, wie Jesus um sein Volk litt.

Als Jesus nach Jerusalem hinaufzog, wo er sterben sollte, jauchzte ihm die Menge zu. Nie war ihm soviel Anerkennung und Achtung zuteil geworden. In dieser Situation galten Jesu Gedanken dem Geschick dieser Stadt und ihrer Kinder, und „er weinte über sie und sprach: Wenn doch auch du an diesem Tag erkannt hättest, was zu deinem Frieden dient" (19,41–45). Auch wenn Lukas selber mit dem „was zu deinem Frieden dient" die Anerkennung Jesu als des Erlösers meinte, so wäre es ihm doch nie in den Sinn gekommen, in der Zerstörung die Rache des Gekreuzigten zu sehen, wie es Eusebius und seinesgleichen taten. War es doch Lukas, der aus dem Munde des Sterbenden berichtete: „Vater vergib ihnen, denn sie wissen nicht, was sie tun" (Lk 23,34), und dies in offenbarem Gegensatz zu Jesu Vorgänger, dem Propheten Secharja ben Jehojada, welcher gesteinigt wurde und ‚bei seinem Sterben sprach: sehe ER und fordre ein!‘ (2 C 24,22) Ja, indem Lukas diesen Ausspruch überliefert, entkräftigt er, wenigstens theoretisch, den unheilschwangeren Ausruf des Volkes: „sein Blut komme über uns und unsre Kinder", den Matthäus, nicht Lukas, überliefert (Mt 27,25).

Wenn wir zudem bei den Worten „was zu deinem Frieden dient" von der spezifischen Absicht des Messiasgläubigen absehen, so hören sie sich so an, als seien sie von Jeremia vor der Ersten Zerstörung oder von R. Jochanan ben Sakkai, dem Zeitgenossen Jesu, gesagt worden (vgl. Mch S. 203). Und wenn er angesichts Jerusalems weinte, genau wie R. Jochanan (ARNb S. 21, vgl. Kt 66 b, Hymann 679), so nicht als einer, der sich von der Gemeinschaft abgesondert hat und den außenstehenden Beobachter spielt, sondern weil er den Schmerz um Israel im voraus erlitt.

Die zweite Szene zeigt Jesus in der entgegengesetzten Situation, nämlich der der Schmach und Todesangst. Eine große Menge Volks folgte ihm auf dem Weg zur Hinrichtung und viele Frauen bejammerten ihn. Da wandte sich Jesus um und sprach:

Ihr Töchter Jerusalems, weinet nicht über mich;
sondern weinet über euch und eure Kinder.
Denn siehe, es kommen Tage, da man sagen wird:
– Selig sind die Unfruchtbaren und die Leiber, die nicht geboren haben.

(Lk 23,27 ff)

Ob diese Worte im „historisch-archäologischen" Sinn wirklich gesagt wurden, ist ganz unwichtig. Wenn Lukas Jesus sowohl auf dem Gipfel persönlichen Prestiges als im Abgrund persönlicher Schmach als einen beschreibt, der das Leid seines Volkes fühlt, so tat er das doch wohl, weil diese Sorge für sein Volk, diese Identifikation, diese Solidarität, die Eigenart dieses Gesandten der Gemeinschaft war (Carmichael 162).

c) Die Verwandlung des Bürgen in den Rächer (Secharja ben Jehojada)

Doch die Katastrophe, die sein Volk 40 Jahre nach seinem Tod zu zermalmen begann, wandelte sein Lebenswerk in eine Tragödie, wie es vielleicht ihresgleichen nicht gibt in der Geschichte individueller Menschenschicksale. Nicht genug damit, daß sich die, die sich nach seinem Namen nannten, in der Stunde der Not von ihrer Gemeinschaft absonderten, weil die Zerstörung ihrer Ansicht nach die Existenz des Volkes besiegelte. Bis heute reden christliche Forscher vom „Spätjudentum", bis heute lassen christliche Historiker die Geschichte Israels im Jahre 70 enden. Die Tragik von Jesu Werk lag und liegt darin, daß seine Jünger all die Greuel, all die Leiden und Qualen Israels als Strafe für die Kreuzigung ansahen (Isaac 39–69) und also voll und ganz rechtfertigten. Damit luden sie die Verantwortung für jene Leiden dem Sohn Israels aus Nazareth auf, obwohl doch gerade er sein ganzes Leben den Leidenden Israels gewidmet hatte. Denn nicht angesichts der Leidenden unter den Heiden, sondern angesichts der Leidenden seines Volkes hatten sich seine Eingeweide zusammengezogen.

Wie kurz ist dann der Weg von der Rechtfertigung der Vernichtung bis zur Verursachung der Vernichtung!

Diese unheilvolle Einstellung zum Leiden Israels verwandelte alles, was Jesus wollte, in Lüge. Ja sie stand im Widerspruch zur christlichen Ideologie selber: Dasselbe Blut, das vergossen worden sein soll, um die Geschöpfe aus der Knechtschaft der Sünde und des Todes loszukaufen, verewigte die „Sünde Israels" und lieferte im Lauf der Geschichte Millionen dem Tode aus.

Nach Auschwitz standen viele Christen auf und legten, wie mein Meister und Lehrer, Reinhold Mayer, den Finger auf diesen Widerspruch und auf das Verbrechen, das diese Ideologie impliziert. Doch nur wenige erkannten Jesu

Tragik in ihrer furchtbaren Tiefe: Der, dessen Motivierung die Solidarität mit seinem Volke war, wurde zu einem, den angeblich die Rache zu seinem Volk motivierte. Und der Eine, der nach dem christlichen Glauben für die gesamte Menschenheit haftet (Reventlow-Wächter 133), wurde zu einem, der sein gesamtes Volk haftbar machte für das Verbrechen an ihm, an dem Einen. Der Tod eines Einzelnen sühnte für die Verfehlungen der Vielen, doch Unzählige litten für die Verfehlung einiger weniger an einem Einzelnen.

So absurd uns diese paradoxale Verdrehung der ursprünglichen Absicht Jesu und des ursprünglichen Glaubens an Jesus anmutet, so war doch dem Judentum dieser Gedanke der Haftung vieler Unschuldiger für das Verbrechen einiger weniger an einem Einzelnen nicht fremd. Hat es sich nicht unzählige Male in der Geschichte, vor allem in der jüdischen wiederholt, daß unzählige Unschuldige um der Verbrechen Einzelner willen hingemetzelt wurden?

Das ist die Wahrheit, die in der grauenvollen Legende von Secharjas Rache verborgen ist, ob nun mit Secharja Jesus gemeint ist, wie ich annehme, oder nicht.

Die bisher von den Forschern (Schoeps; Blank; Urbach-Rabbinen 405) nur oberflächlich behandelte Legende findet sich in unseren Quellen in acht verschiedenen Versionen,[6] abgesehen von späteren, die Legende betreffenden Diskussionen.[7] Diese Tatsache allein schon weist auf ihre Wichtigkeit im geschichtsphilosophischen Denken der Rabbinen hin. Obgleich der Rahmen in einer Anzahl von Redigierungen (vgl. Tabelle a², b² auch b¹, b³) die Vermutung rechtfertigt, daß die Legende von Ereignissen redet, die noch allzufrisch im Gedächtnis der Leute waren, nämlich die Blutbäder Vespasians und Hadrians, werden die Dinge erzählt, als seien sie 650 Jahre früher während der Ersten Zerstörung passiert. Dieses übliche Verfremdungsmittel (Simon-Midrasch) erlaubt dem Midrasch, auch eine solch furchtbare Katastrophe, wie sie die Bar-Kochba-Revolte zur Folge hatte, zu bewältigen zu versuchen.

Vom literarischen Standpunkt lassen sich die Versionen in zwei Gruppen teilen, die sich hauptsächlich durch ihren Schluß unterscheiden. Dazu kommt,

---

[6] Vgl. die Tabellen auf den folgenden Seiten. In ER, Wilna-Ausgabe, erscheint der Midrasch noch ein zweites Mal, und zwar in der a-Version, vgl. aber Salomon Bubers Argumente für die Auslassung dieser Version in seiner Ausgabe von ER, S. 108.

[7] Isoliert von der Geschichte: ER Pt 5. R. Acha erklärt R. Judan, daß Israel Secharja nicht im Vorhof von Israel und nicht im Vorhof der Frauen, sondern im Vorhof der Priester getötet habe. Diese Diskussion wurde den meisten Versionen der Secharja-Legende vorangestellt und zwar in Verbindung mit einem weiteren Midrasch über sieben Vergehen, die Israel an jenem Tag begangen habe, dessen Absicht dieselbe ist wie die von R. Acha's Antwort, nämlich den Abgrund zwischen Verbrechen und Strafe durch Aufbauschung des Verbrechens zu verringern (Blank 341).

Zu Anm. 6

VERGLEICH DER VARIANTEN DES SECHARJA-MIDRASCHS

Zeichen: 0 Fehlt   Se Secharja   Ne Nebusaradan
          * Zusatz zur vorigen Spalte   = wie in der vorigen Spalte
          ... wie in der vorigen Spalte außer dem erwähnten variierten Wort

Die Quellen: Einteilung in zwei Gruppen	Sn 96 b a¹	G 57a-b a²	ER Pt 23 a³	QoR 10,5 a⁴
Rahmen	0	80 000 Soldaten töteten in Betar Männer Frauen und Kinder. Ihr Blut rann bis ans Meer. Blutstrom neben Wasserstrom. Blut spart 7 Jahre lang Dünger. Ne tötete im Tal von Betar 2 110 000. Vespasian tötete in Betar 400 000 oder 4 000 000	Qo 12,1: Die Sünde Secharjas: daß er sich über das Volk erhob	Qo 10,4: Wer aufhört, demütig zu sein, wenn er zu einem Amt kommt, verursacht der Welt Tod, versündigt sich an seiner Generation. Se's Überheblichkeit gegenüber Jachasiels Identifikation mit seinem Volk.
Das Blut blieb unbedeckt, um sich zu rächen	0	0	Se's Blut	das Blut dieses Gerechten
Ne sieht das Blut gären; Israel leugnet die Verantwortung	=	= * seit einigen Jahren ruht das Blut nicht	=	der Heilige gab dem Blut den Wink zu gären: »Siehe da, deine Stunde, dein Testament einzufordern«
Ne's Drohung	sie mit eisernen Kämmen zu Kämmen			
Israels Schuldbekenntnis: Se war	Priester Prophet prophezeite Zerstörung wir haben ihn getötet	0 = wies uns zurecht mit Worten des Himmels =	0 = 0 =	0 = ...um Himmels willen * wir nahmens nicht an =
Israel wird von Ne abgeschlachtet	Ne: »Ich versöhne ihn!« Er tötete: die Meister Schulkinder Priesterkandidaten und 940 000	= das große Sanhedrin das kleine Sanhedrin 0 Jünglinge, Jungfrauen	= Schulkinder 80 000 Priesterkandidaten =	= 0 Priesterkandidaten =
Ne tadelt Se	Die Besten von ihnen hast du umgebracht! Gefällts dir, wenn ich sie alle töte?	= habe ich umgebracht = ...umbringe?	= = = ...vernichte?	Die Besten deines Volks = Ists dein Wille, daß alle umkommen?
Blut ruht sofort	=	=	=	=
Ne tut Umkehr / Ne wird Jude	= =	= =	= =	jener Frevler ... 0
weil er erkennt, *wie wertvoll das Leben eines Einzelnen ist* und wieviele für den Mord an einem Einzelnen *haften.*				
Der Heilige wird von Erbarmen erfüllt				

Zu Anm. 6

ER zu 4,13, S. 148 b¹	P Ta 69 a-b b²	Pq 122a b³	QoR 3,20 b⁴
Um die Versündigung ihrer Kinder, um die Verfehlungen ihrer Priester wars, die das Blut Bewährter ihr inmitten vergossen' (E 4,13) kam der Feind an die Tore Jerusalems.	Die Geschichten um Bar-Kochba bzw. »Bar-Kosiba« »Lügensohn«, und Betar. - 300 Hirne von Kleinkindern auf *einem* Stein. 500 Schulen, und in jeder 500 Kinder, alle wurden verbrannt, eingewickelt in ihre Buch-Rollen. Ein Zaun der Toten Betars hätte die Länge von 20 km auf 20 km, von Tiberias bis Zippori ergeben.	Von Jerusalem ist gesagt: ,Wahrspruch nachtete drin, jetzt aber Mordgeübte!' (Js 1,21) Einst war es die Stadt der Sühne, jetzt sind in ihr getötete Gesandte, Urija und Secharja (vgl. Js 8,2)	= 0 =
Se's Blut	=	=	das Blut dieses Gerechten
= .. dein Recht ...	wie a¹	=	wie a⁴ * 238 Jahre von Joas bis Zedekia
Er nahm sie und hängte sie an einen Galgen			
da der Heilige dies Blut von unsrer Hand fordert: Priester, Prophet und Richter war er und hat uns all das prophezeit, was du uns jetzt tust =	=	=	* wir glaubtens nicht * weil er uns zurechtzuweisen pflegte
0 0 0 80 000 Priesterkandidaten 0	0 0 0 0 =	0 0 0 = 0	0 das große Sanhedrin das kleine Sanhedrin = 0
Stellst du dir vor, daß ich deine ganze Nation deinetwegen umbringe?	Was willst du! Sollen wir deine ganze Nation für dich umbringen?	Was stellst du dir vor und was willst du! Sollen wir deine ganze Nation für dich umbringen?	Jener Frevler schrie das Blut an: Bist du etwa besser? Ist dein Blut etwa mehr wert als das Blut von diesen?
Der Heilige bedeutet dem Blut zu versickern			
0	0	0	0
Der Heilige nimmt sich ein Beispiel an Nebusaradan und erinnert sich dran, daß er der Barmherzige genannt wird			

daß die meisten Versionen in einen redaktionellen Rahmen eingebaut sind, der der Legende jeweils eine zusätzliche Tendenz verleiht. Der ursprüngliche Sinn der Legende ist jedoch in allen Versionen gleich. Dies ist die Legende:[8]

Israel leugnet die Schuld: Als Nebusaradan, ‚der Anführer der Leibdegen' (Jr 40,2) im Namen Nebukadnezars, des Königs von Babylonien, heraufkam, um Jerusalem zu zerstören, sah er Blut, das gärte und kochte. Er fragte „sie", was das für Blut sei, und „sie" antworteten ihm, daß es Blut von Widdern, Stieren und Schafen sei, das sie dem Heiligen-gelobt-sei-er zu opfern pflegten. Wer die „sie" sind, wird nirgends definiert. „Sie," das sind wir, ganz Israel, ganz Israel heute.

Der Babylonier läßt die entsprechenden Tiere bringen und über dem gärenden Blut schlachten, doch das Blut „kam nicht zur Ruhe". Da bedroht er Israel: Entweder ihr sagt mir die Wahrheit oder ich kämme euer Fleisch mit Eisenkämmen! Das war das Folterinstrument, mit dem R. Aqiba zu Tode gequält wurde (Br 61 b). Nach der b-Version drohte der Feldherr nicht nur mit Worten, sondern „nahm sie und hängte sie an den Foltermast", bis sie keine andre Wahl hatten, als laut zu sagen, was sie im Herzen zu wissen meinten:

Israel bekennt seine Schuld:

Was könnten wir vor dir verbergen?
Einen Propheten hatten wir,
der wies uns zurecht um Himmelswillen!
Wir aber nahmens nicht an von ihm,
sondern standen auf und töteten ihn!

Nach der b-Version (und a[1]) behaupten die Leute, daß Secharja, der doch 238 Jahre vor der Ersten Zerstörung lebte, wie eine Quelle ausdrücklich angibt (b[4]), „uns alle diese Dinge, die du uns jetzt antust, voraussagte!" und das obwohl nach der Bibel grade Secharja ben Jehojada, im Unterschied zu Jeremia, nur allgemeine Warnungen on sich gab (2 C 24,20). Aber Secharja symbolisiert alle Gesandten Israels, und deren Aufgabe war es, Unrecht zu verhindern, um Leid zu vermeiden. Und um dies tun zu können, mußten sie unter Umständen auch den politischen Weitblick eines Jeremia haben.

Wie Secharja den Gesandten Israels in jeder Generation symbolisiert, so ist es charakteristisch für das Denken Israels, daß sich die Leute ganz selbstverständlich nicht nur mit der Generation, in der 238 Jahre vorher der Mord begangen wurde, identifizierten, sondern auch mit den eigentlichen Mördern, indem sie sagen, „uns hat er zurechtgewiesen! uns hat er vorausgesagt! wir haben ihn getötet!" Nur eine Version (a[1]: „Er prophezeite ihnen, Israel, die

---

[8] Ich behandle im Folgenden nur die in unserm Zusammenhang wichtigen Punkte. Man kann aus dem Vergleich der Parallelen und Unterschiede noch viel mehr lernen.

Zerstörung Jerusalems") macht wenigstens einen Unterschied zwischen Secharja's Generation und ihrer eigenen.

Die Unschuldigen müssen haften: Nebusaradan beschließt, den ermordeten Propheten zu „versöhnen". Zu diesem Zweck bringt er „das große Sanhedrin" und schlachtet es über dem Blut, „doch es ruhte nicht". Es bringt das kleine Sanhedrin, dann „Jünglinge und Jungfrauen", dann „die Blüten (Kandidaten) der Priesterschaft" und schließlich „die kleinen Schulkinder". Aber das Blut gärte weiter. Einige Versionen fügen den Opfern noch sagenhafte Zahlen hinzu, ähnlich den Zahlen in einer der Rahmengeschichten, mit denen die Rabbinen einen Begriff vom Ausmaß der Betar-Katastrophe geben wollten. Aber nicht die Quantität, sondern die Qualität ist hier wichtig. Gibt es unschuldigere Menschen als kleine Schulkinder? als Jünglinge und Jungfrauen? als Priesterknaben, die künftig bei der Darbringung der Opfer im Kult für Israel sühnen sollten?

Auch daß anachronistischerweise das zur Zeit der Ersten Zerstörung noch nicht bestehende große und kleine Sanhedrin, zu dem je 71 und 23 Richter gehörten, für die Untat haften mußte, entsprach der besondren Verantwortung, die den „Großen", die ein öffentliches Amt einnahmen, aufgebürdet wurde. Weil später die Rabbinen für die eigentlichen Verantwortlichen der Gemeinschaft gehalten wurden, läßt eine Quelle (a[1]) folgerichtig „die Rabbinen" von Nebusaradan abgeschlachtet werden.

Nicht alle Versionen zählen alle Gruppen auf, aber jede Version ist an derselben historischen Wahrheit interessiert: Grade die Unschuldigen, grade die, die niemals Teil hatten an dem Fehlverhalten und dem Versagen, das schließlich zur Katastrophe führte, grade die, die noch nicht das Alter der Verantwortlichkeit erreicht haben oder die sogar versuchten, die Untaten und Torheiten ihres Volkes zu verhindern, grade die sind die Ersten, die in den Abgrund gerissen werden (s. S. 259).

Was die kleinen Schulkinder betrifft, so erzählte Rabban Schim'on ben Gamliel folgende autobiographische Geschichte: „Fünfhundert Schulen gab es in Betar, und in der kleinsten gab es nicht weniger als fünfhundert Kinder, und weil die Sünden es verursachten, wickelten sie (die Römer) jedes einzelne in seine Buchrolle und verbrannten es, und von allen bin nur ich allein übriggeblieben" (P Ta 69 a). Wiederum sind die Zahlen sagenhaft, aber an der sich immer wiederholenden Geschichte, daß Millionen von Kindern für das Versagen ihrer Väter zu büßen haben, ist nicht zu rütteln.

Nebusaradan tadelt Secharja: Der Feind schreckt zurück angesichts seines eigenen Gemetzels. Obwohl ihn einige Versionen der Gewohnheit halber den „Frevler" nennen, hat der Midrasch keinerlei Absicht, mit dem fremden Eroberer abzurechnen, denn was würde dies zur Bewältigung des Leids beitragen? Wohl nicht zufällig wählte der Midrasch einen Mann, der in der Bibel als recht sympathische Figur erscheint und sich, nach dem Buch Jeremia, als Werkzeug in SEINER Hand verstand (Jr 40,2–4). Zwar brachte er die Regierungsspitze, zwölf Mann, zusammen mit weiteren sechzig Mann aus dem

Volk, ins königliche Lager, aber nicht er tötete sie, sondern der babylonische König (2 K 25,18–21). Nicht Nebusaradans Schuld geht Israel etwas an, sondern die eigene Schuld, denn nur über das eigene Tun hat man Gewalt, nur für das eigene Tun kann man verantwortlich sein.

Israel hatte sich also bereit gezeigt, für das Verbrechen an dem Einen zu haften. Wie steht es aber mit dem Recht des Einen, diese Rache zu fordern?

> Da tadelte ihn Nebusaradan:
> Secharja, Secharja!
> Die Besten deines Volks habe ich umgebracht!
> Wird dir wohlsein, wenn alle umkommen?

Eine Quelle (a[1]) sagt noch schärfer: „hast du umgebracht!" Du bist es, der sein Volk umbringt! Jede Quelle zitiert Nebusaradans Schrei in ihrer eigenen, markanten Form, teils aramäisch, teils hebräisch, teils halb aramäisch und halb hebräisch. Aus allen klingt die große Klage darüber, daß grade „die Besten deiner Nation" die Folgen des Prophetenmordes zu tragen haben:

> Was stellst du dir vor, was willst du!
> Sollen wir deine ganze Nation deinetwegen umbringen?

Eine andre Version (b[4]) schreit lauter noch als die andern:

> Bist du etwa besser?
> Ist dein Blut etwa mehr wert als das Blut von diesen?

Wie gesagt, der Schrei ist in den Mund von Israels Feind gelegt, wie diese Quelle ausdrücklich betont: „Jener Frevler schrie das Blut an ..."

Damit zeichnet sich eine zweite Tendenz ab, die im ursprünglichen Midrasch noch nicht zu klarem Ausdruck gelangt. Nicht nur das Volk ist verantwortlich für das Unrecht an dem Propheten, auch der Prophet ist verantwortlich dafür, daß um seinetwillen kleine Schulkinder in ihren Buchrollen verbrannt werden.

Hier trennen sich die Versionen voneinander. Die erste Version ist daran interessiert zu zeigen, welche Lehre der Feind aus Israels Haftungsgesetz zieht: *Nebusaradan kehrt um und wird Jude:* Der Exekutor des Schicksals versteht nun die untergründigen Beziehungen zwischen Tun und Geschick, zwischen Einzelnem und Gemeinschaft:

> Jener Frevler dachte in seinem Herzen an Umkehr
> und sprach:
> Wenn von dem, der eine einzige Seele aus Israel verliert,
> geschrieben steht:
> ‚Wer Blut des Menschen vergießt,
> durch den Menschen werde vergossen sein Blut!' (Gn 9,6)
> um wieviel mehr gilt das dann für jenen Mann (mich),
> der soviele Seelen verloren hat. (a[4])

Drei von vier Quellen definieren die einzige Seele nicht als Seele „aus
Israel", sondern einfach als Seele. Der Nichtjude, der Feind, lernt, welchen
Wert das Leben eines Menschen, welchen Wert ein Einzelner überhaupt hat.
Er schickte seine Papiere nach Hause, damit man dort sein Erbe regle, und
wurde Jude. Es ist klar, daß er das nicht tat, um der Rache der von ihm
Niedergemetzelten zu entgehen, das Judewerden hätte ihm dabei wenig gehol-
fen. Er wurde Jude, weil er sich zu diesem Volk hingezogen fühlte, in dem
der Wert des einzelnen Menschen so hoch, ist, daß die ganze Nation bereit ist,
ihre Katastrophe als Folge für den Mord an einem Einzigen zu verstehen. Er
zitiert ja nichts andres als was die Mischna, die doch sonst nur wenig Aggadisches enthält, Israel einzuhämmern suchte:

Aus der Drohungsformel, die in Strafprozessen an die Zeugen zu richten
war und in der ihnen ihre Verantwortung nicht nur für das Blut des Ange-
klagten, sondern auch für „das Blut seiner Nachkommen bis an der Welt
Ende" zu Bewußtsein gebracht wurde, schließt die Mischna auf den ungeheuer
großen Wert des einzelnen Menschen:

Denn jeder, der eine einzige Seele verliert,
den beurteilt die Schrift, als habe er eine volle Welt verloren.
Und jeder, der eine einzige Seele am Leben erhält,
den beurteilt die Schrift, als habe er eine volle Welt am Leben erhalten.

(M Sn 4,5)

Mit der „Schrift" ist der Vers Gn 4,11 gemeint, der von den „Bluten",
nämlich Blut im Plural, redet, welche zu Gott aus dem Acker schreien. Kain
hatte eben nicht nur Abel getötet, sondern all die Menschen, die Abels Nachkommen hätten sein können.[9] Eine der Bearbeitungen dieser Mischna zieht
daraus die extreme Konsequenz:

---

[9] Was die Originalität der sog. „universalistischen" Form gegenüber der sog.
„partikularistischen", die angeblich nur die Seele aus Israel meine, betrifft, und
zwar sowohl in der Mischna als in dem Nebusaradan-Wort, so haben dazu Urbach-
Seele und Bergmann das Nötige gesagt. Der Unterschied ist nicht grundsätzlich. Ich
möchte folgende Überlegung hinzufügen: Wenn die Verantwortung praktisch und
effektiv werden soll, dann muß sie bei den Nächsten beginnen und sich dann in
konzentrischen Kreisen ausbreiten, vgl. das Wort von R. Chanina, R. Jochanan und
Rab (s. S. 105). Auch Paulus sagt, man solle allen Menschen Gutes tun, „allermeist
aber den Glaubensgenossen" (Gl 6,10). Das viel zitierte hebräische Sprichwort: „Die
Armen deiner Stadt und die Armen einer andern Stadt – (wenn du nicht beiden
helfen kannst, dann wisse): die Armen deiner Stadt gehen vor!" (BM 71 b) widerspricht nicht der andern Regel: „Man verpflegt die Armen der Heiden zusammen
mit den Armen Israels um des Friedens willen" (G 61 a). Es ist gewiß auch einer
der Aspekte der theologischen Idee vom auserwählten Volk. Die Anhänger des
Universalismus erliegen leicht der Gefahr des Maximalismus: weil sie die Nahen
übersehen, erreichen sie auch die Fernen nicht.

Da hast du also gelernt,
daß ein einziger Mensch
soviel wert ist
wie die ganze Schöpfung! (ARN S. 90 f)

Empörung gegen das Gesetz der Haftung: Nach der ursprünglichen Version ereigneten sich die Dinge infolge einer natürlichen Gesetzlichkeit. Das Blut gärte von sich aus, und nachdem Nebusaradan es anschrie, ruhte es von sich aus. Der Heilige-gelobt-sei-er hatte seine Hand, nicht im Spiel.[10]

Die b-Version kann sich mit einer so grausamen Verwirklichung des Haftungsgesetzes nicht abfinden. Ihre Aufmerksamkeit ist nicht auf Nebusaradan sondern auf den gerichtet, der das Gesetz der Haftung funktionieren läßt und der verantwortlich ist für die Erfüllung des Rachewunsches von Secharja in der Stunde seines Todes: ‚Sehe ER und fordre ein!‘ (2 C 24,22).

Diese Quelle (b⁴), die sich durch besonders scharfe Formulierungen auszeichnet, macht Gott von Anfang an für die Rache Secharja's verantwortlich. Er war es nämlich, der jenem Blut „bedeutete, daß es gären und aufsteigen sollte", obwohl „238 Jahre zwischen Joas und Zedekia" lagen. Israel häufte Asche über das Blut, doch es ruhte nicht:

Da sprach der Heilige-gelobt-sei-er zum Blut:
Die Stunde ist da,
da du dein Testament einforderst!

Mit feiner Ironie zitiert die b-Version am Ende statt der Umkehr-Überlegungen Nebusaradans etwas wie Umkehr-Überlegungen des Heiligen-gelobt-sei-er. Nachdem Nebusaradan Secharja angeschrien hatte: „Bist du etwa besser? Ist dein Blut etwa mehr wert als das Blut dieser?" –

In jener Stunde wurde der Heilige von Erbarmen erfüllt:
Wenn dieser Frevler, Sohn eines Frevlers, und grausam,
der heraufgekommen ist, um mein Haus zu zerstören,
mit Erbarmen erfüllt wurde um sie,
muß da nicht Ich, von dem geschrieben steht:
‚Gütig ist ER allem,
sein Erbarmen über all seinen Werken!‘ (Ps 145,9),
erst recht von Erbarmen erfüllt werden?

Jede Version hat ihre eigenen Bibelverse, die die göttliche Barmherzigkeit behaupten und Gott an seine Pflicht erinnern. Was dahintersteckt, ist im Grunde die furchtbare Anklage gegen den Herrn der Geschichte, in der er das Gesetz der Haftung wirken läßt.

Das blutige Testament: Natürlich wurde die Art und Weise, wie das Haftungsgesetz funktioniert, oft durch die irrationale Denkweise der Alten

---

[10] Die Version a⁴ vermischte die beiden Schlüsse, wohl unter dem Einfluß von b⁴, die sich ebenfalls in QoR befindet.

verschleiert. Secharja's Mord hat – historisch-rational gesehen – gewiß nichts mit den unschuldig Hingemetzelten der Ersten Zerstörung und schon gar nichts mit der Betar-Katastrophe zu tun.

Daß eine Nation für die Ermordung eines Einzigen über Jahrhunderte, ja fast Jahrtausende hinweg haften mußte, das geschah wirklich nur in dem einen Fall, auf den meiner Ansicht nach zumindest der Redaktor von b⁴ und a⁴ in erschreckender Antizipation hinweist. Statt des Ausdrucks „dein Recht einfordern", wie es bei den andern Vatianten heißt, wählt er die seltsame Formulierung: „dein Testament einfordern". Das Wort Testament drückt er mit dem griechischen Wort „*diatheke*" aus, eben dem Wort, das nach dem Neuen Testament das Symbol des Glaubens an Jesus den Messias ist. Hat er doch „eine neue *diatheke* in meinem Blut gegeben" (Mr 14,24; Mt 26,28; Lk 22,20; 1 Kr 11,25). Zwar übersetzte die Septuaginta mit diesem Wort das hebräische „Bund", und auch der Messias meinte „einen neuen Bund", aber für die jüdische Geschichte hatte die „diatheke in meinem Blut" die buchstäbliche Bedeutung: für sein Blut haften wir mit unsrem Blut, Geschlecht um Geschlecht. Nicht des Lukas „Vater, vergib ihnen" (Lk 23,34) wurde wahr an ihnen, sondern des Secharja's ‚Sehe ER und fordre ein!‘ (2 C 24,22)

Vielleicht geht diese Interpretation zu weit. Die Rationalität der Haftungsbeziehung zwischen dem ermordeten Propheten und dem Volk, das, juristisch gesprochen, an dem Mord unschuldig ist, kann jedoch an einer andern Geschichte aufgewiesen werden, die im selben Zusammenhang wie die Secharja-Legende erzählt wird:

Wie in der Zeit vor der Zerstörung im Jahre 70 R. Zadoq betete und fastete und das Volk zurechtwies, um die Katastrophe zu verhindern, so gab es auch in den Jahrzehnten vor der Bar-Kochba-Revolte einen Weisen, der diese Aufgabe des Bürgen, des Gesandten Israels erfüllte, nämlich R. El'asar von Mode'in. Es gelang ihm auch, das Unheil aufzuhalten, wobei es wiederum unwichtig ist, daß der Midrasch sich nicht die Mühe nimmt, diese Wirkung seines Tuns rational zu erklären. In dem Moment jedoch, da der Führer des Volkes, „Bar-Kosiba", der Lügensohn, wie ihn R. Schim'on ben Jochai bitter nannte (P Ta 68 d), den wahren Bürgen seines Volkes, nämlich R. El'asar, mit eigner Hand ermordete, „wurde Betar sofort eingenommen" (P Ta 69 a; ER zu 2,2, S. 102). Denn nachdem ‚Israels Arm und sein rechtes Auge‘ (Sa 11,17), wie R. El'asar von Mode'in genannt wurde (ibd), tot war, hielt Gott, der wiederum die Geschichte funktionieren läßt, nichts mehr zurück, dem Schicksal des Volkes, das es sich selber bereitet hatte, seinen Lauf zu lassen.

Secharja's Sünde: Die Behauptung, daß zuweilen grade der Prophet, der sich sein ganzes Leben mühte, um der Gemeinschaft das Unheil zu ersparen, schließlich derjenige ist, der das Unheil auslöst, ist gewiß nicht aus der Luft gegriffen.

Das muß notwendigerweise zu Überlegungen führen, wie sie schon Kierkegaard und Tillich aussprachen:

„Leben" ist gekennzeichnet durch Zweideutigkeit, und eine der Zweideutigkeiten ist die von Größe und Tragik (...). Daraus erwächst das Problem, wie ... (Jesus) in das tragische Element des Lebens einbezogen ist. In welcher Beziehung steht er zur Zweideutigkeit der tragischen Schuld? Welches ist seine Beziehung zu den tragischen Konsequenzen, die seine Handlungen und seine Entscheidungen für die haben, die für ihn oder gegen ihn sind, oder für die, die weder das eine noch das andere sind?

Das erste und historisch bedeutsamste Beispiel in diesem Zusammenhang ist der Konflikt Jesu mit den Führern seines Volkes. Auf christlicher Seite vertritt man im allgemeinen die Ansicht, ihre Feindschaft gegen ihn sei unzweideutig ihre religiöse und moralische Schuld. Sie entschieden sich gegen ihn, obwohl sie sich für ihn hätten entscheiden können. Aber grade in diesem „können" liegt das Problem. Es schließt das tragische Element aus, das universal zur Existenz gehört. Es löst die Führer aus dem Zusammenhang der Menschheit heraus und macht sie zu Repräsentanten des unzweideutig Bösen. Aber es gibt nichts unzweideutig Böses. Das wird auch von Jesus in bezug auf seine Feinde anerkannt. Er bittet für sie um Vergebung, da „sie nicht wissen, was sie tun". ... Wenn die Christen das tragische Element in der Begegnung zwischen Jesus und den Juden (und ähnlich zwischen Paulus und den Juden) leugnen, machen sie sich einer tiefen Ungerechtigkeit schuldig. Und diese Ungerechtigkeit ließ schon frühzeitig einen christlichen Anti-Judaismus entstehn, der eine der ständigen Quellen des modernen Antisemitismus ist. Es ist bedauerlich, daß auch heute noch ein großer Teil der christlichen Unterweisung bewußt oder unbewußt für diese Art anti-jüdischen Fühlens verantwortlich ist. Ändern kann sich das nur, wenn wir offen zugeben, daß der Konflikt zwischen Jesus und seinen Feinden ein tragischer war. Das bedeutet, daß Jesus insofern dem tragischen Element unterworfen war, als er seine Feinde unausweichlich schuldig werden ließ ... Es war eine tiefe Einsicht in das tragische Element der Schuld, als Kierkegaard die Frage stellte, ob man das Recht habe, sich für die Wahrheit töten zu lassen. Wer das tut, muß wissen, daß er tragisch für die Schuld derer verantwortlich wird, die ihn töten. (Tillich 143 f)

In dieser Richtung gingen auch die Überlegungen mehrerer Redaktoren der Secharja-Legende (a³, a⁴ und vielleicht b¹). Für sie scheint „die Sünde Secharja's" sogar der eigentliche Anlaß gewesen zu sein, die Legende zu erzählen.

Es kann unmöglich sein, daß ganz Israel schuldig ist und ein einziger Mann unschuldig, und sei er auch der Ermordete selber. All Israel bürgen füreinander, auch der Prophet für das Leid, das sein Volk infolge der Haftung für seinen Tod erlitt. Grade jener Redaktor (a¹), der Secharja einen „Gerechten" nannte und ihm bestätigte, daß er „um Himmelswillen" zurechtwies, ging in der Beschuldigung Secharja's am weitesten.

Ein Bibelvers (Qo 10,4), der einen Menschen, der ein Amt erhält und Verantwortung für die Gemeinschaft auf sich nimmt, zur Demut ermahnt, dient dem Redaktor dazu, seine Theorie zu entwickeln:

Denn jeder, der seine Demut fahrenläßt,
verursacht seiner Welt Tod
und sündigt an seiner Generation.

Und von wem lernst du das?
Von Secharja!
Da gesagt ist:
,Da umkleidete sich der Geist Gottes mit Secharja usw.,
er stand über dem Volk!' (2 C 24,20)
Ging er etwa auf den Köpfen des Volks?
Nein, sondern er hielt sich für größer als das ganze Volk,
Schwiegersohn des Königs! und Priester! und Prophet! und Richter!
Er begann Großes daherzureden
und sprach zu ihnen:
,Warum übertretet ihr SEINE Gebote?
Nicht werdet ihr Gelingen haben usw.' (ibd)
Sofort:
,Sie verknoteten sich wider ihn und umschmissen ihn mit Steinen
nach dem Gebot des Königs.' (2 C 24,21)

Das war eine Zurechtweisung, die nicht aus der Identifikation und Solidarität kam, behauptet der Redaktor. Er hat dann auch einen eigenen Vorschlag, wie Secharja zum Volk hätte reden sollen, um zu vermeiden, daß die
Leute ihn ermordeten und ihre Kinder dafür würden haften müssen:

Aber Jachasiel tat nicht also, sondern
,Jachasiel Sohn Secharjahus Sohn Bnajas . . .
über ihm war SEIN Geist inmitten der Versammlung.' (2 C 20,14)
Was ist das: ,inmitten der Versammlung'?
daß er sich mit der Versammlung gleichmachte! (QoR 10,5)

Auch der Ermordete ist kein passives Opfer, sondern trägt Verantwortung
für das, was ihm angetan wird (vgl. Neumann 18), unter der Bedingung, daß
er ein erwachsener, entscheidungsfreier Mensch ist, ob nun der Aggadist recht
hat mit seiner Exegese oder nicht. Die Frage, ob die Propheten, Jesus oder
jeder andre, der sein Volk zurechtweisen mußte, um es vor Unheil zu bewahren, wirklich ,inmitten der Versammlung' gesprochen, „sich selbst der
Versammlung gleichgemacht", sich identifiziert haben, ist gewiß nicht überflüssig. Es ist die Frage nach der innersten Haltung des Gesandten, die Frage
nach der Solidarität.
    Dennoch ist der Redaktor, der Secharja des Hochmuts anklagt und ihm
den Jachasiel als Vorbild gegenüberstellt, nicht besonders redlich. Denn wer
ist dieser Jachasiel? Als Feinde gegen Israel anrückten und Volk und König
sich schrecklich fürchteten (2 C 20,1), verkündete ihnen dieser Prophet, daß
sie nicht nur keinen Grund zur Angst hätten, sondern nicht einmal kämpfen
müßten: ,stellt euch auf, tretet vor und seht SEINE Befreiung an euch.'
Israel bricht in Jubel und Gesang aus, während sich die Feinde gegenseitig
niedermetzeln (2 C 20,11–17).
    Einen solchen Propheten braucht man natürlich nicht zu töten. Er tat ja
genau das Gegenteil von einem Gesandten, dessen Aufgabe es ist, den Leuten

zu zeigen, wo ihre Verantwortung gegenüber ihrem Schicksal liegt. Jachasiel forderte von seinem Volk keinerlei Verantwortung, keinerlei Aktivität. Wer von seinem Volk nichts fordert, hat es leicht, ‚inmitten der Versammlung' zu reden! Weder das Volk noch sein Gesandter können dem Gesetz der Haftung entrinnen. Wie unschuldig auch der Einzelne sein mag, es rettet ihn nicht davor, mit in die Katastrophe der Allgemeinheit gerissen zu werden und für Fehlhandlungen und Versagen zu haften, selbst wenn er keinen Teil dran hatte. Nur aktive Bürgschaft, nur Verantwortung aus der Solidarität kann vor passiver Haftung retten. Aber auch der aktive Bürge, der sein Leben einsetzt, um das Unheil von seinem Volk fernzuhalten, kann in Gefahr kommen, sein Volk zu passiv Haftenden für die Schuld an seinem Tod zu machen.

6. Esra der Seher und das Leiden Israels

Wie nach der Ersten Zerstörung, so erstanden dem Volk auch nach der Zweiten Zerstörung Menschen, die den Schmerz ihres Volkes fühlten und das Leid zu bewältigen suchten.

Die tiefste Klage und die schärfsten Gedanken finden sich wiederum bei „Esra dem Seher". Die Wissenschaftler rechnen das Büchlein der apokalyptischen Literatur zu, doch seine Bedeutung liegt nicht in der traditionellen Trostlehre, wie sie sich in den blutleeren und häufig irrelevanten Antworten des „Engels" (Licht-Esra 11) wiederspiegeln, sondern in den tiefschürfenden, hartnäckigen Fragen, die aus der absoluten Identifikation Esra's mit seinem Volk wuchsen.

Anders als in den Klageliedern der Bibel (E), leuchtet hier die Persönlichkeit des Verfassers durch, und der Eindruck, daß ein Einzelner das Leid des ganzen Volkes trägt, ist darum stärker. Es bestehen viele Gemeinsamkeiten zwischen Hiob und Esra: derselbe Schrei aus der Tiefe des Schmerzes, dieselbe verzweifelte Anklage gegen den Himmel, dieselbe Schönheit der Lyrik. Doch Hiob leidet um sich selber und beklagt die Ungerechtigkeit, die Gott ihm persönlich gegenüber zeigt. Esra leidet um sein Volk, und was fehlt, ist nicht Gerechtigkeit, sondern Erbarmen. Hiob beugt sich schließlich vor der göttlichen Allgewalt und vor seinen Wundertaten. Wie sollte er, Staub und Asche, mit Gott kämpfen (Ij 42,1–5)? Esra dagegen läßt sich von den Wundertaten Gottes nicht beeindrucken und vermag sich nicht unter die zermalmende Hand zu beugen, denn nicht von Esra persönlich und privat ist die Rede, sondern von seinem leidenden Volk. Persönliche Demut, die Fohrer (23–25) für Hiobs größte Errungenschaft hält, hätte der leidenden Gemeinschaft nichts genützt.

Der unbekannte Dichter repräsentiert sich nicht nur in seinem Denken, sondern auch in seinem Handeln als verantwortlich für den entronnenen Rest seines Volkes. Als ihn die Leute einmal in der Einsamkeit sitzen finden und

ihn, der ihnen doch als einziger Prophet übriggeblieben sei, beschuldigen, sie
verlassen zu haben, erklärt er ihnen, daß er nur für eine Weile in die Einsamkeit gegangen sei, um seiner Verantwortung für die Gemeinschaft umso
effektiver Rechnung zu tragen (EsA 12,40–45).

Das Leiden der Gemeinschaft dünkt ihm so schwer, daß er einem Einzelnen, der um sein privates Leid klagt, das Recht dazu verweigern möchte.
In einer seiner Visionen erscheint eine Frau, die trauert und weint. Sie sei
dreißig Jahre lang unfruchtbar gewesen, und als sie schließlich eines Sohnes
gewürdigt wurde und ihn unter den Trauhimmel bringen wollte, fiel er um
und starb. Esra wird zornig, es gehe nicht an, daß ihr privater Schmerz
größer sei als der Schmerz über das Leid der Gemeinschaft (EsA 9,38–10,12).
Wer hat mehr Recht zu weinen, der, dem nur ein einziger starb oder der, dem
eine so große Menge verloren ging? Als die Frau sich weigert, sich trösten
zu lassen, und Esra mit der Klage über die Zerstörung Zions anhebt, damit
sie sich mit der Not Zions tröste (EsA 10,21 f), wird offenbar, daß die
trauernde Frau keine andre denn „Zion" selber ist.

Die Symbolik, die in der Erscheinung der Frau liegt, ist vielleicht tiefer
als sich der Seher bewußt war. Hat nicht der Tod des einzigen Sohnes einer
einzelnen Frau dasselbe Gewicht wie all die Tode der Söhne des Volkes?
Auch die Geschichte, die von Rabban Gamliel erzählt wird, der, als er die
Stimme einer um ihren toten Sohn weinenden Frau in seiner Nachbarschaft
hörte, sich der Tempelzerstörung erinnerte „und weinte, bis ihm die Augen-
wimpern ausfielen" (ER zu 1,2; S. 61; Sn 104 b), deckt diese wichtige Wahrheit
auf: Das Leid der Allgemeinheit ist nicht meßbar oder fühlbar, es sei denn
im Leid des Einzelnen, der ein Teil dieser Algemeinheit ist. Joshua Podro
sagt in seiner Arbeit über Jehoschua ben Chananja, der der treue geistige Sohn
des R. Jochanan ben Sakkai war:

> He belonged to a school, which in the light of Hillels teaching saw that
> national misery must be thought of, not as an abstraction, but as a misery of
> individuals, and that no war which increased the misery of individuals could be
> justified (119).

Esra versteht nicht, wie der Gott des Volkes nicht so fühlt wie er. Er
schleudert keine so groben Anklagen gegen den Himmel wie die Rabbinen,
doch in seinem Herzen fühlt er wie sie, daß sein Schmerz stärker ist als der
Gottes. Dafür weist ihn sein imaginärer Gesprächspartner zurecht, ob er sich
etwa einbilde, Israel mehr als sein Schöpfer zu lieben:

> Nein, mein Herr, doch der Schmerz, den ich leide . . .
> Warum wurde ich geboren, und warum wurde mir der Mutterleib nicht zum Grab,
> auf daß ich nicht sähe die Qual Jakobs
> und die Mühsale des Samens Israels! (EsA 5,33–36)

Das ist eine schlechte Verteidigung!
Der Engel, das andere Ich Esra's, versucht nun ihn zu verführen, sich von

der Menge abzusondern. Diese Versuchung trat an alle Gesandten Israels heran: ‚Laß mich,' sagt Gott zu Mose, ‚auf daß ich das Volk vernichte und dich zu einem großen Volk mache!' (Ex 32,10; Nu 14,12). Es ist die Versuchung, der Gemeinschaft und der Verantwortung für deren Fehlhandlungen zu entrinnen. Dies Drama, das sich in der Seele jedes Menschen abspielt, der sich vergebens für sein Volk verzehrt, fand in der Schau Esra's einen erschütternden Ausdruck.

Doch Esra interessiert sich nicht für persönliche Kompensation für seine Leiden im Leben jenseits des Lebens (EsA 7,45–48):

Um dein Volk leide ich,
Um dein Erbteil traure ich,
Um Israel quäle ich mich,
um den Samen Jakobs bange ich!

Daher begann ich vor dir, um mich und um sie zu beten!
Denn ich sah unser Scheitern,
unsres und das aller Erdenbewohner! . . .
Denn wir und unsre Väter haben vor dir Todestaten getan! (8,16 f. 31)

In den Augen des Engels sollte grade diese Haltung ein weiteres Motiv für die Absonderung sein. Die Tatsache, daß „du dich so oft mit den Frevlern gleichgemacht hast und dich nicht unter die Gerechten gerechnet hast", vermehre Esra's gute Taten und mache ihn noch angenehmer in den Augen Gottes. Daher sei es besser, wenn er sich nur um sich selbst kümmere und nicht „nach den Vielen frage, die zugrundegehen!" (8,47 f. 51)

Nach vielen Diskussionen, die bewiesen, daß Esra nichts von einer individualistischen Lösung wissen wollte, scheint es, als ob Gott Rücksicht auf ihn nähme, und Esra schaut das himmlische Jerusalem, auf daß ihn die Stadt in ihrer zukünftigen Pracht tröste (10,49). Der Trost liegt also nicht in der Rettung des einzelnen Gerechten, sondern in der Wiederherstellung der Gemeinschaft[11]. Aber wie gesagt, nicht die Antworten in diesem Poem sind wichtig –

---

[11] Wie gesagt (Anm 2) besteht ein Widerspruch zwischen dem ersten und dem zweiten Teil des Büchleins. Die Fragen nehmen ab, und die apokalyptischen Antworten nehmen zu. Das führt zur Aufweichung der Solidarität. Die erste Antwort ist die Idee vom Rest (Literatur: Becker 62): der größte Teil des Volkes wird vernichtet, „aber der Rest meines Volkes wird in Erbarmen erlöst werden" (EsA 12, 33 f), und diesmal widerspricht Esra nicht wie das vorige Mal (8,1–14). Die zweite, ebenfalls traditionelle, Antwort ist die Vernichtung der Heiden, während das restliche Israel gerettet werden soll (13,36–38.49). Diese Antwort widerspricht Esra's, im ersten Teil geäußerter, Solidarität mit allen Erdenbewohnern, deren Fehlverhalten und Leiden sich ja in keiner Weise von dem Fehlverhalten und Leiden Israels unterscheiden (vgl. vor allem 7,116–127). Besonders aus dem Rahmen fällt die siebte Vision: „Wirf von dir die Last der Menschen!" (14,9.14) Esra zeigt zwar noch schwachen Widerstand: Wenn ich gehe, wer wird dann das Volk zurechtweisen

auch ein himmlisches Jerusalem ist angesichts des gegenwärtige Leidens ein
fader Trost – sondern die Fragen und die Wiederspiegelung des Bewußtseins
der Solidarität mit der leidenden Gemeinschaft.

7. Die Weisen und das Leiden Israels

Zum Glück für das Volk erstanden ihm andere, praktischere Denker, die
sich nicht mit der Vision eines himmlischen Jerusalem begnügten, auch wenn
sie die Hoffnung darauf nicht leugneten.

Nach der Zerstörung waren es vor allem zwei außergewöhnliche Männer,
R. Jochanan ben Sakkai und R. Jehoschua ben Chananja, die aus der Solida-
rität mit dem Volk die Konsequenz der Verantwortung für das Volk zogen
(Safrai-Geschichte 308–310. 316; Podro). Statt aller Beweise sei hier die
Beschreibung von R. Jochanans modernem Biographen, Jakob Neusner, zitiert:

Yohanan differed from the rest of his generation in that he concerned himself
with the present needs of the surviving remnant of Israel. While he shared the
common sense of tragedy and endured the dispair of his generation, he did not fix
his vision on what had happened and what would come to compensate for the
catastrophe.

He attempted rather to devise a program for the survival and reconstruction of
the Jewish people and faith ... Out of preoccupation with the sufferings of the past
came obsession with the secret future redemption, while from stubborn consideration
of present and immediate difficulties came a practical plan by which Israel might in
truth save what could be saved from the disaster. Others offered the comfort that
as surely as punishment has followed sin, so surely would He who chastised the
people, comfort them, and therefore Israel ought to wait for inexorable redemption.
Yohanan on the other hand proposed a program and a policy for the interim during
which the people had to wait. ...

Yohanans program was, first, to provide a source of genuine comfort, by show-
ing the people how they might extricate themselves from the means of service to
the creator which had survived the devastated sanctuary (den Tempel), and finally,
to offer a comprehensive program for the religious life which was capable of meet-
ing any vicissitude in Israel's history. By concentrating on the immediate problems
of the day, Yohanan showed how to transcend history itself, not through eschatological vision, but through concrete actions in the workaday world. ...

---

und warnen? Doch die Folge davon ist nur, daß ihm Gelegenheit gegeben wird, das
Volk im Ihr-Stil zur Rede zu stellen (14,27–33). Das „Wir" ist verschwunden, und
am Ende des Büchleins haben wir wieder die alte Aufspaltung der Welt in Gerechte und Frevler (14,34–35). Sollte das Büchlein eine ursprüngliche Einheit gewesen sein, dann muß angenommen werden, daß der Dichter seiner Seelenqual, die
er in jeder der ersten vier Visionen ausdrücklich erwähnt (3,2 f; 5,21; 6,37; 9,27),
auf die Dauer nicht standhalten konnte und sie schließlich verdrängte (14,14), indem er den traditionellen Tröstungen erlag.

Thus Yohanan shared the common sense of grief, and taught, like others, that the sins of the nation had brought the disaster, but, he added, its virtues might bring redemption. He differed from others in rejecting the eschatological focus of consolation, advancing, rather, the idea of „ḥesed", a means by which Jews might change their own hearts – performing acts of „compassion", embodying that very quality which the brutality of war must have accentuated, paradoxically, in his thinking, man's capacity to act compassionately to his fellow-man. (129. 13 f. 145)

Eine Generation später, in einer Zeit, da man nicht einmal mehr die Trümmer Jerusalems sehen konnte, weil es einem Juden verboten war, die Stadt zu betreten (Eusebius IV 4), hätte sich Esra glücklich gepriesen. Denn was nun an Leiden auf das Volk kam, war noch um vieles entsetzlicher als das der Tempelzerstörung. Das Blutbad und die Verwüstung waren so furchtbar, daß die überlebende Bevölkerung es nicht mehr schaffte, sich wirtschaftlich, geschweige denn politisch, zu erholen, sondern immer mehr verarmte und zusammenschrumpfte (Safrai-Geschichte 299.324–5). Alon (II,16) zitiert den römischen Historiker Dio Cassius:

Fünfzig der besten Festungen der Juden wurden durch die Römer zerstört, 585 der wichtigsten Dörfer dem Erdboden gleichgemacht, 580 000 Juden in Zusammenstößen und Schlachten niedergemacht. Die Opfer, die durch Hunger, Seuchen und Feuer umkamen, sind unzählbar. Fast ganz Judäa verödete.

Die im Midrasch überlieferten Zahlen der Toten von Betar – 800 000 000 (Er zu 2,2 S. 101) und die Legende von Secharja (s. S. 35ff) reden trotz ihrer legendären Übertreibung für sich selbst. Und dennoch existierte Israel weiter, dank derer, die es wiederherstellten, nicht seine Wirtschaft zwar, auch nicht seine nationale Unabhängigkeit, aber seinen Geist und seine Fähigkeit zur Bewältigung selbst einer derart verzweifelten Lage.

In diesem Zusammenhang kann ich nicht von der konkreten Bewältigung reden, sondern nur von der grundsätzlichen Haltung der Weisen gegenüber dem Leid ihres Volks. Einer von denen, die das Volk in dieser Zeit wieder aufrichteten, war R. Schim'on ben Gamliel. Er war sich des Leids der Nation nicht weniger bewußt denn „Esra", doch als Mann der Tat und verantwortlich für die Führung der Überbliebenen, verbrachte er seine Zeit nicht mit Meditationen über die Lage. Nur einmal entrang sich seinem Herzen ein Seufzer: „Die Früheren wurden kleinmütig, als sie nur ein bißchen von der Fremdherrschaft rochen (Nu 21,4). Wir, die wir uns mitten drin, mitten in der Fremdherrschaft befinden, um wieviel mehr!" (ER zu 5,9, S. 156).

Und als die Rabbinen herausfinden wollten, wer die „Fastenrolle" (Lurja) verfaßt habe – eine Liste von nationalen Feiertagen zum Gedenken an die Siege von der Makkabäerzeit bis zu Beginn der Revolte, die zur Zerstörung führte – und fanden, daß die Verfasser Chananja ben Chiskija und sein Kreis waren," welche die Notzeiten für wichtig erachteten", schrie R. Schim'on ben Gamliel auf:

Auch wir halten die Notzeiten für wichtig!
Doch was sollen wir tun!
Wenn wir anfangen wollten, sie aufzuschreiben –
so kämen wir an kein Ende! (Sb 13b)

Doch wurde denn die Fastenrolle verfaßt, um der Notzeiten zu gedenken? Das Gegenteil war die Absicht der offenbar zelotischen Verfasser, die in den Tagen der Illusion, in den Tagen der Rebellion, da auch der letzte Römer aus dem Land vertrieben worden war (Klausner V 150), beweisen wollten, daß es keine Not ohne Rettung gäbe, wenn nur das Volk bereit sei, das Joch der Fremden abzuwerfen (Lurja 9). Sechzig-siebzig Jahre später konnte R. Schim'on jene Mischna nicht anders denn mit Bitterkeit lesen. Den Verfassern der Fastenrolle war es leicht, sich an Notzeiten zu erinnern, denn sie meinten, deren Ende zu sehen, doch wir, wozu sollten wir uns solcher erinnern, da wir uns doch mitten drin befinden?

Es ist sicher kein Zufall, daß die talmudische Literatur zwar die Fastenrolle erwähnt, doch die Halacha darin erachtete als „eine Halacha, die man nicht mehr lehrt" (Lurja 12). Aus demselben Grund wurden auch die Siege der Makkabäer kaum erwähnt (Urbach-Leiden 58; Bickermann 138; Hengel 21f). War es doch nach Ansicht der Weisen grade die Sucht nach eitlen Siegen und Befreiungsillusionen, die den Weg zur endgültigen Zerstörung geebnet hatte (Podro 114–6; Neusner 141).

Mehr als zweihundert Jahre lang – bis zur Revolte gegen Gallus in Galiläa (Safrai-Geschichte 339) – vermieden die Juden, sich gewaltsam gegen das Joch der Fremdherrschaft aufzulehnen. Doch grade dies war die Zeit der geistigen Blüte, die Zeit des Midraschs. Die Midraschmethode selber wurde, wie gesagt (s. S. 7f) zu einem der Mittel der Leidbewältigung. Einige Midraschsammlungen befassen sich beinahe ausschließlich mit dem Leid des Volkes, so der Midrasch zu den Klageliedern (ER), zum Hohenlied (CtR) und der kleine talmudische Traktat, der euphemistisch „Freuden" (Sm) genannt wird.

Was immer (im Midrasch) über Israels Situation gesagt wurde, geschah nicht um der Theorie, sondern um der Praxis willen, um das Volk aufzumuntern, zu ermutigen und auch zur Umkehr zu erwecken! (I. Heinemann-Aggada 87).

Das bedeutet nicht, daß in der Praxis die geistige Auseinandersetzung mit dem Leid immer wirklichkeitsnäher war als die gewalttätige. In vielen Fällen gab es überhaupt keine Bewältigung, sondern nur Zuflucht zu religiösem Trost. Doch im Unterschied zum Kampf der Zeloten verhinderte die Haltung der Weisen erneutes Blutvergießen. Ja, die Trostlehren lieferten dem Volk die notwendige geistige Nahrung, die die Nation, trotz Armut und Hunger im Land Israel und trotz Bedrängnis und Not im Exil, am Zerbröckeln hinderte.

8. R. Aqiba und das Hohelied

Die herkömmliche Religion, sowohl die biblische als die apokalyptische, vermochte nicht genügend Trost zu spenden. Die Religion selber mußte sich in dieser Zeit entwickeln und ihr Gottesbild sich wandeln. Zwar hörte der „Heilige-gelobt-sei-er" nicht auf, Verantwortung zu fordern und Gericht zu halten, doch seine Eigenschaften als „Vater" gewannen die Überhand. Ja es wird ihm eine neue Eigenschaft hinzugefügt: Gott wird zum Geliebten und zum Liebhaber im Munde der Knesset-Israel. Das Leid entfernte Israel nicht von seinem Gott, im Gegenteil, es verstärkte die Beziehung:

,Liebeskrank bin ich' (Ct 2,5):
So sprach die Knesset-Israel vor dem Heiligen:
Meister der Welt,
all diese Krankheiten bringst du auf mich,
um mich zu dir zu bringen! (CtR 2,14)

Diese Entwicklung begann bereits zu Beginn der Leidenszeit. In einer Mischna-Liste der Leiden und Nöte, die den Alltag der Leute nach der Zerstörung verbitterten, findet sich der ständig wiederholte Refrain:

Auf wen können wir uns stützen?
Auf unsern Vater im Himmel! (M So 9,15)

Einen starken Ausdruck fand die aus dem Leiden wachsende neue Liebesbeziehung in der Interpretation des biblischen Hohenlieds (Reventlow-Hoheslied). R. Aqiba sagte von ihm, daß „die ganze Welt des Tages, an dem das Hohelied Israel gegeben wurde, nicht würdig ist; alle Schriften sind heilig, aber der Gesang der Gesänge ist das Allerheiligste!" (M Jd 3,5). Ebenso sagte er, daß wer es in einem Saufhaus sänge, als sei es ein weltliches Lied, keinen Teil habe an der kommenden Welt (T Sn 12,10). Später rechnete man ihm einen solchen Ausspruch zu wie: „Wenn die Weisung nicht gegeben worden wäre, so wäre der Gesang der Gesänge wert gewesen, die Welt zu lenken." (Urbach-Rabbinen 367).

Diese Übertreibungen bedeuten, daß R. Aqiba keinen getreueren Ausdruck für die Beziehung zwischen Israel und seinem Gott fand denn in diesem Lied (Bacher-AT I 311; Urbach-Rabbinen 131, Safrai-Aqiba). Er entwickelte diese neue Theologie offensichtlich im Rahmen seiner Meditationen über das Leiden. Man kann sagen, daß er der Gründer der Trostlehre war[12], wie er in

---

[12] Eine Untersuchung der das Leiden betreffenden Ausspruchsammlungen in den frühen Midraschim – Mch S. 239; MTa S. 25; SDt § 32 – ergibt, daß sie alle entweder von R. Aqiba selber oder von seiner bzw. der auf ihn folgenden Generation stammen. Auch in den späteren Sammlungen – Tn *jitro* 16; Tn *teṣe'* 2; TnB *meqeṣ* 16; Br 60 b zur Mischna M Br 9,5; SchT und MPs zu Ps 84 –, die von den früheren Sammlungen abhängig sind, findet sich kaum ein neuer Gedanke späterer Rabbinen.

seinem Leben als der Inbegriff des Trösters erschien[13]. „Stets erregst du unser
Verwundern, wenn du lächelst, während wir weinen!" (SDt § 43; Mk 24a–b).
So charakterisierten ihn seine Freunde, als R. Aqiba sogar angesichts der
Tempeltrümmer in Jerusalem und angesichts des offensichtlich von Erfolg
gekrönten, feindlichen Roms lächelte. Er erklärte ihnen den Grund für sein
Lächeln, und sie riefen aus: „Getröstet hast du uns, Aqiba, getröstet hast
du uns!"

Ohne in die Einzelheiten seiner Trostlehre zu gehen, muß erneut betont
werden, daß der nationale Bedarf an Trost zu einer Veränderung des Gottes-
bildes und zur Verstärkung der Liebesbeziehung zwischen Gott und Israel
führte. Aqiba war der entscheidende Denker in dieser Entwicklung, wenn er
auch in seiner Zeit noch auf Widerstand stieß: „Wie lange noch machst du
aus Göttlichem Profanes!" beschuldigte ihn R. Jose der Galiläer (Sn 38b).
Doch grade in dieser mutigen Methode Aqiba's, Göttliches zu vermensch-
lichen, d. h. Gott seinem Volk nahezubringen, ohne die philosophisch-theolo-
gische Furcht vor Anthropomorphismen (Rosenzweig – Anthropomorphismus;
I. Heinemann-Aggada 84f), lag seine Trostkraft.

Aus diesem Glauben an die Liebesbeziehung zwischen Gott und Israel er-
stand dem Volk wieder Selbstachtung – nicht trotz seiner Leiden, seiner
Schmach, seiner Niederlagen, sondern grade wegen all dieser. So sehr liebt
Israel seinen Geliebten, so sehr ist es seiner Liebe würdig, daß es bereit ist,
für ihn zu sterben. „Bis zum Tod", 'ad mot, ist die allegorische Deutung, die
Aqiba dem Begriff 'alamot (= Mädchen) im Hohenlied gibt (Mch S. 127; vgl.
MchJ S. 79; CtR 1,22):

> So fragen die Völker der Welt Israel:
> ,Was ist dein Minner mehr als irgendein Minner,
> daß du so, so uns beschwörst?' (Ct 5,9)
> daß ihr so um seinetwillen sterbet,
> daß ihr so um seinetwillen getötet werdet,
> wie es heißt: ,darum lieben dich die Mädchen' (Ct 1,3)
> nämlich: sie lieben dich bis an den Tod!
> wie ja auch geschrieben steht:
> ,Ja um dich werden all den Tag wir getötet!' (Ps 44,23)

Diese große Liebe veranlaßt die Völker, auf Israels Heldentum und besonderen Wert zu schließen:

> Ihr seid je wirklich würdig!
> Ihr seid ja wirklich Helden!
> Kommt und vermischt euch mit uns! (Mch ibd)

---

[13] Weitere Beispiele für Aqiba's Fähigkeit zu trösten: R. Elieser den Großen in
seiner Krankheit (Mch S. 240; SDt § 32; Sn 101 a) und Rabban Gamliel in seinem
Sündenbewußtsein (Sn 81 a; Mk 24 a).

Doch Israel weigert sich: niemals wird es seinen Minner verlassen, denn
‚aus Zehntausend ragt er hervor‘ (Ct 5,10).

Als die Völker diese Lobeshymne hören, werden sie von den hervorragenden Eigenschaften des Geliebten Israels überzeugt und sehnen sich, ebenso
von ihm geliebt zu werden. Aber Israel stößt sie mit begeistertem Stolz zurück:

Ihr habt kein Teil an ihm,
sondern: ‚Mein Minner ist mein, und ich bin sein!‘ (Ct 2,16)
‚Ich bin meines Minners, mein Minner ist mein!‘ (6,3)

Es bedarf keines großen psychologischen Wissens, um die Wirkung der
Liebes-Theologie auf die Gedemütigten und Niedergedrückten zu erraten. Ihr
Selbstgefühl, ihre Ehre, die bis in den Staub erniedrigt worden war, wurde
wiederhergestellt und erhoben bis an den Himmel.

Wie verschieden und vielgestaltig die Auslegungen zum Hohenlied auch
sein mochten, ein Kriterion galt für alle: Sie sollten die Ehre des gedemütigten Volkes heben. Als R. Meir in einem der Verse einem Hinweis auf die Sünde
des goldenen Kalbs (Ex 32) zu finden meinte, herrschte ihn R. Jehuda an:

Laß das sein, Meir!
Das Hohelied deutet man nicht, um zu schmähen,
sondern um zu loben!
Da doch das Hohelied zum Lobe Israels gegeben wurde. (CtR 1,55, Reventlow-
Hoheslied 81)

In diesem Zusammenhang muß man auch Aqiba's Definierung Israels als
„geliebt" verstehen. Ursprünglich lag der Ton des Wortes ḥabib auf der Be-
deutung „wichtig",[14] und Aqiba verwandte es zu Anfang in diesem Sinn:
„Wichtig sind Israel, denn sie heißen Söhne des Allgegenwärtigen" (A 3,14).
Hier ist noch nicht die Rede vom Liebhaber, sondern vom Vater. Die Be-
ziehung Vater-Sohn bedeutet aber immer noch einen Niveauunterschied. Der
Vater erbarmt sich, wie R. Aqiba's berühmtes Gebet, „Unser Vater, unser
König" (Ta 25b) zeigt. Er erbarmt sich auch eines erbärmlichen, unwürdigen

---

[14] Daß erst Aqiba diesem Wort die Bedeutung „geliebt" gegeben hat, kann man
an einem Variantenvergleich der Geschichte vom Priestermord im Tempel erkennen,
dessentwegen „der Tempel zerstört wurde", wie der Midrasch deutet (SNu S. 222):
Die Menge entsetzt sich nicht etwa über den Mord, sondern über die Bemakelung
des heiligen Messers, das in der Leiche stecken blieb. Die Geschichte wurde von
den Späteren erzählt, um „dich zu lehren, daß die Bemakelung von Messern ihnen
wichtiger, ḥabib, war als Blutvergießen." So in SNu. Andre Quellen sagen „schwerer" (T Jm 1,12; P Jm 39 d; Jm 23 a) oder „ernster" (T Sch 1,4). Vgl. auch Jm 52 a:
„Wichtig (nämlich Leute von Ansehn und Gewicht) sind Israel, denn sie bedürfen
keines Gesandten", d. h. Mittlers. In der Bibel kommt das Wort nur einmal und in
verschwommener Bedeutung vor (Dt 33,3).

Sohns. Daß R. Aqiba die zusätzliche Konnotation des Wortes *ḥabib*, nämlich „lieb" in ein „geliebt" verwandelt, ist symbolisch für seinen Versuch, Israel sein Selbstbewußtsein zurückzugeben. Die Beziehung zwischen Geliebtem und Liebendem ist die zwischen zwei Gleichen, zwischen zweien, die einander würdig sind s. s. S. 96–7).

Von daher muß man die stolzen Ausrufe der Knesset-Israel im Midrasch zum Hohenlied verstehen: *ḥabibah* bin ich, d. h. wichtig, geehrt, geliebt bin ich, auch wenn alle Völker der Welt mich verachten und bespucken.

Hier einige Beispiele, die das „*ḥabibah* bin ich" auf ein Wortspiel mit der Metapher *ḥabaṣelet* (Narzißlein) zu Anfang des Hohenlieds gründen:

‚Ich bin das Narzißlein der Scharon-Ebene' (Ct 2,1)
Sprach die Knesset-Israel:
Ich bin es, und geliebt bin ich!
Ich bin es, die der Heilige mehr liebt als siebzig Nationen . . .
Ich bin es, und geliebt bin ich!
Ich bin es, die verborgen, *ḥabujah*, war im Schatten von Ägypten . . .
Ich bin es, und geliebt bin ich!
die ich verborgen und zertreten war im Schatten der Fremdherrschaften . . .
            (CtR 2,1; SchT zu Ps 1,3, S. 5.6)

Später entwickelte sich aus dieser Wertschätzung der Leiden Israels die Wertschätzung der Leiden des gerechten Einzelnen: „Geliebt sind die Züchtigungen", und nach der Tradition stammt auch dies von R. Aqiba (Urbach-Rabbinen 392). Doch in der Anwendung des Begriffs *ḥabib* auf die Züchtigungen zeichnet sich eine gefährliche Verdrehung der ursprünglichen Lehre ab, die das *ḥabib* nicht auf das Leiden bezog, sondern auf die Leidenden. Von da ist es dann nicht mehr weit bis zur Sehnsucht nach Züchtigungen und bis zu R. Jischmaels und R. Aqiba's Traurigkeit, wenn sie ausbleiben (Ar 16 b; Sn 101a; Urbach-Rabbinen 395; Urbach-Leiden 48–68). Damit schwindet die Verantwortung des Menschen, sich aus dem Leid zu befreien und Leid zu vermeiden. Blake hat diese Idealisierung des Leidens scharf kritisiert, obwohl er sie nicht aus dem Judentum, sondern nur aus dem Christentum kannte.

Doch zu Anfang war nicht das Leiden lieb, sondern Israel. „Wenn ich auch krank bin, so bin ich dennoch geliebt!" (CtR 2,14). Geliebt und liebend zugleich, das war das Gefühl Israels, wenn es sich seines Leidens bewußt war, oder wenigstens das Gefühl der Einzelnen, die den Schmerz um Israel erlitten.

Zusammenfassung

Das nationale Leid war den Denkern Israels viel bewußter als das allgemeinmenschliche Leid. Man kann sagen, daß das Bewußtsein vom Leiden des Volks der Schwerpunkt von Israels Denken von Anfang an bildete. Im

Anfang war Israels Leiden nicht von dem andrer Völker unterschieden. Doch die Einzigartigkeit Israels bildete sich unter anderm grade als eine Folge seiner Fähigkeit heraus, sein Leid zu bewältigen und die Verantwortung für sein Schicksal auf sich zu nehmen.

Diese Fähigkeit der Leidbewältigung findet einen Ausdruck in der Tatsache, daß die Unglücksliteratur einen zentralen Teil in Israels Literatur ausmacht. „Purim-Rollen" waren im Volk verbreitet, weil die Hörer sich mit den Leidenden, von denen diese Erzählungen handelten, identifizieren konnten. Eine wichtigere Erscheinung ist jedoch die Klageliteratur, die nicht nur die Niederlagen Israels, sondern auch seine Schuld daran verewigen sollte. Der Mut – die Verantwortung des Volkes für sein Leid zu behaupten, um es zur Bewältigung und zur Befreiung aus dem Leid fähig zu machen – sticht besonders auf dem Hintergrund zweier anderer literarischer und psychologischer Kategorien hervor, die auf das nationale Leiden Bezug nehmen: Legenden von Siegen und Heldentaten in der Vergangenheit und Träume von Erlösung und Rache in der Zukunft. Angesichts solch menschlicher aber unfruchtbarer Illusionen erstaunt das ehrliche historische Denken, das Israel charakterisiert.

Was bereits in der biblischen Klageliteratur deutlich wird, ist das Phänomen der Identifikation des Einzelnen mit der Gemeinschaft einerseits und das Postulat der Identifikation Gottes mit seinem leidenden Volk andrerseits.

Eine andere Haltung gegenüber Israels Leid bewiesen die Christen. Zwar sonderten sich die ersten Christen von der jüdischen Gemeinschaft nicht freiwillig ab, wie es die Sekte von Qumran tat, sondern wurden schließlich aus ihr vertrieben. Doch die Schuld der Vertreibung, die auf Israel fällt, rechtfertigt nicht die antisolidarische Ideologie, die die Christen gegenüber Israels Leiden entwickelten. Der Mangel an Identifikation mit dem leidenden Israel machte nicht nur den Riß zwischen den beiden Religionen endgültig, sondern bereitete den Boden für zukünftiges Blutvergießen. Dieser Mangel an Identifikation strafte auch das Lebenswerk Jesu, das der Solidarität mit seinem Volk entsprang, Lügen. Es geschah, daß der Eine, der für die gesamte Menschheit haften sollte, sein gesamtes Volk haftbar machte für den Mord an dem Einen. Das konkretisiert die in vielen Versionen verbreitete Legende von dem „Testament" der Rache, das der ermordete Prophet Secharja ben Jehojada 238 Jahre nach seinem Tod an den Unschuldigen seines Volkes vollzog.

Auch die Weisen machten Israel für sein Leiden verantwortlich. Doch ihre Zurechtweisung geschah aus absoluter Solidarität heraus und war kein feindliches Richten des von außen Beobachtenden.

Einen Archetypus des sich mit seiner Gemeinschaft identifizierenden Menschen kann man auch diesmal in Esra, dem Seher, entdecken. Sein Denken unterscheidet sich deutlich vom apokalyptischen Individualismus, auch wenn er sich von dessen Illusion und Gefahr in Versuchung geführt fühlt.

Die meisten Weisen verhielten sich zum Leiden Israels weniger theoretisch denn praktisch. Israel mußte wiederhergestellt werden. Nachdem die Gewalt versagt hatte, mußte ein neuer Weg der Bewältigung des Leidens gefunden werden. Einer der Wege war die Trostlehre R. Aqiba's. Seine neue Theologie, die Gott als Liebhaber darstellte und Israel als Geliebte, hob die Selbstrachtung Israels. Das Leidensbewußtsein war von nun an von dem Stolz begleitet, daß die Liebe zwischen dem Heiligen-gelobt-sei-er und der Knesset-Israel so stark war, daß selbst der Tod ihr nichts anhaben konnte.

DRITTES KAPITEL: DAS VERHALTEN ZUM LEIDENDEN ANDERN

Wenn nun nicht mehr vom Volk, sondern vom leidenden Einzelnen die Rede sein wird, so interessiert uns hier dennoch nicht das Leiden des Gerechten oder des Gesandten oder des Märtyrers, sondern das des normalen Individuums, das Leiden derer, die vom Schicksal benachteiligt oder von Menschen bedrückt werden. Was gemeint ist, ist das Leiden des Andern.

Diese Begrenzung ist bedeutungsvoll. Die apokalyptisch-individualistische Trostlehre des Juden- und Christentums meint nämlich mit dem Leiden des Einzelnen das eigene Leiden. Sie sagt nicht, wie sich der Mensch zum leidenden Andern verhalten soll.

1. Das fehlende Bewußtsein vom Leiden des Andern

Qohelet gewannn dem menschlichen Leben Sinn ab trotz seiner Mühsale, trotz seiner Zwecklosigkeit (s. S. 11), doch mit einer Sache konnte er sich nicht abfinden, der ungleichen Verteilung des Leids unter den Menschen:

> und da, die Träne der Bedrückten,
> und für sie ist kein Tröster,
> von der Hand ihrer Bedrücker Gewalt!
> und für sie ist kein Tröster... (4,1)

Für diese tiefe Klage fand ich keine Parallele, weder in der Bibel noch in der rabbinischen noch in der christlichen Literatur, ganz zu schweigen von der Qumransekte und den Apokalyptikern. Die Identifikation mit der Gemeinschaft in Israel überschattete gleichsam die Identifikation mit dem bedrückten Andern.

Doch ehe wir die Quellen untersuchen, muß vor einem zu raschen Urteil gewarnt werden: Mangel an Beziehung zum Einzelnen in der Literatur bedeutet nicht notwendig Mangel an Beziehung in der Praxis. Auch von Mose, Jesus und Jehoschua ben Levi ist uns kaum eine theoretische Stellungnahme überliefert, und wäre nicht ihr praktisches Verhalten so auffallend gewesen, wer weiß, ob man von ihnen erzählt hätte. Zudem muß die Tatsache, daß die meisten Stellungnahmen zum Leiden des Einzelnen nicht den einfachen Leidenden meinen, sondern den „Gerechten", aus der damals herrschenden Ideologie von der Vergeltung verstanden werden. Die Erklärung, daß Leiden Strafe ist (Ij 4,7; Tu 2,14), wurde auch von den größten Denkern in einer Weise akzeptiert, die die Frage nach der Beziehung zum leidenden Einzelnen geradezu verhinderte. Nur wenn das Leiden eines Menschen in zu krassem Gegensatz zu seiner Rechtschaffenheit stand, wurde das Leiden des Andern zur Frage (vgl. GnR 92,1).

Die Verdrängung des Problems wird in einem Gespräch deutlich, das angeblich zwischen „einem König der Weltvölker" und R. Jehoschua ben Chananja erfolgt sein soll. Der König fragt ihn, wie es sich mit Gottes Gerechtigkeit vereinbaren ließe, daß er gewissen Menschen, die keinerlei Schuld hätten, „schade", indem er sie blind oder lahm oder taub geboren werden ließe. „Ist das nicht ein Unrecht?" Der Rabbi gibt auf eine so scharfe und tiefe Frage die beiden Klischee-Antworten: Wenn es wirklich Unschuldige sind, so läßt Gott sie leiden, um ihren Lohn in der künftigen Welt zu mehren, doch im Allgemeinen sind diese Benachteiligten große Sünder, und der Rabbi versucht das auf der Stelle zu beweisen, indem er auf einen seine Bosheit demonstrierenden Blinden zeigt (BmJ V,132).

Dieser späte Midrasch ist nun allerdings erfunden. Grade R. Jehoschua ben Chananja hätte niemals eine so herzlose Antwort gegeben. Er liebte die Geschöpfe und kannte keine Wertunterschiede zwischen den Menschen, weder zwischen Mann und Frau (Eru 53 b), noch zwischen Juden und Proselyten (M Jd 4,4; Br 28 a), noch zwischen Israel und den Heiden (T Sn 13,2). All dies vielleicht, weil er das Leid des Lebens zu gut kannte. Verspottet wurde er wegen seines häßlichen Angesichts (Ta 7 a), verachtet wegen seines Handwerks als Nadelschmied (Safrai-Geschichte 115; Podro 10): „An den Wänden deines Hauses erkennt man, daß du ein Köhler bist", beleidigte ihn der reiche Rabban Gamliel, sein Kollege in der geistigen Führung der Generation der Tempelzerstörung, und R. Jehoschua reagierte bitter: „Wehe dem Geschlecht, dessen Ernährer (Führer) du bist! Der du das Leid der Weisenschüler nicht kennst und nicht fragst, wovon sie sich ernähren" (Br 28 a).

Der Verfasser wählte R. Jehoschua offenbar wegen der historischen Tatsache, daß dieser ein Gesprächspartner des römischen Kaisers Hadrian war (Bacher-AT I, 166ff). Es war ihm wichtig, daß die tiefgehende Frage nach dem Leiden der Bedrückten und Benachteiligten von dem Geachtetsten unter den Heiden kam, da sie ja von einem Juden nicht kommen durfte, wollte er nicht gegen die herrschende Meinung verstoßen.

Meine Behauptung, daß nicht die Frage nach dem Leiden des Andern fehlte, sondern daß die verbreitete Ideologie sie verdrängte, wo immer sie auftauchte, findet eine Bestätigung in der Entwicklung der Segenssprüche, die man bei allen möglichen Gelegenheiten zu sagen hat. Was soll man angesichts eines benachteiligten Menschen sagen?

Die Mischna „Segenssprüche" (Br) kennt überhaupt kein Problem. – Die Tosephta dagegen erkennt das Problem, und in ihrer Verlegenheit kommt sie zu einem Kompromiß zwischen der überlieferten Erklärung und „der neuen

Sensibilität", um Flussers Ausdruck zu übernehmen (Flusser – Sensitivity). Dieser Kompromiß äußert sich in dem Vorschlag, zunächst einmal einfach davon abzulassen, überhaupt irgendeine Erklärung für das Gebrechen eines Menschen zu suchen (T Br 7,3).

Der Talmud schließlich (P Br 13b) verlangt ausdrücklich die Unterscheidung zwischen einem Menschen, der mit einem Gebrechen geboren und einem, der es sich erst im Lauf des Lebens erworben hat. Die Ersteren tragen keine Schuld. Nur R. Jehoschua ben Levi weist die Verurteilung auch der Letzteren zurück (Br 58b).

Doch von dieser Stellungnahme bis zur Teilnahme am Leid des Benachteiligten war der Weg weit. Wenige begingen ihn. Wir werden uns nicht wundern, wenn wir sehn, daß R. Jehoschua ben Levi einer von ihnen war.

2. Die Verurteilung des leidenden Andern

a) Die übliche Haltung

Die Meinung, daß wer leidet, ein Sünder ist, teilten nicht nur die Freunde Hiobs (Ij 4,7) und die Nachbarn des Tobias (Tu 2,14), sondern auch große Rabbinen. Ein besonderes Gewicht hatte die Festsetzung R. Chija's des Großen, daß seit den Juden die Strafgerichtsbarkeit genommen worden war, der Richtspruch des Himmels sich in andrer Weise erkennbar machte. Wer sich der Steinigung schuldig mache, falle vom Dach, wer sich der Verbrennung schuldig mache, falle in einen Brand oder eine Schlange beiße ihn, usw. (So 8 b; Kt 30 b; – Sn 37 b). Damit sollten natürlich potentielle Verbrecher, die sich der Abwesenheit von Richter und Gericht freuten, abgeschreckt werden. Doch die Folge einer derartigen Bestimmung war, daß die Leute die Reihenfolge der Sätze umkehrten: wer vom Dach fällt, beweist, daß er ein Verbrechen begangen hat, für das die Steinigung über ihn verhängt worden wäre.

Wie üblich diese Verurteilung war, wird auch aus der Art der Verteidigung deutlich, mit der ein leidender Mensch oder das leidende Israel diese Verurteilung von sich weist. So ist eines der Argumente, mit denen Mose Gott überzeugen will, ihn nicht sterben zu lassen, daß spätere Geschlechter sagen werden: „Wenn er an Mose nicht böse Dinge gefunden hätte, hätte er ihn nicht aus der Welt geschafft!" (TnB wa-etḥannen 6; Tn ibd 6). Der Heilige mußte ihn beruhigen, er habe doch ausdrücklich in seiner Weisung geschrieben, für welche Tat er gestraft werde, nämlich dafür ‚daß ihr mich nicht erheiligtet' (Dt 32,51). Schon R. El'asar von Modein stellte aus dieser Geschichte die Regel auf, daß für den Tod der Gerechten in der Bibel überall die spezielle Sünde angegeben sei, damit nicht kommende Geschlechter behaupteten, sie hätten im Geheimen Verbrechen begangen und seien deshalb gestorben (SNu S. 184).

Und wie die leidenden Gerechten Angst vor der Verurteilung der Leute hatten, so fürchtete auch das leidende Volk:

> Menschen, die sie sehen, sagen zueinander:
> Sünde ist an ihnen, deshalb werden sie getötet!
> Und sie wissen nicht, daß ihr Teil in der kommenden Welt ist! (TnB *tabo'* 2)

Es ist leicht erratbar, wen R. Chanina ben Papa, der zu Ende des 3. Jahrhunderts in Israel lebte, meinte. Grade die Söhne jüdischen Erbes, die sich ihres Leidens rühmten, „denn nur durch viele Leiden kommen wir ins Reich Gottes" (Ap 14,22; vgl. den Stabreim „durch Kreuz zur Krone"), verurteilten grausam das leidende Israel. Ein Kollege R. Schmuel's bar Nachmani versuchte den Spieß in Aqiba's Art umzudrehn:

> Die Völker der Welt waren nicht würdig,
> daß unter ihnen Gequälte und Gestoßene seine (s. S. 20), –

Doch unter dieser süßen Theorie, die Schande in Ehre zu verwandeln suchte, nagte der Schmerz über die antisolidarische Verurteilung der Völker weiter:

> Warum gibt es dann trotzdem Gequälte und Gestoßene unter ihnen?
> Damit sie Israel nicht zum Vorwurf machen:
> – seid ihr etwa nicht eine Nation von Gequälten und Gestoßenen? (GnR 88,1)

In Wirklichkeit ist das Leiden nämlich nichts, dessen man sich rühmen kann, sondern eine schmerzhafte Tatsache, und wenn die Heiden fähig wären, zuzugeben, daß es auch unter ihnen Gequälte und Gestoßene gibt, so käme es ihnen gar nicht in den Sinn, das leidende Israel zu richten.

b) Jesu Verurteilung des Richtens

Eine Geschichte im Johannesevangelium bezeugt die übliche Reaktion auf das Leiden des Andern: Jesus und seine Jünger gehen an einem Blindgeborenen vorüber und die Jünger fragen: „Wer hat gesündigt, dieser oder seine Eltern?" (Jh 9,1–2)

Aus der Formulierung der Frage wird deutlich, daß die Jünger dem Menschen gegenüber gleichgültig sind. Seine Sünde interessiert sie, nicht sein Leiden. Jesus dagegen – und auch diesmal enthält der Midrasch oder die Legende die historische Wahrheit – lehnt diese Haltung grundsätzlich ab. Weder der Blinde noch seine Eltern haben gesündigt, sondern „damit sich die Wundertaten Gottes an ihm beweisen." Damit sagt er doch: Die Gründe für sein Leiden sind nicht wichtig, wichtig ist seine Heilung. Und sofort verwirklicht er dies und befreit den Mann von seinem Gebrechen (Jh 9,3–7).[15]

---

[15] Natürlich ist das nicht die einzige Tendenz der Geschichte. Das Evangelium des „Johannes" ist überall vielschichtig, vieldeutig. Daher kommt es auch, daß ihn

Man kann behaupten, daß hier von einem Wundertäter die Rede sei, der es leicht habe, auf das Leiden des Andern einzugehn. Doch das Wunder ist sekundär gegenüber der Haltung der Identifikation, die Jesu besondere Eigenschaft war. Wunder gab es überall und zu allen Zeiten (Bultmann-Tradition 114). Der Unterschied zwischen den Wundern bei andern Völkern und denen im Neuen Testament ist bezeichnender Weise nur der, daß im letzteren die Heilungswunder die Naturwunder bei weitem überwiegen (ibd 233–260). Das bedeutet zwar nicht, daß die Tradenten von Jesu Wundergeschichten an Jesu Motivation der Solidarität mit dem leidenden Einzelnen interessiert gewesen wären. Für sie war und blieb das Wunder der Beweis von Jesu Übermenschlichkeit. Aber hinter der Tradition läßt sich Jesu Eigenart und Einzigartigkeit doch noch deutlich erkennen.

Ein noch deutlicheres Beispiel für die Art der Leute, den Leidenden zu richten anstatt sich mit ihm zu identifizieren, findet sich in einer Geschichte, die – im Unterschied zum Midrasch vom Blinden – gewiß authentisch ist: Es kamen Leute zu Jesus und fragten ihn nach den Galiläern, die Pilatus ermorden ließ, während sie im Tempel Opfer brachten. Sie erzählten dieses Ereignis keineswegs aus Teilnahme am Geschick der Ermordeten oder deren Familien, sondern aus dem Grund, den Jesus in seiner Antwort bloßstellt: Wenn ihr glaubt, die Galiläer seien größere Sünder als ihr, so irrt ihr euch: „Nein, sondern ich sage euch, wenn ihr nicht umkehrt, so werdet auch ihr alle zugrundegehen." Er gibt diesem paradoxen Wort noch besonderes Gewicht, indem er von sich aus ein Beispiel bringt, nämlich das von den achtzehn Leuten, auf die der Turm von Siloah gefallen sei und sie getötet habe. Auch diese seien keine größeren Sünder gewesen als andre, aber „wenn ihr nicht umkehrt – so werdet auch ihr alle zugrundegehn!" (Lk 13,1–5).

Ich leugne nicht, meint Jesus, daß es eine Beziehung zwischen Sünde und Leid gibt, zwischen dem, was ein Mensch tut und dem, was ihm geschieht. Ihr seid in der Tat verantwortlich für euer Schicksal. Doch was für einen Sinn hat es, in den Taten der Andern zu wühlen? „Nur über dich selbst bist du Herr", pflegten die Weisen zu sagen (vgl. PqR 150 b). Im Bereich deiner Herrschaft ist nur dein eigenes Geschick. Das Geschick deines Andern kann kein Thema theoretischer Beurteilung sein.

c) Ein rabbinisches Verbot der Verurteilung des Leidenden

Theoretisch legten auch die Weisen fest, daß die Ideologie von der Schuld des Leidenden nicht als eine Waffe gegen den Leidenden verwandt werden

---

ein Teil der Forscher als hellenistischen Gnostiker einstuften, andre dagegen sein jüdisches Erbe deutlich erkannten (Brown S. LII–LXII). Die Tatsache, daß auch die „Pharisäer" nachher sich nicht für den geheilten Kranken interessieren, sondern für die „Sünde" des Heilenden, macht die Deutung, daß Jesus hier das Richten verurteilen wollte, noch wahrscheinlicher.

dürfe. Die wachsende Sensibilität drückte sich bereits in der Mischna aus, indem sie das Verbot wirtschaftlicher Drangsalierung 'ona'ah, ‚Einen Fremden placke (toneh) nicht, denn Fremde wart ihr im Land Ägypten' (Ex 22,20), auch auf seelische Drangsalierung ausdehnt. Sätze wie „denk an die Taten deiner Väter" gegenüber einem Proselyten, oder „gedenke deiner früheren Taten" gegenüber einem, der Umkehr getan hat, sind 'ona'ah! (M BM 4,10). Die Tosephta geht weiter und bezeichnet die 'ona'ah durch Worte als noch schlimmer denn diejenige durch Geld (T BM 3,25). Denn, so erklärt, R. Schmu'el bar Nachmani in der Gemara, letztere könne wieder gutgemacht werden, erstere dagegen nicht (BM 28 b). In diesen späteren Quellen findet sich auch das folgende Beispiel:

> Wenn Züchtigungen auf ihn (deinen Andern) kommen,
> wenn Krankheiten auf ihn kommen,
> oder wenn er seine Söhne begraben muß,
> so rede nicht in der Weise, wie Hiobs Freunde zu Hiob redeten!
> BM 28 b; SLv 107 d)

Den Leidenden zu verurteilen, das ist Drangsalierung. Die Weisen leugnen die Vergeltungslehre nicht, doch in diesem Zusammenhang verwerfen sie entschieden die Anwendung auf den Andern. Wenn ein Mensch selber krank ist, so tut er gut daran, „in seinen Taten nachzuforschen" (Br 5 a), doch in eines andern Leidenden Taten nachzuforschen, hat keiner ein Recht.

Aber auch vom Verbot, den Leidenden zu verurteilen, bis zur Pflicht, des andern Leiden mitzufühlen, war der Weg weit. Was dachten die Weisen vom Leiden der Witwen und Weisen, es sei denn, daß sie Adressaten für Almosen seien? Was dachten sie vom Leiden der Aussätzigen, die, aus der Gesellschaft gestoßen, den Rest ihres Lebens einsam verbrachten?

3. Das Leiden als Abschreckungswaffe im Rahmen der ethischen Erziehung

Die vielfältigen Leiden des Menschen interessierten die Weisen vom Standpunkt des Erziehers her. Nicht die Leidenden waren interessant, sondern die Leiden. Welche Leiden folgen auf welche Sünden? Darüber findet sich im Talmud ein langer Katalog (Sb 32 a–33 a), welcher insofern interessant ist, als er die ethische Werteskala der Rabbinen aufzeigt.

Denunzierung bzw. Verleumdung – eine Sünde, die am Ende der Liste erscheint – war z. B. ein Verbrechen, das eine fatale Rolle in der Geschichte von der Zeit der Makkabäer bis zur Tempelzerstörung gespielt hatte (JK I 1, § 32; 3 § 72–75; 23 § 147–51; 23 § 493; besonders IV 4,1–13; – Siddur-Achtzehnbittengebet). An andrer Stelle gesellte man dieser Sünde die schlimmste Krankheit bei, nämlich den Aussatz (LvR 16,1–4; DtR 6,8), weil „der Verleumder trennt zwischen Mann und Weib, zwischen Freund und Freund", genau wie der Aussatz trennt (Ar 16 b).

Daraus darf man, wie gesagt, nicht schließen, daß es erlaubt sei, auf einen aussätzigen Menschen zu weisen und zu sagen: deine Krankheit beweist, daß du denunziert hast! Der Zweck ist vielmehr umgekehrt: Gesunder Mensch, hüte dich, zu denunzieren oder zu verleumden, damit du nicht vom Aussatz betroffen wirst.

Auch das bei den Bibelinterpreten beliebte Spiel, die Sünden der leidenden Gerechten herauszufinden, sollte nicht so sehr auf die theoretische Frage, warum es dem Gerechten schlecht gehe, antworten, als das Gewissen des Lesers schärfen und ihn anleiten, vor allem in Leidensstunden, seine Taten zu prüfen (I. Heinemann – Aggada 50).

Zwar fügt dies Spiel zuweilen weder der Interpretation der Bibel noch der ethischen Erziehung etwas hinzu, oft aber erwies sich die Methode als fruchtbar und der wachsenden Sensibilität gemäß. Wenn R. Eli'eser der Große als Grund für den unnatürlichen Tod von Nadab und Abihu (Lv 10,1) angibt, „daß sie vor Mose ihrem Meister Halacha gelehrt hätten", so spiegelt das nur den Prestige-Komplex von R. Eli'eser selber wieder. Er war fähig, einen Schüler zu töten, weil der wagte, ihn etwas zu lehren (vgl. P G 43 c; P So 19 a; Jm 66 b; vgl. BM 55 b; vgl. Ta 25 b). Doch wenn die Weisen den Grund für Sauls vorzeitigen Tod in seiner Ermordung der Priester von Nob (1 S 22,18 f; Tn 'emor 2 und oft) oder für Abners Tod in dessen Leichtfertigkeit sahen, mit der er ‚aus dem Blut von Knaben ein Vergnügen machte' (II S 2,14; P So 17 b und oft), oder „weil er die Möglichkeit hatte, gegen die Ermordung der Nob-Priester zu protestieren, aber nicht protestierte!" (ibd + Sn 2 a), so wird deutlich, daß die Rabbinen einen strengeren Maßstab an die Verantwortlichkeit eines Menschen legten als es die Bibel tat.

4. Jesus von Nazareth und der leidende Einzelne

Nicht das Leiden, sondern der Leidende steht bei Jesus von Nazareth im Mittelpunkt. Das war für ihn das Zeichen des Gottesreiches, daß es ein Ende hatte mit den Tränen der Bedrückten: Selig sind die Armen, die Hungernden, die Weinenden und vor allem die nach Gerechtigkeit Dürstenden, denn nun werden sie satt werden (Lk 6,20 f; Mt 5,6). Die Ungleichheit in der Verteilung des Leids wird ein Ende finden, und dies ohne jede Beziehung zum Maß der Schuld jener „Mühseligen und Beladenen" (Mt 11,28). Ja, die Schuld selber ist ein Leid, das drückt und quält. Die modernen Erkenntnisse der Psychosomatik vorwegnehmend befreite Jesus einen Menschen vom Druck seiner Schuld, noch ehe er ihm sein körperliches Leiden erleichterte (Mr 2,1–12; Mt 9,1–8; Lk 5,17–26). Zu dieser Befreiung von Schuld bedurfte es nicht des Sühnetods eines Gottessohns, wie Paulus glaubte, sondern der Identifikation mit dem von der Gesellschaft Ausgestoßenen.

Der entscheidende Unterschied zwischen Jesus und Paulus scheint mir eben in der Auffassung der Sünde zu liegen. Während die Sünde für Paulus ein

Hindernis auf dem Weg zur kommenden Welt war, sah Jesus in ihr ein Leid, das dem Menschen psychisch und physisch zu schaffen machte, ja ihn oft von der Gesellschaft isolierte und erniedrigte.

„Der Zöllner und Sünder Freund" (Mt 11,19; Lk 5,34) war der Titel, mit dem Jesus geschmäht wurde, tatsächlich aber war es ein Ehrentitel.* Er verhielt sich zu den Zöllnern, Huren und Ehebrechern wie zu den Lahmen, Aussätzigen und von Geistern Besessenen. All diese sind leidende Menschen, und wenn auch Jesu Botschaft von der Nähe des Gottesreiches eine Illusion war, so verwirklichte er die Botschaft doch in seiner Person, zur Zeit seines Lebens, am Ort seiner Wirksamkeit.

Ohne Zweifel bezog er die Prophetie des Exils-Jesaja von dem Gesalbten, der den Gefangenen Freiheit verkündet (Js 61,1) auf sich, wenn auch sicher nicht in törichter Demonstration ausgerechnet in der Synagoge von Nazareth, wie Lukas will (Lk 4,16–21). Der Prophet meinte allerdings das gequälte Volk, während Jesus typischerweise die Prophezeiung auf den gequälten Einzelnen bezog. Auch aus seiner Botschaft an Johannes den Täufer im Gefängnis (Mt 11,2–6; Lk 7,18–22) wird sein Sendungsbewußtsein deutlich: Ich bin da, um das körperliche und seelische Leiden der Geplagten meines Volkes zu erleichtern, und dies ist der Anfang des Himmelreichs.

Nicht die Wunder waren entscheidend, – schon gar nicht, wenn es um einen an seiner Seele leidenden Menschen ging. Nicht durch Wunder beweist er seine Solidarität mit dem ausgestoßenen Zöllner, sondern indem er mit ihm aß und trank (Lk 19,1–10; s. S. 237). Nicht durch Wunder zog er die Hure aus ihrer Verderbnis, sondern indem er ihr erlaubte, in seiner Gegenwart zu weilen und sogar – zum Entsetzen des Gastgebers, der ein Pharisäer, d. h. ein Abgesonderter war – seine Füße zu berühren. Damit pflanzte er ihr eine neue Selbstachtung ein, die die Grundlage für jeden Neuanfang im Leben bildet (Lk 7,36–50).

Auch im Gleichnis vom Samariter und dem unter die Räuber Gefallenen (Lk 10,25–33) tut der Samariter kein Wunder, sondern rettet den Menschen aus seiner Not mit einfachen, alltäglichen Handlungen. Die Hauptsache in diesem Gleichnis ist, daß sich ihm, als er ihn sah, „seine Eingeweide in Erbarmen zusammenzogen", während Priester und Levite unbewegt an ihm vorübergingen. „Wer von diesen Dreien wurde deiner Ansicht nach dem unter die Räuber Gefallenen der A n d e r e", fragt Jesus den Weisungskundigen, der wissen wollte, wer nach dem Vers ‚Halte lieb deinen Andern, dir gleich' (Lv 19,18) sein Anderer sei. Die Frage ist nämlich nicht, wer dein Anderer ist, sondern in welcher Situation deines Mitmenschen d u sein Anderer bist, d. h. du dich mit ihm identifizieren mußt.

---

* Es war mein Mann, Rafael Rosenzweig, der vor vielen Jahren auf meine Bemerkung, Jesus habe sich nicht von andern großen Rabbinen unterschieden, sagte: „Seine Einzigartigkeit war, daß er sich auf die Seite der Zöllner, Huren und Sünder stellte."

Wie oberflächlich redet man vom Gleichnis vom „guten Samariter", als habe Jesus nichts denn eine bestimmte gute Eigenschaft oder gute Handlung beschreiben wollen! Jesus stellte ein Situation dar, in der es einem Menschen, der sich in der Gegenwart eines andern Menschen befindet, klar wird: In diesem Augenblick bin ich sein Anderer. Alle Scheidewände werden da hinfällig – nicht umsonst wählte Jesus einen der verachteten Minoritätsangehörigen –, wichtig ist allein die Tatsache, daß da ein leidender Mensch ist, ein Mensch ‚mir gleich', ein Mensch wie ich.

5. Paulus' Beziehungslosigkeit zum leidenden Einzelnen

Paulus scheint wenig von dieser Sendung Jesu, Leiden zu erleichtern, verstanden zu haben. In all seinen Briefen finden wir auch nicht einen Hinweis auf Blinde und Lahme, Taube und Aussätzige. Auch der Begriff „Heilung" findet sich nicht. Seine Wunder wirkten rein magisch, er kommt dabei nicht in Berührung mit den Kranken (Ap 19,11–12). Über die einzige magische Heilung, die eine kranke Frau bei Jesus suchte, war dieser bezeichnenderweise ungehalten, und die Heilung trat im Grunde erst nach seinen tröstenden und ermutigenden Worten in Kraft (Mr 5,25–34). „Krankheit" erwähnt Paulus nur in Bezug auf sich selber (Gl 4,13), und das Wort „Schwachheit", das in den Evangelien körperliche Schwäche meint (Lk 5,15; 8,2), bedeutet bei Paulus Schwachheit gegenüber dem bösen Trieb (R 8,26) oder gegenüber seiner großen Aufgabe (1 Kr 2,13). Wenn dennoch von körperlichen Leiden die Rede ist, so handelt es sich dabei um die Folterqualen und Verfolgungen, die er und andre wegen des neuen Glaubens erduldeten.

Wohl verkündete er Erlösung, doch er meinte Erlösung von Sünde. Und diese war bei ihm kein seelisches Leiden, von dem man einen Menschen durch Identifikation mit ihm und praktische Hilfe befreien kann, sondern eine metaphysische Scheidewand zwischen Gott und Mensch, die nur Gott beseitigen kann, und auch dies nicht durch einfache Begnadigung und Vergebung, wie z. B. R. Jehoschua ben Chananja glaubte (Sn 97 b).

Ein Gott, der „seine Sonne aufgehn läßt über die Bösen und über die Guten und regnen läßt über Gerechte und Ungerechte" (Mt 5,45), der „gütig ist über die Undankbaren und Bösen" (Lk 6,35), paßte nicht zur Metaphysik des Paulus. Erst recht nicht ein Gott, der einem menschlichen König gleicht, der seinem Knecht dessen große Schuld erläßt, unter der einzigen Bedingung, daß auch dieser seinem Mitknecht dessen kleine Schuld erläßt (Mt 18,23–35); auch nicht ein Gott, der wie ein Weinbergbesitzer allen Arbeitern denselben Lohn gibt, gleich ob sie den ganzen Tag oder nur eine Stunde gearbeitet haben, und der zu denen, die sich über diese Ungerechtigkeit beschweren, sagt: „Siehst du darum scheel, daß ich so gütig bin?" (Mt 20,1–20).

Jesus kannte nichts Wichtigeres, als dem Menschen das Gefühl seines Selbstwerts und seiner Fähigkeit, sich zu ändern, zu geben, weil dieses Gefühl die Bedingung für die Umkehr von seinem falschen Wege ist. Paulus dagegen teilte das Sünden- und Wertlosigkeits-Bewußtsein der Qumransekte und war von diesem ganz beherrscht (R 7,14–24). Unseligerweise vererbte er dieses dann auch auf seine großen Schüler, Augustinus, Luther, Barth, und viele Unbekannte, und richtete in deren Seelen Schaden an, dem noch kein Psychologe auf den Grund gekommen ist.

Wenn wenigstens der Glaube an den Erlösungstod den Menschen von der Last befreit und ihm das Gefühl der eigenen Kraft verliehen hätte. Aber – wie mit der apokalyptischen Lehre von der individuellen Kompensation – geschah grade bei feinfühligen Menschen das Umgekehrte: Was hätte Trost sein sollen, verwandelte sich in noch größere Qual. Ist es doch eben die „Tatsache", daß Gott kein andres Sühnemittel als den Tod seines Sohnes fand, die zeigt, „daß die Sünd' eine unerträgliche Last ist", wie Luther sagt. Mit andern Worten, grade der Glaube an den Versöhnungstod und die dazugehörige und vorgeschriebene Betrachtung der Leiden Jesu sollen die Sündhaftigkeit und Wertlosigkeit des Menschen erst recht zum Bewußtsein bringen: *„quanta virtus peccata nostra"* (Luther III, 232; XLV, 64).

Dennoch drückte auch Jesus dem Christentum sein Siegel auf: die Tatsache, daß Jesus jedem Einzelnen einen Wert zuerkannte, wie elend und krank, dumm und unwissend er auch sei, lieferte den Elenden und Leidenden, woimmer das Christentum hindrang, das Gefühl: ich bin jemandem wichtig.

Es war Paulus, der aus diesem Verhalten zum verachteten und verfemten Menschen die Konsequenz zog (Dibelius-Paulus 51), die Jesus noch fern lag: Paulus maß auch den Heiden Wert bei. Seine Größe und sein historisches Verdienst lag darin, daß er im Unterschied zu Jesus, den Rabbinen und der Qumransekte (Braun-Qu II, 96.93.239–242) jenen Heiden, die nicht das Selbstbewußtsein der gebildeten und kultivierten Elite besaßen, ein Wertgefühl zu verleihen verstand. Wert hatte der Mensch allerdings nie an sich. Wert hatte er nur als Objekt der göttlichen Gnade (s. S. 125–6).

Die Gefahr von Jesu „Veredelung der sklavischen Existenz" (Vogt 93–96) war natürlich, daß ein unterprivilegierter Mensch, dessen Selbstwertgefühl nicht mehr von seiner äußeren Situation abhing, auch nicht mehr um die Veränderung seiner Situation kämpfte und damit die Ungerechtigkeit auf der Welt verewigte. Die Identifikation mit den Unterdrückten auf persönlicher und individueller Ebene genügt eben nicht. Jesus hätte auch seine Gemeinschaft, die „Öffentlichkeit" lehren müssen, sich der Benachteiligten anzunehmen. Hier war es Paulus, der öffentliche Verantwortung zumindest für die Armen verlangte und auf sich nahm (s. S. 77ff) und damit die Haltung Jesu ergänzte.

6. Die Rabbinen und der leidende Einzelne

Auch unter den Rabbinen gab es Einzelne, die sich mit den Bedrückten identifizierten, wenigstens mit drei Kategorien von Leidenden – den Mamsern, den Armen und den Kranken.

a) Der Mamser

Der Mamser wies durch seine bloße Existenz auf eine Sünde hin, die nicht er sondern seine Eltern oder Voreltern begangen hatten. Als das Kind einer verheirateten Frau und eines Mannes, der nicht ihr Ehemann ist, sind der Mamser und seine Nachkommen für immer aus der Gemeinschaft Israels ausgeschlossen (Dt 23,3).

Nachdem man sich daran gewöhnt hatte, an ein individuelles Gericht zu glauben, erregte dies unschuldige Leiden ein ähnliches Problem wie das Leiden des Gerechten. Der Unterschied ist nur, daß wir kein Zeugnis aus dem Mund eines Mamsers selber haben, das heißt die Stellung zum Leiden des Mamsers in der rabbinischen Literatur ist immer die zum Leiden des Andern. Und nur davon handelt unser Kapitel.

Die einzige relevante Anwendung jener einzigartigen, feinfühligen Klage Qohelets über die Bedrückten, die keinen Tröster haben (Qo 4,1–3; s. S. 59), die ich in der rabbinischen, apokalyptischen und christlichen Literatur[16] finden konnte, und zwar von einem unbekannten Amoräer namens Daniel dem Schneider (Bacher APA III 761), bezieht sich auf den Mamser:

,Da, die Träne der Bedrückten':
Ihre Mütter haben ein Gebot übertreten,
und diese Elenden werden aus der Gemeinschaft entfernt!
Sein Vater ist unkeusch gewesen,
aber dieser, was kann er dafür? (LvR 32,8; QoR 4,3)

Schon in der Halacha ist immer wieder die Rede von diesem ungerechten Leiden (T Qid 5,4; Qid 72 b; P Qid 65 a), doch man kennt nur eine Lösung: Gott selber wird die Mamser trösten, indem er ihr Leiden in der zukünftigen Welt kompensiert. Eine ähnliche Lösung hatte viele Jahrhunderte vorher der

---

[16] Die Tatsache, daß nicht nur dieser Spruch nicht auf Jesus angewandt wurde, wie es doch logisch gewesen wäre, sondern sich im ganzen Neuen Testament kein Zitat aus Qohelet findet, ist vielleicht auch so zu erklären, daß das Buch in der breiten Öffentlichkeit nicht bekannt war. Die Rabbinen waren damals noch geteilter Meinung, ob das Buch zum biblischen Kanon gehören sollte oder nicht (M Ed 5,3; Sb 30 a–b). Die Schule Schammai's war dagegen. Erst als R. El'asar ben Asarja zum Vorsteher des Lehrhauses in Jawne ernannt wurde, also erst nach dem Jahre 96 (Safrai-Geschichte 311), wurde der Beschluß zugunsten der Heiligkeit des Buchs gefaßt (M Jd 3,5).

zweite Jesaja schon für eine andere Kategorie unschuldig Benachteiligter gefunden, nämlich für die Kastraten (Js 56,5–7), nur daß damals die Kompensation von der Bundestreue des Leidenden abhängig gemacht wurde, während R. Jehuda ben R. Simon im 4. Jahrhundert verspricht, daß die Träne der Mamser genüge, um ihnen ein Recht auf die zukünfige Welt zu verschaffen (QoR 4,3; LvR 32,8).

b) Der Arme

Der Arme regte das Denken der Weisen an, weil die Armut das in jener Zeit am meisten verbreitete Elend war, verbreitet auch unter den Rabbinen selber. Die Armut wurde gradezu das nationale Leiden Israels nach der Zweiten Zerstörung. Es war wiederum R. Aqiba, der aus dem Schandfleck ein Ehrenmal zu machen suchte:

> Hübsch steht die Armut der Tochter Jakobs,
> wie ein roter Zaum dem Hals eines weißen Pferdes! (CtR 1,27)

Spätere Tradenten dieses Ausspruchs fürchteten offenbar eine zynische Reaktion. Deshalb stellten sie allen Versionen den Ausspruch des 200 Jahre später lebenden R. Acha als eine Art Interpretation voran:

> Der Jude bedarf des ḥaruba (Johannisbrot),
> dann wird er tun tešubah (Umkehr)! (CtR ibd; Pq 117 a; LvR 13,4; 35,6)

Johannisbrot war das Brot der Armen und das Symbol der Armut.

Die Frage ist, ob die allgemeine Armut die Identifikation mit dem einzelnen Armen förderte.

Zwei Dinge stehen fest: die praktische Armenpflege war hervorragend organisiert, und die ideologische Stellungnahme zum Armen war meist nicht die des Richtens. „Wenn euer Gott Arme liebt ...“ (BB 101 a), so begannen heidnische Gegner zu sticheln, denn der Glaube, daß Gott den Armen liebe, war nicht nur R. Aqiba sondern der jüdischen Religion von alters her eigen. Nicht in Helden, Königen, Erfolgreichen offenbart sich der jüdische Gott, sondern in denen, die in den Augen der Welt gering und wertlos sind.

Für den gesunden Menschenverstand steckt in dieser positiven Ideologie jedoch ein Widerspruch. Wenn ein Mensch einen andern liebt, so beläßt er ihn nicht in seinem Unglück, sondern versucht, sein Leiden zu erleichtern. So war es die Verteidigung dieser Ideologie, die R. Aqiba und nach ihm seinen glänzenden Schüler R. Meir zu der grausam anmutenden Erklärung brachte: „Wenn dir einer sagt, – euer Gott liebt Arme, warum ernährt er sie dann nicht? – so antworte ihm: – auf daß wir durch das Almosen vom Höllengericht gerettet werden!“ (BB 101 a). Eine solche Einstellung förderte nicht grade die Sensibilität für das Leiden des Armen.

Nun muß man sich aber vor Augen halten, daß man die Haltung der

Rabbinen nicht allein nach ihrer Motivation beurteilen darf, schon gar nicht, wenn eine Formulierung aus der Defensive heraus einseitig zugespitzt wird. Je schlimmer die Armut wurde, umso höher rückte das Almosengeben in der Werteskala des religiös-ethischen Verhaltens. Angesichts des Zwangs der Wirklichkeit konnte man nicht viel Federlesens mit dem ethischen Motiv machen. Da die Aussicht auf Lohnempfang ein stärkerer Antrieb zum Almosengeben war als die Identifikation mit dem Armen, so mußte eben dieses Motiv mit der nötigen Weihe umgeben werden. Immerhin gibt die Ideologie R. Aqiba's und R. Meirs dem Armen einen Wert: der Reiche bedarf ja seiner, um sich vom Höllenfeuer zu retten, ja Gott hat von vornherein Reiche und Arme geschaffen, damit sie einander bedürfen (Pq 192 a; LvR 34,5).

Auch kam die Erniedrigung des Armen zu einem Sühnemittel gewiß nicht im persönlichen Umgang mit dem Armen zum Ausdruck, wenigstens nicht im Falle R. Aqiba's, der den Armen nicht nur persönlich und mit schlauen Mitteln Geld besorgte (LvR 34, 16; Kl gegen Schluß; Zuri 51 f), sondern sie gewiß auch zu trösten verstand, wie er andre an Leib oder Seele Leidende tröstete (Mch S. 220; SDt § 32; Sn 101 a – Sn 81 a; Mk 24 a). Nicht zufällig war es der große Tröster des leidenden Volkes (s. S. 53f), auf dessen liebreiches Verhalten sich die Weisen auch verließen, als sie einmal einem ihrer Kollegen ein Leid zufügen mußten. Sie schickten R. Aqiba, damit der R. Eliser dem Großen, der doch gegen jegliche Ehrenkränkung besonders empfindlich war (s. S. 65), die über ihn beschlossene Absetzung mitteile. Aqiba's taktvolles Verhalten und seine feinfühligen Worte (BM 59 b) sind ein weiterer Beweis dafür, daß man besonders bei Aqiba aber auch bei andern Leuten nicht von der apodiktisch ausgesprochenen Ideologie auf die Praxis schließen darf, weder im Guten noch im Bösen.

Dennoch gab es nicht nur in der Bibel, sondern auch im rabbinischen Denken das Motiv der Identifikation mit dem Armen.

Es lohnt sich, zunächst einmal dem Wortlaut der Bibel nachzuhorchen, um den Unterschied zwischen der Motivierung der Identifikation und dem der Lohnerwartung, wie wir sie im Neuen Testament und im Talmud vorwiegend finden, deutlicher zu begreifen:

> Wenn unter dir ein Dürftiger sein wird,
> irgendeiner deiner Brüder,
> in einem deiner Tore,
> in deinem Land ...
> verfestige nicht dein Herz,
> verschließe nicht deine Hand
> deinem dürftigen Bruder ...
> Öffnen sollst, öffnen deine Hand du
> deinem Bruder,
> deinem Gebeugten,
> deinem Dürftigen,
> in deinem Land. (Dt 15,7–11)

Es heißt nicht ‚der Arme‘, sondern ‚dein Armer‘, nicht ‚der Bedürftige‘, sondern ‚dein Bedürftiger‘. Diese Gründung des Almosengebens auf die Solidarität mit deinem Armen ist nichts anderes als die Anwendung der Regel, von der in den folgenden Kapiteln noch viel die Rede sein wird: daß du den Leidenden nicht bedrücken sollst, weil du Leid am eignen Leid erfahren hast und also die Seele des Leidenden kennst.

Das ist auch der Sinn des schönen jesajanischen Gedichts (Js 58,1–12) von der Hingabe der Seele, – nicht nur des Brotes – an den Armen (10).

> ‚Vor deinem Fleisch verstecke dich nicht!‘ (Js 58,7)
> Sieh sein Fleisch wie dein Fleisch! (LvR 34,14)

So interpretierte Bar Qappara, der Lehrer R. Jehoschua's ben Levi, das Gedicht und fand dabei die einfachste Formulierung für das Motiv der Identifikation. Wie wirkte sich das aus? 150 Jahre später betonten R. Jizchak der Schmied und, eine Generation nach ihm, R. Jehuda ben R. Simon, daß es laut diesem biblischen Gedicht nicht genüge, dem Armen einen Pfennig hinzuwerfen. Man müsse ihn vielmehr mit Worten „versöhnen" und ihm den Zorn über die Ungerechtigkeit, die andern ein Bett zuteilwerden, ihn dagegen auf dem kalten Boden liegen läßt, aus dem Herzen nehmen. Das bedeute es, ‚dem Hungernden deine Seele zu geben‘ (BB 9 b; LvR 34,16).

c) Der Kranke

Auch in der Stellung zum Kranken war es die Wirklichkeit, die die Normierung des Handelns, nämlich den Krankenbesuch verlangte, ohne daß man sich lange beim Motiv des Besuchers aufhalten konnte. „Jeder, der einen Kranken nicht besucht, ist, als habe er Blut vergossen", sagte R. Aqiba (Nd 40 a), und die häufige Behandlung des Gebots vom Krankenbesuch, die sich dann in großen Ausspruchsammlungen der Mischna (M Nd 4,4) und des Talmuds (Nd 39 a–41 b) niederschlug, spiegelt die Wichtigkeit der Sache wieder.

Ein Ausspruch, der aus dem Rahmen fällt, ist der des Rab Huna, einer der wenigen babylonischen Aggadisten, deren Aggada man auch im Land Israel verbreitete (Bacher – ABA 56) und der viel über das Leiden nachdachte (ibd 57; vgl. Br 5 a):

Es gab eine bekannte Meinung, daß „jeder der einen Kranken besucht, von ihm den sechzigsten Teil seines Leidens nimmt" (Nd 39 b; BM 30 b; LvR 34,1).

Gewisse Rabbinen machten sich lustig über diese Behauptung. „Wenn das so ist – so sollen sechzig Leute zu dem Kranken hinaufgehn, und er wird mit ihnen (gesund) auf den Markt herunterkommen" (LvR ibd). Doch Rab Huna antwortete ernsthaft, daß nicht die Quantität der Besucher dem Kranken Erleichterung bringe, sondern das Maß der Identifikation jedes Besuchers mit dem Kranken:

Sechzig?
Unter der Bedingung,
daß sie ihn lieben wie ihre eigene Seele! (LvR ibd)

Wie schwer es war, diese Bedingung zu erfüllen, geht aus dem Zusatz des Redaktors hervor: „Trotz alledem erleichtert man's ihm", d. h. auch wenn der Besucher nicht versteht, sich mit dem Kranken zu identifizieren, bringt sein Besuch Nutzen. Wie es besser ist, Almosen aus zweifelhaften Motiven zu geben anstatt überhaupt keine zu geben, so ist es auch besser, einen Kranken zu besuchen, auch wenn kein Mitgefühl zu spüren ist, als ihn gar nicht zu besuchen.

d) Raschbi und R. Nachum aus Gamso

R. Schim'on ben Jochai (Raschbi) war im Unterschied zu seinem Lehrer R. Aqiba ein bedeutender Denker, was das Gesetz der gegenseitigen Haftung und Solidarität betraf (s. S. 150–1). Doch in seinem praktischen Verhalten findet sich keine Spur von Identifikation und Solidarität. Die Legende, die so häufig den Charakter eines Menschen erfaßt, selbst wenn das von ihr berichtete Ereignis nicht historisch ist, erzählt, daß Raschbi während der hadrianischen Verfolgung zwölf Jahre lang mit seinem Sohn El'asar in einer Höhle verborgen lebte und viel erduldete. Als sie wagen konnten, die Höhle zu verlassen und die Menschen sahen, wie sie pflügten und säten, freuten sie sich keineswegs, daß sich das Leben wieder normalisiert hatte, sondern ärgerten sich: „Sie lassen das ewige Leben fahren und beschäftigen sich mit der Gegenwart!" Und woimmer ihr Blick hintraf, verbrannte alles. Da ließ sich eine Stimme vernehmen, die sprach: „Um meine Welt zu zerstören, seid ihr herausgekommen? Zurück in eure Höhle!" Und sie mußten weitere 12 Monate warten, bis ihre Seele sanft genug war, um wieder mit Menschen umgehn zu können (Sb 33b).

Ebenso typisch ist es, daß Raschbi das Lächeln nicht wie sein Meister R. Aqiba als Mittel zur Vertreibung von Leid verwandte (Mk 24 b), sondern im Gegenteil das Lachen für verboten hielt. So ist es kein Wunder, daß er sich mit den Schwächen der Menschen nicht abfinden konnte (Urbach-Rabbinen 543 f).

Zu diesem Charakter paßt auch die folgende Geschichte: Obwohl er sich lieber mit der Weisung beschäftigte, überwand er sich zuweilen, Kranke zu besuchen. Da fand er eines Tages einen in Darmkrämpfen sich windenden Menschen, der Gott fluchte. Erzürnt rief Raschbi: „Nichtsnutziger! Anstatt Erbarmen für dich zu erflehen, fluchst du?" (ARN S. 130) Von einer „Versöhnung durch Worte" ist nichts zu spüren. Der Kranke wünscht ihm daraufhin, daß der Heilige-gelobt-sei-er seine Schmerzen von ihm nehme und dem Raschbi auferlege. Wenn du spürst, was ich spüre, verstehst du vielleicht meine Flüche. Doch Raschbi ist weit davon entfernt, sich mit ihm zu identifizieren, im Gegenteil, er sieht in dieser Antwort den Beweis, daß Krankenbesuche zu den zeitvergeudenden Dingen gehören und daß es wichtiger ist, sich mit der Weisung zu beschäftigen.[17]

Ganz anders hatte sich in ähnlicher Situation R. Nachum aus Gamso, der Lehrer R. Aqiba's, verhalten. Er war auf dem Weg zum Haus seines Schwiegervaters, um Geschenke zu überbringen. Da traf er auf einen von Hautgeschwüren Befallenen, der ihn bat, ihm Almosen zu geben. R. Nachum vertröstete ihn: „Wenn ich wieder zurückkomme". Doch als er zurückkehrte, fand er den Mann tot (P Schq 45 b; P Pea 21 b).

Es lohnt sich, diese Geschichte auch in der stilisierten Bearbeitung des babylonischen Talmuds zu lesen: Dort erzählt R. Nachum selber:

Einmal war ich auf dem Weg . . .
und mit mir drei . . . mit guten Dingen beladene Esel.
Da kam ein Armer,
stellte sich mir in den Weg
und sagte zu mir: – ernähre mich, Meister!
Ich sprach zu ihm: – warte bis ich den Esel ablade!
Ich schaffte es nicht, den Esel abzuladen,
da hatte er schon seine Seele ausgehaucht. (Ta 21 a)

Was wollte der Bearbeiter des Midraschs? Die wichtigste Veränderung ist die Verringerung der Zeitspanne zwischen Hilferuf und Hilfsangebot. Die Absicht war sicher, den Meister zu rechtfertigen. Es konnte doch nicht sein, daß er den kranken Armen bis zu seiner Rückkehr warten ließ. Aus demselben Grund wurde aus dem armen Hautkranken ein einfacher Armer. Die Tatsache seines Todes war also gewiß nicht die Schuld R. Nachums, der ein vollkommener Gerechter war. Der Beweis für diese Behauptung ist wie üblich die Erzählung von den Wundern, die der Gerechte zu vollbringen vermochte (ibd). Diese apologetischen Korrekturen beweisen, was für eine ethische Haltung gegenüber den Leidenden die Tradenten von den Weisen erwarteten, und der Wert der Korrekturen ist daher nicht geringer als der Wert des Orginals.

Doch der Sinn des ursprünglichen Midraschs ging ganz verloren, nämlich das tiefe Entsetzen R. Nachums, als ihm seine fehlende Identifikation mit jenem Menschen ins Bewußtsein drang. Seine Reaktion war beispiellos:

da ging ich und fiel auf sein (des Toten) Angesicht
und sprach:
Meine Augen, die sich deiner Augen nicht erbarmten – seien blind!
Meine Hände, die sich deiner Hände nicht erbarmten – seien abgehauen!
Meine Füße, die sich deiner Füße nicht erbarmten – seien abgetrennt!

---

[17] So muß die Stelle nach der ursprünglichen Handschrift gelesen werden und nicht nach der, die Schechter – in apologetischer Absicht, wie Urbach-Rabbinen 543 richtig bemerkt – in den Haupttext gerückt hat. Vgl. Schechters eigene Erklärung in ARN S. 130.

Ich zitiere nach der lebendigeren babylonischen Version, aber bis hierher stimmt sie mit der palästinensischen überein. Sie fügt nun aber unlogischerweise hinzu:

Und nicht eher kühlte sich mein Sinn als bis ich sprach:
Mein ganzer Leib sei voller Geschwüre.

Obwohl der Babylonier den Grund für diese Reaktion vertuschte, verheimlichte er nicht deren Zweck: Weil Nachum als gesunder Mensch nicht fähig war, sich mit dem Manne vor ihm zu identifizieren, zwang er sich selber dessen körperliche Leiden auf. Grade der Zusatz des Babyloniers, der erst Sinn hat, wenn man weiß, daß der ursprüngliche Arme ein von Hautgeschwüren Befallener war, beweist, was R. Nachum mit dem freiwilligen Aufsichnehmen von Leid bezweckte, nämlich das Erlernen der Identifikation.

e) R. Jehoschua ben Levi

Ein Weiser, der die Solidarität nicht erst erlernen mußte, sondern dem sie in der Natur lag, wie sie 200 Jahre vorher in der Natur seines Namensbruders, Jeschua ben Josef, gelegen hatte, war R. Jehoschua ben Levi aus Lod, der Schüler Bar Qappara's.

Eines Tages hielt er sich in Rom auf und sah dort Marmorsäulen, die von Teppichen umhangen waren, als Schutz gegen Hitze und Kälte. Er sah dort auch einen armen Menschen, keinen Juden, einfach einen Menschen, der nichts hatte denn eine Strohmatte unter sich und eine Strohmatte an sich. Er war tief erschüttert über diese schreiende Absurdität:

Wo du gibst, gibst du im Überfluß,
doch wo du schlägst, da zermalmst du! (GnR 33,1)

R. Jehoschua war einer der Lieblingshelden der Aggada, der Gesprächspartner des Propheten Elia und des Todesengels, einer, der die Menschen liebte ohne jede Einschränkung. Selbst für die Mamser wußte er eine Lösung (Qid 71 a, vgl. Raschi). Er selber war nicht arm, jedenfalls wird erzählt, daß in seinem Haus in Lod den Gästen am Werktag 24 und am Schabbat doppelt so viele Gerichte aufgetischt wurden (ER zu 3,17, S. 130 f). Doch sein Herz war mit den Armen, mit den Geschlagenen überhaupt.

Er war es auch, der den Messias am Eingang der Stadt Rom sah,

sitzend zwischen Armen
und Krankheit Tragenden. (Sn 98 a)

Es ist kein Zufall, daß R. Jehoschua's Messias arm ist mit den Armen und krank ist mit den Kranken und seine Wunden verbindet wie sie ihre Wunden verbinden. Der einzige Unterschied zwischen ihnen und ihm ist, daß „Messias" nicht wagt, sich ungeteilt der Pflege seiner Wunden hinzugeben, denn „womöglich werde ich verlangt, da darf ich nicht säumen!"

Solange, bis die Söhne Israels die Stunde des Messias, d. h. die Stunde der Erlösung „naherücken" („Heute! – so ihr seine Stimme höret!' Ps 95,6), solange sei diese körperliche, konkrete Identifikation mit den Leidenden „das Zeichen von Messias", sagt R. Jehoschua ben Levi (ibd). Wie hätte er gewagt, den König Messias solchergestalt gegen allen consensus darzustellen, wenn es nicht seine eigne Eigenart gewesen wäre, sich mit den Elenden und Geplagten zu identifizieren?

Er bewies dies durch eine Tat, die in den Augen der Überlieferung so außergewöhnlich war, daß sie den wunderhaften Helden noch während seines Lebens mit einem Spaziergang im Garten Eden ausgezeichnet sein ließ.

Was tat er? Er lehrte die Weisung unter den mit *ra'atan* Behafteten. Ra'atan war eine furchtbar ansteckende und gefährliche Hautkrankheit, die einzige unter den 24 Geschwürkrankheiten, bei der dem von ihr Betroffenen der geschlechtliche Verkehr untersagt war (P Kt 31 d). Die andern großen Rabbinen jener Zeit hüteten sich vor jeder Berührung mit diesen Kranken, R. Jehoschua jedoch „heftete sich an sie" und beschäftigte sich in ihrer Mitte mit der Weisung (Kt 77 b).

Die Tradition verstand allerdings die Haltung R. Jehoschua's so wenig wie die christliche Tradition die von Jesus verstanden hatte. Für beide Traditionen ist nur die Wunderkraft ihrer Helden wichtig, die ihre übermenschliche Autorität beweist. So war es – laut Tradition – das Bestreben des Meisters zu demonstrieren, daß er, solange er sich mit der Weisung beschäftigte, keine Angst vor der Krankheit zu haben brauchte. Die Tora würde ihn „behüten". Ist denn die Tora ein Talisman? Und wenn ja, warum saß R. Jehoschua's Messias nicht nur unter den Krankheit-Leidenden sondern erlitt die Krankheiten selber, am eigenen Körper?

Und wie die Tradition nicht verstand, warum sich R. Jehoschua an die Ra'atan-Kranken heftete, so verstand sie auch nicht, was R. Jehoschua fühlte, als er den strohmattenbedeckten Armen in Rom sah. Obwohl sonst der Wortlaut seines Ausspruchs in allen Parallelen gleich lautet, änderten die meisten Quellen (Pq 74 a; TnB *noah* 8; Tn *'emor* 6; LvR 27,1) das ursprüngliche „du zermalmst" (GnR 33,1) in „du nimmst es genau"! Damit verwandelten sie den Schmerzensschrei über einen leidenden Menschen in einen Bewunderungsausruf über den gerechtrichtenden Gott. Wie furchtbar genau nimmt es Gott mit den Sündern! (vgl. Pq 73 a; GnR 33,1; LvR 27,1). R. Jehoschua aber wollte keine Gründe, keine Zwecke anführen, sondern nur die schmerzende Tatsache feststellen, wie es auch das von Jesus zitierte, von ihm allerdings auf geistigen Besitz bezogene Sprichwort (Bulmann-Tradition 108. 112) sagt:

Wer da hat, dem wird gegeben,
und wer da nicht hat,
dem wird auch, was er hat, genommen! (Mr 4,25; Mt 25,29)

Weder Jesus noch Jehoschua konnten eine Revolution machen, um diese Tatsache zu ändern. Doch im Unterschied zu den meisten ihrer Zeitgenossen waren sie sich des Leidens der Geschlagenen und Zermalmten wenigstens bewußt.

7. Das Leiden des Einzelnen als Problem der Gemeinschaft

In unsrer Zeit ist es jederman klar und im Gesetz festgelegt, daß die Gemeinschaft dem benachteiligten Einzelnen gegenüber Pflichten hat. Die Verpflichtung der Gemeinschaft, bis zu einem gewissen Grade die Last, die Kranken und Armen, Witwen und Weisen auferlegt ist, mitzutragen, könnte man die „Solidarität der Gemeinschaft mit dem Einzelnen" nennen. Diese Solidarität war im jüdischen Volk von Anfang an hochentwickelt, wie wohlbekannt ist:

The Western religions are consumed by a prophetic passion for social justice. This quality reflects a readiness to identify ... with the poor, the weak, the suffering. (Burtt 301)

Es ist hier nicht der Ort, den praktischen Ausdruck dieser Solidarität, sondern nur das Problem und die Haltung dreier Denker darzustellen: Die des Paulus im ersten, die des Raschbi im zweiten und die des R. Jehoschua ben Levi im dritten Jahrhundert. Das Beispiel des Paulus zeigt Theorie und Praxis, die Midraschim der beiden Rabbinen dagegen sind theoretisch. Doch lernten wir das praktische Verhalten der letzteren bereits kennen.

a) Die Gemeinschaft und ihre Armen: Tun und Denken des Paulus

Wie verbreitet das „soziale Bewußtsein" in der Zeit Jesu von Nazareth war, zeigt der Zorn der Jünger über die Frau, die für ihren bewunderten Meister kostbares Öl vergoß, anstatt den Gegenwert den Armen zu geben (Mk 14,5; Mt 26,8–9).

Jesus selber verlangte nicht nur die Identifikation mit den Armen (Mt 25, 31–46), sondern war auch selber arm, und zwar mit vollem Wissen und Willen (Mt 8,20; Lk 9,58)! Es gibt ja außer Armut kaum ein Leiden, bei dem man die Identifikation mit den Leidenden konkretisieren kannn. Die buchstäbliche Identifikation R. Nachums mit dem Kranken ist da kein Beispiel, denn sie nützte niemand was. Doch die konkrete Armut Jesu bahnte ihm den Weg zu den Benachteiligten und Bedrückten. Sogar Paulus, der sonst gar kein Interesse an Jesu Erdenleben zeigt, erwähnt Jesu Armut als Ansporn für seine Gemeindeglieder, sich zur Almosensteuer zu verpflichten (2 Kr 8,9).

Paulus dagegen hatte kein Gefühl für konkretes Leiden, weder für das seines Volkes noch für das des Einzelnen. Überdies war er überzeugt, daß er noch die Welterlösung erleben würde. Warum hätte er also über die Tränen der Bedrückten, die keinen Tröster haben, nachdenken sollen?

Umso bedeutsamer ist es, daß er solch große Aufmerksamkeit den „Armen der Heiligen in Jerusalem", d. h. den Armen der judenchristlichen Gemeinde schenkte (R 15,26). Leider wurde diese Tatsache im Sturm der ideologischen Auseinandersetzung vergessen, sowohl bei den Christen selber als in der Diskussion zwischen Christen und Juden. Über die Ideologie der Gnade (griechisch: *charis*) wurden endlose Bücher geschrieben. Von der Wohltat dagegen (ebenfalls: *charis*), die die Heiden den Armen Israels schulden, wie Paulus lehrt, weiß kaum einer etwas.

Die Armut der jerusalemischen Gemeinde war ohne Zweifel ein entscheidender Faktor beim Entstehen der christlichen Gemeinde. Wer weiß, ob die Gemeinschaft des Glaubens genügt hätte, um die Messiasgetreuen auf die Dauer zusammenzuhalten. Doch die Gemeinschaft des Besitzes (Ap 2,44 f; 4, 32–37) war Ausdruck des praktischen Ziels der jungen Gemeinde: Es sollte in ihr keiner sein, der Mangel litt.

Dieses Ziel brachte auch die erste nachjesuanische Institution der Gemeinde hervor: Keine Priester zum Gottesdienst wählten sie sich, sondern Sozialarbeiter! (Ap 5,1–6).

Auch der Anlaß zur Wahl der Sozialarbeiter zeigt, welche Bedeutung dem Faktor der Armut zukam. Die griechischen Juden unter den Messiasanhängern beklagten sich, daß die Hebräer nicht genügend Sorge für die Witwen der Griechen trügen. Nach Lukas war daran keine volksmannschaftliche Diskriminierung schuld, sondern die zu große Zahl der Bedürftigen. Gewiß hat die Wahl der sieben Diakone, die dem Mißstand Abhilfe schaffen sollte, den Zusammenhalt der Gemeinde gestärkt, besonders nachdem grade einer dieser Sieben, Stephanus, der erste Märtyrer wurde (Ap 6,5.8–15.54–59).

Nachdem Saulus, der Zeuge des Märtyrertodes gewesen war (Ap 9,12; 26, 9–11; Gl 2,13 f) zu Paulus wurde und die erste Gemeinde in Antiochien zu bauen begann, übernahm er sofort die Aufgabe des Stephanus. Diese Beziehung zu dem Sozialarbeiter wird zwar nirgends erwähnt, aber sie liegt klar zu Tage. In seinem Brief an die Galater erzählt Paulus, wie er diese Aufgabe ganz offiziell auf sich nahm (Gl 2,10). Und als ein Prophet in Antiochien eine große Hungersnot für die Erdenbewohner voraussah, und „die Jünger" beschlossen, „den Brüdern in Juda" zu helfen, da sie wohl wußten, daß das Land Israel in solchen Fällen immer besonders schwer zu leiden hatte, wurden die Gaben nicht durch irgendeinen Gesandten überbracht, sondern durch die zwei Häupter der Gemeinde, Barabbas und Paulus selber (Ap 11,27–30).

Die Sorge für die jüdischen Bedürftigen war das Hauptband zwischen den heidnischen und den jüdischen Christen. Das Christentum hätte sich wohl noch rascher vom Judentum gelöst, und der hellenistische Geist hätte das jüdische Erbe vielleicht gänzlich erstickt, wäre nicht die konkrete und praktische Verantwortung gewesen, die Paulus den Heiden gegenüber ihren jüdischen Brüdern auferlegte. Paulus erwähnt in seinen Briefen nur zwei ausdrückliche „Anordnungen", die er in seinen Gemeinden getroffen habe, eine davon war „die Sammlung für die Heiligen in Jerusalem." Ja wir hören, wie er die Sammlung organisierte und wie er sich vornimmt, die Liebesgabe *(charis)* selber zu überbringen (1 Kr 16,1–4).

Er war in der Tiefe seines Herzens davon überzeugt, daß die aktive *charis* seiner heidnischen Schüler der Prüfstein für ihr Verstehen der göttlichen *charis* sein würde (R 15,28). Die menschliche Gnade sollte die „Frucht" der göttlichen Gnade sein (besonders deutlich: 2 Kr 2). Weil die göttliche *charis* zu den Heiden nicht gradewegs vom Himmel, sondern durch die Juden gekommen war, hatten die letzteren ein Recht auf die *charis* der Heiden. Das war die revolutionäre Anschauung des Paulus: die Armen hatten ein R e c h t zu bekommen, was ihnen nottat, und die übrige Gemeinschaft hatte die P f l i c h t , „Teilhaber an den Bedürfnissen der Heiligen" zu sein, wie sich Paulus einmal ausdrückt (R 12,13). Ihre Pflicht ist es, sich mit den Bedürftigen zu identifizieren und ihrem Mangel abzuhelfen, und dies nicht nach einem ethisch-idealistischen oder religiös-heteronomen Maßstab, sondern gemäß dem jüdischen Prinzip von der gegenseitigen Abhängigkeit, aus der sich die gegenseitige Verantwortung ergibt. Der materielle Überfluß der Heidenchristen wird ausgeglichen durch den geistigen Überfluß der Judenchristen, und so entsteht im gegenseitigen Geben und Nehmen *(koinonia)* die notwendige Gleichheit *(isotes),* wie er im 2. Korintherbrief (8 und 9) ausführlich darlegt.

Wie gesagt, der Arme als leidendes Individuum interessierte Paulus nicht, doch was die Armen als öffentliches Problem betrifft, so läßt sich kaum ein tieferer Denker finden. „Öffentliches Problem" bedeutet, daß die Lösung des Problems der Gemeinschaft obliegt und der Verantwortung der nicht leidenden Gemeinschaftsmitglieder anvertraut ist. So geschieht es wohl in vollem Bewußtsein, daß Paulus nie den griechischen Begriff „*elimosyne*", welcher im Deutschen zu „Almosen" wurde, gebraucht, denn dies Wort meint „Barmherzigkeit", während das hebräische Equivalent „*ṣedaqah*" etymologisch mit „Gerechtigkeit" zusammenhängt.

Nur einmal erscheint das Wort, aber nicht in Paulus' authentischen Schriften, sondern in der lukanischen Rekonstruktion seiner Apologie vor seinen Anklägern im Land Israel. Paulus pflegte sich ja der Redeweise seines Publikums anzupassen (vgl. Ap 17,22–28), gemäß seinem Motto, „allen Menschen Knecht zu sein" (1 Kr 9,19f); daher benützt er in der Gegenwart seiner Ankläger den populären Ausdruck: „Nach vielen Jahren kam ich, um meinem Volk Almosen zu tun" (Ap 24,17).

Die Tatsache, daß Paulus nach langen Jahren der Tätigkeit unter den Heiden nach Jerusalem kam, um die *charis* der Heiden selber zu überbringen, zeigt, welch tiefe Bedeutung er diesem Ausdruck der Solidarität mit seinem Volk beimaß. Dieser Besuch wurde dann das erste Glied in der Kette der Ereignisse, die zu seinem Tod in Rom führte. Wäre die „Partnerschaft" *(koinonia),* zusammen mit den beiden andern Ausdrücken der Solidarität mit seinem Volk, dem Darbringen von Opfern und seiner Reinigung im Tempel, nicht so wichtig für ihn gewesen, so wäre er nicht nach Jerusalem gegangen, wo er bei Juden und Christen (Gl 2) gleichermaßen verhaßt war.

Im Brief an die Römer, dem letzten Brief, den er in der Freiheit schrieb (Michel – Römer 4), hatte er seine Lehre noch einmal zusammengefaßt:

> Jetzt aber reise nach Jerusalem im Dienst für die Heiligen. Denn Mazedonien und Achaja haben beschlossen, eine Sammlung *(koinonia)* für die Armen unter den Heiligen in Jerusalem zu veranstalten. Sie haben es beschlossen, denn sie sind ja ihre Schuldner! Denn wenn die Heiden an ihren geistlichen Gütern Anteil bekommen haben *(ekoinonäsan),* sind sie schuldig, ihnen auch in den leiblichen zu dienen. Wenn ich nun dies ausgerichtet und ihnen diese Frucht versiegelt habe, so will ich bei euch (Rom) durch nach Spanien reisen (R 15,25–28).

Den „Dienst" führte er aus, die „Teilnahme" der Heiden brachte er nach Jerusalem als „Frucht" seiner Arbeit, als Versiegelung seiner Sendung, doch nach Rom gelangte er in Ketten und nach Spanien wahrscheinlich überhaupt nicht. So war dies seine letzte Tat, die er in Freiheit vollbrachte, und auch seine Festnahme am zwölften Tag seines Aufenthalts in Jerusalem (Ap 24,11) ließ ihn nicht bereuen, daß er dies Risiko auf sich genommen hatte, um seine Solidarität mit seinem Volk zu demonstrieren.

Sollte jemand behaupten, daß er nur für die Glaubenstreuen sorgte (vgl. Gl 6,10), so widerspricht das dem von Lukas zitierten Satz, daß Paulus kam, „um meinem Volk Almosen zu tun" (Ap 24,17). Wenn er „mein Volk" sagte und nicht „meine Gemeinde", so war das kein Trick. Denn die *charis,* die er von den Heiden forderte, „der Dienst", „der Gottesdienst" (2. Kr 9,12–13), „die Teilnahme", all das schulden die Heiden seinem Volk dafür, daß ihnen das Licht von Israel kam (R 9–11; Ep 2; Barth; Marquardt).

Die gegenseitige Abhängigkeit, mit der Paulus hier die Hilfe motiviert, bildet ein grundlegendes Element in Paulus' anthropologischer Lehre überhaupt (1 Kr 12). Einerseits sind alle Menschen gleich, Jude und Heide, Sklave und Freier, Mann und Weib (Gl 3,27), andrerseits ist jeder einzigartig in seiner Aufgabe (Ep 4,4.11; Barth 10–13). Paulus hat also – wenigstens gegenüber dem Problem der Armen – nicht nur eine teilweise praktische Lösung erreicht, sondern auch die Motivierung für die öffentliche Armensorge fundiert. Jene Teillösung war zwar nichts Neues, Gaben der Juden im Exil flossen seit eh und je zu den Juden in der Heimat, doch Gedanken über die Motivierung solcher Sammlungen wie sie sich bei Paulus finden, fand ich bei den Rabbinen nicht, und das obwohl, wie gesagt, diese Motivierung ganz der jüdischen Lehre von der gegenseitigen Abhängigkeit und Verantwortung entspricht.

b) Die Gemeinschaft und ihre Kranken: Zwei Midraschim

Paulus behandelte nur die unter Armut Leidenden als ein Problem der Gemeinschaft. Wir werden nun sehen, wie zwei Rabbinen über andere Schicksalsgeschlagene als Problem der Gemeinschaft nachdachten.

Es ist kein Zufall, daß die beiden, die über eine verbreitete, doch vom normalen Menschen an den Bewußtseinsrand gedrängte, Erscheinung nachdachten, R. Schim'on ben Jochai und, zwei Generation nach ihm, R. Jehoschua ben Levi waren. Beide Aggadisten waren vom Solidaritätsbewußtsein durchdrungen, wenn auch der Erstere seinen individualistischen Egozentrismus nicht überwinden konnte, wenn es vom Umsetzen der Theorie in die Tat ging. Beide behandeln das Problem chronisch Kranker und Behinderter als ein Problem der israelischen Gesellschaft – nicht als Last für die öffentliche Wirtschaft oder als Gesundheitsgefahr – sondern als Makel an dem reinen Volk. War doch Israel das Volk der Weisung, Gottes Eigentumsvolk.

Beide gingen von der Tradition aus, daß wenigstens in einer historischen Stunde, nämlich am Sinai, das Volk so ganz und heil war, wie die Weisung, die es bekam, ganz und heil war. R. Schim'on meint, danach hätten sie gesündigt, und infolge davon gäbe es unter ihnen Aussätzige und Flußbehaftete. R. Jehoschua dagegen behauptet, auch vor der Tora-Verleihung seien infolge der Sklavenarbeit in Ägypten viele Invaliden unter ihnen gewesen.

Die beiden Legenden machten ein komplizierte literarische Entwicklung durch (LvR 18,4; NuR 13,8; CtR 4,15 zu 4,7; Tn *jitro* 8; SNu S. 4), im Lauf derer die ursprüngliche Absicht der Verfasser immer deutlicher wurde: R. Schim'on löst das Problem durch Beseitigung des „Makels" vom Leibe Israels, während R. Jehoschua es durch Heilung der Betroffenen löst.

An der Erklärung, daß die Sünde, das unreine Verhalten der Gemeinschaft in der körperlichen Krankheit einzelner Glieder zum Ausdruck komme, war nichts Neues. Selbst Paulus behauptet, daß es unter den Korinthern soviele Kranke, ja Sterbende gebe, weil sie solch schamlose Fresser seien (1 Kr 11, 17–22), ganz im Widerspruch zu seiner Sünden- und Sühnelehre, in der doch kein Raum für die Meinung sein sollte, daß das Leiden die Folge von Sünde sei, und schon gar nicht für die Anschauung, daß Einzelne die Folgen der Sünde der Allgemeinheit zu tragen haben.

Doch grausam mutet uns Raschbi's Folgerung von der Beseitigung des „Makels" an. Die vom Schicksal Geschlagenen werden zu einem abstrakten Begriff – zum Makel. In seiner Sorge um die Ganzheit des Kollektivs übersah er die betroffenen Menschen. Er vermochte nicht, sich mit ihnen zu identifizieren. Für ihn sind sie „Schlacken", und den „Abfall" muß man „sieben", wie ihn der Tradent der Legende im 4. Jahrhundert richtig interpretiert (Tn *jitro* 8). Das ist ein lehrreiches Beispiel für die kollektivistische Anschauung, nach der das Wohl der Allgemeinheit auf Kosten des Wohls des Einzelnen erreicht werden darf. Sie widerspricht auch dem Gesetz der Haftung, das Raschbi lehrte (s. S. 150–1). Wie der Einzelne verantwortlich ist für die ganze Gemeinschaft, so sollte auch die Gemeinschaft verantwortlich für den Einzelnen sein, weil die Gemeinschaft ja vom Einzelnen abhängt.

Wenn das glit, wenn alle unschuldig sind (s. S. 148–9), um wieviel mehr muß es stimmen, wenn – wie Raschbi hier ja behauptet – die ganze Gemeinschaft schuldig ist! Obliegt der Allgemeinheit nicht eine doppelte Verantwortung gegenüber denen, die allein das leiden, was allen zukommt? Raschbi zieht die umgekehrte Konsequenz und verlangt, dem ohnehin bitteren Schicksal gesellschaftlicher Isolierung die Erniedrigung hinzuzufügen, die in der Bezeichnung „Makel" liegt.

Ganz anders R. Jehoschua. Er war ein Mann, der sogar in einer Lage, in der er keinerlei Möglichkeit hatte, einem Menschen in der Not seine Solidarität zu beweisen, keine Ruhe für seine Seele fand (Mk 11 a). So erfindet er eine Art Anti-Legende zur Legende Raschbi's.

Sie beginnt mit der Behauptung, daß es ein natürlicher Grund gewesen sei, der einen Teil von Israels Söhnen zu Invaliden gemacht habe, – übrigens einer der seltenen Fälle, da die Rabbinen einen natürlichen Grund anführen, nämlich die schwere Bauarbeit unter Pharaos Fron.

Man könnte sagen, daß die beiden von verschiedenen Gebrechen reden, doch enthielt die ursprüngliche Liste derer, die am Sinai standen (CtR 4,16) sowohl Aussätzige und Flußbehaftete als Lahme, Blinde und Taube usw. Die beiden Rabbinen wählten, was ihnen jeweils in die Theorie besser paßte. R. Jehoschua konnte durch seine Wahl ohne jede Polemik seine Opposition zur kollektivistischen Lösung Raschbi's ausdrücken.

Auch R. Jehoschua's Legende wurde sinngemäß weiterentwickelt, am schönsten von dem ihm geistesverwandten R. Jehuda ben R. Simon, der ein berühmter Gleichniserzähler war (Bacher – APA III 160). Er wirkte wie R. Jehoschua in Lod, und sein Vater war ein Schüler R. Jehoschua's (Hymann 572 f). R. Jehoschua hatte behauptet, daß es nur eine Lösung für das Problem der Gemeinschaft gäbe, das die Gebrechlichen darstellten, nämlich die Heilung. Diese Behauptung erschien R. Jehuda so wichtig, daß er nach einem Hinweis in der Bibel suchte, der von „Erneuerung" redete, und zudem, wie es seine Art war, ein Gleichnis hinzufügte. Wie ein König, der die Hochzeit seines Sohns nicht hinausschieben möchte und daher rasch Handwerker bestellt, die das alte Geschirr neu machen, so tat Gott mit den Gebrechlichen in Israel, damit das Volk heil und zum Empfang der Weisung würdig wäre. Er beseitigte sie nicht, er wollte auch nicht auf die folgende Generation warten, er erneuerte sie, heilte sie und integrierte sie in die Gemeinschaft Israels (Pq 106 b; TnB *jitro* 12). Zwar ist dies eine unnatürliche Lösung eines natürlichen Problems, aber wichtig ist die Absicht: Die Ganzheit und Gesundheit des Volks wird nicht durch Beseitigung der Kranken erreicht, sondern durch ihre Heilung.

8. Mose, das Symbol des solidarischen Menschen

Es scheint, daß keiner der alten Denker Qohelets Tiefe des Bewußtseins von den Tränen der Bedrückten, die keinen Tröster haben, erreichte. Auch Jesus und Jehoschua waren mehr mit den vom Schicksal oder von ihrer

Sünde geschlagenen Menschen beschäftigt als mit denen, die von Menschenhand bedrückt wurden.

Zwar haben die Propheten die Bedrücker hart verurteilt. Doch der Gesichtspunkt ihrer Paränese war verschieden von Qohelets Gefühl. Sie verurteilten das Unrecht, das in Israel getan wurde, und warnten vor den Folgen für die Bedrücker, ja für das ganze Volk (vgl. vor allem Jr 34). Qohelet dagegen klagt nicht über die Sünde und die Folge der Bedrückung, sondern über die bedrückten Menschen. Auch klagt er nicht nur über die Bedrückten Israels, sondern über die Bedrückten an jedem Ort unter der Sonne. Ja dieses Leiden schien ihm so groß, so trost- und hoffnungslos zu sein, daß es besser wäre, nicht geboren zu werden, um nicht diesen Schmerz der Identifikation leiden zu müssen (Qo 4,1–4).

Doch genügt das Solidaritätsbewußtsein nicht. Die Verhinderung einer einzigen Bedrückung ist gewiß nützlicher als die gefühlsmäßige Identifikation mit allen Bedrückten der Welt.

„Keiner mehr stand auf in Israel, der war wie Mose", heißt es im jüdischen Morgengebet (Siddur, „jigdal"). Er war in Theorie und Praxis das Symbol des Menschen, der solidarisch handelt, woimmer Menschen leiden:

Als Mose aufgewachsen war, geschah es, daß er, obwohl verwöhnt am Königshof, ,hinausging zu seinen Brüdern und ihre Fronleiden sah' (Ex 2,11 f). In impulsiver Identifikation mit den Bedrückten erschlug er den Bedrücker (vgl. Ap 7,22–24).

Nicht der Ausbruch und die Torheit des Mordes machen dies erste Auftreten des Mannes Mose bedeutsam, sondern die Motivierung dazu: die Identifikation mit den Bedrückten. Mose erbarmte sich der Bedrückten nicht, auch flehte er nicht um Erbarmen, denn es war da kein andrer Mensch oder Gott. Er selber war der Getroffene, er selber war der Bedrückte. Ein überwältigendes Gefühl der Identifikation trieb ihn zu der sinnlosen, ja die Bedrückten gefährdeten Tat (Fromm 91). In langen Jahren der Entbehrung und Einsamkeit mußte er es lernen, daß die Vermeidung des Leidens nicht durch eine gefühlmäßige Reaktion, sondern durch eine gut geplante Aktion zur Befreiung der Bedrückten zu erreichen ist.

Ob er nur seine „Brüder" meinte? In drei Beispielen, die einander ergänzen, zeigt die Schrift, daß Mose sich mit allen Bedrückten solidarisch fühlte, wo immer er sie fand (Leibowitz 34 f): nicht nur mit dem Hebräer gegen den Heiden, sondern auch mit dem Hebräer gegen den Hebräer (Ex 2,13), ja sogar mit dem Heiden gegen den Heiden, nämlich mit den midianitischen Hirtinnen gegen die midianitischen Hirten (Ex 2,17).

Zusammenfassung

Im talmudischen wie im christlichen Denken befaßte man sich wenig mit dem leidenden Einzelnen. Anstatt den Schmerz des andern zu fühlen, zogen es die Leute vor, den Leidenden wie Hiobs Freunde zu richten. Wer geschlagen ist, beweist, daß er ein Sünder ist. Diese Ansicht herrschte auch unter den Weisen Israels, trotz einer ausdrücklichen Baraita, die dieses Richten verbietet. Sie herrschte auch – in der Anwendung auf das geschlagene Volk – unter den Christen, trotz der Mahnung Jesu, Unglück und Not zwar zum Anlaß zu nehmen, die eigenen Taten zu prüfen, niemals aber aus der Not eines Andern auf dessen Schuld zu schließen und ihn zu richten.

Wenn die vielfältigen Leiden des Einzelnen trotzdem eine Rolle spielten, so als Abschreckungswaffe im Rahmen der ethischen Ermahnung. Die Leiden waren von Interesse, nicht die Leidenden.

Interessant ist nicht nur, wer unter den Denkern Israels sich mit den leidenden Einzelnen befaßte, sondern auch welche Kategorie von Leidenden sie zum Nachdenken brachte. Eine Stellungnahme fand ich nur zum Leiden der Armen und der Kranken, und – auf ganz andrer Ebene – zum Leiden der Bastarde. Was die Armen betrifft, so muß unterschieden werden zwischen theoretischer Beziehung und praktischem Verhalten, zwischen der Motivierung zur Wohltat und der Wohltat selber. Es gab wohl Weise, die die Motivierung des Verhaltens zum Armen auf die Solidarität mit ihm gründeten. Aber im Allgemeinen war der Arme nur Mittel und Objekt des für die zukünftige Welt wichtigen Almosenwesens.

Ein weiterer Gesichtspunkt war die Frage nach der Verantwortung der Gemeinschaft für den leidenden Einzelnen. Hier erwies sich Paulus als tiefer Denker. Die Teilnahme der Gemeinschaft an der Not der Armen ist nicht eine Sache von erniedrigender Barmherzigkeit und privater Freiwilligkeit, sondern eine Sache der gegenseitigen Solidarität und Pflicht, die sich aus der Tatsache der gegenseitigen Abhängigkeit ergibt. – Die leidenden Einzelnen als öffentliches Problem bildeten auch im rabbinischen Denken ein Thema. Die Beseitigung der Leidenden einerseits und die Wiederherstellung und Heilung der Leidenden andrerseits waren zwei einander entgegengesetzte Lösungen.

Auf dem Hintergrund der allgemeinen Indifferenz ragen die wenigen Männer hervor, deren Mit-Gefühl denen galt, die nicht so leben durften wie sie, obwohl sie doch das Recht hatten, so su leben wie sie, weil sie Menschen waren wie sie. Unter ihnen war es Jesus von Nazareth, der nicht nur in seinem Denken, sondern vor allem in seinen Taten alle Rahmen sprengte. Im Demonstrieren seiner konkreten Identifikation mit dem leidenden Einzelnen war ihm in der alten Zeit nur noch einer gleich, der ihm geistesverwandte R. Jehoschua ben Levi, der etwa 200 Jahre nach ihm lebte.

Das Symbol des solidarischen Menschen ist Mose, der sich nicht so sehr mit den vom Schicksal Geschlagenen identifizierte als mit denen, die von Menschenhand litten. Es war das Leid der Bedrückten, das Qohelet beklagte und das Mose erlitt und erleichterte.

ZWEITER TEIL:
DIE LEHRE VON DER SOLIDARITÄT

Ist die Solidarität mit den Leidenden nur Erscheinung oder ist sie auch Bewußtsein? Ist sie eine bloße Reaktion, die durch „primitive" soziologische Umstände bedingt wird, wie gewisse Forscher behaupten (vgl. Scharbert-Solidarität 9–10), oder ist sie eine durchdachte ethische Forderung, ja vielleicht die Grundlage zwischenmenschlichen Verhaltens überhaupt?

Auf diese Fragen versucht die Arbeit im zweiten Teil zu antworten. Auch diesmal ist das erforschte Material meist Erzählung und Legende, die die Lehre von der Solidarität lebendig machen, aber der Ton liegt mehr auf den gedanklichen Formulierungen, in denen die Lehre zum Ausdruck kommt.

ERSTES KAPITEL: DIE GÖTTLICHE SOLIDARITÄT

1. Theologie als Spiegel der Anthropologie

Der Charakter und das Verhalten des Gottes bezeugen den Charakter und das Verhalten des Volkes und seiner Denker (vgl. Johnson). Manche Charakterlinien und Verhaltensweisen von Israels Gott änderten sich im Lauf der Zeit. In talmudischer Zeit z. B. pries man Gott nicht mehr als ‚Kriegsmann‘ (Ex 15,3), als ‚Gott der Rache‘ (Ps 94,1) oder als ‚Eiferer‘) (Ex 20,5). Im Gegenteil, so interpretiert der Midrasch diesen Vers, „Ich beherrsche den Eifer, und nicht der Eifer beherrscht mich!" (Mch S. 226). So mußte sich Gott nach den katastrophalen Erfahrungen charakterisieren, die Israel mit den Zeloten, den Eiferern, die die zweite Zerstörung heraufbeschworen hatten, gemacht hatte (Hengel 184). Es gibt jedoch eine Eigenschaft dieses Gottes, die sich im Lauf der Zeit immer stärker herausbildete, nämlich seine Identifikation und Solidarität mit seinem Volk. Vielleicht ist es diese Eigenschaft, die Israels Gott – Mose's Gott – von Anfang an von allen andern Göttern der Menschen unterschied.

Diese Gotteskonzeption kommt in talmudischer Zeit auf ganz verschiedene Weise zum Ausdruck, z. B. in dem Glauben, daß der Heilige-gelobt-sei-er mit einem Sohn Israels wie mit seinesgleichen diskutiert, ja sogar bereit ist, der Unterlegene zu sein (BM 59 b; vgl. Simon-Totalität 126 f). Das demokratische, antitotalitäre Prinzip, das in der Geschichte und Religion Israels so deutlich ist (Buber-Führertum 130 f; Mayer-Hermeneutik 333; Safrai-Geschichte 302. 313. 315), hat seine Quelle in eben jenem göttlichen Bild, das sich Mose offenbart hat, das Bild des Gottes, der solidarisch ist mit dem Sklavenvolk. Denn Vorbedingung zu solcher Identifikation ist ja doch wohl grundsätzliche Gleichheit, wenn auch die radikale Konsequenz der gegenseitigen Abhängigkeit, die in diesem Prinzip impliziert ist, erst in späten Midraschim gezogen wurde (PqR 144 b; I. Heinemann-Aggada 84 f).

2. JHWH, der solidarische Gott Mose's

‚Ich bin (mit euch), der ich (mit euch) bin‘ (Ex 3,14):
Es sprach der Heilige-gelobt-sei-er zu Mose:
Geh', sag Israel:

Ich war mit euch in dieser Knechtschaft,
und ich werde mit euch sein in der Knechtschaft der Fremdherrschaften! (Br 9 b)

Ist diese anonyme Deutung des Namens JHWH willkürlich oder trifft sie
die Absicht der Bibel? Um diese Frage zu beantworten, muß ich mich der endlosen Reihe der Interpreten (Albright 146–149), die versucht haben, Mose's
Erlebnis in die Tiefe hinein zu verstehen, anschließen.

Nachdem die Solidaritäts-Demonstration mit dem geschlagenen Sklaven
gründlich gescheitert war, zog sich Mose in die Wüste zurück (Ex 2,12.
14–15). Aber sein Platz war an der Seite der Bedrückten. Wie konnte er auf
die Dauer den Schmerz ertragen, den er fühlte, wann immer er an die ‚Bedrückung meines Volkes', ‚an die Pein, mit der sie die Ägypter peinigen'
(Ex 3,7.9) dachte? Achad-Ha-Am (225–227) hat die seelische Situation Mose's
mit den Worten jenes andern, späteren Propheten beschrieben, der vor seiner
Aufgabe fliehen wollte: ‚wie ein sengendes Feuer im Herzen, eingehegt mir
im Gebein!' (Jr 20,9)

Im Lauf der Jahre wird es Mose klar, daß er den Schmerz der Identifikation umsetzen muß in eine Tat der Verantwortung, nämlich in die Tat der
Befreiung der Bedrückten.

Da beginnt nun aber das eigentliche Problem:

Wer bin ich,
daß ich zu Pharao gehe,
daß ich die Söhne Jisraels aus Ägypten führe! (Ex 3,11)

Wo soll ich Selbstvertrauen für meine Tat hernehmen? Wer bin ich, daß
ich meine Brüder befreie, die mich nicht gerufen haben, sondern vor mir voll
Angst und Verdacht zurückschrecken? (Ex 2,13–14). Es ist nur natürlich, daß
er sein Selbstvertrauen in einer Macht sucht, die stärker ist als er. Diese
Macht verspricht jedoch nicht, daß sie die Sklaven befreien werde, nicht einmal, daß sie Mose bei der Befreiung helfen werde. Mose's Gott verspricht
nur dies:

Ich werde mit dir sein, 'ehjeh imak! (Ex 3,12)

Das ist der Anfang der Offenbarung von JHWH, eines Gottes, der nicht
über den Menschen und nicht außerhalb der Menschen ist, sondern ‚mit' den
Bedrückten. Auch Mose war ja nicht über Israel, obwohl er als der Sohn der
Tochter Pharao's galt (2,10) und vielleicht auch war, und nicht außerhalb
von Israel, obwohl er für einen Ägypter gehalten wurde (2,19) und vielleicht
auch war (T. Mann), sondern mit Israel.

Das Problem des Selbstvertrauens ist nun gelöst, ‚JHWH hat mich gesandt, alle diese Taten zu tun, es ist ja nicht aus meinem eigenen Herzen!'
(Nu 16,28). Wie aber sollte das Sklavenvolk von dieser Autorisierung wissen?[18]

---

[18] Daß Mose „an die Ehre von Oben hängte", was er nicht im eigenen Namen
zu sagen wagte, ja daß er zuweilen einer Rede, die durchaus seinem eigenen Sinn

Man sollte annehmen, daß Sklaven, die unter ihren Fronleiden ächzen, ihren Befreier mit offenen Armen empfangen. Wäre er als ein Herrscher und Führer gekommen, hätten sie wohl keine Rechtfertigung von ihm verlangt. Aber ein Mensch, dessen Einzigartigkeit in seiner Identifikation mit den Bedrückten besteht, ein Mensch, der sich als Bürgen für seine Gemeinschaft versteht – der kann nicht bei rechten Sinnen sein, der ist verdächtig. Daher stellt sich Mose nicht als Beauftragter der Gemeinschaft, sondern als Beauftragter Gottes vor.

Doch im Namen von welchem Gott soll er kommen? ‚Da komme ich denn zu den Söhnen Israels‘, stellt er sich in seinem Herzen vor, und spreche zu ihnen:

Der Gott eurer Väter schickt mich zu euch!
Sie werden zu mir sprechen: Was ists um seinen Namen?
Was spreche ich dann zu ihnen? (3,13)

Was sie interessiert ist natürlich nicht der Name, sondern die Bedeutung des Namens, das Wesen dieses Gottes (Rosenzweig – Ewige 193; Buber-Königtum 620). Warum wußte Mose, daß die Sklaven sofort merken würden, daß das nicht der ihnen bekannte Vätergott sein konnte? Wir dürfen uns nicht einbilden, daß sie das erste Mosebuch kannten! Wenn sie etwas von dem, der Abraham aus Ur-Chaldäa führte, gewußt hätten, so hätte es Mose nicht nötig gehabt, sich zu rechtfertigen (s. S. 20).

Mose's Gott paßte nicht zu den überkommenen Vorstellungen. Seit wann ließ sich ein Gott die Geschöpfe etwas angehen? Seit wann „schickt" er einen Menschen, um sie zu retten? Ja, wenn er ein herrliches Wunder getan und sie mit einem Schlag aus dem Land der Seufzer in das Land, da Milch und Honig fließt, gebracht hätte, dann hätten sie in Mose's Vorschlag ein göttliches Werk erkennen können. Der Gott jedoch, der auf Mose's Beglaubigungsschreiben unterzeichnet hat, bedarf der Hilfe eines menschlichen Beauftragten, und das bedeutet unvorstellbare Schwierigkeiten und endlose Fehlschläge. Zu Hexereien ist das Volk bereit, aber nicht zur Bewältigung von Schwierigkeiten.

Ich werde nicht umhin können, denkt Mose weiter, den Vätergott in seinem neuen Bild vorzustellen, in eben jenem Bild, in dem er sich mir offen-

---

entsprungen war, die feierliche Formel: ‚So sprach ER, Gott‘, voransetzte, behauptete schon der Midrasch. Allerdings drehte es sich in diesem Fall um einen Befehl Mose's, der den späteren, sensibleren Menschen unerträglich war, nämlich daß man dreitausend Leute schlachten sollte (Ex 32,27–29). „Ich schwöre bei Himmel und Erde", sagt der Aggadist Eliahu der Prediger, daß Mose diesen Befehl nicht von Gott gehört hat. Weil aber das Volk in diesem Fall seine Autorität nicht akzeptiert hätte, mußte er den Befehl „an die Ehre von Oben hängen" (TER S. 17; vgl. Leibowitz 436).

bart hat, als er mir sagte: ‚ich werde mit dir sein'. Ich werde ihnen sagen, daß dies sein Name ist:

'ehjeh 'ašer 'ehjeh,
Ich bin (mit euch), der ich (mit euch) bin! (Ex 3,14).[19]

Wie er mit mir sein wird und mir damit Selbstvertrauen zu meinem Gang zu ihnen und zu Pharao gibt, so wird er mit uns sein, wenn wir aus Knechtschaft und Leiden herausgehen. Ich werde ihnen einfach sagen:

'ehjeh, Ich-Bin-Mit-Euch hat mich geschickt! (3,14)

---

[19] Unter allen Versuchen der Übersetzer, Forscher und Exegeten, ist es meiner Ansicht nach der Vorschlag Franz Rosenzweigs, der der Absicht der Schrift und der Deutung der rabbinischen Weisen am nächsten kommt. Als Buber und Rosenzweig im Januar 1926 bei ihrer Bibelübersetzung an das Problem des JHWH kamen, ließ Rosenzweig, der damals schon lange gelähmt und stumm war, folgende Überlegungen niederschreiben:
Mit „sein" geht es nicht. Das ist im Deutschen hoffnungslos platoniziert, wie in allen nachplatonischen Sprachen, das mittelalterliche Hebräisch nicht ausgenommen. Wir wollen doch nicht die Abscheulichkeiten der Septuaginta weitergeben[a]. Und Brunner[b] darf auch nicht einen Funken Recht bekommen. Sondern Raschi und Benno Jacob[c] und der Ruach Hakaudesch[d]. Die Worte sind nicht „Philosophie der Bibel", sondern ganz aus dem Augenblick herauswachsend und dadurch freilich auch die Ewigkeit fassend. Der Gegenwärtige ist auch der Seiende, aber das Sein braucht nicht gegenwärtig zu werden. *'ehjeh 'ašer 'ehjeh* ist nun wie alle Namenserklärungen kein Name, sondern ein wirklicher gesprochener Satz, das wataumer, dem dann erst die Zusammenballung in den Namen, das watikra[e] folgt. Also: da das Gegenwärtigsein, das Zurstellesein nur so ausgedrückt werden kann: I c h   w e r d e   d a s e i n ,   a l s   d e r   i c h   d a s e i n   w e r d e. Und 3,12, damit man dies d a im Sinne von „zurstelle, gegenwärtig" faßt, auch schon: ‚Wohl, doch ich werde dasein bei dir.' Und Kolon 5, *'ehjeh* schickt mich zu euch', nun als wirklicher Name und „der" Name, beide Teile des Satzes *'ehjeh 'ašer 'ehjeh* zusammenschmiedend, nicht etwa in seiner ersten Hälfte schon enthalten (denn dort mußte man noch fragen: was oder wie? worauf dann die zweite Hälfte die Antwort gab), sondern ganz abgeschlossen gesagt: ICH BIN DA schickt mich zu euch. So ist es auch die große Rechtfertigung unsrer Namensübersetzung[f]. Kolon 8[g] springt jetzt das Asbasch-Geheimnis des Raschbam[h] herrlich hervor. Dies ist glaube ich einer von den Chidduschim[i], die schon vom Sinai stammen[j] und über 300 Jahre warten mußten, bis die Generation für sie kam. Und in der Generation wohl wieder auf uns zwei Talmidim wossikim[k]. (Rosenzweig-Arbeitspapiere zu NAMEN 3,13–15; Brief 23.6.27 in Rosenzweig-Briefe; Rosenzweig-Ewige.)
Buber, der richtig festgestellt hatte, daß vom religionsgeschichtlichen Standpunkt aus dieser Name eine „Entmagisierung des Glaubens" bedeutete (Buber-Königtum 621–24), hat dann diesen Vorschlag überall übernommen (Ex 3,12.14; 4,12;15). Meiner Ansicht nach ist die Bedeutung des Namens noch spezieller, nämlich im

All dies geschieht im Herzen eines Mannes, der sich im tiefsten mit den Bedrückten identifiziert. Wenn er schließlich zum Volk gehen wird, wird er ihm kein Wort von diesem Erlebnis sagen. Zum Volk muß man mit Zeichen und Wundern kommen, im Stil der Kunststückchen der ägyptischen Magier. Und erst nachdem Israel das sensationelle Zeichen, die ‚große Hand, die er an Ägypten dargetan hatte‘, nämlich ‚Ägypten tot am Ufer des Meers‘ sah, erst da waren sie zum ersten Mal überzeugt und ‚vertrauten IHM und Mosche seinem Knecht‘ (Ex 14,30 f), wenigstens vorläufig.

Mose's Erkenntnis des solidarischen Gottes, der nicht auf Seiten der Star-

---

Sinne jenes anonymen Midraschs: Nicht „ich bin da bei euch zu jeder Zeit“, sondern „ich bin mit euch in der Not“. So jedenfalls verstanden die Weisen den Charakter von Israels Gott, wie wir sehen werden.

a) ‚Ich bin der Seiende‘ und ‚der Seiende schickt mich zu euch‘.

b) Wohl Emil Brunner, Die Mystik und das Wort, 1924.

c) Benno Jacob (in „Mose am Dornbusch“, Monatsschrift für Geschichte und Wissenschaft des Judentums, 1922) stützt sich wie Raschi auf jenen anonymen Midrasch. Raschi interpretiert das ’ehjeh ’ašer ’ehjeh daher so: „Ich bin mit ihnen in dieser Not, wie ich mit ihnen sein werde in der Sklaverei der übrigen Fremdherrschaften.“

d) = der heilige Geist.

e) = ‚du sollst sagen‘, und ‚du sollst nennen‘.

f) JHWH wird von Buber-Rosenzweig stets mit dem persönlichen Fürwort wiedergegeben, „das ja in seinen drei Personen nichts andres bezeichnet als die drei Dimensionen des Mir-Gegenwärtigseins: die Anredbarkeit, die Vernehmbarkeit, die Beredbarkeit.“ (Brief vom 23.6.27 in Rosenzweig-Briefe).

g) ‚ER‘ (nächstes Kolon: ‚der Gott eurer Väter – – – schickt mich zu euch‘). Da hier, in Vers 15, JHWH sofort wieder als Titel erscheint, haben ihm Buber-Rosenzweig ein eigenes Kolon gegeben.

h) Rabbi Schmuel ben Meir (Raschis Enkel 1085–1174, Rameru/Nordfrankreich; sein Kommentar zur Weisung ist der sog. Rabbinischen Bibel, Miqra'ot Gedolot, beigedruckt) bewies, daß JHWH auch vom grammatikalischen Standpunkt aus nichts andres ist als ’ehjeh. „Das ist der hauptsächliche tiefe einfache Wortsinn dieser Bibelworte, doch offenbart man sie keinem, es sei denn den Demütigen“, d. h. denen, die keinen Mißbrauch mit dieser einfachen Erklärung treiben. Er war ein Vertreter des strengen Wortsinns, wich auch oft von den Erklärungen seines Großvaters ab und schrieb seine Exegese in einer Geheimschrift, bei der statt des ersten hebräischen Buchstabens a der letzte t, statt des zweiten b der zweitletzte s usw. benutzt wurde, in aschkenasicher Ausprache A-s-b-sch.

i) = Neuerungen

j) Prinzip jüdischer Gesetzesschaffung ist, daß alle „Neuerungen“ bereits in der Weisung impliziert sind. „Ja sogar was ein hervorragender Schüler künftig vor seinem Meister weisen wird, wurde bereits am Sinai gesagt.“ (P Pea 17 a, P Hg 76 d)

k) = hervorragende Gelehrtenschüler.

ken ist, sondern sich mit den Bedrückten identifiziert, dieser „fundamentale
Gedanke des Alten Testaments" von

the divine interest in Mankind ... God represented as seeing, and being deeply
affected by the sufferings of his people, (Blake 117)

vertiefte sich in seinem Innern immer mehr. Nachdem er schließlich die Sklaven in die Wüste geführt hatte und die Stunde kam, da er die äußerlich Freien
zu innerlich Freien erziehen mußte, verstärkt er die wahren Züge seines Gottes, im Unterschied zu dem Zauberer-Charakter, den er ihm nolens volens
in bestimmten Augenblicken der Befreiungsaktion hatte ankleben müssen, und
redete zu ihm:

> du sprichst zu mirß Bring dieses Volk hinauf!
> aber du gabst mir nicht zu erkennen,
> den du mit mir senden willst.
> ... Woran würde erkannt,
> daß ich Gunst in deinen Augen gefunden habe,
> ich und dein Volk?
> nicht einzig, indem du mit uns gehst
> und wir ausgesondert sind,
> ich und dein Volk
> von allem Volk, das auf dem Antlitz des Bodens ist? (Ex 33,12–16)

‚Indem du mit uns gehst ... sind wir ausgesondert', unterschieden von
allen Weltvölkern. Das ist die Einzigartigkeit des Gottes Israels: Er ‚geht' und
er geht ‚mit uns'. Er ist an kein bestimmtes Land gebunden, an keinen Tempel, auch nicht an den Himmel, sondern an diese bestimmten bedrückten
Menschen. Auch ist das nicht der erlösende Gott, der zur Phantasie der Leute
paßt. Um sie zu erlösen, wäre es nicht nötig gewesen, daß er mit ihnen ging.
Das hätte er von der Höhe herab, mit großer Macht tun können. Doch
JHWH ist ein Gott, der mit seinem Volk geht, wie Mose mit seinem Volk
ins wüste Land geht, oder wie Jeremia mit seinem Volk ins Exil gehen wird
(ER Pt 34). Keine Erlösung erbittet Mose, sondern Teilnahme, Solidarität, das
gemeinsame Tragen der Last (vgl. Nu 11,12–15).

Die Väterlegende, die meiner Ansicht nach nichts andres als ein großer,
tiefsinniger Midrasch ist, der die Bedeutung des Auszugs aus Ägypten interpretieren und verinnerlichen soll, nimmt es mit dem Bild von JHWH, dem
Bild des ‚Ich-Bin-Mit-Dir' nicht weniger ernst. Zweimal verlauten diese Worte
an Jakob-Israel, zweimal im Zusammenhang des Auszugs Jakobs in die
Fremde:

Ich ja bin mit dir! (Gn 28,15)

hört er, als er vor den Folgen seines Verbrechens in die Fremde flieht, um
dort zwanzig Jahre in der Knechtschaft zu verbringen. Von dort wird er
zwar schließlich zurückkehren, und man könnte behaupten, daß das ‚ich bin

mit dir' seine erfolgreiche Rückkehr verheißt. Aber siehe da, er muß zum zweiten Mal ins Exil ziehn, diesmal verantwortlich für viele Menschenleben, und diesmal wird er in der Fremde den Tod finden. Angesichts dieses Schicksals offenbart sich ihm JHWH wieder in seiner Einzigartigkeit:

Fürchte dich nimmer, nach Ägypten hinabzuziehen...
Ich selber
ziehe mit dir nach Ägypten hinab...! (Gn 46,3–4)

Dieser Ausdruck hat eine ganz andere Bedeutung als die auch in Israel, wie in jedem andern Volk gebräuchliche Phrase, ,Gott ist mit ihm' (z. B. 1 S 17,37). Die Phrase meint: dem Soundso ist Gelingen garantiert! Es gab viele Heere, deren Soldaten auf ihre Gürtel eingruben, „Gott ist mit uns", womit sie meinten, Gott ist auf unsrer Seite und hilft uns, seine Geschöpfe auf der Gegenseite zu töten. Aber der Name ,Immanuel', nämlich ,Mit-uns-Gott', wurde nach den Worten Jesaja's dem Kind grade in der Stunde der Zerstörung und Vertreibung gegeben (Js 7,15; 8,8). Dieser Gott verleiht keinen Sieg in einer Lage, da Israel sich selber die Niederlage verursacht. Dennoch ist er mit ihnen grade in dieser Stunde des Scheiterns, um sie durch seine Solidarität für die erneute Bewältigung ihres Schicksals zu stärken.

3. Die Solidarität des Heiligen-gelobt-sei-er

Die Weisen verstanden die tiefe Bedeutung der biblischen Symbole. Viel wird vom Weinen und Trauern des Heiligen mit Israel nach der Zerstörung des Tempels erzählt. Obgleich er selber die Zerstörung über sein Volk beschlossen hatte, leidet er, als ob nicht Israel sondern er selber betroffen wäre (Er Pt 24; Pt 2; Pt 4; Pt 10; Br 3a). Noch viele Generationen nach der Zerstörung legte man die ersten Worte der Klagelieder (E 1,1), ,Wehe wie weilt die Stadt einsam', in den Mund des Heiligen (ER Pt 2; Pt 4), d. h. der Dichter, der die Katastrophe seines Volkes beklagt, ist nicht irgendeiner sondern Gott selber. Besonders zur Stunde, da Israel die Synagogen und Lehrhäuser betreten und den Heiligen ehren, nimmt Leid und Schmerz in ihm überhand, denn

was soll ein Vater – der seine Söhne verbannt hat?
und wehe den Söhnen, die vom Tische ihres Vaters verbannt sind! (Br 3 a)

Nach der Meinung eines babylonischen Rabs führte der Heilige alle in jener Zeit üblichen Trauerzeremonien durch, selbst die demütigenden: Er hängte einen Sack vor seine Türöffnung, löschte seine Lampen aus, wendete die Matrazen seines Betts, ging barfuß, zerriß seinen Mantel, saß stumm und weinte! (ER zu 1,1, S. 42; ER zu 3,28, S. 133.)
Jemand dem die Eigenart dieses Gottes fremd ist, wird fragen: Warum

hat er denn die Katastrophe nicht von seinem Volk abgewendet, wenn er selber so sehr darunter leidet? Er versteht nicht, daß der Gott Mose's sich nicht in die Freiheit des Menschen einmischt und ihm nichts abnimmt, was er selber tun muß, und also auch keine Katastrophe verhindert, die sich der Mensch selber „verursacht", wie der talmudische Ausdruck lautet. Seine Besonderheit ist grade die, daß er am Leid seines Volkes teilnimmt, sich mit ihm identifiziert, mit ihm solidarisch ist, und zwar nicht aus abstrakter göttlicher Liebe heraus, sondern aus tiefem menschlichem Mitgefühl.

Die ausdrückliche Lehre von Gottes Solidarität wurde auf eine Anzahl von Schriftstellen, von *loci classici* begründet.

In einer der ältesten Midrasch-Sammlungen, der Mechilta des R. Schim'on ben Jochai, ist der ganze Anfang dem Leiden Israels gewidmet. Was hat dieses Leiden mit dem Heiligen zu tun? Ist er nicht der, der das Haftungsgesetz funktionieren ließ?

Es sprach R. Jehoschua ben Chananja, einer von denen, die das Volk nach der Zerstörung wieder aufrichteten:

> Weswegen offenbarte sich der Heilige von der Höhe des Himmels her
> und redete doch mit Mose aus einem Dornbusch? (Ex 3,2)

Das war nichts andres als ein Symbol und die Bestätigung des Versprechens, das Jakob vor seinem Auszug ins Exil gegeben wurde:

> Und als Israel nach Ägypten hinabzogen,
> zog Schechina mit ihnen hinab!
> wie es heißt: ‚ich selber ziehe mit dir hinab.' (Gn 46,4)

R. Eli'eser der Große, der sonst R. Jehoschua's Gegner ist, bekräftigte diese Theorie, ja er wurde sogar noch deutlicher:

> Wie dieser Dornbusch niedriger als alle Bäume der Welt ist,
> so stiegen die Israeliten zur untersten Stufe hinab,
> und der Heilige stieg mit ihnen hinab. (MchJ S. 1)

Als sich die Züge des solidarischen Gottes vertieften, änderte sich auch sein Name. Die ursprüngliche Bedeutung des JHWH war längst vergessen und der Name viel zu heilig als daß er dem Bedürfnis des Volkes nach dem nahen Gott entsprochen hätte. Der „Heilige-gelobt-sei-er" war viel umgänglicher, und erst recht konnte man dies von der Schechina, von der „Einwohnung" sagen. Die Aussage der Bibel, daß Gott unter dem sündigenden und leidenden Israel ‚wohnt' (s. S. 203–4) wurde nach der Zerstörung ganz ernst genommen.

Der Glaube der beiden Großen, R. Jehoschua und R. Eli'eser, wurde akzeptiert und tröstete auch die, die der Betar-Katastrophe entkamen. R. Schim'on ben Jochai selber lehrte zusammen mit andern folgende Mischna:

An jeden Ort, an den die Israeliten in die Verbannung zogen,
zog Schechina mit ihnen in die Verbannung,

nach Ägypten, nach Babylonien, nach Medien, nach Griechenland und nach
Rom (P Ta 64 a; SNu S. 223; SNu S. 83). Selbstverständlich fügt er jedem
einzelnen Beispiel den entsprechenden Schriftvers als Beweis hinzu. Hinter
allen steht jedoch der ‚Ich-Bin-Mit-Euch‘.

Ein unbekannter Midrasch aus einer späten Sammlung legt die Erklärung
für dieses Verhalten in den Mund des Heiligen selber. In jener ersten Offenbarungsstunde habe er zu Mose gesprochen:

Spürst du nicht,
daß ich leide,
wie Israel leiden?

Du kannst das doch aus der Tatsache lernen, daß ich mit dir rede

aus Dornen!
gleichsam:
Ich habe teil an ihrem Leid! (ExR 2,5)

Wieder und wieder inspirierte das Bild vom Dornbusch das Vertrauen zu
einem Gott, der sich nicht seines ewigen Glückes in der Höhe freut, sondern
menschliches Leid mitleidet. Warum sprach er aus dem Dornbusch, fragt ein
andrer Midrasch, „und nicht aus einem hohen Baum, nicht aus einer Palme?"

Es sprach der Heilige: ich schrieb in der Weisung:
'Mit ihm bin ich in der Drangsal!!‘ (Ps 91,15)
Sie sind in der Knechtschaft,
daher bin auch im Dornbusch an einem bedrängten Ort! (Tn šemot 14)

Der Vers ‚mit ihm bin ich in der Drangsal‘ wurde zusammen mit dem Brudervers, ‚in all ihrer Drangsal war er bedrängt‘ (Js 63,9)[20] herangezogen, um
immer wieder von neuem das ‚ich bin (mit euch), der ich (mit euch) bin‘, zu
interpretieren:

Du findest,
wann immer Israel in der Knechtschaft sind,
ist Schechina gleichsam mit ihnen in der Knechtschaft,
... wie es heißt: ‚In all ihrer Bedrängnis ist er bedrängt‘. (Mch S. 51; SNu S. 82)

R. Aqiba, der ein besonders kühner Interpret war, zog aus dieser Identifikation die logische Konsequenz: Wenn der Heilige-gelobt-sei-er Israel aus-

<hr>

[20] Von Buber nach dem Ktib (im ursprünglichen Text geschrieben) übersetzt und
nicht nach dem Qri (was korrekterweise gelesen werden soll, wie die alten Exegeten
an den Rand des Textes schrieben), wie es der Midrasch tut.

lösen wird, wird er im Grund sich selber auslösen. Kein Wunder, daß sich
R. Jose der Galiläer über ihn aufregte: „Bis wann fährst du fort, Schechina zu
profanisieren?" (Sn 38 b). Aber die Besonderheit von JHWH war grade in
seinem Menschlichsein.

Der Prediger des Midraschbuches Eliahu Rabba, der, wie wir noch sehn
werden, dem Herzschlag des jüdischen Denkens besonders nahe war, schlug
vor, dieser Eigenschaft der göttlichen Identifikation größere Geltung zu verschaffen und zwar durch eine leichte Änderung in der Lesart des Bibelverses:

> ‚In all ihrer Drangsal ist er bedrängt!'
> Es sprach der Heilige:
> In jeder, aber auch jeder Bedrängnis, in der sich Israel befindet,
> bin ich gleichsam mit ihrn!
> ‚Ist er bedrängt', lies nicht, ‚ist er', sondern ‚bin ich'! (TER S. 89)

Denn ein Ausdruck der Identifikation in der Ich-Form überzeugt noch
mehr als einer in der dritten Person.

Wer aus all dem den Schluß ziehen sollte, daß nur von der Bedrängnis der
Gemeinschaft die Rede sei, irrt sich, sagen die Tannaiten. Nicht nur am Leid
der Gemeinschaft nimmt der Heilige teil, sondern auch an der „Drangsal des
Einzelnen". Das kann man nicht nur aus dem ausdrücklichen Satz, ‚mit ihm
bin ich in der Drangsal' lernen (Ps 91,15; Mch S. 51; SNu S. 82), sondern
auch aus der Lehre, die aus der Josefsgeschichte zu ziehen ist. Hat nicht sein
Herr ihn ins Gefängnis geworfen? Und doch heißt es:

> ER aber war mit Josef (Gn 39,20–21; Mch S. 51;SNu S. 82), nämlich in der Be-
drängnis seiner Ketten. Diese Unterscheidung zwischen dem Leid der Gemeinschaft
und dem Leid des Einzelnen zeigt, daß das hebräische Denken im Grunde das Leid
des Einzelnen nicht ignoriert, wie es ja auch den Wert und die Aufgabe des Einzelnen keineswegs geringachtet. Die Hochachtung ergab sich grade zwangsweise aus
dem Gesetz der Haftung, wie wir später noch deutlicher sehen werden. Aber die
Sorge um die Bedürfnisse des Einzelnen wurde viel weniger betont als die Forderung
an den Einzelnen, die Forderung der Verantwortung. So blieb auch der Glaube, daß
Gott sich mit dem Einzelnen in seinem Leid identifiziert, ziemlich theoretisch.

Um die Solidarität Gottes mit seinem Volk eindrücklich zu machen, wurden im Lauf der Zeit immer kühnere Gleichnisse und Bilder erfunden. Zu dem
Vers, ‚mit ihm bin ich in der Drangsal', fanden einige Amoräer Anthropomorphismen, die jeden, der an Gott als höchste Macht, als erstes Prinzip usw.
glaubt, vor den Kopf stoßen müssen.

‚Meine Schwester ... meine Heile *(tamati)*!' (Ct 5,2) so wendet sich Gott
an seine Geliebte Israel. Was er damit sagen will, ist: „„Meine Schwester,
mein Zwilling'" *(te'umati)* interpretiert R. Jannai, einer der Schüler Rabbi's,
des Redaktors der Mischna. Mit dieser Anrede weist der Heilige-gelobt-sei-er
auf die vollkommene Gleichheit zwischen sich und Israel hin:

Gleichsam bin ich nicht größer als Israel
und ist Israel nicht größer als ich! (EtR 5,2)

Was folgt aus dieser Gleichheit? Die Antwort darauf ergänzt R. Levi:

‚Mein Zwilling‘:
Wie es bei den Zwillingen ist –
wenn einer Kopfschmerzen hat, so fühlt es sein Bruder, –
so sprach gleichsam der Heilige: ‚mit ihm bin ich in der Drangsal!‘ (CtR 5,2)

Im vierten Jahrhundert fand R. Judan ein neues noch kühneres Gleichnis.
Damit Israel verstünde, wie unerschütterlich die Solidarität Gottes sei, fordert
er es auf, sich folgende Szene vorzustellen:

Eine Frau hatte mit ihrer Muter Krach,
sodaß die Mutter in den Oberstock zog.
Aber zur Stunde der Entbindung schrie die unten vor Schmerz,
und da ihre Mutter oben ihre Stimme hörte,
schrie auch sie zugleich mit ihr.

Da sagten die Nachbarinnen zu ihr:
– Was ist denn mit dir los,
gebärst du denn zusammen mit ihr?

Sie aber sprach:
– Meine Tochter gebiert in Schmerzen,
und obwohl sie mich erzürnt hat,
so kann ich doch ihr Schreien nicht ertragen und schreie mit ihr,
da doch die Drangsal meiner Tochter meine eigene ist!

So war es, als der Tempel zerstört wurde,
schrie der Heilige auf mit Weinen und Heulen in der Welt.

Und als sich darüber die Dienstengel verwunderten, sprach er zu ihnen:

Mein Tempel ist zerstört,
und meine Kinder sind in Halsfesseln gezwängt,
und ich leide mit ihnen und bin bedrängt.
Habe ich ihnen nicht so geschrieben:
‚Mit ihm bin in der Drangsal?‘ (SchT zu Ps 20,2)

Im Widerspruch zu dieser Identifikation des Heiligen mit seinem Volk ste-
hen die vielen Midraschim, die von dem Verteidiger (*sanegor*, ein griechisches
Fremdwort) reden, der die Aufgabe hat, das Volk mit seinem Gott zu versöh-
nen (Johansson): Abraham (ER zu 1,1, S. 56; Mn 53 b), Mose (MTa S. 15;
ExR 42,1.2), die Väter und Mose zusammen (EtR 7,18), die Väter, Mose und
Rahel (ER Pt 24) usw. Das Prinzip kommt besonders deutlich in einem späten
Midrasch heraus:

Mose sprach vor ihm: – Meister der Welt,
ich weiß, daß du deine Söhne liebst,
und daß du nichts andres willst,
als daß jemand ihr Verteidiger sei! (DtR 3,15)

Mose hatte sich, nach diesem Midrasch, wegen der Sünde mit dem goldnen Kalb (Ex 32) zornig gestellt. Da erschrak der Heilige, – wenn nicht nur ich, sondern auch du über Israel zürnen, was soll da mit ihnen werden? Schon der Prophet Ezechiel hatte Gott so sprechen lassen:

Ich suchte unter ihnen einen Mann,
der die Mauer zumauerte,
der träte vor mir in die Bresche
für das Land, daß ichs nicht verderbte, –
ich habe nicht gefunden! (Je 22,30; Scharbert-Mittler 172)

Auch der Glaube an den Verteidiger ist aus der Solidaritätslehre gewachsen, denn nur wer sich mit dem Volk in der Not identifiziert und bereit ist, für es zu bürgen, kann sein Verteidiger sein. Doch logisch bleibt ein Widerspruch zu der Lehre von Gottes Solidarität bestehn. Daher kommt es, daß einige Midraschim den Verteidiger ablehnten, weil der Heilige den Schrei Israels höre noch ehe der Verteidiger seinen Mund öffne:

Ich habe schon schreiben lassen:
‚Ein Bruder ist für die Bedrängnis geboren!‘ (Pr 17,17)
Ein Bruder bin ich für Israel in der Stunde ihrer Bedrängnis!
(MchJ S. 58 f; Mch S. 99)

Es bedarf keines Vermittlers. Der Heilige gleicht nicht einem Herrscher, der keinen Kontakt mit dem Volk hat. Ein Bruder ist er ihnen, nicht einmal „gleichsam“, sondern ein wirklicher Bruder in der Not.
Die Funktion aller Götter ist es, in der Stunde der Not zu helfen. Zu diesem Zweck beschwört man sie, zu diesem Zweck wendet man magische Handlungen an, zu diesem Zweck fleht und fastet man. Doch von einem Gott, der seinem Volk ein Bruder in der Not ist, der sich mit ihm identifiziert, als sei er selbst betroffen, hören wir sonst nirgends.

‚Ich bin (mit euch), der ich (mit euch) bin‘, ist sein Name.
Ich war mit euch in dieser Knechtschaft,
und ich werde mit euch sein in der Knechtschaft der Fremdherrschaften. (Br 9 b)

Zusammenfassung

Im zweiten Teil soll die Identifikationsbeziehung in der Stunde der Not tiefer erforscht werden, und zwar sowohl zwischen Einzelnem und Gemeinschaft als zwischen dem Einzelnen und seinem Andern. Die Darstellung des solidarischen Gottes wurde der Darstellung des solidarischen Menschen vorangestellt, weil die theologische Auskristallisierung des anthropologischen Postulats die Wichtigkeit der Solidarität im ethischen System des jüdischen Volkes lehrt.

Die Identifikation mit den Leidenden erscheint als die Besonderheit des Gottes Israels von Anfang seiner Offenbarung an Mose an und verbirgt sich selbst in der Etymologie seines Namens, wie sie die Bibel versteht. In seiner Solidarität verleiht JHWH Sicherheit und Trost, aber die Verantwortung für Taten und Versäumnisse nimmt er dem Menschen oder dem Volk nicht ab.

Dieses Bild von JHWH, wie es von Mose gestaltet wurde, hatte großen Einfluß auf das Trost-Denken, das nach der Zweiten Zerstörung entstand. Viele Midraschim behaupten die Solidarität des Heiligen-gelobt-sei-er oder die von „Schechina" mit dem Volk in seiner Not, sowohl mit Hilfe des Symbols des Dornbusches, den Gott zu seiner Offenbarung wählte, als mit Hilfe „klassischer" Schriftverse und kühner Gleichnisse. Die Menschlichkeit des Heiligen, der den Schmerz seines Volkes litt als sei er selber der Betroffene, war es, die Israel Trost und Licht verlieh in den Tiefen seines Todesschattentales.

ZWEITENS KAPITEL: HAFTUNG – SOLIDARITÄT – VERANTWORTUNG

1. Der Unterschied zwischen göttlicher und menschlicher Solidarität

Logisch gesehen ist die göttliche Solidarität eine künstliche Eigenschaft und ähnelt einem Baum, der weder Wurzeln noch Früchte hat.

Die Wurzel der Solidarität ist die gegenseitige Abhängigkeit, das Einanderbedürfen, „die passive Haftung". Wenn ein Mensch sich dieses Lebensgesetzes bewußt ist, muß er zwangsweise solidarisch sein. Andrerseits hat die bloße Demonstration der Solidarität in der Not keinen Sinn, wenn sie nicht die Frucht bringt, die ich „aktive Haftung" oder „Bürgschaft" oder „Sendung" genannt habe (s. S. 5).

Der Gott, der nicht unter der Herrschaft des Todes und des Leides steht, kann kein passiver und daher auch kein aktiver Bürge sein. Denn wenn Gott vor Leid bewahrt, ist das eine Tat der Barmherzigkeit und nicht eine Tat der Verantwortung. Er tut es ja nicht aus der Notwendigkeit heraus, die sich aus der Abhängigkeit und dem eigenen Interesse ergibt. Auch wenn R. Aqiba dieses Eigeninteresse behauptet, so muß er doch die Behauptung durch ein „gleichsam" abschwächen: wenn Gott Israel erlöst, so erlöst er sich selber, „sagt Israel gleichsam vor dem Heiligen" (Mch S. 51). Eine andre Version läßt zwar das „gleichsam" weg (SNu S. 82 f), aber auch hier ist es nicht Gott selber, dem die Behauptung in den Mund gelegt wird, sondern Israel: „Dich selber hast du ausgelöst!"

Alle Versuche von Seiten der Christen und der Rabbinen gleichermaßen, auch die Aufgabe dessen, ‚der in die Bresche tritt' (Ps 106,20; Je 22,30), d. h. die Aufgabe des Bürgen, der die Verantwortung für die Gemeinschaft übernimmt, auf Gott zu projizieren, waren vergeblich. Selbst der Gott der absoluten Gnade des Paulus bedarf eines menschlichen Bürgen, oder wenigstens eines Bürgen in Menschengestalt, der durch sein Tun und Leiden die Versöhnung zwischen Gott und Mensch einerseits und den Frieden zwischen Juden und Christen andrerseits (Ep 2; Barth) schafft und garantiert. Ebenso ging es dem Tannaiten R. Jehoschua ben Chananja und später dem babylonischen Amoräer Schmu'el, die beide die Erlösung von Leid und Sünde an keinerlei Bedingung geknüpft haben wollten:

‚Umsonst seid ihr verkauft worden,
nicht mit Silber werdet ihr ausgelöst' (Js 52,3):

... ‚nicht mit Silber‘: nicht mit Umkehr und guten Werken! (Sn 97 b)

Ihre Gegner, die die Erlösung von der Umkehr vom falschen Wege abhängig machten, waren realistischer. Letzten Endes schlüpfte diese Bedingung auch immer wieder heimlich in die Dogmatik des Paulus, und auch R. Johoschua ben Chananja scheint sich selber widersprochen zu haben, wie man aus der reichlich verwirrten Überlieferung (Sn 97 b; P Ta 63 d; TnB *behuqqotai* 5) schließen kann.

Es ist dabei nicht wichtig, ob es sich um die Erlösung des Volkes oder des Einzelnen, um Erlösung des Leibes oder Vergebung der Sünde handelt. Eine Auseinandersetzung zwischen R. Aqiba und R. El'asar ben Asarja in der Mischna zeigt besonders deutlich, warum der Glaube von Paulus und Aqiba einfach der Wirklichkeit entgegensetzt ist:

Der Mensch muß zwei Bedingungen erfüllen, ehe die Gnade der göttlichen Vergebung wirken kann: er muß vom bösen Wege umkehren, und er muß den Menschen, dem er Böses getan hat, versöhnen. Das war der allgemeine Konsensus, der zunächst als anonyme Mischna zitiert wird (M Jm 8,8). Er wird dann aus dem Munde R. El'asars ben Asarja wiederholt, diesmal zusammen mit dem stützenden Schriftvers:

Von all euer Sünden
vor IHM werdet ihr rein. (Lv 16,30)

Die Tradition und R. El'asar zogen das ‚vor IHM‘ zu ‚Sünden‘ und schlossen daraus die Regel, die bis heute für die Feier des Versöhnungstages gilt: „Vergehen zwischen dem Menschen und dem Allgegenwärtigen sühnt der Versöhnungstag, Vergehen zwischen einem Menschen und seinem Andern söhnt der Versöhnungstag erst, wenn der Mensch seinen Andern versöhnt hat" (M Jm 8,9). R. Aqiba dagegen zieht – wie Buber-Rosenzweig – das ‚vor IHM‘ zu ‚werdet ihr rein‘ und verwandelt dadurch das menschliche Reinwerden in das göttliche Reinigen:

Selig seid ihr, Israel! Vor wem werdet ihr rein?
Wer reinigt euch?
Euer Vater im Himmel... der Heilige-gelobt-sei-er reinigt Israel! (M Jm 8,9)

Doch Aqiba setzte sich nicht durch. Bereits die Gemara zu dieser Mischna macht die Vergebung wieder von der Umkehr abhängig (Jm 86 a), und auch bei den Christen war in der Praxis die Vergebung immer von der Bedingung abhängig, die Jesus – genau wie nach ihm R. El'asar – gestellt hatte, die Bedingung, daß du deinen Andern versöhnst beziehungsweise ihm vergibst (Mt 5,23 f; Mr 11,25; Lk 6,36; Mt 6,14 f; Mt 18,32–35).

So wenig es gelang, das menschliche Tun als Bedingung der Befreiung von Leid und Sünde zu eliminieren, so wenig gelang es, auf den menschlichen Bürgen zu verzichten. Die Enttäuschung über die menschlichen Bürgen (Marmorstein 11–24) führte zwar immer wieder zu dem letzten Trost, daß „wir

uns allein auf unsern Vater im Himmel verlassen" können (M So 9,15), aber
dieser Trost konnte das Bewußtsein nicht verdrängen, daß die Befreiung aus
Leid und die Verhinderung von Leid abhängt von der Verantwortung des
Menschen im Allgemeinen und von der Verantwortung des Bürgen für die
Gemeinschaft im Besonderen.

Im Folgenden soll ein beispielhafter Midrasch einleitend deutlich machen,
welches die Wurzel und welches die Früchte der menschlichen Solidarität sind:

2. „Kein Gefangener löst sich selbst aus dem Gefängnis"

Ich wähle eine der vielen Erzählungen von Besuchen der Rabbinen bei
kranken oder trauernden Kollegen (Br 28 b; Sn 101 a; MQ 28 b; Kt 8 b; Br
46 b), weil hier die Interpretation unmittelbar neben der praktischen Handlung
steht und Lehre und Tun sich gegenseitig erläutern.

In einer der Midrasch-Sammlungen, die vom Problem des Leidens und der
Leidenden handeln, hören wir R. Jochanan, dem zehn Söhne gestorben sind,
in gewollter Eintönigkeit die folgenden Geschichten aneinanderreihen (Br 5 b):

R. Chija bar Abba (Schüler R. Jochanans) erkrankte,
da kam zu ihm R. Jochanan und sprach zu ihm:
– Sind dir die Leiden lieb?
Er antwortete:
– Nicht sie und nicht ihr Lohn!
Da sprach er zu ihm: – Reich mir deine Hand!
Er streckte seine Hand aus und richtete ihn auf!
R. Jochanan erkrankte,
da kam zu ihm R. Chanina (Lehrer R. Jochanans) und sprach zu ihm:
– Sind dir die Leiden lieb?
Er antwortete:
– Nicht sie und nicht ihr Lohn!
Da sprach er zu ihm: – Reich mir deine Hand!
Er streckte seine Hand aus und richtete ihn auf!

Hier hält der Redaktor einen Augenblick inne, um eine Frage einzuwerfen,
die den Sinn der Geschichte hervorheben sollte:

Warum?
Hätte R. Jochanan sich nicht selbst aufrichten können?

Die Antwort kommt in Form eines bekannten Sprichworts (Br 7 b; Sn 95 a):

„Kein Gefangener löst sich selbst aus dem Gefängnis!"

Dann fügt er ein drittes Beispiel hinzu:

R. El'asar (Gegner und Kollege R. Jochanans) erkrankte,
Da kam zu ihm R. Jochanan –

Die beiden reden über die verschiedenen Leiden, die alle über R. El'asar ben Pedat gekommen sind, aber auch über R. Jochanan. Schließlich weinen sie beide und sitzen da, ohne für das Problem des Leidens eine Antwort zu wissen. Das Gespräch endet mit dem Refrain:

R. Jochanan fragte:
– Sind dir die Leiden lieb?
Er antwortete ihm:
– Nicht sie und nicht ihr Lohn!
Er sprach zu ihm: – Reich mir deine Hand
Er streckte seine Hand aus und richtete ihm auf. (Br 5 b)

Dieses Stück in seinen drei Teilen erscheint auf den ersten Seiten des babylonischen Talmuds und ist vollkommen in seiner Form: In allen Gesprächen erscheint R. Jochanan, zuerst als Gesprächspartner seines Schülers, dann seines Lehrers und dann seines Gegners. Darin sind alle Möglichkeiten menschlicher wahlfreier Beziehungen (im Unterschied zu familiären oder nationalen, die sich der Mensch nicht aussuchen kann) repräsentiert. Jedes weitere Beispiel wäre nur eine Wiederholung dieser drei Möglichkeiten. Nicht in allen drei Beispielen ist R. Jochanan der Aktive und Gebende. Im mittleren zentralen Gespräch erscheint er als der Passive und Empfangende, als der „Gefangene".

Was zunächst ins Auge fällt, ist die Polemik gegen R. Aqiba's Lehre, daß die „Leiden lieb sind" (s. S. 56)[21]: Da den Leiden ein großer Wert zukommt, möge sie der Mensch nicht verfluchen, sondern sie segnen (MTa S. 25; SDt § 32; Mch S. 239; Tn jitro 16). Ja der Mensch solle sich ängsten, wenn Leiden ausbleiben und Gott bitten: „Schlage mich!" wie ein später, sicher nicht authentischer, aber den Geist Aqiba's erfassender Midrasch formuliert (Sm 8,1–10). Aqiba's Leidensphilosophie und vor allem seine persönliche Tapferkeit in der Stunde seines Todes (P Br 14 b; Br 61 b) in allen Ehren, aber nicht jeder Mensch ist zum Heldentum geboren, und letzten Endes ist es nicht der intellektuelle Trost, der einen Menschen aus den Abgründen seines Leides holt, sondern – die Hand des Nächsten.

Auch R. Jochanan übernahm einen Teil von Aqiba's Trostlehre, z. B. den Begriff „Züchtigungen der Liebe" (Br 5 a–b), aber er weigert sich, den Tod seiner zehn Kinder in diesem Licht zu sehen, und auch in seiner Krankheit bedarf er eines leibhaftigen Menschen, der seine Hand ausstreckt und ihn aufrichtet. Und wie er des andern Menschen bedarf, so bedarf auch der andre Mensch seiner. Was ist angesichts dieser gegenseitigen Abhängigkeit natürlicher als die Identifikation des Gesunden mit dem Leidenden?

Ein andrer unbekannter Redaktor, der für den entscheidenden Punkt der gegenseitigen Abhängigkeit ein besonderes Gespür hatte, gelang es, die Wirk-

---

[21] Andere Beispiele der Polemik: Urbach-Leiden 65.

lichkeit des „Kein Gefangener löst sich selbst aus dem Gefängnis" noch deutlicher zu machen. Die Zurückweisung der religiösen Tröstungen akzeptierte er nicht, aber er wußte, daß sie in der Luft hängen, wenn sie nicht aus jenem festen Grund der gegenseitigen Solidarität erwachsen. Er wählte nur zwei Weise, R. Chanina und R. Jochanan, aber jeder erscheint in diesem kleinen Drama sowohl als Gebundener wie als Lösender, wodurch die Gleichheit der Abhängigkeit und die sich daraus ergebende Gleichheit der Verantwortung stilisiert wird.

R. Chanina kommt zu seinem Schüler R. Jochanan, als dieser schon das dritte Jahr an einer Fieberkrankheit darniederliegt, und spricht zu ihm:

– Was hast du?
– Ich habe auf mir mehr als ich tragen kann!
– Du solltest so nicht reden,
sondern solltest sagen: „der getreue Gott..." (CtR 2,34).

Das heißt, Chanina tröstet ihn mit dem traditionellen Trostspruch, der den göttlichen Rechtsspruch rechtfertigt, um dem Menschen zu helfen, sich abzufinden. Doch nicht der Inhalt des Trostes ist in diesem Zusammenhang wichtig, sondern die Nähe des Tröstenden. Und jedesmal, wenn R. Jochanan vom Schmerz übermannt wurde, kam R. Chanina, sprach ein Wort zu ihm, und R. Jochanan erholte sich.

Nach Tagen erkrankte R. Chanina. Da kam R. Jochanan, ihn zu besuchen und fragte:

– Was hast du?
– Wie schwer sind die Züchtigungen!
– Und wie reichlich ihr Lohn!
– Ich will sie nicht noch ihren Lohn!

R. Jochanan wundert sich, daß der traditionelle Trost in der Situation seines Lehrers seine Wirkung verfehlt, und fragt ihn, warum er nicht jenes Wort zu sich selber sage, das er ihm, R. Jochanan, zu sagen pflegte und das ihn aufrichtete. Da erwidert ihm R. Chanina mit einem Wort, das die Lebensethik des Judentums wie in einer Nußschale enthält:

Solange ich draußen war –
war ich es,
der für andre haftete!
Nun da ich drin bin,
bedarf ich da nicht andrer,
die für mich haften? (CtR 2,34)

Wie ich für dich verantwortlich war, so bist du für mich verantwortlich. Dich konnte ich trösten, mich selber kann ich nicht trösten. Und auch du – dich selber konntest du nicht trösten, mich aber kannst du trösten. R. Jochanan tröstet ihn mit einer der Tröstungen R. Aqiba's ,wonach grade der Gerechte durch den Heiligen mit besondern Leiden geprüft wird (vgl. GnR 32, 2; 34,3; 55,2; und oft). Auch hier ist es nicht der Inhalt des Trostes, der entscheidend ist, sondern die Wirklichkeit des Tröstenden. Der Schüler „haftet".

3. Das Lebensgesetz

Dieser Gebrauch des Begriffs Haftung ist außergewöhnlich, aber er zeigt die unmittelbare Beziehung zwischen der Haftung für Schuld, der Solidarität mit dem Schuldigen und Leidenden, und der Verantwortung für die Bewahrung vor Schuld und Leid. Nicht zufällig war es derselbe R. Chanina, der die Zerstörung Jerusalems darauf zurückführte, daß „Israel in jener Zeit ihr Gesicht in der Erde versteckten, anstatt daß einer den andern zurechtgewiesen hätte" (Sb 119 b), um der Haftung für die Schuld des Andern zu entgehen. R. Chanina war es auch, der zusammen mit R. Jochanan[22] und Rab, dem großen babylonischen Meister, die schärfste Formulierung für die Verantwortung fand, die aus der Haftung folgt bzw. Haftung zur Folge hat:

Jeder, der die Möglichkeit hat,
gegen die Leute seines Hauses zu protestieren,
und protestiert nich,
der wird für die Leute seines Hauses gefaßt (haftbar gemacht).

(Jeder, der die Möglichkeit hat,)
gegen die Leute seiner Stadt (zu protestieren),
und protestiert nicht,
der wird für die Leute seiner Stadt gefaßt.

(Jeder, der die Möglichkeit hat,)
gegen die ganze Welt (zu protestieren),
(und protestiert nicht),
der wird für die ganze Welt gefaßt! (Sb 54 b)

„die Leute seiner Stadt" bezieht Raschi auf „ganz Israel", um den Bereich der Verantwortung in logischen Kreisen auszuweiten: Haus – Volk – Welt. Drei der größten Geister Israels fanden es für nötig, eine gemeinsame Erklärung über die Bedeutung und die Reichweite des Gesetzes der Haftung abzugeben. Alle drei waren Schüler Rabbi's, des Mischnaredaktors, und verbrachten wohl eine kleine Weile zusammen in Sepphoris, hebräisch: Zippori, in Galiläa, das nach der Vertreibung der Weisen aus Jawne der geistige Mittelpunkt des Landes Israel wurde. Rab war nur zu einem Studienaufenthalt aus Babylonien gekommen und wurde nach seiner Rückkehr dorthin der erste

---

[22] Zur Verwechslung R. Jochanans mit R. Jonatan vgl. den Zusammenhang des Texts und Bacher-Terminologie 239.

babylonische Aggadist, der Gründer der Gelehrtenschule in Sura, und der Urheber einer neuen Entwicklung im geistigen Leben der babylonischen Juden. Chanina kam ebenfalls aus Babylonien, wirkte aber bis zu seinem Ende in Zippori als Vorsitzender des Sanhedrins und als Arzt. R. Jochanan wurde in Zippori geboren, gründete später das Lehrhaus in Tiberias und wurde das einflußreichste Schulhaupt Palästinas auch noch für die folgenden Amoräergeschlechter.

Um zu dem Bild des Baumes zurückzukehren – das Gesetz von der Haftung und von der gegenseitigen Abhängigkeit und dem gegenseitigen Einanderbedürfen gleicht der Wurzel, die Demonstration der Identifikation und Solidarität gleicht dem Baum, und die Verantwortung, die Bürgschaft, die Sendung gleichen den Früchten des Baumes. Obwohl dies Buch nur dem „Baum" selber gewidmet ist, soll doch nicht vergessen werden, daß es sich bei dem Postulat der Solidarität nicht einfach um ein ethisches Gesetz, das neben andern solchen Gesetzen steht, handelt. Ehe wir daher die Solidarität im Judentum näher kennenlernen, soll noch deutlicher werden, daß sie aus der Wurzel des Haftungsgesetzes stammt.

Der erste Forscher, der meines Wissens dem Bewußtsein vom Gesetz der Haftung im alten Judentum Aufmerksamkeit geschenkt hat, war Arthur Marmorstein. Er benützte allerdings nicht den talmudischen Begriff „Haftung", sondern redete von der „Idee der Solidarität" (28. 187) und dem „Gesetz der Solidarität" (4.35. 172), das die biblische Ethik kennzeichne. Er blieb der Einzige, der in der Haftung ein „Gesetz der Wirklichkeit" erkannte, im Unterschied zu den christlichen Forschern wie Scharbert und Reventlow, die von einer „Auffassung" oder „Ansicht" reden. Obwohl er dieses Gesetz nicht systematisch behandelt, kehrt das Thema immer wieder:

> The law of imputed sins and the doctrine of imputed merits... This is nothing else but the law of solidarity of Mankind... it means: One man, or one set of society, or even one people cannot do good or harm without influencing beneficiently or adversely the fate of their nearest kin as well as their whole environment, yes, even the whole world. (4)
> The historian will have to recognize that this not an arbitrary theory of what could and should have happened, but a statement supported by the records reported in the pages of history! (7)
> The truth of the fact is verified by daily experience. (26)
> The nations derive great advantages from the merits of Israel. The origin of this conception lies in the aspect of the solidarity of mankind. There has to be... a solidarity between parents and children, members of one family, parts of a larger or smaller society, and finally between various societies, different nations and races. ... Israel ... has in this respect a special privilege and a higher responsibility. (27)
> The world cannot exist without Israel, says Jehoschua ben Levi (Ta 3 b)... Original in his Aggada is the teaching that the Gentiles are also punished for the sins of Israel. Not merely for those which Israel commits through violence of the Gentiles, but even for those done independently:

Denn für eure Sünden leiden sogar die Völker.
Es sprach R. Jehoschua ben Levi:
Wenn die Völker wüßten, daß,
wenn Israel sündigt,
auch sie leiden,
würden sie zwei (Wächter) aufstellen,
die jeden einzelnen von Israel bewachten,
damit diese nicht sündigten. ...
Dafür daß Israel sündigt,
leidet die ganze Welt ...
und wenn es nicht sündigt,
kommt Segen über die ganze Welt um seinetwillen.

(TnB be-ḥuqqotai 3; Tn ibd 6; -Jb 63 a)

One Israelite cannot sin without endangering the whole nation. This is the reason, why the innocent suffer for the wickend and vice versa, why the latter share the blessing caused by the former. But the idea of solidarity is not limited to one nation, it covers all members of the human family, ... as shown by Jehoschua ben Levi. This sage proclaimed ... a teaching, the understanding of which alone can bring blessing and happiness to mankind, and the neglect of which was the cause of woe and tragedies in the history of the world. He applies the thoughts of solidarity in the community, not to one race, but to the whole world (72. 187).

Here in the effects of the sins, as there in merits, the ruling idea is: Human solidarity. One is responsible for the other for good or for evil. (96)

There can be no other goal for Life and History than the translation of this ideal of solidarity of mankind into fact and reality. (35)

Doch sein Aufzeigen dessen, was er das Gesetz der Solidarität nennt und sein Appell, die praktischen Konsequenzen daraus zu ziehn, wurden von niemand gehört.

Wheeler Robinson war der erste christliche Forscher, der wenigstens das Phänomen erkannte und es einen „Schlüssel" zum Verständnis biblischen Denkens nannte (Robinson- Personality 60 f). Er kannte Marmorstein so wenig wie Scharbert und Reventlow ihn kannten. Ja er fand nicht eimal den Ausdruck „Solidarität". Auch die sich auf ihn stützenden Forscher (vgl. Reventlow-Rechtfertigung 42) benützen meist seinen komplizierten Ausdruck „corporate personality".

Scharbert betont noch stärker als Robinson, wie wichtig es sei, „die Phänomene jenes alttestamentlichen Solidaritätsgedankens „zu erfassen (Solidarität 8; Mittler 12). Er hat meines Wissens das Phänomen bisher am tiefsten erfühlt, obwohl er nur das „Alte Testament" in Betracht zieht. Doch so wenig wie Marmorstein 40 Jahre vor ihm, unterschied er zwischen der schicksalhaften „Haftung", die ein dem Menschen aufgezwungenes Gesetz der Wirklichkeit ist, und der eigentlichen „Solidarität", die das dem Haftungsgesetz entsprechende ethische Verhalten des Menschen ist oder sein sollte. Auch hinderte ihn die von ihm selbst formulierte Tendenz seiner Bücher, „einem theologischen Interesse zu dienen" (Mittler 238) daran, in der Haftung bzw.

Solidarität mehr als nur eine „religöse Auffassung" zu sehen. So schließt er z. B. aus der Tatsache, daß die Fürbitte des Propheten nur dann Erfolg hat, wenn ‚jedermann von seinem bösen Wege umkehrt' (Jr 36,3.7), auf den „religiösen Gedanken", daß „diejenigen, denen die Fürbitte zugute kommen soll, sich in irgendeiner Form auch zum Fürbitter bekennen müssen" (Mittler 174. 310), als ginge es um die Anerkennung des Bürgen und nicht vielmehr um das Verlassen des Weges, der ins ganz reale, konkrete, ja politische Unglück führt.

Vor diesem in diesseitiges Leid und Tod führenden Weg zu bewahren, darin sahen die mit ihrem Volk solidarischen Gesandten in der Tat ihre Verantwortung. Kein spirituelles Heil ist gemeint, sondern das Leben hier und heute, wenn Jeremia dem Volk mit denselben Worten wie der Deuteronomist (Dt 30,15.19) im Namen Gottes sagt:

> Wohlan,
> ich gebe vor euch hin
> den Weg des Lebens und den Weg des Todes (Jr 21,8).

Scharbert wertet dieses Ziel jüdischer Verantwortlichkeit ab als „unvollkommenes und dingliches Heil" (Mittler 315), weswegen dann auch die „alttestamentlichen Mittlergestalten nur als Vorstufe der neutestamentlichen Offenbarung zu verstehen sind" (238).

Wenn auch die Beziehung zwischen Verhalten und Schicksal selten so krass politisch und auf der Hand liegend ist wie in der Situation Jeremia's und seiner Generation, so zeigt doch auch die Geschichte von der gegenseitigen Verantwortung zwischen R. Jochanan und R. Chanina, wie wenig sich das biblisch-talmudische Lebensverständnis von Haftung- Solidarität- Verantwortung in das christliche Schema von Sünde und Heil zwängen läßt. Dabei waren jene beiden Rabbinen durchaus von der Apokalyptik beeinflußt. Aber auch für sie waren diejenigen, die nach der lapidaren Formulierung der drei Großen (S. S. 105) „die Möglichkeit haben", die Vielen vom falschen Weg abzuhalten, keine „Mittler zwischen Gott und Mensch", wie Scharbert und viele andre Theologen meinen, sondern Gesandte, Beauftragte, Bürgen ihres Volkes. Das zeigt R. Chanina's Zusatz zu der Verwarnung derer, die für ihr Haus bzw. ihr Volk bzw. für die ganze Welt zur Verantwortung gezogen werden:

> Was bedeutet der Vers:
> ‚Er selber kommt ins Gericht
> mit den Ältesten seines Volkes, dessen Obern!' (Je 3,14)?
> Wenn die Obern sündigen –
> die Ältesten, was haben sie gesündigt?
> Er redet jedoch von den Ältesten,
> weil sie nicht gegen die Obern protestierten! (Sb 54 b–55 a)

In rabbinischer Zeit bedeutete ‚Älteste' eine Ehrenbezeichnung für „Richter" (Raschi). So fragt R. Chanina: Wenn die Männer der Macht sündigten,

wieso sind dann die Männer des Geistes schuldig? Sie sind schuld, weil sie
die Möglichkeit hatten, Bürgen zu sein, aber nicht waren.

In der jüdischen Lebens- und Geschichtsphilosophie ist also zu unterscheiden zwischen „Haftung", „Solidarität" und „Verantwortung", obwohl die
begriffliche Differenzierung auch den Alten schwer fiel. Für „Identifikation"
und „Solidarität" wurde überhaupt noch kein abstrakter Begriff gefunden,
dagegen gab es für das Phänomen der Haftung in rabbinischer Zeit bezeichnender Weise sogar zwei abstrakte Ausdrücke, nämlich ʿarebut und ʾaḥrajut.
Der erstere wurde von dem biblischen Verb ʿarab = haften, bürgen, abgeleitet,
der zweite von der Präposition ʿaḥare = nach. Der, der nach mir an die Reihe
kommt und meine Schulden bezahlen muß, wenn ich sie nicht bezahle, ist der
Haftende (z. B. M Pes 9,9. Jastrow 41). Während später und im heutigen
Hebräisch der Begriff ʾaḥrajut eindeutig die Bedeutung „Verantwortung" hat,
wurden damals ʿarebut und ʾaḥrajut gleichermaßen für das passive Haften-
müssen wie für das aktive Bürgen verwandt.

Ein lehrreiches Beispiel stellt die aggadische Einleitung zu der biblischen
Geschichte von Juda's Bürgschaft dar:

Der biblische Juda hatte, um seinen Vater Jakob zu überreden, ihnen den
jüngsten Bruder Benjamin mit auf die zweite Reise nach Ägypten zu geben,
da sie ohne ihn nicht noch einmal vor Josef treten durften, um das lebensnotwendige Getreide zu kaufen, Folgendes vorgeschlagen:

Schick nur den Knaben mit mir, ...
Ich selber will bürgen für ihn,
von meiner Hand heische ihn!
lasse ich ihn heimkommen dir, ...
gesündigt habe ich dir alle Tage! (Gn 43,8 f)

Als dann Josefs Silberkelch im Ranzen Benjamins gefunden wurde und
die von Josef arrangierte Gelegenheit der Bewährung gekommen war, in der
sich zeigen sollte, ob sich die Brüder ein zweites Mal gegen die Solidarität
vergehen und einen Bruder ausliefern würden, machte Juda mit seiner Bürgschaft ernst: Da er für den Knaben ‚bürge', möge der ägyptische Herr doch
ihn, Juda, nehmen, damit er bei ihm als Sklave bleibe. Den Benjamin aber
möge er ziehn lassen (Gn 44,32 f).

Möglicherweise lieferte diese Geschichte der nachbiblischen Zeit nicht nur
den Begriff ʿarebut, sondern auch die Anregung zu einer Abstrahierung des
Haftungsgesetzes. Der Midrasch zu Juda's Bürgschaft lautet jedenfalls so:

Unsre Meister lehrten uns:
Was ist ein Bürge?
Der, der bezahlen muß. Tn wa-jiggaš 1; CtR 1,24 zu 1,4)

Das wird dann unmittelbar – ohne auf die biblische Erzählung überhaupt
einzugehn – auf Israel angewandt:

Als der Heilige Israel die Weisung zu geben wünschte, verlangte er „Bürgen". Israel schlägt seine Väter als Bürgen vor, aber der Heilige verwirft sie, die Väter hätten selber Bürgen nötig. Dagegen akzeptiert Gott den zweiten Vorschlag, nämlich daß „unsre Söhne für uns bürgen". Da die Söhne gar nicht gefragt wurden, kann es sich nicht um aktive Bürgschaft, sondern nur um passive Haftung handeln. In der Tat müssen sie, als Israel sich nicht nach der Weisung richtet, die Folgen tragen. Gott treibt die Schuld bei den Bürgen ein, sagt der Midrasch, und obwohl dem Heiligen das bitter leid tut, denn die Söhne sind völlig in Ordnung, kann doch auch er nichts gegen das Gesetz der Wirklichkeit machen.

Nur die apokalyptische Dimension ermöglichte den passiv haftenden Söhnen, zu aktiven Bürgen zu werden, wie ein andrer Midrasch glauben möchte: Die kleinen Kinder, die wegen ihrer Väter Sünde zu früh dem Leben entrissen werden, treten in der kommenden Welt auf und argumentieren:

> Meister der Welt,
> sind wir nicht um der Verfehlung unsrer Väter willen gestorben?
> Mögen doch unsre Väter um unsrer Verdienste willen, um des Verdienstes
> ihrer Söhne willen gerettet werden. (QoR 4,2)

In der Wirklichkeit dagegen sind es normalerweise die Vielen, die wegen der Fehlhandlungen einiger weniger ins Unglück gerissen werden, d. h. für sie haften müssen, und es sind wenige, die vor Leid zu bewahren oder aus Unglück zu befreien suchen. Grundsätzlich aber gilt, daß es nur einen Weg gibt für den, der kein Opfer schicksalhafter passiver Haftung werden möchte, und das ist die Übernahme aktiver Bürgschaft, praktischer Verantwortung für die Andern und für die Gemeinschaft. Welche Folgen sich daraus für den Wert des Einzelnen und für seine Aufgabe ergeben, werden wir im Folgenden immer wieder angedeutet finden. Unsre Hauptaufmerksamkeit gilt aber, wie gesagt, nicht den „Wurzeln" und nicht den „Früchten", sondern dem „Baum", nämlich dem Phänomen und dem Postulat der Solidarität.

DRITTES KAPITEL: ZWEI BEISPIELE VON SOLIDARITÄT IN DER BIBEL

1. Die Konkubine des Leviten: Solidarität der Gemeinschaft mit einem
Einzelnen

Eine überall in der Welt übliche Erscheinung ist die Solidarität eines
Volkes gegenüber dem Feind im Kriege. So ist es nicht verwunderlich, daß,
gemäß der Auffassung der biblischen Historiker, die Geschichte Israels auf
seinem eigenen Boden mit einem Exempel solcher Solidarität begann: Die
Stämme, die sich östlich des Jordans niedergelassen hatten, durften sich keine
Ruhe gönnen, ehe nicht auch alle übrigen Stämme in den Besitz von Sied-
lungsland gekommen waren:

> Eure Brüder sollen in den Krieg gehn,
> und ihr wollt hier sitzen? (Nu 32,7)

Das ist eine gradezu klassische Solidaritätsforderung, und die Ostjordan-
stämme gehen in würdiger Weise darauf ein: ‚Wir wollen nicht in unsre
Häuser kehren, bis die Söhne Jisraels sich eingeeignet haben, jede Mannschaft
in ihr Eigentum‘. Ja wir ziehn ihnen sogar als Pioniere voraus, ‚bis wir sie
haben in ihre Gegend kommen lassen!‘ (Nu 32,17–18). Aus der Solidarität
wuchs die Verantwortung und aus der Verantwortung die Führerschaft. Was
sie dazu fähig machte, waren die Vorteile ihrer Lage: ihre Familien und Her-
den saßen bereits in Festungsstädten in Sicherheit.

Die nächste Situation jedoch, die ein solidarisches Zusammenstehn erfor-
derte, übersteigt den Rahmen des Üblichen. Diesmal handelt es sich nicht um
die Not dieses oder jenes Stammes, sondern um einen einzigen Mann, dem
Unrecht angetan wurde. Seine Konkubine – nicht einmal seine legitime Frau –
wurde zu Tode geschändet! Daraufhin geschah Folgendes:

> Alle Söhne Jisraels fuhren aus,
> die Gemeinschaft versammelte sich,
> war wie ein einziger Mann
> von Dan bis Berscheba (Ri 20,1)

Es ist gewiß nicht zufällig, daß der biblische Historiker in dieser Solida-
ritätshandlung die erste gemeinsame Tat sehen wollte, zu der sich die Stämme,
nach ihrer Zerstreuung in ihre jeweiligen Gebiete, vereinigten. Der Bedrückte

ist kein Mann von hohem Stand, sondern ein Unbekannter ohne Namen, ja ein Levite, der wie alle Leviten kein Land besaß (Nu 18,23 f; Dt 10,9) und deswegen wie andre Randerscheinungen der Gesellschaft immer in das ausdrückliche Gebot, solche Leute an Festen und allem Guten der übrigen Israeliten teilnehmen zu lassen, mit eingeschlossen wurde (Dt 14,27–29 und oft). Es handelt sich also um zwei recht minderwertige Leute, und dennoch müssen sich alle Israeliten von dem Unrecht betroffen fühlen, das diesen beiden geschah:

> Getan hat man Unzucht und Schändlichkeit in Jisrael,
> da! Ihr alle seid Söhne Jisraels! (Ri 20,6 f)

Es brauchte nichts als den Hinweis auf die Zugehörigkeit der Betroffenen zur Gemeinschaft Israels, damit alle Glieder dieser Gemeinschaft ihre Verantwortung wahrnahmen und in Solidarität mit dem Betroffenen aufstanden:

> Alles Volk stand auf wie ein einziger Mann
> sprechend:
> Nicht gehn wir, jedermann nach seinem Zelt,
> nicht weichen wir, jedermann nach seinem Haus ...
> (bis wir Giba in Binjamin tun)
> nach all der Schändlichkeit, die es Jisrael angetan hat! (8–11)

Das ist dasselbe Motiv wie in der Geschichte von den Ostjordanstämmen: Es kann nicht sein, daß ein Mensch sein privates Leben genießt, ehe nicht dieser Genuß jedermann ohne Ausnahme garantiert ist.

Das andere Motiv ist, daß für die Tat an der Kebse nicht nur die eigentlichen Täter verantwortlich sind, sondern die ganze Stadt Giba, in der es passierte, ja der ganze Stamm Benjamin, zu dem Giba gehörte, genau wie das Unrecht nicht nur dem Einzelnen geschah, sondern ganz Israel, denn es besteht die Gefahr, daß ganz Israel für das Unrecht an dem Einen zu haften hat.

Wie konnte ganz Israel der Haftung für die Leute von Giba entgehen? In frühbiblischer Zeit kannte man, im Unterschied zur rabbinischen (s. S. 213, 248), nur ein Mittel, nämlich ‚das Böse auszumerzen aus Jisrael‘ (Ri 20,13). Praktisch bedeutete das die Tötung der Untäter (Scharbert-Solidarität 22).

Deswegen werden zunächst Leute zum Stamme Benjamin geschickt, die die Auslieferung der eigentlichen Täter verlangen sollten. Daran sieht man, daß schicksalhafte Haftung nicht gleichbedeutend ist mit „Sippenhaft". Obwohl ganz Benjamin für verantwortlich gehalten wurde, sollten zunächst nur die individuell Schuldigen zur Verantwortung gezogen werden.

Scharbert (Solidarität 21) betont richtig, daß frühere Forscher nicht zwischen dem menschlich juristischen Bereich und dem schicksalhaft geschichtlichen (dem „religiösen" Bereich nach Scharbert) unterscheiden und deswegen zu ihrer Auffassung von dem „primitiven Kollektivismus" der Bibel kamen. Selbst I. Heinemann (Aggada 88–91) vermochte nicht, zwischen Rechtsbereich und Lebensbereich zu unterscheiden und warf deshalb sogar den Rabbinen kollektivistische Tendenzen vor. Dabei hätte zumindest er wissen können, daß die Kollektivstrafe längst nicht nur aus dem Zivilrecht, sondern auch aus dem religiösen Recht verschwunden war (vgl. T Sn 14,3; Sn 44 b; TnB *qoraḥ* 6; P Qid 65 c; NuR 8,4). Aber die schicksalhafte Haftung konnten die Rabbinen nicht abschaffen, so sehr sie sich auch gegen sie erbitterten (MTa 187 f; SD § 310; Tn *re'eh* 3).

Daß es im Falle der Untäter von Giba dennoch zur Kollektivhaftung Benjamins kam, lag an Benjamins Solidaritätsverhalten. Die Gemeinschaft Benjamin trug zwar die Verantwortung für das Böse, das Einzelne in ihrer Mitte taten, aber sie würde gegen die Solidarität verstoßen, wenn sie diese Einzelnen auslieferte. Solidarität steht gegen Solidarität, Verantwortung gegen Verantwortung. Wir werden noch sehen, wie selbst hervorragende Weise wie R. Jehoschua ben Levi keine Lösung für einen derartigen Konflikt fanden (s. S. 216–7).

Benjamin beschließt, die Solidarität mit den Gliedern der engeren Gemeinschaft zu wahren, obwohl sie an der umfassenden Gemeinschaft, Israel, ein Verbrechen begangen hatten, und weigert sich, die Schuldigen auszuliefern.

Die Söhne Benjamins werden geschlagen und getötet, und der ganze Stamm wird abgesondert: Keiner sollte einem vom Stamme Benjamin seine Tochter zum Weibe geben. ‚Erreicht hatte sie das Böse', sagt die Schrift zweimal (Ri 20,34.42), das heißt, sie hafteten für die, die Böses getan hatten.

Damit war nun aber die Geschichte noch keineswegs zu Ende. Israel hatte das Böse zwar ausgemerzt, aber damit neues Böses begangen. Denn die Besiegten und Abgesonderten waren trotz allem Brüder. Daher verwandelt sich die Beziehung zu Benjamin nun radikal. Das ganze Volk ‚weinte ein großes Weinen' (Ri 21,1–3) und sandte schließlich Leute zu den Söhnen Benjamins, um ‚ihnen Frieden zuzurufen':

> Leid wars dem Volk um Binjamin,
> denn einen Riß hatte ER in den Stämmen Jisraels aufgetan. (Ri 21, 13 f)

Sie bemühten sich mit Weisheit und List, den Bruder wiederherzustellen und ihm die Fortsetzung seiner Existenz zu ermöglichen.

So war sowohl das Böse ausgemerzt als die Solidarität wieder hergestellt, und erst jetzt gingen die Söhne Israels ‚jedermann nach seinem Stamm und nach seiner Sippe ... jedermann nach seinem Eigentum'. (21,24)

Dieser Schluß des Solidaritätsdramas zeigt, daß Solidarität nicht gleichbedeutend ist mit Einheit, Einförmigkeit und Kollektivismus. Es gibt Raum und Notwendigkeit zum Widerstand, zum Protest, zu Gericht und Krieg. Aber all dies macht die Grundbeziehung der Solidarität nicht zunichte.

Ein früher Tannaite, R. Chanina ben Gamliel, wandte dieses paradoxe Prinzip auf die Gerichtssphäre an: Selbst in der Stunde, da ein Mensch im Namen des Gesetzes bestraft werden muß, vergiß nicht, daß du seiner bedarfst. Nachdem du ihn gestraft hast und er leidet, ist er wiederum dein

Bruder, und du darfst ihn nicht verachten. „Den ganzen Tag lang", nämlich dreimal in dem behandelten Zusammenhang (Dt 25,1–3), „nennt ihn die Schrift ‚Frevler',

> aber nachdem er geschlagen worden ist,
> nennt ihn die Schrift ‚dein Bruder'! (SDt § 286)

2. Die Konkubine des Königs: Solidarität eines Einzelnen mit der Gemeinschaft

Mit der beispielhaften Geschichte von der Solidarität der Gemeinschaft mit einem Einzelnen endet das älteste Buch der Bibel. Daß es sich dabei nicht um primitives „Clan-Denken" handelt (Reventlow-Rechtfertigung 42. 131), zeigt die Tatsache, daß das Gefühl für Haftung und Solidarität in Israel im Lauf der Geschlechter keineswegs nachließ, sondern umso mehr erstarkte, je mehr Katastrophen das Volk erschütterten.

Schon in dieser frühen Geschichte finden sich nur wenige Hinweise auf Gott, und wenn sie ganz fehlen würden, würde die Geschichte nichts entbehren. Dieses wichtige Detail sticht noch mehr ins Auge (Gillis 28) in dem Solidaritätsdrama des jüngsten Buches der Bibel, der Esterrolle.

Diese Geschichte beschreibt das Volk Israel in einer politischen Lage, die der im Richterbuch entgegengesetzt ist. Dort steht Israel am Anfang seiner Konsolidierung als Volk und Staat, hier dagegen entbehrt es jeden normalen Rahmen eines Volkes und Staates: ‚ein einziges Volk, verstreut und versprengt unter den Völkern in allen Gauen' des persischen Königreichs (Et 3,8). Dieses paradoxe Phänomen des vereinten/versprengten Volkes wird durch die Aktionen und Reaktionen der Helden dieser Gleichnisgeschichte von Haftung, Solidarität und Sendung konkretisiert.

Die Erzählung beginnt mit der Tat eines Einzelnen: Mordechai erregt den Zorn Hamans, weil er als einziger von allen Leuten am Königshof sich nicht vor ihm niederwirft. Diese aufrechte Haltung war von jeher charakteristisch für die einzigartigen Menschen Israels. Bereits Abraham hatte dafür ein Beispiel gesetzt, sei es in seiner Rede zu den Leuten von Hebron (Gn 23,1–16) oder vor dem Priesterkönig Malkizedek (14,21–24) oder vor Gott selber (Gn 18). In diesem Fall ist es aber grade diese Tat der inneren Freiheit und nicht das Verbrechen eines einzelnen Juden (s. S. 3), welche die Katastrophe für Israel heraufbeschwört.

Haman wollte sich nicht mit der Bestrafung Mordechai's zufriedengeben, sondern machte alle Juden für ihn haftbar:

> Es erschien aber in seinen Augen zu gering, an Mordchaj allein Hand
>   anzulegen . . .
> so trachtete Haman, alle Juden . . . mit Mordchaj zu vertilgen . . .
> alle Juden, von Knabe bis Greis, Kinder und Weiber, an Einem Tag.

> (Et 3,6.13)

Mit dieser Detailierung von Menschenkategorien stellt die Bibel stets die Unschuldigen heraus, die von der Haftung betroffen werden, ganz gleich ob die Haftung durch Menschen oder durch Gott in Funktion gesetzt wird (vgl. Dt 28,3; Jr 11,12; 9,20f; E 2,19–21; Je 9,19; – Dt 2,34; 3,6; Jr 51,20–24). Der Einzelne kann sich also nicht erlauben zu tun, was ihm in den Sinn kommt, selbst wenn er eine Tat des Heldentums und der Treue zu Religion und Gewissen im Sinn hat. Dennn die Folgen seiner Taten muß möglicherweise seine ganze Gemeinschaft tragen.

Man möge mir erlauben, aus einem zeitgenössischen Roman zu zitieren:

> The question is: how serious a weakness is my timidity? I do not possess it alone. I see signs of a similar prudence in my colleagues. Every time a German walks into this office, there is a kind of organized cringing around here. Even our Chairman, who has the personal courage of a Gandhi, becomes unctuous in the presence of a minor German functionary... One reason, perhaps, for my caution and servility, and for that of my colleagues, is the principle of collective responsibility for which the Germans are so famous. If one does „wrong", all are punished. As a corollary each of us feels, to some degree, a personal responsibility for the welfare of all. (John Hersey, The Wall. New York 1961).

Hätte Mordechai anders handeln können? Hätte er sich niederwerfen sollen? Man darf dieser Frage nicht ausweichen, will man das Gesetz der Haftung in seiner ganzen Furchtbarkeit erfassen.

Schon in der alten Zeit standen Ankläger gegen Mordechai auf, wie man aus dem apologetischen Gebet schließen kann, das in den „Zusätzen zu Ester" in Mordechais Mund gelegt wurde:

> Du weißt, daß ich nicht aus Übermut, noch aus Überhebung, noch aus Ruhmsucht dies getan habe, daß ich mich nicht vor dem hochmütigen Haman niederwerfen wollte. Denn gern hätte ich seine Fußsohlen küssen wollen, um der Rettung Israels willen.
>
> Vielmehr habe ich getan, damit ich nicht etwa die Ehre eines Menschen über die Ehre Gottes setzte... und nicht aus Überhebung tat ich dies. (EtZ 3,5–8).

Bedeutete das, daß zwar die Rettung Israels wichtiger war als die Ehre Mordechais, aber die Ehre Gottes wichtiger als die Rettung Israels?

Auch die Midrasch-Erzähler klammerten sich an diese hinkende Argumentation. Ihrer Meinung nach handelte es sich bei des Königs Befehl um eine eindeutige Aufforderung zum Götzendienst, und Mordechai hatte also nur die Wahl zwischen Götzendienst und „der Heiligung des Namens", nämlich dem Martyrium. Er wählte natürlich „die Heiligung des Namens" (EtR 6,4). Die wirkliche Alternative Mordechai's wurde dabei ganz vergessen, nämlich zwischen der Treue zu sich selber bzw. zu seinem Gott einerseits und dem Leben des Volks andrerseits. Nur so war es möglich, daß der Midrasch Mordechai für seine Haltung lobte. Die Tatsache, daß er „den Namen des Heiligen-gelobt-sei-er einziggemacht und geheiligt hat" (ibd), stellte ihn in eine Reihe mit „Abraham unserm Vater", welcher sich nach der Legende in den Feuerofen warf, um dem Götzendienst zu entgehn (GnR 38,13; Urbach-Leiden 59 f). So verwandelte sich der, der das Leben seines Volkes gefährdete, in den, der den Namen seines Gottes heiligte.

In andern Zusammenhängen hätten die Weisen eine Entscheidung zur Ehre Gottes auf Rechnung menschlichen Lebens nicht gerechtfertigt, wie die jahrhundertelangen Auseinandersetzung über die Bedingungen, die das Martyrium erlauben oder verbieten, zeigen (SLv 86 b; Sn 74 a; P Schw 35 a; P Sn 21 b). Als oberstes Prinzip galt, daß die Gebote dem Menschen gegeben seien, damit er ‚durch sie lebe' (Lv 18,5) und „nicht durch sie sterbe". Ein zweites Kriterion war, ob die Alternative zwischen Götzendienst und Martyrium in der Öffentlichkeit oder fern von der Öffentlichkeit verlangt wurde. Im ersten Fall muß, so bestimmte R. Jischmael, der Kollege und Gegner R. Aqiba's, als erster, der Jude die Wirkung seines Verhaltens auf die Gemeinschaft in Betracht ziehen und die Standfestigkeit seinem persönlichen Leben vorziehen.

Später fügte man eine dritte Bedingung hinzu: In gewöhnlichen Zeiten soll der Jude sein Leben obenanstellen, aber zur Zeit allgemeiner Religionsverfolgung verlangt die Solidarität, daß sich jeder als Vertreter des Volkes, dessen Treue zu Gott auf die Probe gestellt werde, bewähre.

Das Hauptproblem bei den Diskussionen um das Martyrium war also dessen Wirkung auf die Gemeinschaft. Allerdings kam nirgends der Fall zur Sprache, daß die Tapferkeit eines Einzelnen das Leben der Gemeinschaft aufs Spiel setzen konnte, denn bei der systematischen Behandlung des Themas waren die Rabbinen von der entgegengesetzten Überlegung geleitet: Bis zu welchem Grad darf der Einzelne das Gebot übertreten, um nicht getötet zu werden, – ohne dadurch die Moral der Gemeinschaft zu gefährden. Doch wenn das Leben des Einzelnen wichtiger ist als die Ehre Gottes, um wieviel wichtiger ist das Leben der Gemeinschaft denn „die Heilgung des Namens".

Zudem hat das Argument vom Götzendienst nicht den geringsten Anhaltspunkt in der biblischen Quelle. Wie wenig zimperlich Mordechai in der Beziehung war, zeigt die Tatsache, daß er Ester einem Heiden zur Kebse gab (Et 2,5–20), was doch gewiß schlimmer war als das bloße Niederfallen vor Götzen. Der Midrasch fühlte diese Schwierigkeit (EtR 6,10) und erklärte sie, jenem obersten Prinzip vom Wert des Lebens entsprechend, damit, daß Mordechai „ein Hinweis gegeben wurde", daß „Israel künftig durch Ester gerettet würde". Die Rettung war so wichtig, daß das Mittel dazu, die Verschacherung Esters als Konkubine an einen Götzendiener, nicht in Frage gezogen wurde. Die Ironie dieser extremen Gleichnisgeschichte will es, daß eine Heldentat das Volk mit dem Untergang bedrohte und eine Schandtat seine Rettung vorbereitete. Natürlich wollte der Verfasser der Esterrolle nicht Heldentum verurteilen und Schandtat loben, sondern lehren, daß eine Tat nicht nach dem Maßstab abstrakter Ethik beurteilt werden darf, sondern nach ihrer Wirkung auf das Schicksal der Menschen, die von dem Täter der Tat abhängen und von denen wiederum auch er abhängt.

Worin drückte sich die Schandtat aus? Nicht nur darin, daß Ester den Platz von Waschti einnahm, einer Frau, die ihr Mann verworfen hatte, und zwar grade wegen ihres Freimuts und der Wahrung ihrer Würde (Et 1,11–2, 2). Schlimmer noch erscheint, daß Ester ihre jüdische Identität verleugnete, als sie an den Hof des Königs kam. Die Schrift unterstreicht dreifach, daß es Mordechai war, der diese Verleugnung befahl (Et 2,9.20). Dazuhin wird diese unehrenhafte Vorsichtsmaßnahme auf dem Hintergrund der mutigen Haltung Waschti's durch ein sprachliches Mittel hervorgehoben:

> Waschti ... tat nicht nach dem Spruch des Königs (Et 1,15)
> Nach dem Spruch Mordchajs tat Ester! (Et 2,20).

Es ist erstaunlich, daß jener Midrasch, der den Titel ‚Mordchai der Jude‘ (Et 10,3) von der Behauptung herleitete, Mordechai habe „den Namen des Heiligen einziggemacht und geheiligt" (EtR 6,4), diesen seinen Rat ignorierte. Tatsache ist jedoch, daß grade Esters Feigheit ihr später ermöglichte, des Volk zu retten, während Mordechai's Mut das Volk gefährdete.

Die Erfahrung, daß sich persönliches Heldentum nicht unbedingt mit verantwortlicher Tat deckt, lehrte die Bibel schon an Mose's Mord an dem Ägypter (Ex 2,12). Das Motiv seiner Tat war rühmlich, und dennoch hätte sie Unglück über die bringen können, die Mose retten wollte. Charakterlich waren Mose und Mordechai einzigartige Menschen und durchaus „Bürgen" für ihr Volk:

> Wie Mose sich in die Bresche stellte, so auch Mordechai,
> wie es heißt:
> ‚der für sein Volk nach dem Guten trachtet
> und für all dessen Samen redet zur Befriedung‘! (Et 10,3; EtR 6,2)

Wir sahen aber schon an der Legende von Secharja ben Jehojada, daß grade die Menschen, die für ihr Volk nach dem Guten trachten, zuweilen mehr Unglück über es bringen als sie von ihm abhalten konnten (s. S. 35–47).

Der erste Akt des Esterdramas lehrte, wie ein Einzelner seine Gemeinschaft zu solchen machte, die für seine Tat haften müssen.

Der zweite Akt wird zeigen, wie selbst ein Mensch, der augenscheinlich nicht durch diese Haftung betroffen wird, weil er von seiner Gemeinschaft isoliert ist und die Illusion haben kann, nicht von ihr abhängig zu sein, diese seine Abhängigkeit erkennen und aus ihr die Konsequenz der Solidarität und der Sendung ziehen muß. Grade die Tatsache, daß Ester eine besondere Stellung außerhalb ihrer Gemeinschaft einnahm, ermöglichte ihr, passives Haften in aktives Bürgen zu verwandeln. Nicht Mordechai, der Schuld an dem bevorstehenden Pogrom trägt, kann das Volk retten, sondern grade Ester, die all das verkörpert, was ein stolzer Jude verachtet, muß lernen, daß von ihr das Leben des Volkes abhängt.

Auch in diesem Detail ist das Gleichnis vollkommen: Nach dem Lebensgesetz der Haftung sind alle Menschen gleichwertig. Daher ist auch jeder

Mensch ein potentieller Bürge. Wie in der Geschichte von der Kebse des Leviten „all Israel füreinander haften", und zwar auch für die Verachtetsten unter ihnen, so bedarf es umgekehrt keiner besondren Eigenschaften eines Führers, eines Propheten, eines Gottessohns, um einen Sohn Israels oder eine Tochter Israels zum Bürgen für die Gemeinschaft werden zu lassen. Weil jeder in Gefahr ist, unschuldig leiden zu müssen für die Taten oder das Versagen seines Andern oder seiner Gemeinschaft, muß sich auch jeder dazu bestimmt fühlen, die Verantwortung für das Geschick seines Andern oder seiner Gemeinschaft, von dem sein eignes Geschick abhängt, auf sich zu nehmen.

Zu Anfang weigert sich Ester, sich dieser ihrer Aufgabe bewußt zu werden (Et 4,8–11). Zum König gehen, bedeutet ihren Tod, und wenn das so ist, wie kann sie das Volk retten? Mordechai, der in Trauer um sein Volk in Sack und Asche außerhalb des Palastes wartete (Et 4,1–4), wird zornig über sie. Nicht die A u s s i c h t ihrer Sendung steht zur Debatte, sondern ihre Identifikation mit dem Volk, von dem sie abhängt, und ihre daraus folgende Verantwortlichkeit:

> Bilde dir nicht in deiner Seele ein,
> du unter allen Juden könntest im Königshaus entrinnen!
> sondern schweigst du, schweigst in dieser Zeit,
> wird den Juden von andrer Seite Atemraum und Rettung erstehn,
> du aber und dein Vaterhaus, ihr werdet zugrundegehn! (4,13 f)

Mordechai fleht Ester nicht an, jemandem einen Gefallen zu tun. Ihr persönliches Interesse verlangt ihr Handeln. Und wenn sie sagen sollte, es müsse ja nicht grade sie sein, die die Verantwortung für das Volk übernehme, so erklärt ihr Mordechai: ‚Wer weiß, ob du nicht für eine Zeit wie diese zur Königschaft gelangt bist!' (14)

Die Parallele zu einer andern Geschichte, in der ein Jude in die Nähe der Königschaft gelangt war, nämlich Josef in Ägypten (Gn 41,40–44), ist deutlich (Gan; Gillis). Josef hatte allerdings erst empfindlich gedemütigt werden müssen (Gn 37,23–28; 39,20; 40,14 f.23), ehe er verstand, daß seine besondren Gaben (39,2–6. 21–23; 41,12–25. 33–39) kein Grund zur Überheblichkeit über seine Familie waren (37,7–12), sondern im Gegenteil den Zweck hatten, ihm zu ermöglichen, die Verantwortung für seine Familie zu übernehmen und sie während der Hungerjahre am Leben zu halten (45,5.7).

Kein Mensch vermag sich von seiner Gemeinschaft abzusondern, es sei denn er tue es, um desto größere Verantwortung für die Gemeinschaft auf sich zu nehmen. Das Böse, das ein Mensch tut, tut er nicht nur sich selber an sondern auch seiner Gemeinschaft, aber auch das Gute, das ihm zuteil wird, sollte nicht nur seinem privaten, d. h. kurzfristigen, Genuß dienen, sondern auch seiner Gemeinschaft, d. h. seinem eigenen langfristigen Interesse. Denn von seiner Gemeinschaft hängt sein Leben oder zumindest sein Seelenfrieden ab.

Daher bedroht Mordechai Ester: Es gibt kein Entrinnen aus der Haftung. Auch wenn ihr Tun aussichtslos wäre, so muß sie es doch versuchen, denn so oder so wird sie in den Untergang mit ihrer Gemeinschaft hineingerissen werden. Und sollte sie versuchen, der Verantwortung für ihre Gemeinschaft zu entrinnen, so wird sich diese Absonderung an ihr rächen, auch ohne Zusammenhang mit dem Geschick der Gemeinschaft.

Ester nimmt denn auch die Verantwortung auf sich, wenn auch mehr aus Verzweiflung denn aus Solidarität (Et 4,16).

Erst im dritten Akt zieht Ester aus der aufgezwungenen Solidarität die Konsequenz der Sendung. Und siehe da, mit der Größe ihrer Verantwortung wächst auch ihre Seele. Des heidnischen Königs Freudenmädchen wird zur würdigen Gesandten Israels. Sie erfüllt ihre Aufgabe mit all der Diplomatie und Geistesgegenwart, die die vielen Verteidigungsreden auszeichnen, die später die Aggadisten in den Mund der klassischen Gesandten der Gemeinschaft legten (s. S. 97).

Sie kleidete sich in ein königliches Gewand (Et 5,1) und bereitete sorgfältig die Taktik vor, die den König beeindrucken und beeinflussen sollte. Schließlich trat sie vor den König und appellierte, psychologisch weise, zunächst an seine Liebe zu ihr und dann an seine Selbstachtung, die in seiner Entscheidungsfreiheit lag, ehe sie ihre Bitte vorbrachte:

Habe ich Gunst in deinen Augen, König, gefunden
und dünkt es den König gut,
werde mir meine Seele um meinen Wunsch gegeben
und mein Volk um mein Verlangen! (7,3)

Der Satz hört sich wie ein poetischer Parallelismus in einem der hebräischen Psalmen an. Aber die absolute Identifikation zwischen ihrer Seele und ihrem Volk birgt das Geheimnis von Esters Macht, ihr Volk zu retten. Ich bin mein Volk. Mein Volk bin ich.

Denn verkauft sind wir, ich und mein Volk
zu vernichten, zu töten und zugrundezurichten! (7,4)

Wiederum schließt sie sich nicht nur in das Volk ein, obwohl doch ihr selbst augenscheinlich keine Gefahr drohte, da ja niemand von ihrem Judesein wußte, sondern stellt sich selber vor das Volk: ‚Ich und mein Volk'. So erreicht Ester das Erhängen Hamans, aber damit ist ihre Aufgabe noch nicht zuende. Die Läufer hatten ja den Vernichtungsbefehl schon in alle Gaue des Königreichs gebracht. So stellt sie sich, gleichsam im vierten Akt des Dramas, wieder vor den König, diesmal aber aus eigenem Antrieb und nicht auf Verlangen ihres Onkels. Wie sehr ihr Solidaritätsgefühl erstarkt war, zeigt der Stil ihrer erneuten Rede. Sie erbittet vom König, überall im Land die Aufhebung des Vernichtungsbefehls anzuordnen:

Denn wie doch ertrüge ichs,
wenn ich sähe, wie mein Volk vom Bösen heimgesucht würde,
wie doch ertrüge ichs,
wenn ich sähe, wie meine Verwandtschaft zugrundegeht?! (8,6)

In diesen Worten drückt Ester ihre vollkommene Übereinstimmung mit Mordechais Forderung aus, die Gesandte ihres Volkes zu sein. Nicht das Wohl des Volkes verlangte er von ihr, sondern ihr eigenes Interesse: Wie ertrüg ichs, wie könnte ich noch mit mir selber im Reinen sein, wie könnte ich noch leben, wenn mein Volk zugrundeginge. Daher, mein König, wenn du m i c h liebst, so laß mein V o l k am Leben.

Es gibt jedoch noch einen letzten Akt, und der zeigt die dunkle Seite, die Gefahr eines so starken Haftungs- und Solidaritätsbewußtseins.

Auch die Juden begnügen sich nicht mit dem Erhängen des einzelnen Untäters, sondern verlangen nun ihrerseits Sippenhaft. Es wird ihnen freie Hand gegeben, Männer, Frauen und Kinder unterschiedslos zu töten (8, 11–13), und die Verordnung darüber kommt genau an dem Tag an, an dem die Feinde der Juden vorhatten, dies mit den Juden zu tun (9,1 f).

Zwar zeigt die Primitivität der literarischen Mittel dieses letzten Akts[23], daß der Verfasser hier dem internationalen Bedürfnis bedrückter Menschen nach märchenhafter Vergeltung nachgab. Ein so unwirklicher Rachetraum ist ja grade kennzeichnend für Menschen, die nicht die geringste Möglichkeit haben, diese Rache zu verwirklichen. Aber dieser Schluß schwächt die Wirkung dieser Geschichte ab, die ja ein Gleichnis sein soll, ja eine Neuinterpretation der Befreiung Israels durch Mose oder, wie Gillis in seiner ausgezeichneten Studie sagt, „die bewußte und konsequente Entsakralisierung und Enttheologisierung einer zentralen heilsgeschichtlichen Tradition" (Gillis 28). Denn zur Rettung des Volkes war nur die Bürgschaft Esters, ihre Übernahme der Verantwortung für ihre Gemeinschaft nötig, nicht aber die Rache an Unschuldigen. Die Anwendung der Sippenhaft hätte ja, wenn die Geschichte authentisch wäre, den Teufelskreis des Haftungsgesetzes erneuert.

Die historischen Gesandten Israels, von denen die Bibel und die talmudische Literatur erzählen, handelten im selben Geist der Solidarität und Verantwortung wie die legendäre Ester, aber sie erlagen nicht der Versuchung von Racheträumen. Solange Israel in seiner Heimat lebte, hatte es eher Sinn für Realitäten und das heißt, für die Gesetze des Lebens und der Geschichte. Erst im Exil begann es an Wunder zu glauben, die keiner menschlichen Anstrengung bedurften und keine negativen Folgen zeitigten.

---

[23] Dem originalen Schluß fügte meiner Ansicht nach ein Redaktor, der den Vergeltungsakt besonders liebte, die überflüssigen Verse 9,6–16 hinzu. Einer der Beweise dafür ist, daß er entgegen der Erlaubnis, Beute zu nehmen (8,11) dreimal behauptet: ‚Aber nach dem Plündergut schickten sie ihre Hand nicht aus' (9,10.15.16). Er wollte offensichtlich der märchenhaften Rachelust die „reinen" Bann-Gesetze des Deuteronomisten (Dt 13,18 und oft) überstülpen.

Zusammenfassung

Die Solidarität ist Teil eines Lebensgesetzes und daher schwierig zu isolieren. Sie folgt aus dem Gesetz der Haftung zwischen Einzelnem und Gemeinschaft und zwischen dem Einzelnen und seinem Andern, und sie verlangt als praktische Konsequenz die Verantwortung des Einzelnen für die Gemeinschaft und des Einzelnen für seinen Andern. Die zwei biblischen Geschichten, die ich gewählt habe, um zu demonstrieren, was solidarisches Verhalten in der Not bedeutet, zeigen diese Verbindung zwischen Haftung und Solidarität einerseits und zwischen Solidarität und Verantwortung andrerseits besonders deutlich. Die Geschichte von der Kebse des Leviten lehrt die Solidarität der Gemeinschaft mit dem Einzelnen, sei er auch der Elendste und Niedrigste. Die Erzählung von der Kebse des Königs verlangt umgekehrt die Solidarität des Einzelnen mit der Gemeinschaft, erscheine dieser Einzelne auch zunächst unwürdig und ungeeignet zu dieser Aufgabe. Diese Geschichten, von denen die eine zu den ältesten und die andre zu den jüngsten Stücken der Bibel gehört, beweisen gleichnischaft, wie groß die Bedeutung der Solidarität als praktisches Verhalten und als ethische Forderung in der Geschichte Israels von Anfang an war.

VIERTES KAPITEL: DIE AUSDRÜCKLICHE RABBINISCHE LEHRE VON DER SOLIDARITÄT

Die Solidarität war nicht nur ein Phänomen im Leben und in der Geschichte Israels, sondern auch ein Gegenstand der Reflexion und der Paränese.

1. Solidarität des Einzelnen mit der Gemeinschaft

a) Die Warnung im Gesetz

In zwei Baraitot wurde folgende Warnung als Gesetz formuliert:

Unsre Meister lehrten:
Wenn sich zur Stunde, da Israel leiden, einer von ihnen absondert,
so kommen die zwei Dienstengel, die den Menschen begleiten
und legen ihm die Hände auf sein Haupt und sprechen:
– Dieser Soundso sonderte sich von der Gemeinschaft ab!
Er soll auch des Trostes der Gemeinschaft nicht ansichtig werden!

Ferner lehrten sie:
Zur Stunde, da die Gemeinschaft leidet, sage ein Mensch nicht:
– Ich will in mein Haus gehn, essen und trinken,
und Friede sei mit dir, meine Seele! (Ta 11 a)

Das letztere ist ein Idiom für „alles Übrige ist mir schnuppe".

Wer so handelt, fährt die Baraita fort, verhält sich wie jene Leute, von denen die Schrift im Buche Jesaja redet: In der Zeit nationaler Trauer, da das Volk weinte und Säcke umgürtete, machten diese Leute ein Festgelage und riefen: ‚Gegessen, getrunken, denn morgen müssen wir sterben!' Über solche Leute spricht Gott eine furchtbare Drohung aus (Js 22,13 f), und der Mensch tut also gut daran, sich nicht abzusondern, sondern mitzuleiden mit seiner Gemeinschaft! (Ta ibd).

Daß wir uns so zu verhalten haben, können wir außerdem schon bei Mose unserm Meister lernen, der „mitlitt mit seiner Gemeinschaft", wie bereits ein alter Midrasch hervorgehoben hat (Ta ibd; MchJ 122; PqR 50 b). Als er angesichts der Schlacht mit Amalek den ganzen Tag lang die Hände erheben mußte, damit Israel siegte, legte man ihm Steine unter die Arme, um sie zu stützen (Ex 17,11 f).

Hätte den Mose nicht ein Kissen nehmen können, um darauf zu ruhen?
Doch Mose sagte:
– Solange Israel leiden,
will auch ich mit ihnen leiden.

Ein Redaktor schließt daraus, daß „deshalb", also wegen Mose's Vorbild,
„ein Mensch verpflichtet ist, mit seiner Gemeinschaft mitzuleiden" (MchJ
122), während ein andrer noch einmal das Eigeninteresse herausstellt:

Jeder, der mit der Gemeinschaft leidet,
wird auch des Trostes der Gemeinschaft ansichtig werden dürfen. (Ta 11 a)

Wer sich absondert in der Stunde der Not, kann nicht zur Gemeinschaft
zurückkehren zur Stunde des Trostes. Ein loses, abgeschnittenes Blatt wird
er sein, für immer.

b) Die Solidarität und die Verantwortlichkeit des Einzelnen

Diese Lehre wurde später im Midrasch Tanna de be Eliahu vertieft. Eliahu
der Prediger, wie ich ihn nennen möchte, war sich nicht nur der elenden Lage
Israels zu seiner Zeit im 3. Jahrhundert[23a] in besondrer Weise bewußt, sondern
zeigte sich auch als hervorragender Vertreter derjenigen Weisen, die wußten,
wie diese Lage zu bewältigen war.

Jene beiden Baraitot hatten einen besonderen Platz in seiner Predigt. Zunächst zitiert er die zweite Baraita einmal ohne eigenen Kommentar, tauscht
nur ein Wort aus – nicht „verpflichtet", sondern „glücklich ist der Mensch,
der mit der Gemeinschaft mitleidet" (TER 167).

Ein andermal findet er Gelegenheit, beide Baraitot zu zitieren, verbessert
aber Reihenfolge und Stil und veranstaltet einen kleinen Seitenhieb
auf jene, die denken, das Entscheidende sei die Beziehung zwischen Mensch
und Gott und nicht zwischen Menschen: Die beiden Dienstengel, die den
Menschen stets begleiten, werden bei Eliahu zu zwei Vernichtungsengeln,
die den Menschen, der da sagt, die Gemeinschaft sei ihm schnuppe, von der
S y n a g o g e bis an sein Haus begleiten. Dort sagen sie ihm dann: „Jener
Mann, der sich von der Gemeinschaft abgesondert hat, wird des Trostes der
Gemeinschaft nicht ansichtig werden." Und auch Eliahu schlägt vor „von den
Wegen unsres Meisters Mose zu lernen, der da sprach: „Weil Israel leiden,
will auch ich leiden", und zitiert die Folgerung der Weisen:

Deswegen sagten sie:
– Glücklich wer mit den Vielen mitleidet! (TES 198)

[23a] Strack (227) rechnet TER erst dem 10. Jahrhundert zu, aber Prof. Safrai's
mündlich geäußerte Ansicht, daß der Verfasser dem 3. Jahrhundert angehörte, vor
allem weil er keinen einzigen Amoräer zitiert, scheint mir eher zuzutreffen.

Immer wieder kehrt bei ihm der Ausdruck „Friede sei mit meiner Seele",
der in seinen Augen die Haltung individualistischer Gleichgültigkeit und Antisolidarität symbolisiert. Hat er hier einfach von einem „Menschen" gesprochen, so kommt er in andrem Zusammenhang auf den einzigartigen Menschen
zu sprechen. Persönlichkeiten wie unser Meister Mose oder dessen Bruder
Aaron dürfen erst recht nicht sagen:

> – Weil ich ja schließlich in meinem eigenen Hause bin,
> sei Friede mit meiner Seele!
> Sondern er gehe heraus
> und sei zusammen mit der Gemeinschaft im Leid. (TER 112)

Über die praktischen Konsequenzen, die sich aus der Solidaritätspflicht
ergeben, hat Eliahu der Prediger tiefer nachgedacht als andre und das Thema
beinahe systematisch behandelt (127–8).

Ehe jedoch gesagt werden kann, worin sich solidarisches, nämlich verantwortliches Handeln beweist, muß noch einmal klargestellt werden, wer
der Mensch ist, der solidarisch und verantwortlich sein muß.

Der Rahmen ist die Einleitung zur Interpretation der zehn Gebote. Eliahu
fragt, warum Gott zuweilen mit „den Vielen", zuweilen mit „dem Einzelnen"
rede. Die Lösung der modernen Bibelwissenschaftler, daß es sich auch bei
„dem Einzelnen" gar nicht um ein Individuum, sondern um ein Kollektiv
handle, hätte ihn nicht befriedigt. Es stimmt, daß nicht der Einzelne von
Gott erwählt ist, sondern Israel. Aber die Konsequenz, die sich aus dem
Bund zwischen Gott und dieser Gemeinschaft ergibt, geht den Einzelnen an,
und zwar wirklich nicht nur den Einzigartigen, sondern jeden Einzelnen:

> Daher soll jeder Einzelne sagen:
> Wann werden meine Taten an die Taten Abrahams, Isaaks und Jakobs
> heranreichen? (TER 127)

Man könnte sagen, daß laut der Schrift von voruherein nicht ein Volk
erwählt wurde, sondern Einzelne, um zu zeigen, daß das Entscheidende die
Tat des Einzelnen ist, die Verantwortung des Einzelnen. Auch Abraham, Isaak
und Jakob konnten sich auf niemand verlassen als auf „ihre guten Taten und
das Lernen der Weisung", d. h. in unsrer Sprache – auf ihr eigenes Lernen
und ihr eigenes Tun. Daher muß, meint Eliahu, jeder Einzelne sich als potentiellen Abraham, als potentiellen Isaak und als potentiellen Jakob ernst-
nehmen. Wieder zeigt sich also, daß der Wert des Einzelnen eine Funktion
seines Wertes für die Allgemeinheit ist, zum Guten wie zum Bösen.

Dem kommt die von Scharbert (Solidarität 4) erwähnte Einsicht der
Forscher nahe, daß grade „das Solidaritäts-Bewußtsein" „religiöse Persönlichkeiten" wie Mose, David und die Propheten hervorgebracht habe. Ebenso
muß J. Heinemann trotz seiner Verkennung des Haftungsgesetzes als „Kollektive Idee" zugeben, daß der Glaube, selbst leichte Verfehlungen der Gerechten

würden auf ihre Söhne schlimme Strafen bringen, (welcher einer der vielen Ausdrücke des Haftungsgesetzes war),

„dazu führte, das Verantwortungsgefühl gegenüber jedem einzelnen Schritt im Leben äußerst zu verschärfen. So führte schließlich die kollektive Idee nicht zu einer Benachteiligung der persönlichen Religiosität, sondern grade zu einer Verstärkung der Gewissensstimme und des individuellen Verantwortungsgefühls." (J. Heinemann-Aggada 91)

Glatzer (40–41) brachte das Gesetz der Haftung von vornherein mit der Verantwortung des Einzelnen in Zusammenhang. Er zitiert u. a. die wahrscheinlich von R. Jochanan ben Sakkai stammende Auslegung des Verses, ‚Die Augen klärten sich ihnen beiden‛, nämlich Adam und Eva nach ihrer Tat im Garten Eden (Gn 3,7):

Er (Gott) zeigte ihnen,
wieviele Geschlechter sie vernichtet hatten. (GnR 19,6)

Glatzer betont, daß diese Interpretation demselben Denken entsprungen sei wie der umgekehrte Spruch R. Meirs:

Um eines Einzigen willen,
der Umkehr getan hat,
wird der ganzen Welt vergeben! (Jm 86 b)

Von diesem ungeheuren Wert des Einzelnen redet Eliahu der Prediger auch in andren Zusammenhängen. So wie jeder fähig ist, ein Abraham zu sein, so ist auch jeder fähig, Prophet zu sein. Das beweist die Tatsache, daß Debora, die doch eine Frau war, ja „die Frau eines Unwissenden", Israel als Prophetin gedient hat (Ri 4–5):

Ich rufe über euch Himmel und Erde zu Zeugen an:
Sowohl Heide als Israel,
sowohl Mann als Frau,
sowohl Knecht als Magd –
auf jedem ruht der heilige Geist,
gemäß den Taten, die er tut! (TER 48)

Um diese Wertschätzung des Einzelnen zu unterstreichen, zitiert Eliahu der Prediger die berühmte Mischna:

Jeder Einzelne in Israel ist verpflichtet zu sagen:
– Für mich wurde die Welt geschaffen! (M Sn 4,5; TER 127)

Auch bei den theozentrischen Denkern des Judentums und Christentums hat der Einzelne unmeßbaren Wert. Aber dieser Wert ist metaphysisch und dem Menschen von Gott gleichsam angeklebt. Er steht und fällt mit dem Glauben an des Menschen Gottebenbildlichkeit, die vor allem R. Aqiba hervorhob

(A 3,14), und an Gottes Liebe zum Einzelnen, wie es besonders in den Gedanken von zwei grade ganz in der praktischen Verantwortung lebenden Christen, Helmut Gollwitzer und Richard Shaull (7) hervorsticht: „Wenn Gott tot ist, so hat der Mensch keinen Wert mehr!" (Gollwitzer – Sinn 11).

Da die von ihnen gepredigte Verantwortung nicht aus dem Lebensgesetz der Abhängigkeit und Haftung folgt, also nicht als eine Lebensnotwendigkeit wie etwa das Rechtsfahren und bei-Rot-Halten im Verkehr einsichtig gemacht wird, bleibt die Verantwortlichkeit ein religiös-ethisches Postulat, das nur den Glaubenden angehn kann.

Diejenigen jüdischen Denker jedoch, die jenes dreifache Lebensgesetz ernstnahmen, leiteten den immanenten Wert des Einzelnen von seiner potentiellen Macht her, die „ganze Welt zu verlieren" bzw. „die ganze Welt zu erhalten" (M Sn 4,5; s. S. 42). Sie behaupteten das zu einer Zeit, da der Mensch, anders als heute, dazu noch gar nicht die technischen Möglichkeiten hatte.

Welche Konsequenz sie aus dieser potentiellen Verantwortlichkeit zogen, zeigen besonders die berühmten Sprichwörter Hillels:

Vertraue nicht auf dich selber bis zum Tag deines Todes!
Richte deinen Gefährten nicht, ehe du nicht in seine Lage gekommen bist!
Sondre dich nicht von der Gemeinschaft ab! (A 2,4)

Das ist die eine Seite der Medaille: die Abhängigkeit, die Identifikation, die Solidarität. Die andre Seite aber ist:

Wenn ich nicht für mich bin, wer ist denn für mich?
Solang ich aber nur für mich selber bin, was bin ich?
Und: Wenn nicht jetzt, wann dann? (A 1,13)

An einem Ort, wo keine Männer sind,
sei du bestrebt, ein Mann zu sein! (A 2,5)

Wenn ich hier bin – sind alle da.
Wenn ich nicht hier bin – wer ist dann hier? (ARN S. 55)

R. Tarfon drückte dieselbe Verantwortlichkeit des Einzelnen so aus:

Kurz ist der Tag, reichlich die Arbeit,
... und der Hausherr drängt.
Nicht an die liegt es, das Werk zu vollenden,
aber von ihm abzulassen, bist du nicht frei! (A 2,15)

Weniger bekannt ist das Wort des Zeitgenossen R. Tarfons, Schim'on ben Asai:

Verachte keinen Menschen, ...
denn es gibt keinen Menschen, der nicht seine Stunde hat (A 4,3),

d. h. der nicht Gelegenheit hat, die Welt zu verlieren oder zu erhalten und damit seinen Wert zu beweisen.

Dieser Tradition nun gibt Eliahu der Prediger seinen eigenen, orginellen Ausdruck. Worin zeigt es sich denn, daß sich ein Mensch als potentiellen Abraham versteht?

> Ein Mensch sage nicht zu sich selbst:
> Die Welt ist voller Irrsal und Wirrsal!

das heißt, es hat keinen Sinn, etwas Verantwortliches für die Gemeinschaft zu tun, daher

> gehe ich, esse und trinke und genieße
> und geh aus dieser Welt. (TER 128)

In der Verurteilung eines derartigen Individualisten geht Eliahu noch weiter als die alte Baraita, deren jesajanischen Fluch auch er zitiert: Er nennt ihn einen Gottesleugner, wie ihn Psalm 14 beschreibt. Der sich von der Gemeinschaft absondert, ist also der, der fatalistisch resigniert. Solidarität fühlen, teilnehmen am Leid der Gemeinschaft bedeutet dagegen, an die Wichtigkeit des eigenen Handelns, des Handelns des einzelnen Menschen zu glauben.

Die faktische Adresse für diesen Appell ist natürlich wieder der Einzigartige. Je mehr Gaben ein Mensch hat, desto größer ist die Bürde, die er für die Gemeinschaft auf sich nehmen kann. „Ein Weiser in Israel, der ist wie Mose, der Vater der Weisheit, der Vater der Propheten", darf sich nie mit seinem Seelenfrieden begnügen, „sondern gehe heraus und sei mit der Gemeinschaft im Leid"! (128)

c) Die Identifikation mit der Gemeinschaft zu jeder Zeit

Die Forderung der Identifikation des Einzelnen mit der Gemeinschaft gilt natürlich auch für andere Lebensgebiete, nicht nur für Notzeiten:

> Niemals schließe sich ein Mensch aus der Gemeinschaft aus! (Br 29 b)

Dieses Wort des Großen Schmu'el aus Babylonien wird z. B. in der Art des Lernens verwirklicheit. Es heißt, daß „die Weisung nicht anders erworben wird als im Miteinanderlernen einer Gruppe" (Br 63 b). Auch die Forderung des „Minjan", der Mindestquote für die Abhaltung eines Gottesdientes und andrer Tätigkeiten (M Mg 4,3), weist den Einzelnen auf seine Abhängigkeit von der Gemeinschaft hin. Die Annahme, daß „Gott unter zehn Leuten weilt", bedeutet zwar nicht, daß er nicht auch „bei einem Einzelnen weilt" (A 3,6), aber wenn der Mensch die Möglichkeit hat, mit der Gemeinschaft zu beten, so soll er das nützen, wie es der schöne Dialog zwischen Rab Jizchak und dem kranken Rab Nachman zeigt: Wenn er nicht zur Synagoge kommen könne, so solle er doch zehn Leute zu sich zum Beten kommen lassen, und wenn ihm auch das zu mühsam sei, so solle er wenigstens dem Gemeindediener auftragen, ihm jeweils Bescheid zu geben, wenn die Gemeinschaft bete (Br 7 b). So kann er wenigstens von ferne und im Geiste am Gemeindegebet teilnehmen.

Grade der Charakter des jüdischen Gebets, das ja alle Lebensbereiche umfaßt, ist es, der diesem Kern jüdischen Denkens, diesem Lebensgesetz von Haftung – Solidarität – Verantwortung Gestalt verleiht, wie es Josef Heinemann, „Das Gebet in tannaitischer und amoräischer Zeit", sehr fein dargestellt hat. Jeder Einzelne darf beten, aber „die Pflicht des Gottesdienstes erfüllt einer nur im vorgeschriebenen Gebet der Gemeinschaft". Jeder Betende spricht in der Mehrzahl, denn er fordert nichts andres „denn die Bedürfnisse Israels", die Bedürfnisse der Gemeinschaft. Auch wenn er allein ist, spricht er als „wir" und sieht sich als den Repräsentanten der Gemeinde.

Und dennoch ist der Einzelne nicht bedeutungslos. Im Gegenteil, die große Neuerung dieser Art von Gottesdienst ist grade die, daß jeder Einzelne eine aktive Aufgabe hat. Als der Gottesdienst noch in Opfern bestand, durfte der Einzelne beim Opfer nur dabei sein, aber nicht selber opfern. Die Gebete aber spricht die Gemeinschaft unter aktiver Beteilung jedes Einzelnen (Jos. Heinemann 18–19).

Zur Zeit der Tannaiten gab es noch die Aufforderung zum Gebet: „Betet!" Aber später wollte man den Satz, daß sich keiner aus der Gemeinschaft ausschließen darf, ganz ernst nehmen und formulierte: „Laßt uns beten". Heinemann bringt viele Beispiele, wie genau man es mit dem Wortlaut der Gebete nahm, damit keines „als Nicht-Identifikation mit der Gemeinschaft interpretiert werden konnte". (67)

Es gibt daher auch keine Fürbitte wie bei den Christen. „Denn alle festgelegten und pflichtgemäßen Gebete sind, ob sie nun von der Gemeinschaft oder vom Einzelnen gesprochen werden, Gebet für die Gemeinschaft, und alle sind im Wir-Stil formuliert. Das heißt, daß jede Bitte, die der Betende vorbringt, nicht nur seine eigenen Bedürfnisse meint, sondern die Bedürfnisse aller" (156).

Der Sinn der Forderung, in der Gemeinschaft zu beten, wird auch aus der Verheißung des Heiligen-gelobt-sei-er deutlich:

Jeder der . . . mit der Gemeinschaft betet,
dem rechne ich es an, als hätte er mich losgekauft,
mich und meine Kinder, von den Völkern der Welt. (Br 8 a)

Deshalb – so ergänzt R. Jochanans Kollege Resch Laqisch diesen alten Midrasch – „verursacht jeder, der eine Synagoge in seiner Stadt hat und nicht hineingeht, um dort zu beten, sich und seinen Kindern Exil" (Br 8 a). Das Teilnehmen am Gemeinschaftsgebet ist nichts andres denn die Demonstration der Identifikation mit der leidenden Gemeinschaft. Die Macht eines einzigen Einzelnen, der sich mit seiner Gemeinschaft identifiziert, ist so groß, daß er den Heiligen und sein Volk zu erlösen fähig ist. Wer sich dagegen von der

Gemeinschaft absondert, indem er nicht am Gemeinschaftsgebet teilnimmt, dessen zerstörerische Macht reicht so weit, daß er seinem Volk die Exilsnot verursachen kann.

Eine weitere bekannte Anwendung der Identifikationsforderung findet sich in der Pesach-Feier. Schon die früheste Formel, welche die Feier begründet, ,Um deswillen, was er m i r tat, als i c h ausfuhr aus Ägypten' (Ex 13,8) deutet an, daß der Zweck der Identifikation nicht die Auslöschung des Einzelnen in der Allgemeinheit ist, sondern im Gegenteil die Aktivierung seiner individuellen Kräfte für den verantwortlichen Einsatz für die Gemeinschaft, von der er abhängt. Auch die jüngste Formel in der Bibel (Dt 16,3) wendet sich nicht an die Väter in der Vergangenheit, sondern an den Einzelnen in der Gegenwart, als sei er selber aus Ägypten gezogen. So wird das Gefühl des Eigenwerts und also der Eigenverantwortung geweckt. Daß die Identifikation mit den Vätern die Voraussetzung für die Übernahme der Verantwortung ist, zeigt dieser junge Interpret der alten Weisung ja auch an andrer Stelle:

> Nicht mit unsern Vätern hat ER diesen Bund geschlossen, sondern
> mit uns
> mit uns selber
> diesen hier
> heut
> uns Lebendigen allen! (Dt 5,3)

Folgerichtig bestimmt die Mischna:

> In jeder einzelnen Generation ist ein Mensch verpflichtet,
> sich so zu sehn, als sei er selber aus Ägypten ausgefahren! (M Pes 10,5)

Diese Bestimmung findet sich bis heute in der jährlich am Familientisch gelesenen Pesach-Haggada (Goldschmidt). Als Illustration dazu liest man in dieser Festagende den Midrasch von den vier Söhnen (Mch 73; P Pes 37 d), der aus der viel älteren Definition des Frevlers als einem, „der sich aus der Gemeinschaft ausschließt" (MchJ 26; Mch 66) herausgewachsen war. Sowohl der weise Sohn als der frevlerische Sohn verstehn es, im Unterschied zu den beiden andern Söhnen, nach dem Sinn der Pesachfeier zu fragen. Der Weise jedoch fragt, was bedeutet sie „für uns", während der Frevler sagt:

> Was soll euch dieser Gottesdienst!?[24]
> „Euch" und nicht „ihm"!

---

[24] Da die Frage des Weisen ein Zitat aus einem andern biblischen Zusammenhang ist: ,Welches ... sind die Gesetze ... die ER euch befohlen hat' (Dt 6,20), blieb das „euch" auch in einigen Handschriften der Mechilta (Goldschmidt 29) und von daher dann im Text der Pesach-Haggada stehn, obwohl so der Unterschied zwischen der Frage des Weisen und der des Frevlers verwischt wird. Aber R. Chija, der diesen Midrasch sorgfältig redigiert hat (Goldschmidt 23), nahm es mit der Formulierung genau und zögerte nicht, das biblische ,euch' in „uns" umzuwandeln (P Pes 37 d).

Da er sich damit aus der Allgemeinheit ausgeschlossen hat
und ein Ketzer in der Hauptsache geworden ist,
sollst auch du seine Zähne stumpf machen und ihm sagen:
,um deswillen, was ER mir tat, als ich ausfuhr aus Ägypten':
„mir" und nicht „dir"!
Wenn du dort gewesen wärest, wärest du nicht erlöst worden!
(Mch 73; Goldschmidt 22–24)

Daraus ergibt sich auch, warum es bis heute nicht angeht, Pesach anders denn in einer Gruppe zu feiern (MTa 92).

Gewiß, von dieser Identifikationsforderung bis zum Kollektivzwang ist der Weg nicht weit, und wie jedes Prinzip so wurde auch dieses mißbraucht, um einen Menschen zu verfolgen, der nicht mit der Masse konform ging. „Einer der sich absondert von den Wegen Gemeinschaft", so nannten die Kollektivisten Israels einen Menschen, der seine Einzigartigkeit nicht verbarg, und verkehrten damit den Zweck der Identifikation in sein Gegenteil. Die Verfolgung der Christen und ihre gewalttätige Absonderung von der jüdischen Gemeinschaft (s. S. 31) ist nur eines der Beispiele dafür.

Es liegt aber keinesfalls im Wesen des Identifikationsbefehls, „Immer identifiziere sich der Mensch – *ješatef nafšo* – mit der Gemeinschaft" (Br 29 b), den Einzelnen zu unterdrücken, sondern im Gegenteil, ihn zu aktivieren. Ein Mensch, der sich mit der leidenden Gemeinschaft identifiziert, in dem mag das Verantwortungsgefühl wachsen, sie aus ihrem Leid zu befreien. Was immer der Ausdruck der Solidaritätsforderung sein mag, – ihr Ursprung und ihr Zweck ist, daß der Mensch aus einem passiv Haftenden zu einem aktiv Bürgenden werde.

2. Solidarität des Menschen mit seinem Andern

a) Die Lektion der Geschichte

Den Fremden quäle nicht:
Ihr selber kennt ja die Seele des Fremden!
Denn Fremde wart ihr im Land Ägypten. (Ex 23,9)

Wie ein Bürger sei euch der Fremde, der bei euch wohnt,
halte lieb ihn, dir gleich,
denn Fremde wart ihr im Land Ägypten. (Lv 19,34)

Biege nicht das Recht eines Fremden, einer Waise,
beschlagnahmt nicht das Gewand einer Witwe,
gedenke, daß du Knecht warst im Land Ägypten,
und ER dein Gott hat dich von dort abgegolten,
darum gebiete ich dir, diese Sache zu tun (Dt 24,7–17).

Diese drei Formulierungen aus drei verschiedenen Büchern der Weisung konkretisieren das Verhalten, das dem Benachteiligten gegenüber gefordert wird. Das Verhalten ergibt sich aus dem Motiv, das den gemeinsamen Nenner all dieser Fälle bildet, das Motiv der Identifikation mit den Leidenden. Diese Identifikation darf von Israel gefordert werden, weil es das Leid der Bedrückten am eigenen Leib gespürt hat.

Mit Recht bemerkt Nechama Leibowitz, die ebenfalls den Ausdruck „Identifikation" für diese Ethik anwendet (281), daß erst der Satz, ‚ihr selber kennt ja die Seele des Fremden', den andern Satz, ‚Fremde wart ihr selber', zu einer eindeutigen Motivierung macht:

> Es genügt ja nicht, daß du in deiner Vergangenheit Fremdsein und Versklavung und Erniedrigung gekannt hast, um nun zu vermeiden, daß in deinem eigenen Land Fremde bedrückt werden. Sind es denn die Erinnerungen an Schmerzen, Leid und grundlosen Haß, die Liebe und Erbarmen mit dem Leidenden und Gedrückten in deinem Herzen erwecken? Haben wir nicht gesehn, daß das menschliche Herz auch in umgekehrter Richtung wirkt? Wie oft wird deutlich, daß der Haß die Verachtung und die Erniedrigung, die die individuelle oder kollektive menschliche Seele in ihrer Jugend erlitt, sie nicht daran hinderten, sich genau in derselben Weise Andern gegenüber zu verhalten, wenn sich Gelegenheit dazu bietet! Es mag sogar sein, daß grade die Tatsache, daß du in deiner Jugend unter Fremdsein und Bedrückung gelitten hast, dich anstachelt, dich abzureagieren in der Versklavung des Andern, der nun unter deine Gewalt gegeben ist. Daher steht hier ein doppeltes Argument für das Verbot, den Fremden zu verletzen...ß Manchem genügt es, wenn du ihm seine früheren Qualen in Erinnerung rufst, sein Fremdsein in Ägypten. Er wird schon von selbst dazu kommen, sich mit dem Fremden zu identifizieren und ihn deshalb ‚nicht zu placken und zu quälen' ... Aber es gibt Andre, denen die bloße Erwähnung ihres früheren Fremdseins eine Waffe gegen die jetzigen Fremden in die Hand gibt ... An die ist der Satz gerichtet: ‚Ihr selber kennt ja die Seele des Fremden'! S. 281, in Anlehnung an Raschi).

Aus diesen Beispielen folgt die „Regel" für das Verhalten gegenüber dem Andern: ‚Halte lieb deinen Andern, (denn er ist) wie du!' (Lv 19,18).

b) Die Identifikation als Motivation rabbinischer Ethik

Nach traditioneller Ansicht war es R. Aqiba, der den Satz, ‚Halte lieb deinen Andern, dir gleich' (LV 19,18), aus seinem Zusammenhang nahm und ihn definierte als „eine große Regel in der Weisung" (SLv 89 b; P Nd 41 c; GnR 24,7). Er nennt den Satz nicht „ein oder das größte Gebot", sondern eine große Regel, ein wichtiges Prinzip. Und nicht die Liebe ist in diesem Zusammenhang wichtig, sondern die Motivierung zu diesem Verhalten gegenüber dem Andern, die in dem biblischen Satz enthalten ist.

Daß es um die Motivierung geht, wird u. a. daran deutlich, daß man diese Identifikationsethik, wie ich sie nennen möchte, als mißverständlich erkannte und ihr eine andre „Regel" entgegenhielt, nämlich die von der Gottesebenbildlichkeit des Menschen (Gn 5,1). Denn wenn die Ethik nur auf der Identität zwischen den Menschen, nur auf dem gemeinsamen Nenner von gleichen Bedürfnissen, gleichem Leid und gleicher Schuld basiere, so kann ja, wie Spätere kommentieren, ein Mensch sagen:

> Weil ich verachtet werde,
> soll mein Andrer mit mir verachtet werden!
> Weil ich verflucht bin,
> soll mein Andrer mit mir verflucht sein! (GnR 24,7)

Daher, so fügt R. Tanchuma im 4. Jahrhundert hinzu, bedarf es einer stärkeren Motivierung als der, daß einer in des andern Fleisch sein eigenes Fleisch erkennt. Du mußt wissen, wer es ist, den du verachtest, nämlich Gott selber, denn dein Andrer ist in Gottes Gleichnis gemacht.[25] Doch diese metaphysische Motivierung der Ethik, die angeblich von Schim'on ben Asai stammen soll, wurde von der Mehrheit nicht akzeptiert.

Daß das ‚Halte lieb deinen Andern, dir gleich' überhaupt mißverstanden werden konnte, ist ein weiterer Beweis dafür, daß in der biblischen „Regel" der Ton auf dem ‚dir gleich' liegt und nicht auf dem ‚halte lieb'. Sonst wäre ja von vornherein klar, daß ich den Andern nicht verachten darf, auch wenn ich selber verachtet wurde.

Die Identifikationsethik wurde bereits an die 100 Jahre vor Aqiba und Ben Asai von Hillel formuliert: Ein Heide kam und verlangte von ihm, ihn zum Juden zu machen, unter der Bedingung, daß „du mich die ganze, volle Weisung lehrst, solange ich auf einem Bein stehe". Schammai hatte den selben Mann wütend rausgeschmissen, aber Hillel war nachsichtig wie immer und lehrte ihn die ganze, volle Weisung in einem einzigen Satz:

> Was dir verhaßt ist,
> das tu auch deinem Andern nicht an!
> Das ist die ganze und volle Weisung
> und alles andre ihre Auslegung! (Sb 31 a)

Die Tradition hielt die Auskristallisierung der „Regel" jedoch für so entscheidend, daß sie ihren Lieblingshelden R. Aqiba zu deren Urheber machte. Ja, sogar die Geschichte von Hillel und dem Heiden wird in einer Quelle auf Aqiba übertragen (ARNb S. 53). Dabei paßt die anthropozentrische Identifikationsethik viel eher zu Schim'on ben Asai, der ein scharfdenkender Kollege

---

[25] In GnR 24,7 muß die Reihenfolge wie in SLv und P Nd lauten: Es sprach R. Aqiba, es sprach Ben-Asai. Denn der Spruch, „Weil ich verachtet wurde..." und die Vertiefung R. Tanchuma's sind ja gegen das mögliche Mißverständnis der Identifikationsethik gerichtet und können also nur zu der These von der Gottebenbildlichkeit gehören. Vgl. auch die offenbar auf GnR fußenden Kommentare der späteren Gelehrten, die am Rande des Textes von P Nd und SLv gedruckt sind. Zur Verwechslung der beiden Namen s. unten.

(Bech 58 a) von R. Aqiba war und ein feines Gespür für die psychologische Wirkung menschlichen Wohl- und Übeltuns hatte (vgl. A 4,2; Mn 110 a). Aqiba dagegen hat gewiß die Gottesebenbildlichkeitsethik vorgezogen, brachte er sie doch auch in andern Zusammenhängen zur Sprache, z. B.:

Jeder der Blut vergießt, dem rechnet man es an,
als habe er das Ebenbild annulliert! (T Jb 8 Schluß; abgeschwächt in GnR 34 Schluß)

Auch gründet Aqiba den Wert des Menschen auf diesen Glauben, daß Gott den Menschen in seinem Bilde geschaffen habe (A 3,14; Bacher – AT I 279). Ja, er wandte diesen seinen Lieblingsspruch vom Ebenbild eben gegen Ben Asai an, um ihn wegen seiner Ehelosigkeit zu tadeln (Jb 63 b).

Ganz deutlich wird der Irrtum der Tradition werden, wenn von der Bewährung der Identifikationsethik bei den Rabbinen die Rede sein wird (s. S. 145–6)

Was aber letzten Endes wichtig ist, ist nicht der Urheber der „Regel", sondern die Regel selber, die heute jedes israelische Kind im Kindergarten singen lernt:

Es sprach R. Aqiba:
Halte lieb deinen Andern, dir gleich:
Das ist eine große, grose Regel in der Weisung,
das ist eine große Regel in der Weisung,

Was an Hillels Formulierung, „Was dir verhaßt ist, das tu auch deinem Andern nicht an", erstaunt, ist, daß Hillel sich auf keinerlei Bibelvers stützt, sondern diese Quintessenz der Weisung apodiktisch festlegt.

Wenig später war es Jesus von Nazareth, der die Hillels Satz gewiß zugrundeliegende biblische Autorität zitierte. Er gab dieser Grundlage der Ethik zweimal Ausdruck, einmal ohne Beleg, ähnlich wie Hillel, wenn auch nicht in negativer, sondern in positiver Form:

Alles was ihr wollt, daß euch die Menschen tun sollen,
das tut ihr ihnen auch!
Denn dies ist die Weisung und die Propheten! (Mt 7,12; Lk 6,31)

Das andre Mal zitiert er den Satz vom Andern, der ist wie du. Allerdings schränkt er diesmal die Geltung des Satzes ein, indem er ihm den von der Gottesliebe an die Seite stellt: „An diesen beiden Geboten hängt die ganze Weisung und auch die Propheten" (Mr 12,28–34; Mt 22,34–40; vgl. Lk 10,27). Dazuhin hat er, oder zumindest die Tradition, aus der „Regel" ein „Gebot" gemacht: es geht nicht um die Motivierung zur Ethik, sondern um die Gebote der Gottesliebe und Menschenliebe.

Eine Generation nach ihm fand R. Chanina, der Priestervorsteher, eine scharfe Formulierung für die Wichtigkeit des Satzes von der Identifikation als

Fundament der Ethik. Von dem Satz, ‚Halte lieb deinen Andern, dir gleich‘, „hängt die ganze Welt ab! Ein Schwur wurde darüber am Berge Sinai gesagt!" (ARNb S. 53). Woher er diese Behauptung hat, sagt er nicht. Nicht die Bibel wollte er richtig auslegen, sondern das Verhalten zum Andern verlangte ein immanentes ethisches Fundament. Die Voraussetzung der Identifikation ist die grundsätzliche Identität zwischen mir und dem Andern, sowohl im Bösen wie im Guten, sagt R. Chanina, der Priestervorsteher:

> Wenn du deinen Genossen hassest,
> dessen Taten böse sind wie deine Taten,
> so bin ICH Richter, mit jenem Mann (= mit dir) abzurechnen!
> Und wenn du deinen Genossen liebst,
> dessen Taten in Ordnung sind wie deine Taten,
> so bin ICH getreu und erbarmend über dich. (ARNb S. 53)

Es entspricht dem intensiven Sündenbewußtsein jener Zeit (Flusser – Sensitivity), daß die allen gemeinsame Sünde ein besseres Beispiel für die Identität zwischen einem Menschen und seinem Andern hergab als wie zu biblischer Zeit – das gemeinsame Leid. So hatte schon zweihundert Jahre vorher Ben Sira formuliert:

> Schmähe nicht einen, der vom Verbrechen abläßt!
> Gedenke, daß wir alle schuldig sind! (BenS 8,5)

Ebenso:

> Verzeih deinem Andern Verbrechen ...
> Sollte ein Schuldiger einem Menschen Zorn bewahren?
> Sollte er mit einem Menschen, der ist wie er,
>   nicht Mitleid haben?
> Der selbst Fleisch ist, sollte Vergehen nachtragen? (28,2–5)

Sogar noch vor Ben Sira wies der „Weiseste der Menschen", Qohelet auf diese Motivierung des Verhaltens zum Andern. Ist es doch, sagt er, eine bekannte Weisheit, daß es keinen Gerechten im Lande gibt, der bloß Gutes täte und nicht auch sündigte!‘ (Qo 7,21). Was dem Menschen die Anerkennung dieser Tatsache nützt, zeigt folgendes Beispiel:

> Auch alles Gerede, das sie reden, gib nimmer dein Herz dran,
>   damit du nicht zuhörst, wenn dein Knecht dich schmäht:
> denn von vielen Malen weiß auch dein Herz,
>   daß auch du andre geschmäht hast! (Qo 7,22)

Jesus von Nazareth pflegte viel von dem Bösen zu reden, das allen Menschen gemeinsam ist, um von diesem Bewußtsein die Forderung abzuleiten, daß sich ein Mensch seines Andern erbarmen und ihm nichts nachtragen soll (vor allem: Mt 18,23–34).

Ebenso benutzte Paulus diesen gemeinsamen Nenner, um auch die Mauer zwischen Juden und Heiden einzureißen:

Haben denn wir Juden einen Vorteil?
In keiner Weise!
Wir bewiesen bereits,
daß alle unter der Sünde sind,
sowohl die Juden als die Griechen,
wie es heißt:
,Da ist kein Gerechter, auch nicht ein Einziger'. (Ps 14,3; 53,3; Rm 3,9 f)

In der christlichen Lehre führte nur die Anerkennung der gemeinsamen Sünde zuweilen zur Identifikation, abgesehn vom Hebräerbrief, indem wir einmal das Verhalten zum Andern auch auf die Identifikation im Leid gegründet finden:

Gedenkt der Gefangenen, als wäret ihr Gefangene mit ihnen, und der Gequälten, da ja auch ihr Fleisch seid! (Hb 13,3)

Das biblische Prinzip wurde jedoch dabei nicht zitiert.

c) Die Bedeutung des ,Halte lieb deinen Andern dir gleich'

Nach Hermann Cohen und Martin Buber, ja schon nach einem der neuhebräischen Dichter aus Moses Mendelssohns Kreis, war die Motivierung der Ethik aus der gegenseitigen Identifikation heraus bereits der ursprüngliche Sinn des Bibelverses,[26] dem auch Buber und Rosenzweig in ihrer Bibelübersetzung Rechnung tragen:

Halte lieb deinen Genossen, dir gleichen!

---

[26] Cohen erwähnt diese Bedeutung von Lv 19,18 zwar nicht ausdrücklich, aber sie tritt auf jeder Seite seines Büchleins so deutlich hervor, daß Buber bei der Neuausgabe des Aufsatzes sein Vorwort der Analyse von Lv 19,18 widmete, wie er es später noch einmal in seinem hebräischen Aufsatz ,Halte lieb deinen Andern' tat. In Rosenzweigs Arbeitspapieren finden wir folgende Überlegungen:
,l i e b e d e i n e n G e n o s s e n !'
Kolon:
,d i r g l e i c h'.
Der Dativ[a] ist nicht wiederzugeben, aber durch das Kolon im Unterschied von dem w'ahawto im Schma[b], das ein eigenes Kolon ohne Objekt wird, sind die beiden l i e b e n ja genug unterschieden. D i r g l e i c h ermöglicht die Wesselysche Deutung, die Hermann Cohen immer zitierte – wie begründet Wessely sie? Ich habe keinen Mendelssohn[c].
a) Von der zweiten Edition, der sog. Logenausgabe an wurde auch für den merkwürdigen Dativ (s. unten) ein Äquivalent gefunden:

Grammatikalisch ist das ,wie du' nämlich nicht das Objekt des ,Liebens' sondern eine Art Adjektiv zu ,dein Andrer', und die Absicht des Satzes ist, wie Buber (Dein Andrer 103) sagt: „Verhalte dich zu deinem Andern in liebender Weise, denn er ist wie du!"

Es handelt sich auch nicht um eine Aufforderung zur Liebe, da doch Liebe, die mit Gefühl verbunden ist, nur eine von möglichen positiven Verhaltensweisen unter Menschen sein kann.

In diesem Punkt muß ich auch David Flusser widersprechen, auf dessen Artikel, „A new Sensitivity in Judaism and the Christian Message", sich vieles in diesem Kapitel Gesagte stützt. Auch er nennt den Satz „a matrix and foundation of the entire law" (113) und sagt, daß er die eigentliche Motivierung zum ethischen Verhalten enthalte, nämlich „solidarity" (115. 118). Im Unterschied zu späteren mündlichen Äußerungen unterscheidet er hier jedoch nicht genügend zwischen der Motivierung zum Verhalten und der Weise des Verhaltens. Wie seine Vorgänger redet er vom „rabbinischen Humanismus" und meint damit den Befehl zur Nächstenliebe, die aus jener „Regel" hervorgehe.

Auch Hirschberg, der auf jeder Seite seines Buchs von Liebe redet und den Vers durchaus im herkömmlichen Sinn versteht, nämlich, daß man den Nächsten lieben solle, wie man sich selbst liebe, vermutet, daß es sich nicht um Selbstliebe handle, die ja notwendig egozentrisch sei, sondern um Selbstachtung (Hirschberg 125–6). Damit ist aber auch der herkömmliche Sinn der Nächstenliebe in Frage gestellt.

Der Vers selber sagt nicht: ,Liebe deinen Andern', sondern ,deinem Andern', Dativ statt Akkusativ, wie Martin Buber betont hat. Nicht das Gefühl

---

   halte lieb deinen Genossen,
   dir gleich.
So auch Vers 34: ,halte ihn (den Gastsassen) lieb, dir gleich'.
b) Dt 6,4–5:
   Hör (*šma'*) Jisrael:
   ER unser Gott, ER Einer!
   So liebe denn (*we-'ahabta*)
   IHN deinen Gott
   mit all deinem Herzen, mit all deiner Seele, mit all deiner Macht.
c) Auf der Rückseite des Manuscriptblatts steht auf hebräisch (wohl von Buber geschrieben), was wahrscheinlich ein Zitat von Wessely (Naftali Herz Weisel, 1725–1805) ist:
   „*kamoka*, das bedeutet ,der dir ähnlich ist', wie *kamoka ke-par'oh*, ,du bist ja wie Pharao' (Gn 44,18), ähnlich bist du in deiner Erhabenheit der Erhabenheit Pharaos, keiner ist vernünftig und weise wie du, gleich dir und ähnlich dir, – ebenso: *mi kamokah ba-'elohim jhjw*, ,wer ist wie du unter den Göttern, Du'. und so sind sie alle (nämlich *kamoka* kann sich nur auf ein Substantiv beziehen, nicht auf ein Verb), und so bedeutet hier ,liebe - - - *kamoka*': (er ist wie du), denn auch er ist im Bilde Gottes geschaffen".

der Liebe wird verlangt, sondern eine „wesentliche Beziehung der Liebe", oder – in der Sprache dieses Buches – Solidarität:

> „Sei liebend zu deinem Mitmenschen als zu einem der ist wie du – ihr kennt ja die Seele des Menschen, dem es nottut, daß man liebend zu ihm sei, denn Menschen seid ihr und leidet selber die Menschennot" (Buber-Dein Andrer 103).

Es ist, als ob die Schrift selber versucht hätte, einen neuen Ausdruck zu finden, denn diese grammatikalische Form hat in der Bibel ihresgleichen nur noch in jenem andern Vers im selben Kapitel, der sich zum ersten Vers wie der konkrete Fall zur abstrakten Regel verhält:

> Wenn ein Gastsasse (Fremder) bei dir in eurem Lande gastet,
> plackt ihn nicht...
> halte lieb ihn, dir gleich,
> denn Gastsassen (Fremde) wart ihr im Land Ägypten. (Lv 19,34)

Der Gastsasse, der Fremde, ist der Andere, an dem die Regel, daß dein Andrer wie du ist, gelernt werden kann, denn Gastsassen, Fremde, wart ihr ja selber.

Doch die Motivierung, die für das Verhalten gegenüber dem Gastsassen gilt, gilt auch für jeden andern Andern, d. h. für jeden Menschen, mit dem ich in Berührung komme wegen irgendwelcher geographischer, nationaler, professioneller und ähnlicher Lebensumstände (Buber ibd 103). Denn wie groß auch immer die Unterschiede zwischen ihm und mir seien, die fundamentalen Probleme des Lebens – unbefriedigte Bedürfnisse, Fehlhandlungen und Scheitern, Leid und Tod – fühlt der Andre genau wie ich sie fühle.

Erst der Deuteronomist verlangte ausdrücklich die Liebe zum Fremden:

> Liebet den Gastsassen,
> denn Gastsassen wart ihr im Lande Ägypten. (Dt 10,19)

Das Identifikationsmotiv ließ er zwar keineswegs außer Acht, wie wir noch oft sehn werden, aber er propagierte eine höhere Ethik der Liebe und untermauerte sie mit dem zusätzlichen metaphysischen Motiv der *imitatio dei*:

> Denn ER euer Gott...
> liebt den Gastsassen...
> So liebet (auch ihr) den Gastsassen... (Dt 10,18–19)

Nach demselben Prinzip soll Israel Gott lieben, und zwar weil Gott Israel zuerst geliebt hat (vor allem Dt 10,12–15; Hirschberg 111–8; Buber-Dein Andrer 104–5).

Wie der Deuteronomist die Ethik der biblischen Weisung verschärfte, so verschärfte „Johannes" die Ethik der neutestamentlichen Lehre. Auch er verlangte vom Gläubigen das Lieben als den Inbegriff der Ethik, und auch

er motiviert die Forderung mit der vorausgegangenen Liebe Gottes bzw.
Christi:

Ein neues Gebot gebe ich euch,
daß ihr euch untereinander liebet,
wie ich euch geliebt habe,
so sollt auch ihr einander lieben. (Jh 13,34–35; 1 Jh 3,16)

Beide Denker erreichten zweifellos den Gipfel religiöser Ethik, aber es ist

„eine utopische Ethik, eine Moral, die entflammte, ohne einen Halt in der Natur
des Menschen zu finden. Es war ein idealistischer moralismus, der den Menschen
überforderte und daher den allein gegebenen Ansatzpunkt, von dem aus der Mensch
in der Welt und für die Welt gebessert werden kann, weitgehend verfehlte. So entsteht der die gesamte abendländische Welt und Geschichte charakterisierende Widerspruch zwischen einer äußersten Sensibilisierung des Gewissens und einer ebenso
bemerkenswerten Unfähigkeit der Christen, ein „wahrhaft christliches" Leben zu
führen." (Szczesny 40–41)

Was Szczesny hier für das Christentum sagt, gilt genauso für die Liebes-
ethik des biblischen Deuteronomisten und des rabbinischen R. Aqiba. Nur
daß dieser Trend das Judentum viel weniger geprägt hat als das Christentum, weil im Judentum für die Ethik wie für Gesetzeserlasse das realistische
Prinzip galt:

Man erlegt der Gemeinschaft nur eine solche Verfügung auf,
die die Mehrheit der Gemeinschaft einhalten kann!
(T So 15,10; AS 36a; Hr 3b; BB 60b; Bacher-AT II 330)

Denn, so erklärt einer der Rabbinen mit psychologischem wie religiösem
Feingefühl: „es ist besser, daß sie irren, als daß sie sich vermessen" (BB 60b),
d. h. es ist besser, daß sie unbewußt irren, als daß sie sich bewußt gegen ein
Gesetz vergehen.

Wenn die Liebe der Maßstab des Verhaltens zum Andern wäre, so wäre
dieser Maßstab einerseits zu hoch, denn kein Mensch kann jeden andern
Menschen lieben, vor allem nicht in einer Situation, wo er bedrückt und gequält wird, – und auf der andern Seite zu niedrig, denn Liebe ist absolut
möglich ohne Identifikation. Man weiß, wie großen Schaden Liebe anrichten
kann, wenn sie einem Menschen fremden Willen aufdrängt, ihm Freiheit und
Individualität raubt, und Ähnliches mehr.

d) Die Anwendung der „Regel" in der Weisung selber

Nur dies eine Mal versucht die Schrift eine Art Abstrahierung des Verhaltens zum Gastsassen im Besonderen und zum Andern im Allgemeinen: Ich
soll mich liebend verhalten, weil der Andre Bedürfnisse hat wie ich, sündigt
wie ich, leidet wie ich, kurz – mir gleich ist.

Doch die Exemplifizierung des Verhaltens gegenüber einem benachteiligten oder bedrückten Menschen kehrt immer wieder.

Die Solidarität mit dem Gastsassen zeigt sich, wie gesagt, darin, daß ‚du ihn nicht quälst‘ und ‚nicht plackst‘ und ihn nicht gegenüber andern Bürgern diskriminierst,

> gedenket, daß ihr Gastsassen wart! (Ex 22,20; 23,9; Lv 19,32 f)

Nach dem Deuteronomisten zeigt sich die Solidarität mit dem Gastsassen, aber auch mit der Waise und der Witwe darin, daß ‚du ihr Recht nicht biegest‘ und ihr Kleid ‚nicht verpfändest‘,

> gedenke, daß du Sklave warst! (Dt 24,17 f)

Sie zeigt sich auch darin, daß du für sie einen Ernterest von Oliven und Tranben übrigläßt,

> denn auch du warst Sklave! (Dt 24,20 f)

Diese Solidarität mit allen Benachteiligten muß sich auch in der gemeinsamen Festfreude kundtun. Nicht nur ‚du und dein Sohn und deine Tochter‘ sollen sich freuen, sondern auch ‚dein Knecht und deine Magd und der Levite in deinen Toren und der Gastsasse und die Waise und die Witwe...‘,

> gedenke, daß du Sklave warst! (Dt 16,11 f)

Der Bedrückte par excellence war der Sklave. Berühmt ist die Begründung des Hiobbuchs für die anständige Behandlung des Sklaven: Gott hat nicht nur mich, sondern auch den Sklaven im Mutterleib gemacht (Ij 31,13–15). Nechama Leibowitz weist jedoch mit Recht auf den Unterschied zwischen dieser „abstrakten Idee der prinzipiellen Gleichheit zwischen den Menschen als göttlichen Geschöpfen" hin und der Motivierung der Weisung, die „mit der Erwähnung des tatsächlichen Erlebnisses meint, was das Volk selbst erfahren hatte und was in sein Herz eingegraben war, das Erlebnis seiner Knechtschaft und seiner Erniedrigung".

Ein sehr durchsichtiger Hinweis findet sich auch in dem Begriff ‚Verfronung‘ ‚der außer in der Geschichte von den Leiden Ägyptens (Ex 1, 13 f) nur noch in einem der Verbote erscheint:

> All die Seufzer, die diejenigen ausstießen, die in Ägypten Fronarbeit
> geleistet hatten, hallen wieder in dem Verbot:
> ‚Schalte über ihn nicht mit Verfronung‘ (Lv 25,42)
> ein Verbot, das denen aufgetragen wurde, die von der Fronarbeit befreit
> worden waren. (Leibowitz 197)

Auch das Sklavenentlassungsgesetz ist ein Ausdruck der Solidarität: Du sollst den Sklaven, wenn du ihn freiläßt, nicht leer wegschicken, sondern ihm von all deinem Besitz etwas leihen, gedenke, daß du Sklave warst! (Dt 15,13 f)

Ja, die Identität wird noch besonders durch den merkwürdigen Ausdruck
‚rekam‘ hergestellt, den Rosenzweig mit ‚lohnleer‘ wiedergibt, um Erlebnis
(Ex 3,21; Gn 31,42) und Gebot zu assoziieren (Rosenzweig-Schrift 28).

Der Deuteronomist geht noch weiter in der Identifikation mit dem Sklaven. Er behauptet, daß selbst der Schabbat eingerichtet wurde, um Israel
wöchentlich die Solidarität mit dem Bedrückten zu lehren:

> damit ausruhe dein Knecht und deine Magd,
> **dir gleich.**
> Gedenke daß du Knecht warst im Land Ägypten:
> deshalb gebot dir ER dein Gott, den Tag des Schabbat zu machen! (Dt 5,12 f)

In diesem Fall war es grade der Deuteronomist, dem das Motiv der
imitatio dei – weil Gott geruht hat, sollst auch du ruhen (Ex 20,8–11) –
nicht genügte, um dieses in der menschlichen Gesellschaft so außerordent-
liche Gebot der Ruhe an jedem siebten Tag zu rechtfertigen. Er schreckte
deshalb nicht einmal davor zurück, den Text der Zehn Gebote zu ändern
und der Identifikation als Motivierung des Verhaltens zum Andern in ihnen
einen Platz einzuräumen!

Dieser Interpret wird nicht müde, Gottes Befehl ethischen Verhaltens mit
der geschichtlichen und psychologischen Tatsache der Identität in Einklang
zu bringen:

> Gedenke, daß du Knecht warst im Lande Ägypten,
> (und ER, Gott, hat dich losgekauft)
> deshalb befehle ich dir heute (!) diese Sache. (Dt 5,15; 16,16; 24,22)

Auch die Tatsache, daß der Satz vom Loskauf zuweilen fehlt (17,12; 24,
18) beweist, daß Gott den Befehl nicht an seine Tat der Erlösung hängt, sondern an die Tatsache des identischen menschlichen Leidens. Der Deutero-
mist sagt nicht: Gedenke, daß du erlöst wurdest, sondern: Gedenke, daß du
gelitten hast! Doch die Tatsache, daß du nun nicht mehr leidest, erhöht deine
Pflicht, dich mit dem Leidenden solidarisch zu verhalten.

e) Die Anwendung der „Regel" bei den Rabbinen

Aus der Erforschung des Verhaltens zum leidenden Individuum im ersten
Teil dieser Arbeit ergab sich, daß dies selten von der Solidarität mit dem
Leidenden motiviert war. Es scheint etwas Seltsames geschehen zu sein. Zwar
gelang es den Rabbinen, eines der Hauptprinzipien der Weisung zu abstrahie-
ren und die grundsätzliche und wesentliche Gültigkeit des ‚dein Andrer ist
wie du‘ ins Licht zu rücken, aber in dem System der Gebote und ethischen
Lehren finden wir kaum ein Beispiel, das eine Anwendung des Prinzips erkennen läßt.

Eine berühmte Anwendung: „Lies: ‚Halte lieb deinen Andern, dir gleich‘, nämlich suche einen schönen Tod für ihn aus", damit er rasch stirbt (Sn 45 a; Raschi), wird von Rab Nachman tradiert, und wenn es auch ein Midrasch ist und nicht Halacha, so gibt er doch dem Geiste Ausdruck, der in dem ganzen Kapitel spürbar ist, ein Kapitel über die rascheste, d. h. humanste Steinigungsmethode.

Man sollte denken, daß, wenn die Identifikation das humane Töten motivierte, sie erst recht den Gesetzen, die das zwischenmenschliche Verhalten im Leben regelten, zugrunde lag. Doch finden wir kaum ein konkretes Gesetz, das sich ausdrücklich auf die „Regel" beruft.

Man muß natürlich vorsichtig sein und es mit dem Buchstaben nicht zu genau nehmen.

So kann man eine andre Formel wahrnehmen, die ebenso das Prinzip der Identifikation enthält. Sie besagt, daß jeder Jude in seinem Verhalten zu seinem Andern bedenken muß, „alle Söhne Abrahams, Isaaks und Jakobs sind", und daher haben alle den gleichen Wert und die gleiche Würde (vgl. Alon 228–31). Das heißt, nicht ‚dein Andrer ist wie du‘, sondern ‚dein Andrer ist ein Sohn Abrahams wie du‘.

Dieses Prinzip ist schon bei Jesus erkenntlich. Als „das Oberhaupt der Synagoge", in der Jesus an einem Schabbat lehrte, ihn angriff, weil Jesus plötzlich eine geisteskranke Frau entdeckt und sie auf der Stelle geheilt hatte, verteidigte sich Jesus:

Heuchler, die ihr seid.
Löst nicht jeder von euch am Schabbat seinen Ochsen oder seinen Esel
    von der Krippe und führt ihn zur Tränke?
Sollte dann diese,
die doch Abrahams Tochter ist,
und die der Satan achtzehn Jahre lang gebunden hat,
nicht von ihrem Fesseln gelöst werden am Tag des Schabbat?
Und als er solches sagte, schämten sich alle, die gegen ihn aufgestanden
    waren ... (Lk 13,10–17)

Mit derselben Begründung, „weil auch er ein Sohn Abrahams ist", demonstrierte Jesus seine Solidarität mit Sündern und Zöllnern (Lk 19,9).

Eben dieses Prinzip spielt eine Rolle in der Mischna, eine Tatsache, die ihm einen gewissen Vorzug gegenüber dem ‚dein Andrer ist wie du‘ verleiht, welches in der Mischna überhaupt nicht genannnt ist.

Die Mischna bestimmt, daß einer, der Taglöhner mietet, auch für ihre Mahlzeiten zu sorgen habe, und das in der damals üblichen Quantität und Qualität. Es scheint, daß nicht alle mit dieser Regel einverstanden waren. Jedenfalls ist der Mischna eine Geschichte von einem sonst unbekannten Tannaiten beigefügt, dessen Sohn hinging, um Arbeiter zu werben und „ihnen ihr Essen zuteilte", aber offenbar nicht genug. Als der Vater davon hörte, schalt er: Nicht nur, daß du dich nicht verhalten hast, wie es an unserm Ort üblich ist, sondern,

> sogar wennn du ihnen ein salomonisches Festessen bereitetest,
> wärest du deiner Pflicht ihnen gegenüber nicht ledig,
> die doch Söhne Abrahams, Isaaks und Jakobs sind! (M BM 7,1)

Das heißt, prinzipiell muß er sich den jüdischen Arbeitern gegenüber so verhalten, wie er will, daß man sich ihm gegenüber verhält, denn sowohl er als sie sind Söhne Abrahams. Daher muß er in diesem besondern Fall den Arbeitern vor Beginn ihrer Arbeit erklären, daß sie bekommen, was er selber ißt, nämlich „ein Stückchen Brot und Hülsenfrüchte".

Dasselbe Prinzip erscheint in einer andern Mischna im Mund R. Aqiba's, und es ist anzunehmen, daß er es häufig gebrauchte. Wie es sein Ziel war, des Volkes Selbstachtung zu heben, so war er auch drauf bedacht, jedem einzelnen Juden Wert zu verleihen (vgl. A 3,14). Die Anwendung des Prinzips finden wir in einer Mischna, die die größe jeglicher Entschädigungssumme für materiell, körperlich und gesellschaftlich zugefügten Schaden „nach dem Ansehn des Geschädigten" festsetzt. Dieser Verordnung fügt die Mischna die augenscheinlich widersprüchliche Meinung R. Aqiba's hinzu:

> Selbst Arme in Israel sieht man an,
> als seien sie Söhne von Freien,
> die von ihren Gütern gekommen sind,
> da sie ja Söhne Abrahams, Isaaks und Jakobs sind. (M BQ 8,6)

Die Gemara verbindet die beiden Bestimmungen derart, daß das Prinzip Aqiba's als Auslegung der anonymen Verordnung verstanden wird (BQ 91 a): die Summe, welche in der Mischna als Entschädigung festgesetzt wurde, soll einheitlich jedem Geschädigten gezahlt werden, und zwar weil jeder ein Sohn Abrahams ist.

R. Meir, der Schüler Aqiba's, hielt dieses Prinzip ebenfalls in Ehren. Wie schätzt man „die Scham", nämlich den gesellschaftlichen Schaden, der einem Menschen verursacht wurde? Auch hier gilt die Regel: „nach dem Ansehen des Beschämenden und des Beschämten". Die Beleidigung von Seiten eines nicht angesehenen Menschens beschämt mehr als die von einem angesehenen, und umgekehrt, wenn der Beschämte ein angesehener Mensch ist, wiegt die Beleidigung schwerer als wenn er ein nicht angesehener Mensch ist (M BQ 8,1). In diesem Fall fügt nicht die Mischna, sondern die Gemara das Abrahamsprinzip der Identität hinzu, und zwar aus dem Munde R. Meirs:

> Und alle sieht man an,
> als seien sie Freie, die von ihren Gütern gekommen sind,
> da sie Söhne Abrahams, Isaaks und Jakobs sind (BQ 86 a).

Nicht die gesellschaftliche Stellung des Geschädigten darf Maßstab für die ihm zukommende Entschädigung sein, sondern die Tatsache, daß er wie alle ein Sohn Abrahams ist. Doch sagt die Gemara ausdrücklich, daß die Halacha das Prinzip R. Meirs in diesem Fall nicht akzeptiert hat.

Im Vergleich zu der Formel ‚dein Andrer ist wie du', trägt das Abrahams-Prinzip zwei Mängel:

Erstens – diese Grundlage für das Verhalten zum Andern gilt nur für Juden. Das wird in der Mischna, die der von den Abrahams-Söhnen vorhergeht, erschreckend deutlich: „Wer seinen kanaanitischen Sklaven schädigt, ist von allem befreit" (M BQ 8,5), nämlich von allen fünf Arten der Entschädigung, die einer dem von ihm Geschädigten zu zahlen hat, selbst wenn der Geschädigte sein eigener hebräischer Sklave ist (M BQ 8,1.4). Zwar hat sich der Sklaveneigentümer in jedem Fall selbst geschädigt, wenn er seinen Sklaven schädigt, doch „der Schmerz" und „die Scham" des Sklaven, des Menschen, verlangen Entschädigung. Dafür hatte R. Aqiba kein Gespür (vgl. So 3 b).

Noch schwerwiegender ist der zweite Mangel: Damit sich ein Mensch mit seinem Andern auf Grund dessen Judeseins identifiziert, muß sich dieser Mensch der Zugehörigkeit zu diesem Volk bewußt sein. Zu Zeiten nationaler Not stellt sich zwar diese Identifikation verhältnismäßig mühelos ein, aber wenn es um normale Situationen und normale Individuen geht, so scheint mir, daß in der Abrahamssohn-Identität nicht dieselbe Kraft liegt wie in dem Bewußtsein, daß der andere Mensch denselben Körper hat, der empfindlich für Schmerz, und dieselbe Seele, die empfindlich für Leid ist. Die Begründung der Ethik, die in den Worten ‚dein Andrer ist wie du' steckt, ist dem Leben näher, natürlicher, allgemeiner, und daher besteht die Hoffnung, daß sie auch effektiver ist, sofern der Mensch dies Bewußtsein einübt, daß sein Andrer wirklich ist wie er.

Selbst das eingeschränkte Identifikationsprinzip wurde in der Halacha fast nicht konkretisiert. Was jene „Regel" betrifft – füg kein Leid zu, denn ihr habt am eignen Leib verspürt, was Leid ist – so symbolisiert das Beispiel des Sklaven (vgl. auch Lv 25,39–43), wie wenig der Befehl der Weisung und die Wirklichkeit miteinander zu tun hatten. Der stürmische Versuch Jeremia's, die Identifikation zwischen Freien und Sklaven auf Grund des gemeinsamen historischen Erlebnisses in Wirklichkeit umzusetzen (Jr 34; Buber-Botschaft 103–6), ist nie wiederholt worden. Und wenn auch theoretisch absolute Gleichheit zwischen dem Sklaven und dem Freien bestand in allem was die Beschützung seines Lebens betraf, so war doch in der Wirklichkeit und auch in den Gesetzen, die mit der Wirklichkeit Kompromisse machten, kein Gedanke an das Prinzip der Identifikation (Urbach-Sklaven).

Überhaupt fand ich eine Besinnung auf das Leiden des Sklaven nur in einem sehr späten Midrasch, der in den Mund R. Chanina's, des großen Amoräers, gelegt ist. Dieser Midrasch erfindet einen bedeutungsvollen Grund für das Leiden Israels in Ägypten, dem ja in der Bibel keine Begründung beigegeben ist (s. S. 20):

Wenn Israel so geliebt sind,
warum hat er sie dann in Feindeshand ausgeliefert?
R. Chanina sprach: ...
Zu Anfang, ehe sie nach Ägypten hinabzogen,
pflegten sie die Sklavinnensöhne (Gn 30,3–13) zu verachten
und behandelten sie nicht wie Brüder.
Das war sehr schlimm in den Augen des Heiligen,
und der Heilige Geist schrie und sagte:
,vollkommen schön bist du meine Freundin???' (Ct 4,7)

Der Heilige sprach:
Was soll mit ihnen machen,
damit sie die Sklavinnensöhne akzeptieren?
Ich werde sie nach Ägypten hinabschicken,
und alle werden Sklaven sein.
Und zur Stunde, da ich sie erlösen
und ihnen das Pesach-Gebot auferlegen werde,
mit dem sie und ihre Söhne und Enkel sich abgeben müssen,
werden sie sagen:
– Wir alle waren Sklaven dem Pharao!
Alle werden als gleich befunden werden! (BmJ 6,39)

Die Solidarität, die den Söhnen Israels in Ägypten aufgezwungen wurde und die ihnen symbolisch Jahr um Jahr am Pesachfest in Erinnerung gerufen wird, sie ist es, die sie dazu bringen wird – zwar nicht die Lage der Sklaven zu verändern – aber wenigstens ihr Leiden zu spüren, sich mit ihnen zu identifizieren.

Seltsam, daß in der Zeit der Weisen weder das jährliche Pesachfest noch die Diskussionen über jede mit dem Fest verbundene Einzelheit zu einer Solidarisierung mit den Sklaven geführt hat. Auch hier gibt es nur die Erklärung, daß das nationale Leiden das individuelle Leiden überschattet hat. Daß in der Praxis Identifikation mit dem leidenden Einzelnen vorkam, sahen wir im ersten Teil. Vielleicht beweist grade das folgende Beispiel von der Identifikation mit Fröhlichen, daß im Alltag der Geist der „Regel" viel häufiger zum Ausdruck kam als im Gesetzessystem.

Es gab einen Streit zwischen den Schulen Schammai's und Hillels, was man einer Braut zurufen solle, wenn man vor ihr tanze. Nach den Hilleliten rufe man stets: „hübsche und keusche Braut", selbst wenn sie „lahm oder blind" sein sollte. Das ist doch eine Lüge, sagen die Schammaiten, und die Weisung sagt: ,von Lügenrede halte dich fern' (Ex 23,7). Doch nach Meinung der Hilleliten ist nicht die abstrakte Wahrheit ein Maßstab für das Verhalten zum Andern, sondern die Identifikation mit ihm, und so sagen sie zu den Schammaiten: „Wenn es nach euren Worten ginge, was sollte man dann, (um ein andres Beispiel zu geben), zu einem sagen, der einen schlechten Kauf auf dem Markt gemacht hat? Soll man seine Freude bestätigen oder versauern?" Natürlich soll man sie bestätigen, denn wenn der Andere sich selbst getröstet und sein Bedauern zum Schweigen gebracht hat, so werdet doch ihr seinen Schmerz nicht wieder bewußt machen! „Von hier" leiteten die Weisen das Prinzip ab:

Immer sei der Sinn eines Menschen vermischt mit den Leuten! (Kt 17 a)

Dieses Wort ist eine treffende Formulierung für den Solidaritätsbefehl. Nicht zufällig stammt der Ausdruck „vermischt" von derselben Wortwurzel wie der Ausdruck „Bürge". Und wenn wir ihn in unsre Sprache übersetzen: „stets identifiziere sich ein Mensch mit seinem Andern", so bedarf es keines weitern Kommentars.

Und wiederum, nur eine Handbreit trennt die Demonstration der Identifikation von der Gefahr des Kollektivismus, wie in der folgenden Anweisung deutlich wird:

Sei nicht wachend unter Schlafenden,
  und nicht schlafend unter Wachenden.
Sei nicht weinend unter Lachenden
  und nicht lachend unter Weinenden.
Sei nicht sitzend unter Stehenden
  und nicht stehend unter Sitzenden,
Sei nicht bibellesend unter Mischnalernenden
  und nicht mischnalernend unter Bibellesenden.
Das Prinzip ist:
Keiner ändere etwas an der Sitte der Leute! (Der 1, S. 88)

Hier weint einer mit den Weinenden, nicht weil er sich in den andern hineinversetzt (vgl. auch R 12,15), sondern weil er sich vor dem Andern fürchtet, er könne ihn für „anders" halten. Der solidarische Mensch muß notwendigerweise ein Einzelner und Einzigartiger sein, um Identifikations-Bewußtsein in Identifikations-Tat zu übersetzen. Der kollektivistische Mensch dagegen wird getrieben und gezogen und wird niemals verantwortlich sein für seinen Andern.

f) Die Solidarität angesichts des Todes

Wird sich die Motivierung der Identifikation für das Verhalten gegenüber dem Andern auch in der Todesgefahr bewähren?

Jedes Kind lernt, wie gesagt, daß R. Aqiba gelehrt haben soll: „Dies ist eine große Regel in der Weisung: ‚Halte lieb deinen Andern, dir gleich'!" (s. S. 132–3). Es ist aber grade R. Aqiba, der in einer extremen Situation – jedenfalls in der Theorie – dieser Motivierung widerspricht:

Zwei wanderten in der Wüste,
und nur in der Hand des einen von ihnen befand sich ein Schöpflöffel
  voll Wasser.

Wenn ihn Einer trinkt – gelangt er bis zur nächsten Siedlung,
wenn sie beide davon trinken – sterben beide!

Wie soll sich der, in dessen Besitz das Wasser ist, verhalten? Ben Petura,
ein Zeitgenosse von R. Jochanan ben Sakkai, hatte gefordert:

Es ist besser, daß sie beide trinken und sterben,
als daß einer dem Sterben seines Gefährten zusehe! (SLv 109 c; BM 62 a)

Er stützt diese Lösung auf den abschnitt ‚Es lebe dein Bruder mit der‘ (Lv 25,
35–38), der eines der schönsten Zeugnisse für die Lehre von der Solidarität
darstellt.

Diese Auslegung, sagt die Tradition, und diese Konsequenz für den Was-
serbesitzer habe so lange gegolten,

bis R. Aqiba kam und lehrte:
‚Es lebe dein Bruder mit dir!‘
Dein Leben geht dem Leben deines Gefährten vor! (SLv, BM ibd)

Das heißt, der eine soll trinken und leben und seinen Andern sterben
lassen. Das vereint sich auch keineswegs mit der Mischnabestimmung:

Man verdrängt nicht eine Seele um einer andern Seele willen! (M Oh 7,6)

d. h. man rettet nicht einen Menschen auf Kosten eines andern.

Gleichsam ein Antimidrasch zu R. Aqiba's Lehre findet sich in der Geschichte von den Überlebenden eines gestrandeten Schiffs:

Als sie sahen, daß sie in großer Not waren, sprachen sie:
Kommt und laßt uns unsere Reiseverpflegung untereinander teilen,
wenn wir sterben, so wollen wir alle sterben!
wenn wir leben, so wollen wir alle leben (QoR 11,1)

Weil es eine volkstümliche Erzählung ist, so wird natürlich das gute Verhalten von Gott belohnt, und die Leute kriegen das Schiff wieder in Gang.
Das Entscheidende ist aber, daß die menschliche Handlung, die Gott zum
Eingreifen bringt, die Demonstration der Solidarität im Sinne von Ben Petura
ist.

Das wird ausdrücklich bestätigt, als die Leute nach Rom kommen und
die Geschichte dem R. Elieser und R. Jehoschua, die dort weilten, erzählen.
„Sie deuteten auf sie den Bibelvers: ‚Schicke dein Brot auf die Fläche des
Wassers aus, (dennoch, nach vielen Tagen findest du es wieder!)‘ (Qo 11,1).
Das heißt, grade das Bewußtsein, daß sie alle in einem Boot waren, führte
zur Rettung des Boots. Ohne Zweifel kannten R. Elieser und R. Jehoschua
die Ansicht R. Aqiba's und drückten vielleicht so ihren Widerspruch aus.

Die verhängnisvolle Bedeutung des Aqiba'schen Denkens wird offenkundig
angesichts eines noch schwereren Konflikts als dem des Wasserbesitzers in der
Wüste:

Es kam ein Mensch vor Raba und sprach zu ihm:
Die Regierung meiner Stadt verlangte von mir:
– Geh und töte den Soundso,
und wenn nicht, töte ich dich! (Pes 25 a, Jm 82 b, Sn 74 a)

Wie hätte Aqiba diesen Konflikt gelöst? Wir wissen es nicht, obwohl ein solcher sicher auch zu seiner Zeit, der Zeit der hadrianischen Religionsverfolgung aktuell war und sicher häufiger vorkam als der der Wüstenwanderer.

Der Talmud überliefert die Geschichte im Rahmen der Martyriumsgesetze, deren Tendenz es war, das Leben zu bewahren, selbst wenn das Verrat an der Religion bedeutete (s, S. 116). „Alle Gebote in der Weisung – wenn man einem Menschen sagt: übertritt sie, und du wirst nicht getötet – so soll er sie übertreten, um nicht getötet zu werden", mit einer Ausnahme: wenn zum Töten aufgefordert wird (Sn 74 a). Es geht nicht an, das Leben eines Menschen auf Kosten eines andern Menschenlebens zu retten.

Obwohl es darüber im Lauf der Gelehrtengenerationen keinerlei Meinungsverschiedenheit gegeben hatte, hielt es die Gemara für notwendig, eine Autorität anzuführen: „Woher haben wir diese Meinung?"

Die Autorität ist weder die Bibel noch einer der Weisen der Verfolgungsgeneration, sondern Raba, d. h. jener Weise, der nicht nur einer der wenigen babylonischen Aggadisten war, die es überhaupt gab, sondern auch einer der berühmtesten und letzten. „Alle Fäden der babylonischen Traditionswissenschaft laufen in Raba zusammen" (Bacher-ABA 114 f). Er starb ungefähr 350 n. d. Z. Warum bringt die Gemara einen so späten Beweis? Hier ist die Antwort, die Raba jenem Menschen gab, der ihn in der Stunde seiner Lebensgefahr um Rat fragte:

Raba sprach zu ihm:
Lasse dich töten und töte nicht!
Glaubst du etwa-
daß dein Blut röter ist?
womöglich ist das Blut jenes Mannes röter!? (Pes 25 a; Jm 82 b; Sn 74 a)

Der zornige Ton einem Menschen gegenüber, der doch unter einem schweren Konflikt leidet, ist nur erklärlich, wenn die Identifikationsethik so üblich war, daß Raba gar nicht verstehen konnte, wie dieser Mensch überhaupt eine Alternative zu dem Sich-Töten-Lassen sehn konnte. Wenn er sich mit jenem Menschen, den er töten sollte, identifizieren und also fühlen würde, daß dessen Leben so teuer ist wie sein eigenes, so wäre ihm klar geworden, daß wer sein Leben auf Kosten des Lebens eines Andern rettet, ein Mörder ist und nichts weiter. Das beweist wiederum, daß Aqiba's Meinung im Gegensatz zu allem steht, was die Weisen der Bibel und des Talmuds von der Solidarität unter den Menschen als der Grundlage der Ethik gelehrt haben.

Raba's Antwort ist auch ein weiterer Beweis dafür, daß nicht Aqiba, sondern Schim'on ben Asai die „große Regel der Weisung" entdeckte: ‚Halte lieb deinen Andern, dir gleich' (s. S. 132–3). Nicht umsonst vergleicht sich der Babylonier über einen Zeitraum von über 200 Jahren hinweg mit diesem Palästinenser: „Ich bin ja wie Ben Asai auf den Märkten von Tiberias" (Ar 29 a), d. h., erklärt Raschi, ich, Raba, bin bereit, jedem der mich fragt, so schlagfertig zu antworten, wie Ben Asai es tat.

3. Die Solidarität der Gemeinschaft mit dem leidenden Einzelnen

,Dann werdet ihr mir aus allen Völkern ...
ein heiliger Stamm sein' (Ex 19,5–8)
,ein Stamm' lehrt, daß sie ein Leib sind und eine Seele!
Ebenso sagt (die Schrift):
,Wer ist wie dein Volk Israel
e i n Stamm im Land!' (2 S 7,13)

Diese Einheit des Volkes hat zwei Konsequenzen:

Hat e i n e r von ihnen gesündigt,
so werden sie a l l e gestraft ...
Wurde e i n e r von ihnen geschlagen,
so spüren es a l l e. (MchJ 139)

Was immer einer in Israel tut oder leidet – nie ist es seine Privatangelegenheit, sondern geht die ganze Gemeinschaft an. Weil die Gemeinschaft für den sündigenden Einzelnen haftet, d. h. um eines Einzelnen willen leiden kann, muß sich die Gemeinschaft auch mit dem leidenden Einzelnen identifizieren.

Zwar war die Wirklichkeit der Haftung für den Einzelnen viel mehr im Bewußtsein der Weisen als die Konsequenz der Solidarität mit dem Einzelnen, und die ausdrückliche Verknüpfung zwischen Haftung und Solidarität, wie sie in dem zitierten Midrasch erfolgt, ist selten. Doch nicht die Häufigkeit des Ausdrucks ist entscheidend, sondern die Tatsache, daß dieses Wirklichkeitsverständnis und diese Konsequenz aus dem Lebensgesetz überhaupt vorhanden ist.

Um die doppelte Konsequenz der gegenseitigen Abhängigkeit zwischen Einzelnem und Gemeinschaft anschaulich zu machen, greift dieser Midrasch auf die biblische Geschichte von Achan und das biblische Bild vom ,zerstobenen Kleinvieh' zurück. Achan symbolisierte das Leiden der Gemeinschaft für die Sünde des Einzelnen, das Schaf symbolisierte die Solidaritat der Gemeinschaft für den leidenden Einzelnen:

Hat einer von ihnen gesündigt,
so werden sie alle gestraft, wie es heißt:
,Ist nicht, als Achan Sohn Sarachs veruntreute, Untreue am Bann,
Grimm gekommen über alle Gemeinschaft Jisraels,
und er war doch ein einzelner Mann!
mußte er nicht (eigentlich allein) um seinen Fehl vergehen!' (Jo 22,20)

Wurde einer von ihnen geschlagen,
so spüren es alle, sagt doch (die Schrift):
,Zerstobnes Kleinvieh ist Jisrael!' (Jr 50,17)
Wie wenn ein Mutterschaf an einem seiner Glieder geschlagen wurde
und es alle spüren,
so auch Israel:
wenn einer unter ihnen geschlagen wurde,
so spüren es alle. (MchJ 139)

Der Midrasch vergißt nicht hinzuzufügen, daß die aus der Haftung folgende Solidarität die Einzigartigkeit Israels ausmacht:

Doch die Völker
freuen sich alle einer über (das Leiden) des andern.

Sowohl das Gesetz von der Haftung als die Lehre von der Solidarität wurden von den Weisen immer wieder durch Erzählungen und Gleichnisse bewußt gemacht. Wir wollen hier nur die näher betrachten, die mit dem zitierten Midrasch zusammenhängen.

Die Achan-Affaire war, nach dem Zeugnis der Bibel, der erste Fall einer Gemeinschaftshaftung, nachdem die Stämme den Jordan überquert hatten. In dem Versuch, die Stadt Ai zu erobern, erlitten die Söhne Israels eine schmähliche Niederlage, und als sie die Schuld wie üblich nicht bei ihren Feinden oder bei ihrem Gott sondern bei sich selber suchten, entdeckten sie, daß der Grund für die Niederlage der Mangel an Solidarität eines Einzelnen war. Es war Achan, der sich aus der gemeinsamen Kriegsbeute eigenmächtig einen Umhang gestohlen hatte (Jo 7).

Schon der Generation nach seinem Tod wurde Achan zum Symbol: Als die transjordanischen Stämme mit dem Bau eines eigenen Altars begannen und damit die Einheit des Volkes gefährdeten, war das stärkste Argument im Mund der Gesandten, die sie von der Spaltungsaktion abzubringen suchten, die Erwähnung jenes Mannes, der allein sündigte, aber wegen dieser seiner Sünde andre in den Tod riß (Jo 22,20). Die theoretische Lehre aus dem historischen Ereignis wurde also schon in der Bibel gezogen, und sie ist es, die hier zitiert wird.

In andern Zusammenhängen formuliert der Midrasch die Lehre mit eigenen Worten:

Du mußt wiesen, das es Achan war, der sündigte,
doch wer in Ai fiel, das war der größere Teil des Sanhedrins. (P So 22 a)

Die ,ungefähr sechunddreißig Mann', die nach der Bibel in Ai fielen (Jo 7,8), pflegte der Midrasch mit dem „größeren Teil des Sanhedrins", also mit der Elite des Volkes zu identifizieren (Sn 44 a; vgl. BB 121 b; EtR Pt 11, LvR 11,7; Tn šemini 9). Damit machte er die ungeheure Macht, die der Einzelne auf Grund des Haftungsgesetzes auszuüben vermag, noch deutlicher.

Es war R. Schim'on ben Jochai, der ein treffendes Gleichnis für das Haftungsgesetz fand:

> Das gleicht Leuten, die sich in einem Boot befanden,
> als einer von ihnen einen Bohrer nahm
> und anfing, unter sich zu bohren.
> Da sprachen seine Gefährten zu ihm:
> – Was machst du denn da!
> Er antwortete:
> – Was geht euch das an!
> Bohre ich nicht unter mir selber?
> Da sprachen sie zu ihm:
> – (das geht uns allerdings etwas an),
> da doch das Wasser eindringt und uns das Boot überschwemmt!

oder nach einer schärferen Formulierung:

> da du uns doch das Boot überschwemmst!
> (LvR 4,6; JalS zu Jr 50,17, S. 833; JalS zu Ij 34,37, S. 1017)

Raschbi stützt sich auf ein Zitat aus dem Buch Hiob. Hiob wollte seinen Freunden, die unbedingt seine Schuld an seinem Leiden herausfinden wollten, den Mund stopfen: ‚Selbst wenn ich gefehlt hätte- bei mir verweilt dann mein Fehl' (Ij 19,4), ich selber muß die Konsequenzen meines Fehls tragen und nicht ihr. Das Gleichnis soll zeigen, wie Unrecht Hiob mit seiner Behauptung hat und wie sehr sein Individualismus dem biblischen und talmudischen Wissen um die gegenseitige Haftung und Abhängigkeit widerspricht. Raschbi kam auf das Haftungsgesetz besonders häufig zu sprechen (vgl. auch Sn 103 a). Eindrücklich ist, wie er einmal die Arithmetik zu Hilfe nimmt, um dem Einzelnen seine unermeßliche Verantwortung einzuhämmern:

> Es gibt kein einziges Gebot,
> das in der Weisung geschrieben steht,
> über dem nicht 46×603 550 Bünde geschlossen wurden, (So 37 b; P So 21 c)

nämlich „weil jeder für alle seine Brüder Bürge wurde", wie Raschi erläutert. Da über jedem Gebot 48 Bünde geschlossen wurden[27] und zur Zeit

---

[27] Die 48 Bünde kamen durch folgende Rechnung zustande: Der Bund für jedes Gebot verlangt vier Tätigkeiten: Lernen, Lehren, Bewahren, Tun. Alle vier Tätigkeiten haben eine positive und eine negative Seite, insofern du „gesegnet" oder „verflucht" bist, je nachdem ob du den Bund einhälst oder nicht. Das macht acht Bünde. Alle acht Bünde haben sowohl private als öffentliche Bedeutung, das macht sechzehn Bünde. Dreimal wurde von Gott der Bund geschlossen, am Sinai (Ex 34,27 f), in den Steppen Moabs (Nu 22,1–36,13) und zwischen den Bergen Grisim und Ebal (Dt 27,12–26; Jo 8,30–35), das Macht 48 Bünde. Nach P sind es sogar 576 Bünde.

der Bundesschlüsse in der Wüste 603550 Israeliten existierten,[28] so wurde der Bund bei jeder Übertretung 48×603550 mal gebrochen. Denn alle 603550 waren schuldig, wenn ein Einziger ein Gebot übertrat. Andre Rabbinen trieben es auf Grund von Raschbi's Rechnung noch weiter: da jeder auch Bürge für das Bürgen seines Andern sei, werde auch jeder für das Versagen seines Andern bei dessen Bürgschaftsaufgabe haftbar gemacht. „Alle haften für einander, erstens für ihre Pflicht und zweitens für ihre Bürgschaft", erläutert Raschi wieder, woraus sich ergebe, daß jeder Einzelne der 600 Tausend Männer (nach Ex 12,37) die Bürgschaft für 600 000×600 000 auf sich genommen habe (So 37 b).

Außer der Achangeschichte dient auch die Korach-Affaire (Nu 16) als Beweis für die Tatsache der Haftung:

> Sollte ein einzelner Mann sündigen,
> und du ergrimmst über alle Gemeinschaft? (Nu 16,22)

Diesen Satz zitierte R. Chiskija, um zu beweisen, daß „wenn einer von ihnen sündigt, so spüren es alle" (LvR 4,6; JalS S. 833 und 1017). In der Bibel ist dies allerdings keine Lehre, die aus einem geschehenen Ereignis gezogen wird, sondern ganz im Gegenteil eine Warnung, die Mose gegen Gott ausstößt, um die Kollektivhaftung für Korachs Auflehnung zu verhindern. Es geschah sogar das Unnatürliche, daß die Bande Korachs vom Volk abgesondert und bestraft werden konnte und das Volk für diesmal der Haftung entging.

Die Fälschung des Originals im Midrasch ist bedeutsam, besagt sie doch, daß das Korachwunder nicht der historischen und alltäglichen Erfahrung Israels entsprach. Der entsprach vielmehr die Tatsache, daß für die Sünde eines Einzelnen viele zu leiden hatten.

Eine andre alte Midraschsammlung sieht in dem Bild vom Schaf nicht das Haftungsgesetz, sondern die Solidarität mit dem einzelnen Leidenden symbolisiert. Nebukadnezar, der König von Babel, habe Israel, so behauptet der Midrasch (vgl. Jr 50,17) mit einem Schaf verglichen, bei dem alle Glieder spüren, wenn ein einzelnes geschlagen wird:

> So ist Israel:
> Wenn einer von ihnen getötet wird,
> so spüren und leiden es alle!
> Aber die Völker der Welt sind nicht so,
> sondern wenn einer von ihnen getötet wird,
> so freuen sich alle ob seines Falles. (Mch S. 209)

Das „spüren es alle" wird also einmal als solidarisches Mitleiden, ein

---

[28] Nach Ex 12,37 waren in der Wüste 600 000, nach Nu 26,51 waren es 601 730 und nach Nu 1,46 603 550. Raschbi wählte vielleicht die letztere Zahl, weil sie die größte ist.

andermal als Haften und Mitbestraftwerden verstanden. Es scheint jedoch, daß die letztere Auslegung überwiegt.

> So dient auch das Bild vom Nußhaufen der Konkretisierung der Haftung:
> Wie diese Nuß,
> wenn du eine aus dem Haufen herausnimmst
> und dann alle hintereinander herunterrollen,
> so ist Israel:
> Ward einer von ihnen geschlagen,
> so spüren es alle,
> wie geschrieben steht:
> ,Sollte ein einzelner Mann sündigen,
> und du ergrimmst über alle Gemeinschaft?' (CtR 6,17)

Auch das Mitleiden war wohl in vielen Fällen eher Angst, die Angst der Gemeinschaft, daß das Schicksal, das einen Einzelnen betroffen hatte, auch allen andern bevorstand. So zitiert R. Jochanan im Namen von R. Schim'on ben Jehozadaq:

> Generationen, Generationen, Gruppen, Gruppen bringt der Heilige in die Welt
> Stirbt einer der Generation – sorgt die ganze Generation,
> stirbt einer aus der Gruppe – sorgt die ganze Gruppe. (RuR 2,9)

Wenn der Einzelne derart verbunden ist mit seiner Gemeinschaft und die Gemeinschaft derart abhängig ist vom Einzelnen, ist nie nur der Einzelne betroffen sondern immer auch die Gemeinschaft. So hat es R. Jochanan empfunden, als er seinen Vorgänger zitierte, und so ähnlich formulierte er auch selber, wie R. Chija bar Abba in seinem Namen sagt:

> Wenn einer der Brüder stirbt, so sorgen sich alle Brüder zumal,
> wenn ein Mitglied der Gruppe stirbt, so sorgt sich die gesamte Gruppe.
> (Sb 105 b)

Wenn ein einzelner Jude durch die Fremdherrschaft getötet wurde, so war das ein Zeichen, daß bald ein Pogrom über die ganze Gemeinschaft kommen würde.

Nach der Überlieferung der Gemara gab es Leute, die diese Sorge nur hatten, wenn „ein Großer" starb. So sagte R. Aqiba nach dem Tod der ersten Märtyrer der hadrianischen Verfolgung: „Richtet euch auf Unheil ein, denn wenn unsrem Geschlecht Gutes bestimmt wäre, so wären R. Schim'on und R. Jischma'el die ersten gewesen, die es bekommen hätten. Doch es ist offenbar und bekannt vor dem, der sprach und die Welt ward, daß großes Unheil auf unsre Geschlechter kommen wird, daher hat er diese aus unsrer Mitte hinweggenommen" (BQ 60 a; Mch S. 313). Auch in den Generationen nach R. Aqiba bestand die Meinung, daß „das Unheil bei den Gerechten seinen Anfang nimmt", wie sowohl im Land Israel als in Babylonien formuliert wurde (ibd.). Doch nach dem Redaktor des Wortes von R. Jochanan gab es

Leute, die auch der Tod „eines Kleinen" besorgt machte (Sb 105 b), was wiederum der alten Lehre entspricht, daß die gegenseitige Abhängigkeit zwischen Gemeinschaft und Einzelnem immer besteht, wie unbedeutend dieser Einzelne auch erscheinen mag.

Wie gesagt, müßte aus dieser Abhängigkeit der Gemeinschaft vom Einzelnen auch die Solidarität, das Mitleiden der Gemeinschaft mit dem leidenden Einzelnen folgen. Diese Konsequenz bleibt jedoch auf die wenigen allgemeinen Feststellungen von den „Gliedern, die alle leiden, wen ein einzelnes leidet" beschränkt. Viel entscheidender war für die Weisen die Frage, was geschehen sollte, wenn der Einzelne sündigte. Sollte dann die Gemeinschaft solidarisch mit dem Sünder sein, d. h. die Verantwortung für seine Sünde auf sich nehmen, wie es der Stamm Benjamin im Fall der Mörder der Levitenkebse getan hatte?

Wir sahen schon, daß auch die Frage der Solidarität zwischen Mensch und Mensch in talmudischer Zeit vor allem die Identifikation mit dem Sünder meinte, weniger die mit dem Leidenden. Da Leiden fast immer als Folge von Sünde verstanden wurde, bedeutete eben auch die Solidarität mit dem Leidenden vor allem die Solidarität mit dem Sünder. Davon wird im letzten Teil die Rede sein.

Zusammenfassung

Die Solidarität mit dem Leidenden gilt für alle drei Arten zwischenmenschlicher Beziehungen, der zwischen dem Einzelnen und der Gemeinschaft, der zwischen Mensch und Mensch und der zwischen der Gemeinschaft und dem Einzelnen, wenn die Lehre auch nicht für alle drei Geltungsbereiche in gleichem Maß durchdacht wurde.

Die ausgefeilteste Theorie herrschte hinsichtlich der Solidarität des Einzelnen mit der Gemeinschaft. Doch wäre es ein Irrtum, wollte man daraus auf die Geringschätzung des Einzelnen im Denken der Weisen schließen. Das Gegenteil ist der Fall: Grade weil die Weisen um die potentielle Macht des Einzelnen, der ganzen Gemeinschaft zu schaden, wußten, behaupteten sie auch die potentielle Macht des Einzelnen, der ganzen Gemeinschaft zu nützen. Das Gesetz der Haftung verpflichtet einen Menschen zur Solidarität mit seiner Gemeinschaft, und das Gefühl der Solidarität verlangt als Ausdruck die Verantwortung des Menschen für seine Gemeinschaft. Der Wert und die Macht des Einzelnen ergeben sich also aus dem Gesetz der Haftung. Ein Denker, der besonders tief über diese Wirklichkeit nachdachte, war „Eliahu der Prediger".

Aus dieser Logik ergibt sich auch, warum in Folgenden eine besondere Abhandlung über die Solidarität des einzigartigen Einzelnen mit seiner Gemeinschaft folgt. Denn obwohl jeder Einzelne verpflichtet ist, sich selbst als einen potentiellen Abraham zu sehen, waren es immer nur außergewöhnliche Einzelne die diese Bestimmung tatsächlich erfüllten.

Auch die Solidarität zwischen Mensch und Mensch wurde zu einem Postulat der Ethik, ja zur Grundlage für jegliches ethisches Verhalten zwischen einem Menschen und seinem Andern. Viele Zeugnisse, angefangen von der Weisung und aufgehört bei den höchsten rabbinischen Autoritäten, betonen dieses immanente Fundament der Ethik. So ist der Satz, ‚Halte lieb deinen Andern, dir gleich‘, nicht ein Gebot unter andern Geboten, und sei es auch das größte, sondern „eine große Regel in der Weisung". Nicht die Liebe zum Andern ist gefordert, sondern die Identifikation mit ihm, das Bewußtsein, daß dein andrer ist wie du, leidet wie du, sündigt wie du. „Liebe" kann nur eine der möglichen Konsequenzen der Identifikation sein.

Die Weisung bringt viele Beispiele für diese Motivierung ethischen Verhaltens. Der Leidende par excellence ist ihr dabei der Gastsasse (der Fremde) und der Sklave. Gastsassen und Sklaven waren die Söhne Israels in Ägypten. An diese Frühzeit ihrer Geschichte sollen sie sich immer erinnern, dann wird ihnen die Identifikation mit dem Leidenden schon in Fleisch und Blut übergehen.

Trotz dieser ständigen Repetition der Geschichte finden wir bei den Rabbinen zwar die Abstrahierung jenes Weisungs-Prinzips, nicht aber dessen Anwendung im System der Gebote und Gesetze, das zu jener Zeit geordnet und redigiert wurde. Nur in der extremen Lage der Todesgefahr scheint die Motivierung des ‚Dein Andrer ist wie du‘ in Vorstellung und Wirklichkeit das Handeln bestimmt zu haben. „Dein Blut ist nicht röter als das deines Andern," sagte Raba zornig, im Unterschied zu R. Aqiba, der mit seiner Auffassung, daß „das Leben dem Leben deines Gefährten vorgehe", völlig aus dem Rahmen der biblischen und talmudischen Solidaritätslehre gefallen war.

Auch die Solidarität der Gemeinschaft mit dem Einzelnen diente dem rabbinischen Denken als Thema, doch wurde sie nicht als ethische Lehre formuliert, sondern eher wie eine Tatsache, die sich notwendigerweise aus der Abhängigkeit der Gemeinschaft vom Einzelnen und dem Haftungsgesetz ergibt. Was es praktisch bedeutet, daß „es alle spüren, wenn e i n e r leidet", wird erst klar werden, wenn der Leidende genauer definiert wird als der Sündigende.

DRITTER TEIL:
SOLIDARITÄT UND VERANTWORTUNG

ERSTES KAPITEL: DIE SOLIDARITÄT DES GESANDTEN

Eines der Kennzeichen des einzigartigen Volkes war, daß ihm von seinem ersten Gesandten, Mose, an immer wieder Menschen erstanden, die die Verantwortung des Einzelnen gegenüber der Gemeinschaft ernst nahmen. Ich nenne sie „Gesandte", weil sie sich ihrem subjektiven Bewußtsein nach von Gott gesandt fühlten und objektiv als „Gesandte der Gemeinschaft" verstanden werden können.

Das Wirken des Gesandten entsprang seiner Solidarität mit seinem Volk und bezweckte die Bewahrung vor Leid. Diese Beziehung zur Gemeinschaft war es, die ihn von den Herrschern und Mächtigen unterschied. Im Unterschied zu diesen wird er in der Bibel ‚der Mann des Geistes' genannt, ein Begriff, der von dem Propheten Hosea vielleicht als Ersatz für den irreführenden Begriff ‚Prophet' geprägt wurde (Ho 9,7).

Da Bibel und Aggada voll sind vom Denken und Wirken dieser einzigartigen Einzelnen, so sind auch die Zeugnisse vom solidarischen Verhalten dieser Menschen zahllos (vgl. Scharbert-Mittler; Johansson). Hier soll nur von solchen Fällen die Rede sein, in denen die Solidarität gefährdet oder bezweifelt wurde. Denn, wie gesagt, handelt diese Arbeit von der Solidarität als Bewußtsein und prinzipielle Einstellung, weniger von ihren praktischen Folgen im Alltag.

1. Mose

Der Archetypus des Gesandten war Mose. Das Motiv für all sein Handeln war die Identifikation mit den Sklaven Ägyptens. Doch zuweilen geriet auch er in eine Krise, in der er sich loslösen wollte von denen, die seinen Warnungen kein Gehör schenkten. In der Sprache der Bibel steckt diese Versuchung in dem Vorschlag Gottes, Israel zu vernichten, Mose dagegen ‚zu einem großen Volk zu machen'. Dreimal erscheint diese Versuchung in drei Büchern der Weisung (Ex 32,10; Nu 14,12; Dt 9,14), doch Mose erliegt ihr nicht. Im Gegenteil, er schlägt seine eigene Vernichtung vor, auf daß das Volk gerettet werde. So jedenfalls deutete Schmu'el der Große Mose's Zurückweisung der Versuchung:

‚So wische mich denn aus deinem Buch!' (Ex 32,32)
Das lehrt, daß er sich selbst für sie zum Tode auslieferte. (Br 32 a)

Nach Ansicht der Weisen lag in dieser Haltung nichts Heldenhaftes. Mose hatte gar keine andre Wahl. Denn was hätte Mose ohne das Volk gemacht? Nicht nur das Volk braucht seinen Gesandten, auch der Gesandte braucht sein Volk. Seine Aufgabe ist nichts andres als die Konsequenz, die derjenige zieht, der sich des Gesetzes der gegenseitigen Abhängigkeit und Haftung bewußt ist.

Einer der Ausdrücke für diese Abhängigkeit findet sich in dem Sprichwort:

Mit den Äußern leiden die Innern (BQ 92 a),

mit den äußern Blättern der Palme leidet auch der innere Hauptast. Als Raba mit einem andern Meister dieses Sprichwort diskutierte, brachte der ein Beispiel aus der Vergangenheit. In der Anklage: ‚Wozu streitet ihr wider mich? Abtrünnig wart ihr alle‘ (Jr 2,29), ist der Prophet Jeremia mit eingeschlossen, auch wenn er selber den Satz im Namen Gottes ausspricht. Ebenso meinte Gott mit der Frage: ‚Bis wann weigert ihr euch, meine Gebote zu wahren‘ (Ex 16,28), nicht nur sein Volk, sondern auch Mose und Aaron (ibd).

Schon früher hatte R. Chanina ob dieser Tatsache der Haftung geseufzt: „Was können die Großen der Generation machen, wenn doch die Gemeinschaft nach ihrer Mehrheit gerichtet wird! So hat Gott die 38 Jahre lang, während derer Israel wie Ausgestoßene waren, nicht mit Mose gesprochen!" was er aus der Schrift beweist (Dt 2,16 f; P Ta 66 c).

Und wie der Gesandte ausgestoßen ist, wenn sein Volk ausgestoßen ist, so wird ihm auch Erfolg zuteil zusammen mit seinem Volk und wegen seines Volkes, wie das umgekehrte Beispiel zeigt, das R. Jehoschua ben Levi anführt:

Was können die Großen der Generation machen,
wenn doch die Gemeinschaft nach ihrer Mehrheit gerichtet wird!

Denn wenn Israel auf dem Karmelberg nicht gerufen hätte, daß ER Gott ist, wäre kein Feuer vom Himmel gefallen, und Elia wäre in seinem Kampf mit Ahab und den Baalspriestern gescheitert (1 K 18,39; P Ta 66 c). Der Midrasch entspricht nicht dem Wortsinn der Bibel, doch er entspricht der Wirklichkeit, die besagt, daß der Gesandte abhängig ist von seiner Gemeinschaft, und daß daher sein verantwortliches Handeln nicht eine Sache abstrakter Ethik ist, sondern sein eigenes Interesse.

Die Abhängigkeit im Guten wie im Bösen wird in der Tradition an einem hervorragenden Ort besprochen, nämlich in der Einleitung zur Auslegung der Weisung zu Beginn des alten tannaitischen Midrasches, der Mechilta. Ehe Mose beginnen konnte, Israel die Weisung zu lehren, mußte er Aaron zum Volke schicken, damit dieser ihnen die Beziehung zwischen dem Gesandten und dem Volk erkläre:

Gehe hinaus und sage ihnen,
daß um ihres Verdienstes willen er (Gott) mit mir redet! (Mch S. 5)

Auch R. Aqiba, der Verfasser des Midrasches, bringt jenen Beweis von Gottes 38jährigem Schweigen gegenüber Mose. Sein Kollege, Schim'on ben Asai, hielt diese Relation für so wichtig, daß er aus dem konkreten Fall auf die abstrakte Regel schloß. Ich will, sagt er, den Worten des Meisters nicht widersprechen, sondern ihnen etwas hinzufügen:

Nicht nur mit Mose pflegte er zu sprechen,
um des Verdienstes Israels willen,
sondern mit allen Propheten sprach er
nur um des Verdienstes Israels willen! (Mch S. 5)

Als Beispiel für diese Abhängigkeit des Gesandten von seinem Volk wird Baruch ben Nerja, der Schüler des Propheten Jeremia, angeführt. Nach dem Midrasch regte sich Baruch vor Gott darüber auf, daß ihm nicht die Position eines Gesandten gegeben wurde (nach Jr 45,2 f).

Und nun schau, was ihm der Allgegenwärtige antwortet:
,Wohlan,
was ich baute, muß ich zerstören,
was ich pflanzte, muß ich reuten ...
und du,
du wolltest dir Großes begehren?
Begehrs nimmermehr!' (Jr 45,4 f)

Soweit die Schrift. Der Midrasch ergänzt sie durch die Reaktion Baruchs:

Da sprach Baruch ben Nerja:
– Wo kein Weinberg ist, ist kein Zaun!
Wo keine Herde ist, ist kein Hirte!

Baruch versteht, daß in dieser Stunde, da das Volk vernichtet wird, auch seiner niemand bedarf. Die Schrift endet damit (Jr 45,5), daß er als Individuum, abgeschnitten von seinem Volk, seine ,Seele zur Beute bekommen' kann, aber Gesandter kann er nicht sein ohne sein Volk. So faßt der Midrasch zusammen:

So siehst du überall,
daß die Propheten keine Propheten sind,
es sei denn um des Verdienstes Israels willen! (Mch S. 6)

Während die Mechilta diese Feststellung ihren Auslegungen voranschickte, fand ein andrer tannaitischer Midrasch für nötig, damit zu schließen. Zum letzten Satz des dritten Mosebuches sagt er:

Der Gesandte ist würdig dessen zu dem er gesandt ist,
und der, zu dem er gesandt ist, ist würdig des Gesandten!

‚Dieses sind die Gebote, die ER Mosche gebot an die Söhne Jisraels‘:
Das Verdienst Israels bewirkte es! (Ende SLv)

Daraus folgt, daß die Identifikation Mose's mit seinem Volk auch in der
Stunde der Vernichtung eine Notwendigkeit seines eigenen Lebens war. Zwei
Legenden, beide von R. Jochanans Kollege und Gegner R. El'asar ben Pedat,
unterstreichen das. In der ersten ist es Mose, der dem Heiligen-gelobt-sei-er
erklärt, warum es sinnlos wäre, wenn er sich von seinem Volk distanzierte:

> Meister der Welt!
> Ein Stuhl mit drei Beinen kann vor dir in der Stunde deines Zorns
>   nicht stehn,
> um wieviel weniger ein Stuhl mit nur einem Bein! (Br 32 a)

Das heißt, ich hab doch gar keine Aussichten, mehr Erfolg zu haben, im
Gegenteil, weil ich allein sein werde, drohe ich noch viel eher zu scheitern.
Mose fügt ein weiteres Argument hinzu:

> Und nicht nur dies,
> sondern ich müßte mich auch schämen vor meinen Vätern!
> Sie würden jetzt sagen:
> Da schau, was für einen Fürsorger er (Gott) über sie gestellt hat!
> Der begehrte Großes für sich selbst
> und begehrte nicht Erbarmen für sie! (Br 32 a)

Würde ich nicht meine eigentliche Aufgabe veruntreuen und also an mir
selber Verrat üben?

In der zweiten Legende von R. El'asar drückt Gott selber die Abhängigkeit Mose's von seinem Volk aus. Nachdem das Volk sich dem Kalbsgott
versklavt hatte, sprach Gott zu Mose, der noch vor ihm auf dem Berge stand:
‚Geh! Hinab!‘ (Ex 32,7) Was bedeutet das?

> Es sprach der Heilige zu Mose:
> Mose! Steig herab von deiner Größe!
> Habe ich dir doch diese Größe allein um Israels willen gegeben.
> Jetzt, da Israel sündigten, –
> du! was sollst du mir?
>
> Da verließen Mose seine Kräfte,
> und er vermochte nicht mehr zu reden.
> Doch als er (Gott) sagte:
> ‚Laß ab von mir, ich will sie vernichten‘ (Ex 32,10),
> sprach Mose:
> – Das hängt von mir ab!
>
> Sofort stand er auf,
> erstarkte im Gebet
> und begehrte Erbarmen. (Br 32 a)

Und nach der Erzählung eines Gleichnisses, das erklärt, wie Mose es fertig brachte, den Vater zu hindern, seinen Sohn zu töten, endet die Legende mit der Betonung des entscheidenden Punktes:

So sprach er:
– Das hängt von mir ab!
Er stand auf
und rettete es (das Volk). (Br 32 a)

Das meinte Eliahu der Prediger, als er sagte, daß jeder sich als potentiellen Abraham verstehen müsse (s. S. 124). Wer sagt, „das hängt von mir ab", handelt genau umgekehrt wie der, der sagt, „Friede sei mit dir meine Seele", und alles übrige ist mir gleichgültig. Wenn ein Mensch das Leid seiner Gemeinschaft sieht und verlangt, sich selbst daraus zu befreien, so hat er nur die Wahl, die ganze Gemeinschaft daraus zu befreien.

Dabei ist nicht das Maß an Aussicht das Kriterion für die Verantwortung, die dem Einzelnen obliegt. Nicht die Aussicht, das Volk wirklich retten zu können, treibt den Gesandten zu seinem Handeln, sondern die Erkenntnis, daß er von seiner Gemeinschaft abhängig ist. Die Behauptung von der potentiellen Macht des Menschen bedeutet ja nicht, daß die Weisen Illusionen hinsichtlich der tatsächlichen Macht des Menschen hatten. Der legendäre Mose und die legendäre Ester erreichten es zwar, daß dem Volk das Unheil erspart blieb, aber in der Wirklichkeit darf man höchstens auf „eine winzige Rettung" hoffen, wie R. Jochanan ben Sakkai sagte:

Nachdem seine Verhandlungen mit den jüdischen Terroristen gescheitert waren, verließ er das belagerte Jerusalem in einem Sarg, um von dem römischen Feldherrn wenigstens die Erlaubnis zu erbitten, in Jawne, in der Nähe von Jaffa und Lod ein Lehrhaus gründen und die Nachkommenschaft der Patriarchendynastie retten zu dürfen, um so die Wurzeln des jüdischen Staates zu bewahren (ER zu 1,2; S. 67; G 57 b; Glatzer 19 f; dagegen Safrai-Geschichte 308–10).

R. Aqiba, der 52 Jahre später dem Aufrührer Bar Kochba das Prestige des Messiastitels verlieh (P Ta 68 d) und damit im Grunde die Hauptverantwortung für die grauenhafte Katastrophe von Betar trug, zeigte auch hier seine absolute Ahnungslosigkeit von politischen Realitäten: Er machte, als man die Geschichte von R. Jochanans „winziger Rettung" erzählte, diesem nachträglich zum Vorwurf, daß er nicht gefordert habe, Vespasian solle von Jerusalem abziehn! (G 57 b)

Das Volk hätte wohl längst zu existieren aufgehört, wären nicht immer wieder Einzelne in die Bresche gesprungen, um wenigstens „eine winzige Rettung zu erreichen".

Mit diesem Paradox, daß ein Mensch sagt, „das hängt von mir ab", ohne Illusionen zu haben, hat sich schon Qohelet gequält. Sein, das ganze Buch durchziehender Versuch, dem sinnlosen Mühen einen Sinn abzugewinnen, endet mit der einfachen Aufforderung, nicht dumme Fragen nach den Aus-

sichten des Tuns zu stellen, sondern soviel wie möglich zu tun, am Morgen
wie am Abend zu säen, denn wer weiß, welches von beidem zum Erfolg
führt, womöglich sogar beides (Qo 11,1.4–6; 4,9–12). Von diesem Wert des
Tuns eines Menschen schließt er dann auch auf den Wert dessen, was der
einzigartige Mensch für die Gemeinschaft tun kann (9,13–16).

Die Diskrepanz zwischen der Forderung höchster Anstrengung und der
geringen Aussicht auf Erfolg wurde viele Jahrhunderte später von den beiden
Amoräern R. Ammi und R. Assi bitterlich beweint. Sooft sagen die Propheten
zu Israel: Wenn ihr das und das tut, zum Beweis der Umkehr von euren
Wegen, so wird das Unheil ‚vielleicht‘ von euch fernbleiben.

All dies und ‚vielleicht‘? (Hg 4 b)

All diese Anstrengungen, und dann ist der Erfolg noch nicht einmal garantiert?

Es scheint, daß R. Jochanan ben Sakkai's Tun ohne Illusion, sein Wort
von der „winzigen Rettung“ auf manch einen der palästinensischen Weisen
nach der Zerstörung beispielhaft gewirkt hat. Das läßt sich aus einer Geschichte schließen, die aus Babylonien erzählt wird:

Als die Tochter von Rab Schmu'el ben Jehuda starb, sprachen die Weisen
zu Ulla, einem aus dem Land Israel gebürtigen Meister: „Steh auf, wir wollen gehn und ihn trösten!“ Aber Ulla schüttelte sie unwirsch ab:

Was soll mir der Trost von Babyloniern,
ist er doch eine Verfluchung!
Sagen sie doch:
– Was kann man da schon machen!
Aber wenn sich etwas machen ließe,
würden sie's machen? (BQ 38 a–b)

Er ging allein hin, um die Trauernden zu trösten, wenn auch mit einem
in unsern Augen grausamen Trost. Wichtig ist, daß er bei den babylonischen
Juden eine fatalistische Einstellung beobachtete und daß die in seinen Augen
„Verfluchung“ war und die Babyloniern von ihm, dem palästinensischen
Weisen, grundsätzlich unterschied.

2. Elimelech

Das Symbol eines Gesandten, der sich einbildete, er könne der Solidarität
mit seiner Gemeinschaft entrinnen, sah ein unbekannter Aggadist (Tn šemini
9) in der Gestalt des Elimelech. Dieser war der Mann Naomis, welche die
Schwiegermutter von Rut der Moabiterin wurde. In der Bibel wird von ihm
nur gesagt, daß er in Hungerstagen das Land verlassen, sich im Ausland,
nämlich in Moab niedergelassen habe und dort gestorben sei (Ru 1,1–3).

Warum mußte Elimelech sterben? Hatte er nicht das Land verlassen, um am Leben zu bleiben?

Die Verästelung der Legende, die auf diese Frage Antwort gibt, verleiht Einblicke in die verschiedenen Ausdrucksweisen solidarischen Verhaltens. Die Rekonstruierung der Entwicklung dieser Legende basiert auf dem Vergleich und der Verbindung zwischen den verschiedenen Versionen. Ob diese Versionen in der im Folgenden dargestellten Weise literarisch tatsächlich voneinander abhängen, kann allerdings nicht bewiesen werden.

Im Traktat „Götzendienst" der Tosefta wird bestimmt, daß „jeder der das Land in Friedenszeiten verläßt und ins Ausland geht, wie ein Götzendiener ist" (T AS 4,5; vgl. ARN S. 82). Hinter dieser Drohung steht nichts weiter denn die Sorge um die Reinheit des Glaubens. Eine noch schärfere Formulierung bezeichnet die Juden im Ausland sogar als faktische Götzendiener (T AS 4,6).

In der im Talmud und im Midrasch erhaltenen Diskussion über diese Drohung fehlt die Bedingung „zu Friedenszeiten". In der Situation nach der Katastrophe von Betar drohte den Bewohnern des Landes Israel nämlich auch in sog. Friedenszeiten der Tod, nämlich der Hungertod. War also das Verlassen des Landes nicht nur wegen Krieg, sondern auch wegen schlechter wirtschaftlicher Lage gerechtfertigt? Nur dann, so bestimmten die Gelehrten, wenn die Teuerung so schlimm wurde, daß zwei Sea Getreide, ungefähr 20 kg, einen Sela kosteten (GnR 25 Ende; RuR 1,4; BB 91 a).

Spätere fanden dieses Kriterium jedoch ungenügend. „Ich kann mich erinnern", argumentierte R. Jochanan, „daß es in Tiberias viele vom Hunger Aufgedunsene gab, auch als für einen Sela noch vier Sea zu haben waren, einfach weil nicht einmal ein Iser (der 96. Teil eines Sela) vorhanden war!" (BB 91b) Umgekehrt war es möglich, daß ein Mensch soviel Geld hatte, daß er es sich leisten konnte, einen Sela auch für nur eine Sea auszugeben.

Ein solcher nun war Elimelech, wie man offenbar aus seinem Namen schloß. Elimelech bedeutet eigentlich, „mein Gott ist König", aber R. Jehoschua ben Qarcha, ein hervorragender Aggadist unter Aqiba's Schülern, deutete ihn: „zu mir kommt Königsherrschaft" (RuR 2,5), d. h. er gehörte „zu den Großen des Staates und den Versorgern jenes Geschlechts" (RuR, BB ibd). Da Elimelech also reich war, war sein Abwandern trotz des herrschenden Hungers ungerechtfertigt (GnR ibd).

War aber der Grund für seinen Tod wirklich die Tatsache, daß er sich freiwillig der Gefahr des Götzendienstes aussetzte? Bei der Weiterbildung der Legende war es eine andere, offensichtlich schlimmere Sünde, die hinter der Abwanderung immer mehr zum Vorschein kam, die Sünde gegen die Solidarität. Elimelech hatte sich von der leidenden Gemeinschaft abgesondert!

Wie hätte er stattdessen seine Identifikation mit der hungernden Gemeinschaft zeigen sollen? Sicherlich nicht nur dadurch, daß er im Lande blieb. Aktive Identifikation, Verantwortung, war erforderlich. Die Legende schlägt drei verschiedene Ausdrucksweisen der Verantwortlichkeit vor.

Die einfachste Version behauptet, daß er, da er doch so sehr reich war, die ganze Gemeinschaft auf seine Rechnung hätte „versorgen" müssen. Der Verfasser dachte wohl an die drei berühmten „Versorger" zur Zeit der Belagerung Jerusalems, die die Bevölkerung am Leben hielten, ehe die jüdischen Terroristen sämtliche Lagerbestände verbrannten (ARN S. 32; ARN S. 20; ER zu 1,5, S. 66). Die Betitelung eines Reichen als „Versorger", noch ehe er tatsächlich etwas für die Gemeinschaft tat, zeigt, daß nach der Solidaritätslehre der Reiche eo ipso verantwortlich war für die Bedürftigen.

Doch was tat Elimelech?

> Elimelech war von den Großen des Staates
> und den Versorgern der Generation,
> und als die Hungerjahre kamen, sprach er:
> Jetzt werden sich ganz Israel an meinen Türen versammeln,
> der mit seiner Sammelbüchse und der mit seiner Sammelbüchse!
> Da stand er auf und floh vor ihnen! (RuR 1,4)

R. Jehoschua ben Qarcha jedoch wollte Elimelech und seine Söhne keines so niedrigen Verhaltens beschuldigen. Seiner Meinung nach drückte sich der Mangel an Solidarität nicht darin aus, daß sie ihren Reichtum für sich behalten wollten, und sicherlich gingen sie nicht wegen der Teuerung weg:

> Da sei Gott vor!
> Selbst wenn sie nur Spreu gefunden hätten,
> wären sie nicht weggegangen! (BB 91 b)

Das heißt, das Solidaritätsgefühl fehlte ihnen nicht, wohl aber dessen Übertragung in die in jener Situation geforderte Tat. Seiner Ansicht nach war es gar nicht Elimelechs Reichtum, der ihn zu einem potentiellen Bürgen für die Gemeinschaft machte, sondern sein Ansehn und seine Position. So muß man aus der Tatsache folgen, daß Jehoschua ben Qarcha Elimelech vorwarf, nicht um Erbarmen für die leidende Gemeinschaft gebeten zu haben.

R. Jechoschua ben Qarcha gehörte zu den Überlebenden der Verfolgungsgeneration. Mit seiner Beschuldigung meinte er gewiß nicht nur Elimelech! Er war einer von denen, denen die Solidarität in Israel (s. S. 183), ja unter den Menschen überhaupt (s. S. 17) am Herzen lag.

Auch die Elimelechlegende des R. Jehoschua ben Qarcha enthält noch nicht das letzte Wort zum Thema von der antisolidarischen Abwanderung aus dem Land. Der anonyme Midrasch in Tn šemini 9 basiert ebenso auf der Voraussetzung, daß Elimelech eine besondere Position innehatte. Da nach der Bibel der Hunger ‚in den Tagen des Richtens der Richter' ausbrach (Ru 1,1), ist anzunehmen, daß Elimelech ein Richter war.

> Elimelech war ein Richter unter Richtern,
> und viele Menschen waren unter seiner Hand.
> Er sah die Not und den Hunger,

doch warnte er nicht die Sünder,
damit sie umkehrten von ihrer Bosheit!

Die Bitte um Erbarmen, die R. Jehoschua ben Qarcha als Elimelechs Aufgabe definiert hatte, ist die letzte Möglichkeit des solidarischen Gesandten,
das Volk vor den Folgen seines Tuns zu retten. Denn natürlich war auch der
damalige Hunger die Folge bösen Tuns. Dieser Aufgabe geht jedoch eine
wichtigere voraus, nämlich das Volk vor dem Weg, der ins Unglück führt, zu
bewahren. Es ist die Aufgabe der Zurechtweisung, der Ermahnung.

Die „Zurechtweisung", *tokeḥah*, wird der ältesten Midraschsammlung,
dem Midrasch-Tannaim, gradezu als Thema vorangestellt: Mit dem ersten
Satz des Deuteronomiums wollte der Heilige-gelobt-sei-er sagen:

Teurer ist mir Israels Zurechtweisung durch Mose
denn die zehn Gebote. (MTa 1)

Denn kaum hatten sie die zehn Gebote bekommen, übertraten sie sie, und
erst die Zurechtweisung Moses, wie sie nach dem Midrasch das fünfte Buch
der Weisung darstellte, führte sie auf den rechten Weg zurück.

Auch eine andre Midraschsammlung nennt den Inhalt des Deuteronomiums „Worte der Zurechtweisung", fügt jedoch hinzu, daß es nicht genüge,
daß einer da ist, der zurechtweist. Es kommt auch drauf an, ob Leute da
sind, die sich zurechtweisen lassen! (SDt § 1) Dieser doppelte Aspekt der
Zurechtweisung geht auch aus dem dreifachen berühmten Seufzer der drei
großen Rabbinen, Tarfon, El'asar ben Asarja und Aqiba, hervor, der wohl
ihre Ansicht über den Grund der großen nationalen Katastrophe wiederspiegelt:

Ich bezweifle,
ob es in dieser Generation jemand gibt,
der zurechtweisen kann!

Ich bezweifle,
ob es in dieser Generation jemand gibt,
der weiß, wie man zurechtweist!

Ich bezweifle,
ob es in dieser Generation jemand gibt,
der Zurechtweisung annehmen kann! (SLv 89 b)" vgl. Ar. 16 b)

Den Beweis, daß die Bereitschaft, das Volk zurechtzuweisen, zu den hervorragenden Eigenschaften der Gesandten Israels gehört, lieferte der Vergleich
mit dem moabitischen Propheten Bileam:

Schau, was der Unterschied ist
zwischen den Propheten Israels und den Propheten der Weltvölker:
Die Propheten Israels warnen vor Übertretungen,

wie es heißt:
‚Als Späher hab ich dich dem Haus Jisrael gegeben!' (Je 3,17)

Der Prophet dagegen, der den Weltvölkern erstand (Nu 22–24), führte,
wie der Midrasch zu beweisen sucht, viele Menschen in die Sünde und damit
ins Unglück (TnB *balaq* 1; und oft).
Dies war also der größte Vorwurf, der Elimelech gemacht werden konnte.
Anstatt daß er das Volk zur Umkehr brachte, „kehrte er sich um", nämlich
wandte Israel den Rücken zu und ging nach Moab.

Er ging,
um seine Seele und seine Familie zu retten
und kümmerte sich nicht um die Angelegenheiten der Gemeinschaft!
(Tn *šemini* 9)

Die Midraschim ergänzen einander: Elimelech hätte die Not verhindern
sollen, und wenn er sie nicht verhindern konnte, so hätte er versuchen sollen,
das Volk aus der Not zu befreien. Es ist dabei nicht entscheidend, daß das
Unglück, wie z. B. eine durch die Natur bedingte Hungersnot, rational gesehen, nicht immer eine Folge menschlicher Fehlhandlungen ist. Ebenso un-
wesentlich ist, daß die Alten keinen Unterschied machten zwischen der rationalen Bewahrung vor Leid (Versorgung!) und der metaphysischen (Fürbitte!).
Entscheidend ist, daß Elimelech seiner Solidaritäts- und Verantwortungs-
pflicht nicht nachgekommen war.
Der Beziehung zwischen dem Richter und seiner Gemeinschaft wurde in
einer andern Quelle ein ausdrucksstarkes Gleichnis beigefügt. ‚Er zerfasert
mein Fleisch und meine Haut', nämlich zur Stunde der Eroberung Jerusalems
(E 3,4):

Mein Fleisch – das ist die Gemeinschaft!
Meine Haut – das ist das Sanhedrin!
Wie die Haut das Fleisch bedeckt,
so bedeckt das Sanhedrin Israel! (ER zu 3,4, S. 124)

Das Fleisch ohne Haut stirbt, aber auch die Haut stirbt, sollte sie sich
weigern, das Fleisch bedecken zu wollen.

3. Jeremia

Wer sein Volk zurechtweist, gilt in den Augen des Volkes als ein ‚Zerrütter Israels', wie der König Ahab dem Propheten Elia vorwarf (1 K 18,17),
als einer, der es böse mit ihm meint. Die Menschen erfassen nicht, daß

jegliche Liebe,
die nicht von Zurechtweisung begleitet ist,
keine Liebe ist! (GnR 54,3; vgl ARNb S. 87)

wie R. Jose, der Sohn R. Chanina's, sagte. So ist auch ein Solidaritätsgefühl, das nicht den Mut zeugt, die Gemeinschaft von folgenschweren Fehlhandlungen abzuhalten, keine Solidarität.

Andrerseits ist eine Zurechtweisung, die nicht von solidarischem Verhalten begleitet ist, sinnlos (Buber-Leidende 428). Das ist der Unterschied zwischen dem Historiker Josephus Flavius, der Israel mit Ermahnungen und Warnungen überschüttete, aber erst nachdem er sein Schäflein bei Israels Feinden ins Trockene gebracht hatte, und Jeremia, dem Archetypus des Mahners (Simon-Totalität 117).

Es geschah wohl, daß Jeremia schwach wurde und seinem Volk Bitterkeit, ja Haß und Rachegedanken entgegenwarf (Jr 12,3, 15,15), weil es seinen Wahrungen kein Gehör schenkte, sondern mit fliegenden Fahnen in sein Unheil rannte und dazuhin ihn selber, denn Bürgen, verwarf und verfolgte. Doch in der Stunde der Not, in der Stunde der Bewährung der Solidarität, schien er zu vergessen, was er alles getan und gelitten hatte, um die Not zu verhindern. Keine Schadenfreude, keinen erhobenen Finger, „ich hab's euch ja gesagt", sehen wir bei ihm und erst recht keinen Versuch, sich von der Gemeinschaft abzusondern. Im Gegenteil, selbst die ihm ausdrücklich zu persönlicher Rettung entgegengestreckte Hand weist er zurück:

Als der Anführer der Leibdegen des babylonischen Königs, Nebusaradan, im Stil Jeremia's selber den Grund für Israels Katastrophe analysiert, schließt er Jeremia mit ein: ,Gesündigt habt ihr an IHM, auf seine Stimme habt ihr nicht gehört, so ist dieses euch geschehn!' (Jr 40,2–3) Dieser Vers, ob ihn nun Nebusaradan formuliert hat oder Jeremia selber, identifiziert den Gesandten mit seinem törichten Volk. Doch im nächsten Augenblick soll mit Jeremia eine Ausnahme gemacht werden. Herrliche Aussichten privaten Glücks werden ihm vor Augen gemalt (Jr 40,4). Doch wie Mose der Versuchung sich abzusondern nicht erlag, so auch Jeremia nicht. Er blieb bei seinem Volk ,und saß... inmitten des Restvolks im Land' (40,6).

Eine Paraphrase R. Acha's vertieft das Verständnis von Jeremia's Solidarität. Er zitiert Nebukadnezars Verordnung, Jeremia betreffend: ,laß ihm gar nichts Böses tun!' (Jr 39,12) Das bedeutete, sagt R. Acha:

– Ihm tue nichts,
aber seinem Volk tu Böses soviel du willst!

Jeremia jedoch sah eine Gruppe von Jungen in Halseisen gesteckt,
da steckte er seinen Kopf mit ihnen hinein!
Nebusaradan kam und führte ihn fort von ihnen.
Jeremia kam jedoch zurück
und sah eine Gruppe von Alten gefesselt,
da steckte er seinen Hals dazu! (ER Pt 34, S. 37)

Nebusaradan führt ihn wieder fort, wird aber diesmal zornig. Er kann sich für dieses unverständliche Verhalten nur drei Gründe denken: Entweder du bist ein Lügenprophet und hast es gar nicht ernstgemeint. Denn wie kann es sein, „daß du all diese Jahre die Zerstörung dieser Stadt prophezeit hast, und nun, da sie zerstört ist, ist dein Geist so sehr gedrückt?" Oder du bist ein Masochist, denn „ich will dir nichts Böses antun, du aber willst dir Böses antun, um damit zu sagen, daß dir Schmerzen überhaupt nichts ausmachen!" Oder du bist gar ein Blutvergießer, weil du mich den Befehl des Königs, dich zu schonen, nicht ausführen läßt, was mich meinen Kopf kosten kann (ibd).

Aber Jeremia „nahm es nicht an", d. h. ließ sich nicht überzeugen, daß er für sein privates Wohl zu sorgen hätte. Er macht in diesem Midrasch auch keinen Versuch, dem Babylonier zu erklären, daß keiner der drei Gründe zutrifft. Wie sollte dieser Herrscher verstehen, was ein Gesandter Israels, ein Mann des Geistes, ein Bürge für seine Gemeinschaft ist? Wie kann er, für den Menschen Untertanen sind und nicht Brüder, die ihm gleich sind, verstehen, daß ein Sohn Israels mit seinem Volk in seiner Not bleibt, selbst wenn dieses Volk grade ihn, der diese Not von ihm fernhalten wollte, verfolgt hatte?

Damit war das Problem Jeremia's jedoch noch nicht gelöst, fährt R. Acha fort. Mit welchem Volk sollte er sich identifizieren – mit dem das in Ketten nach Babel geführt wurde oder mit dem armen, elenden Restvolk, das im Lande verblieb? Auf Grund der in der Bibel erwähnten, aber nicht zitierten Rede Gottes, die an Jeremia gerichtet wurde, ‚nachdem ihn Nebusaradan... freigeschickt hatte... er war nämlich, in Armketten, inmitten aller Verschlepptenschaft Jerusalems und Jehudas, die nach Babel verschleppt wurden' (Jr 40,1), erfindet R. Acha den Inhalt der Rede:

Jeremia,
wenn du hier bleibst (bei dem Restvolk),
so geh ich mit ihnen (den Verschleppten),
und wenn du mit ihnen gehst,
so bleib ich hier.

Darauf antwortete Jeremia:

Meister der Welt.
wenn ich mit ihnen ginge,
was könnte ich ihnen nützen?
Nein, möge ihr König, ihr Schöpfer mit ihnen gehen,
der ihnen viel nützen kann.

Aus jenem stilistisch schlechten Satz kann man nämlich schließen, sagt R. Acha, daß „gleichsam sowohl er als er", sowohl Gott als Jeremia, „in Armketten waren". Nicht nur der Gesandte Israels, sondern auch der Gott Israels bewies also seine Solidarität.

War es aber wirklich Gott, der in Armketten ‚inmitten der Verschlepptenschaft Jerusalems und Jehudas nach Babel verschleppt wurde'? War es nicht vielmehr ein Mensch, nicht Jeremia zwar, aber ein andrer Gesandter? Man

kann nicht wissen, ob R. Acha das andeuten wollte, als er, um an einem
parallelen Vers zu beweisen, daß Gott tatsächlich ins Exil ging, zitierte:

Und ich bin inmitten der Verschlepptenschaft! (Je 1,1)

Der Sprecher ist nämlich gar nicht Gott, sondern – Ezechiel! Jeremia blieb
im Lande, um das Restvolk vor der endgültigen Katastrophe zu retten, und
erst nachdem auch dieser letzte Versuch gescheitert war, und zwar wegen
eines wahren ‚Zerrütters Israels‘, Jischmael ben Natanja (Jr 40,11–43,8), beglei-
tete er das Restvolk ins Exil nach Ägypten.

4. Ezechiel

Den Exilierten Babels erstand ein neuer Bürge, Ezechiel.

Die Wissenschaftler sehen ihn als einen, der an der Wegscheide stand
zwischen dem, was von ihnen Kollektivismus genannt und verdammt wird,
und dem, was sie als Individualismus bezeichnen und gutheißen (Scharbert-
Solidarität, Einleitung; Reventlow-Wächter 128). Ezechiels Lehre jedoch, daß
nur ‚die Seele, die sündigt, sterben wird‘ und nicht der Vater für den Sohn oder
der Sohn für den Vater (Je 18), will nicht das Haftungsgesetz ungültig machen.
Wie könnte man auch ein Gesetz der Wirklichkeit ungültig machen? Zu gewissen Zeiten sind einseitige Formulierungen nötig, um eine menschliche
Geistesverfassung aus der entgegengesetzten Einseitigkeit wieder ins Gleich-
gewicht zu bringen. So wollte Ezechiel seine Leidensgefährten nach der Ersten
Zerstörung lehren, daß, obwohl die Väter das gegenwärtige Unglück verur-
sacht hatten, sie für sich selber und für ihr Schicksal verantwortlich sind. Das
Haftungsgesetz, das in jenem von den Exilierten zitierten Sprichwort: ‚Väter
aßen Herlinge, Söhnen werden die Zähne stumpf‘ (Jr 31,28; Je 18,1; vgl.
E 5,7), enthalten ist, zwingt dem Menschen kein Schicksal auf, aus dem es kein
Entrinnen gibt. Es gibt nichts, was dem jüdischen Denken, das überall die
Freiheit des Menschen zum Ziel hat, ferner liegt als Fatalismus. Es ist durchaus möglich, nach dem Scheitern wieder aufzustehn und sich aus dem Leiden
zu befreien, wenn man nur bereit ist, die Verantwortung für sich und sein
Schicksal von neuem zu übernehmen und ‚umzukehren‘ von dem Weg, der
zum Scheitern und zum Leiden geführt hatte.

Es war wohl Ezechiel, der die Möglichkeit der Umkehr als einen Weg der
Bewältigung des Geschicks zum ersten Mal gründlich durchdachte.

Nie und nimmer aber annulliert die Lehre, daß der Einzelne sich als
Meister seines Schicksals verstehen muß, auch wenn andre Unglück über ihn
gebracht haben, das Gesetz der Haftung. Im Gegenteil, nach dem Ezechiel
nun die Verantwortung des Menschen für sich selber erst richtig deutlich formuliert hatte, wurde noch viel klarer, daß die Verantwortung für sich selber

eo ipso auch Verantwortung für die Gemeinschaft bedeutet, eben weil das eigene Geschick vom Geschick der Gemeinschaft abhängig ist.

Wie viele Wahrheiten des Lebens, so läßt sich offenbar auch diese nur in paradoxen Ausdrücken erfassen. So redet Ezechiel auf der einen Seite von den drei Männern, Noah, Daniel und Hiob, die keinen andern Menschen retten können, nicht mal ihre Söhne und Töchter, sondern ‚nur ihre eigene Seele‘, wie er viermal refrain-mäßig wiederholt (Je 14,13–20). Auf der andern Seite behauptet er, daß nur wegen des Fehlens eines Gesandten, eines Bürgen das Volk der Vernichtung preisgegeben wurde:

> Ich suchte unter ihnen einen Mann,
> der die Mauer zumauerte,
> der träte vor mir in die Bresche
> für das Land, daß ichs nicht verderbte, –
> ich habe nicht gefunden. (Je 22,30)

Der Widerspruch symbolisiert nur die beiden Seiten derselben Wirklichkeit: Wenn Ezechiel den Menschen lehren wollte, die Verantwortung für seine Taten und sein Geschick auf sich selber zu nehmen, so ignorierte er das Haftungsgesetz, wenn er aber den Einzelnen lehrte, Verantwortung für seine Gemeinschaft zu übernehmen, so vergaß er gleichsam die Verantwortung, die jeder Mensch in dieser Gemeinschaft für sich selber hat.

Wegen dieser scheinbar paradoxen Lehre wäre das Buch, genau wie Qohelet, von den Rabbinen beinahe nicht in den biblischen Kanon aufgenommen worden. Es ist Chananja ben Chiskia zu danken, daß er die Widersprüche ausgleichen konnte, was ihn dreihundert Krüge Öl zur Beleuchtung, also einen ungeheuren Zeitaufwand kostete (Sb 13 b; Bacher-AT I 19).

So ist es auch nur ein scheinbarer Widerspruch zu der Lehre von der sog. „individualistischen Bestrafung“ bei Ezechiel (Taylor, vor allem S. 45), wenn er gleich zu Anfang seiner Sendung die Verantwortung für seine Gemeinschaft auf sich nimmt:

> Menschensohn,
> als Späher habe ich dich dem Haus Jisrael gegeben . . .
> und sollst von mir her sie warnen.
> Wann ich spreche zum Frevler: Sterben mußt du, sterben!
> und du warnst ihn nicht,
> redest nicht, um den Frevler von seinem Frevelsweg abzuwarnen,
> ihn am Leben zu halten:
> ein Frevler ist er, um seine Verfehlung wird er sterben,
> von deiner Hand aber will ich heimfordern sein Blut. (Je 3,16–21)

Die Tatsache, daß du für diesen Menschen haftest, entbindet diesen zwar nicht von der Verantwortung für sich selber, doch umgekehrt entbindet dich die Eigenverantwortung des Andern nicht davon, für ihn Bürge sein zu müssen.

Wie schwer es christlichen Forschern fällt, hinter der metaphysischen Formulierung von der Verantwortung das von Ezechiel gemeinte Gesetz der
Wirklichkeit zu erkennen, zeigt Reventlow:

„Der Wächter ... Ein einzigartiger Beruf stellvertretender Verantwortung wird
hier sichtbar, der nur dadurch seine Begrenzung erhält, daß mit der Erfüllung des
Warnauftrags die Haftung des Wächters erlischt. Das ist der Hauptunterschied zu
der Erfüllung stellvertretender Sühnverantwortung im Werke Christi, zu der das
Wächteramt Ezechiels eine deutliche Vorstufe darstellt." (Reventlow-Wächter 133)

Wenn Ezechiel von Frevel und Tod redet, so meint er das nicht im metaphysischen Sinn. Er spricht ‚mitten in der Verschlepptenschaft‘ in Babylonien
und gebraucht nicht von ungefähr das Bild vom Wächter über der Stadt. Auch
meint weder er noch das Volk mit dem Sprichwort von den Herlingen (Je
18,1) etwas andres als das diesseitige Gesetz vom Zusammenhang zwischen
Tun und Geschick. Aus diesem Gesetz schließt Ezechiel logisch, daß die Verantwortung des Wächters den Sünder seiner eigenen Verantwortung nicht
enthebt. Umgekehrt ist zwar der Wächter seiner Verantwortung nachgekommen, wenn er die Stadt gewarnt hat, und damit frei von Schuldgefühl, aber
davon, daß damit „seine Haftung erlischt", wie Reventlow behauptet, kann
gar keine Rede sein. Ist er doch mit in der Stadt und leidet das Geschick der
Stadt, es sei denn er bringt sich persönlich in Sicherheit. Daß dies die Gesandten Israels eben grade nicht taten, daß sie vielmehr an der Solidarität und der
Verantwortung festhielten, auch wenn die ‚Frevler‘ die Warnung in den Wind
geschlagen hatten und die bösen Folgen eingetreten waren, das sahen wir ja
bereits bei Jeremia.

Abgesehen von dem dogmatischen Zwang, Ezechiels Verständnis des immanenten Schuld-Tat-Zusammenhangs mit dem apokalyptisch-jüdisch-christ-
lichen Glauben an den metaphysischen Schuld-Verdammungs-Zusammenhang
gleichzusetzen, und abgesehen von der ebenfalls dogmatisch bedingten Notwendigkeit, Ezechiel seinen Platz als „Vorläufer Christi" beibehalten zu lassen,
hat Reventlow Ezechiels Hauptthema hervorragend analysiert:

Im Fall daß er die Warnung versäumt, trifft die Schuld zwar ebenfalls den Täter,
aber nun wird der Wächter selbst haftbar gemacht ... Es besteht also eine Solidarität
zwischen Wächter und Volk, die sich in einer gemeinsamen Haftung für die Ein-
haltung von Gottes Gebot äußert. ... Durch die göttliche Offenbarung wird also
zwischen dem ganzen Volk Israel eine Sippengemeinschaft gegenseitiger Haftung hergestellt, in die der Prophet mithineingehört ...
Der Prophet hat ein ... Amt ..., ohne diese Bindung an das Volk und an die
gemeinsame Verantwortung ist es nicht zu verstehen. Das Verständnis des Propheten
als des großen Einzelnen ist das größte Mißverständnis, das man ihnen antun kann.
Er hat aber eine noch über die der anderen Bundesvolkglieder hinausgehende
Verantwortung: ... er ist der Wächter ... ruft zur Umkehr ... In der Fürbitte für
sein Volk (die bei Ezechiel nur 11,13 zu erkennen, sonst aber bei den Propheten weit
verbreitet ist), kommt das Amt des Propheten in seiner ganzen Fülle zur Vollendung.

In diesem Amt die Wurzel des Individualismus sehen zu wollen, ist eine gänzliche Verkennung der Umstände. (Wächter 132 f)

Reventlow fährt fort zu erklären, warum streng zu unterscheiden sei zwischen der menschlicher Entscheidung anheimgegebenen individuellen Bestrafung im Gerichtswesen, die schon längst vor Ezechiel eingeführt worden war, und dem nicht von Menschen beeinflußbaren Gesetz der Haftung.

Wie eng bei Ezechiel die Verantwortung des Bürgen für das Volk mit der Eigenverantwortung jedes Einzelnen zusammenhängt, wird auch aus der rein formalen Tatsache deutlich, daß Ezechiel seine zunächst separat dargestellten Lehren von der Haftung des Spähers (Je 3) und der Eigenverantwortung jedes Einzelnen (Je 18) noch einmal wiederholt, diesmal aber miteinander kombiniert (Je 33): Der Späher, der das Schwert kommen sieht, muß das Volk warnen. Tut er es nicht und das Schwert kommt, so ist der, der umkommt, durchaus selber daran schuld. Aber auch von dem nachlässigen Späher ‚fordre ich sein Blut'. Wie sich das ausdrückt, sagt Ezechiel nirgends. Man kann es entweder ganz konkret verstehen: der Späher kommt zusammen mit denen in der Stadt um, oder psychologisch: er wird niemals mehr Ruhe finden für seine Seele.

Worin drückt sich nun aber die Warnung in Ezechiels konkreter Situation, in der e r Späher zu sein hat, aus? Eben darin, daß er dem Volk nicht erlaubt, sich seinen fatalistischen Folgerungen aus der Erkenntnis seiner eigenen oder der Väter Fehlhandlungen hinzugeben:

> Unsre Sünden sind über uns,
> durch sie vermodern wir,
> wie noch dürften wir leben?

Wenn sie so das ‚diejenige Seele, die sündigt, die stirbt' verstanden haben, so haben sie überhaupt nichts verstanden:

> Habe ich denn Gefallen am Sterben des Frevlers? . . .
> Kehrt um, kehrt um
> von euren bösen Wegen,
> warum wollt ihr sterben, Haus Jisrael? (Je 33,10–11)

Die Eigenverantwortung besteht darin, daß trotz des Haftungsgesetzes von den Herlingen und den stumpfen Zähnen jede Generation, ja jeder Einzelne die Chance hat, umzukehren und sein Schicksal wieder zu meistern. Des Wächters Aufgabe in jener bestimmten Situation war es, diese Chance aufzuzeigen, und das Volk sowohl wegen seiner Klage über das Haftungsgesetz (Väter und Söhne) als wegen seiner Resignation (wir haben gefehlt, und also müssen wir vermodern) zurechtzuweisen.

Und wiederum, was auch Ezechiel zum Späher, zum Mahner macht, ist sein tief empfundenes Solidaritätsgefühl mit seinem Volk. Diese Identifikation mit den Leidenden als Voraussetzung seiner Sendung leuchtet schon im ersten Satz seines Buches auf: ‚ich bin inmitten der Verschlepptenschaft‘, inmitten der Gemeinschaft der Exilierten (vgl. Je 3,11). Und noch ehe er die erste Rede an seine Gemeinschaft richten kann, muß er seine Identifikation mit ihr konkretisieren und demonstrieren und ihre tiefe Bedeutung erklären:

Ezechiel soll ein Modell des belagerten Jerusalems herstellen, und obwohl er zunächst selber den Belagerer darzustellen hat, ‚zum Zeichen für das Haus Jisrael‘ (Je 4,1–3), nämlich zur Warnung, wird er bezeichnenderweise plötzlich selber zum Belagerten. Er selber erfährt sozusagen die Not als erster, er selber symbolisiert die Lage, vor der er sein Volk bewahren sollte. Ja Ezechiel geht mit dieser symbolischen Identifikation noch einen entscheidenden Schritt weiter – er ist nicht nur der Leidende, sondern auch der Sündigende:

> Und du liege auf deine linke Seite
> und tue den Fehl des Hauses Jisrael drauf, ...
> und sollst ihren Fehl tragen.

390 Tage lang muß er auf diese Weise den Fehl des Hauses Israel tragen, und danach muß er, mit Stricken gebunden, auch auf seine rechte Seite liegen und ‚den Fehl des Hauses Jehuda tragen‘ (Je 4,4–8). Der Fehl, die Sünde, die an dem gefesselten Gesandten symbolisiert ist, ist aber wie gesagt, gleichzeitig der Belagerer Jerusalems. Der Fehl ist es, der die Katastrophe verursacht hat.

Man muß beachten: Den Fehl des Hauses Israel und des Hauses Juda tragen, bedeutet nicht, den Fehl von ihnen zu nehmen und die Folgen an ihrer Stelle zu tragen. Die Katastrophe hat sich ja zum Teil schon ereignet, und das noch ausstehende Ende der Ersten Zerstörung steht nahe bevor (zur Chronologie: Taylor 29–39). Er wollte seiner Gemeinschaft nur zeigen, daß er sich mit jenen identifiziert, die wegen ihres Fehlverhaltens und ihrer Torheit das nationale Unglück verursacht haben. Mit dieser Demonstration seiner Solidarität bereitet er den Boden vor für die Zurechtweisung und Mahnung, deren seine Gemeinschaft bedarf, um aus ihrem Leiden einen Ausweg zu finden.

Und wie er sich mit den Sündern identifiziert, so identifiziert er sich mit den Leidenden: die Fesseln, das unbequeme Liegen, das Essen von minderwertigem Brot, die Einschränkung des Trinkens (Je 4,8–12) – all das nahm er auf sich, nicht um das Volk zu warnen. Die Belagerung lag schon fünf Jahre lang hinter diesen Verschleppten (Taylor 23 f). Warum er es tat, erklärte später R. Jose ben Chalafta auf die Frage einer römischen Dame, wieso denn „jener Gerechte“ soviel Leid erlitten habe. Sicher habe er doch Sklaven und Sklavinnen gehabt, die zur selben Zeit Nahrung und Getränke verschwendeten. Die gute Dame verstand so wenig wie Nebusaradan in R. Acha's Paraphrase auf Jeremia, daß Ezechiel diese Not bewußt auf sich genommen hatte, damit ihn sein Volk als einen ‚zurechtweisenden Mann‘ (vgl. Je 3,26) akzeptiere. Jener Gerechte hat soviel gelitten, antwortet R. Jose ben Chalafta,

um dir zu verkünden,
daß überall, wo Israel in Leid sind,
da leben die Gerechten mit ihnen in Leid! (Pq 71 a)

Denn nur wer in derselben Lage ist wie die Sündigenden und die Leidenden, wird sich bei ihnen Gehör verschaffen können.

5. David

Die Geschichte von dem angeblich solidarischen König muß nach den Kapiteln von den drei Männern des Geistes als Antiklimax empfunden werden. Die Fiktion zeigt aber, wie selbstverständlich man von der geistigen Persönlichkeit solidarisches Verhalten erwartete. Konnte ein solches nicht festgestellt werden, so mußte es die Tradition eben erfinden. Dies tat sie offensichtlich im Fall von David, der ja im Lauf der Generationen zu einem Sinnbild des zukünftigen Erlösers (vgl. z. B. Lk 1,32), also des idealen, metaphysischen Gesandten wurde.

Davids Biographie im Buche Samuel gibt keine Veranlassung, ihn in eine Reihe mit Mose, Jeremia und Ezechiel zu stellen. Vor allem die Uria-Affaire deutet auf einen geradezu antisolidarischen Charakter.

Während David seinen Feldherrn Joab und ‚ganz Jisrael‘ in den Krieg geschickt hatte (2 S 11,1), bleibt er, ihr Hirte, zurück im sicheren Haus. Damit nicht genug, steht er ‚gegen Abend‘ von seinem bequemen Lager auf, um sich mit der Frau eines Soldaten, der sein Leben an der Front aufs Spiel setzt, zu vergnügen. Diesem Inbegriff antisolidarischen Verhaltens wird nun der Inbegriff solidarischen Verhaltens gegenübergestellt. Und zwar ist es grade jener betrogene Soldat, Uria der Chetiter, – nicht mal ein echter Israelsohn, der in Tat und Rede beweist, was Solidarität in der Not bedeutet. Er nützt seinen plötzlichen Urlaub nicht aus und geht nicht in sein Haus. Auf die besorgte Frage des Königs hin erklärt er:

Jisrael und Jehuda sitzen in Hütten,
auf der Fläche des Feldes lagern mein Herr Joab und meines Herrn Diener,
und ich da sollte in mein Haus kommen, zu essen, zu trinken, bei meinem Weib
    zu liegen!
sowahr du lebst, sowahr meine Seele lebt,
täte ich diese Sache - - -! (2 S 11,11)

Doch dieses Exempel machte auf David nicht den geringsten Eindruck. Im Gegenteil er sandte den Vertreter der Solidaritätsethik in den Kampf, wo er am wildesten war, und befahl, daß man sich von ihm ‚abkehre, damit er erschlagen werde und sterbe!‘ (16)

Uria wird getötet, und die ganze Dynastie des Hauses David bis zum letzten der Könige Juda’s und, wer weiß, bis zum König Messias, der auch aus dieser Dynastie stammen soll, hat ihren Ursprung in jenem ‚Lämmchen‘, das David, nach dem Gleichnis des Propheten Natan dem ‚Armen‘ gestohlen hatte, Batseba, der Frau Uria's des Chetiters! (2 S 12)

Der Verrat Davids an der Aufgabe des Bürgen schreit zum Himmel auch in einer andern Affäre. Wegen des Aufruhrs von Davids Sohn Absalom fielen von Israel 20 000 Menschen. Aber nicht etwa David, sondern der Kriegsmann Joab setzte dem Gemetzel schließlich ein Ende, ‚denn des Volks wollte Joab schonen‘ (2 S 18,16), indem er den Aufrührer tötete. David vergoß keine einzige Träne über die zwanzigtausend Männer seines Volkes, aber über seinen Sohn, der ihren Tod verursacht hatte, brach er in achtfache bittere Klage aus: ‚mein Sohn, mein Sohn‘ (18,24–19,5). Diese Gleichgültigkeit gegenüber dem Volk auf Seiten des Königs, der doch für das Volk verantwortlich war, brachte Joab, den Krieger, völlig aus der Fassung:

> Ich weiß ja seit heut:
> ja, lebte nur Abschalom und wir alle wären heut tot,
> ja, dann wärs in deinen Augen recht! (2 S 19,7)

Der Mangel an Solidarität und Verantwortung war denen, die in David ein Symbol guter Königschaft sehen wollten, unerträglich. Daher wird in den Zusätzen zur Davidsgeschichte ein Bild gezeichnet, das den Erwartungen eher entspricht, die man in Israel einem Gesandten der Gemeinschaft gegenüber hegte. So wird erzählt, daß sich David derart mit den Soldaten identifizierte, daß er trotz seines großen Durstes nicht von dem Wasser trinken wollte, das ihm ‚die drei Helden‘ während der Schlacht unter Lebensgefahr geholt hatten. Die Formulierung der Weigerung ähnelt erstaunlich der Formulierung von Uria's Weigerung:

> Da sei ER, Gott vor, daß ich das tue!
> das Blut der Männer, die um ihre Seele den Gang gemacht haben?! (2 S
> 23,13–17)

oder nach einer andern Formulierung:

> Da sei Gott vor, daß ich das tue!
> das Blut dieser Männer, mit ihrer Seele dran, sollte ich trinken?!
> ihre Seele dransetzend sind sie ja gekommen! (1 C 11,19)

und er weigerte sich zu trinken! Paßt nicht diese Geschichte zu jenem Midrasch von Mose und den Steinen, die seine Hände stützen? (s. S. 122–3) Dieweil Israel leiden, will auch ich mit ihnen leiden!

Die Korrektur von Davids Bild ist noch deutlicher in einer andern Geschichte, die ebenfalls in den späteren Zusätzen enthalten ist.

Wie gesagt war der wirkliche David nicht nur kein aktiver Bürge für sein Volk, sondern machte im Gegenteil sein Volk zu passiv Haftenden für ihren König, wie soviele andere Herrscher in der Geschichte. Der biblische Midrasch drückt das so aus: Wegen Davids, recht undeutlich definierter, Schuld ‚gab ER eine Pest über Jisrael ... sterben mußten vom Volk, von Dan bis Berscheba, siebzigtausend Mann' (2 S 24,15). Der Unterschied zwischen diesem und dem historischen David ist, daß er sich hier wenigstens des Leidens bewußt war, das er auf sein Volk gebracht hatte:

> Da, ich bins, der gesündigt hat,
> ich bins, der sich verfehlt hat,
> diese aber, die Schafe,
> was haben sie getan?!
> sei doch wider mich deine Hand
> und wider mein Vaterhaus! (17)

Daraufhin gibt der biblische Midrasch David Gelegenheit, das dem Volk bestimmte Unglück abzuwenden, wie es Mose und die andern Bürgen Israels zuweilen tun konnten.

6. Rabbi

Obwohl die Solidarität eine Notwendigkeit ist, die sich logisch aus der gegenseitigen Abhängigkeit ergibt, ist sie ein Verhalten, das meist nicht angeboren ist und also – oft durch Leiden – erlernt werden muß. Wir sahen schon, daß die Bücher der Weisung dem Leiden in Ägypten, dem Fremdsein und der Sklaverei, einen nachträglichen Sinn gaben: Israel sollte sich für immer daran erinnern, um sich mit Gastsassen und Sklaven, ja mit allen Bedrückten und Benachteiligten zu identifizieren und überhaupt zu wissen, wie man sich dem Andern gegenüber zu verhalten habe.

Auch in der talmudischen Literatur ist vom Erlernen der Solidarität durch Leiden die Rede (s. auch S. 201–2). Ja, es war ausgerechnet R. Jehuda der Patriarch, der Redaktor der Mischna und einer der größten Weisen überhaupt, weswegen er ganz einfach „Rabbi" genannt wird, – der ein Exempel statuieren wollte, wie ihn Leiden zur Solidarität und zur Bürgschaft für seine Gemeinschaft geführt hatten.

a) Die älteste Deutung der Krankheit Rabbi's: Das Erlernen der Solidarität

Die Geschichte von Rabbis Krankheit ist literargeschichtlich überaus kompliziert. Doch scheinen alle Versionen und Motive eine gemeinsame Wurzel zu haben.

Man kann zunächst zwischen zwei Traditionen unterscheiden, einer palästinensischen (P Kil 32 b; P Kt 35 a; GnR 33,3) und einer babylonischen (BM 85 a). Beide stimmen in Folgendem überein: Rabbi war dreizehn Jahre lang krank und zwar an einer Zahn- und Gaumenkrankheit; nach der babylonischen Tradition litt er zusätzlich an Steinen in den Harnwegen. Was diese Schmerzen verursachte, war, wie üblich, eine Verfehlung, aber eine auf den

ersten Blick merkwürdig geringfügige: Ein Kalb war auf dem Weg zur
Schlachtung, und als es an Rabbi, der grade vor der großen Synagoge der
Babylonier in Zippori (Sepphoris) saß und sich mit der Weisung beschäftigte,
vorbeiging, brüllte es, als wollte es bitten: rette mich!
Rabbi sagte entschuldigend:

Was kann ich denn da tun!
Dazu bist du ja geschaffen! (GnR)

Dies war seine ganze Verfehlung. Der babylonische Erzähler, der, wie wir
noch sehn werden (s. S. 181 ff) ein Anliegen hat, Rabbi herabzusetzen, ist bereits
hier daran interessiert, diese Sünde etwas mehr aufzublasen: Bei ihm kommt
das Kalb heran, um seinen Kopf in den Falten von Rabbis Gewand zu bergen,
und Rabbi sagt erbarmungslos:

Geh! Dazu bist du geschaffen!

Er fügt auch ausdrücklich hinzu:

Weil er sich nicht erbarmt hat,
sind Schmerzen über ihn gekommen.

Der Palästinenser fährt nun fort und erzählt, wie es kam, daß Rabbi wieder gesund wurde. Rabbi sah einen Menschen stehen, der ein Nest mit Mäusen ausräumen wollte, oder andres Ungeziefer", die Tradition variert das
Getier genauso wie die Identität des besagten Menschen, der einmal Rabbis
Tochter ist, dann wieder seine Magd oder einfach Leute. Rabbi jedoch hält
ihn ab:

Laß sie in Ruhe!
Es steht doch geschrieben:
‚Sein Erbarmen ist über all seinen Werken'! (Ps 145,9)

Der Babylonier fügt wieder die ausdrückliche Deutung hinzu:

Weil er sich erbarmt hat,
erbarmen auch wir uns über ihn!

Das Leid, das Rabbi an seinem eigenen Körper gespürt hatte, brachte ihn
dazu, sich auch mit andern Leidenden zu identifizieren, sei es auch mit Ungeziefer, und sich ihrer zu erbarmen. Als Rabbi die Lektion gelernt hatte, war
sein Leiden überflüssig geworden.
Meiner Ansicht nach ist dies die ursprüngliche Deutung von Rabbis Krankheit, und es ist gut möglich, daß sie von Rabbi selber stammt. Sie regte jedoch das Denken vieler Zeitgenossen und Nachkommen an, und daraus er-
wuchsen neue Geschichten, neue Deutungen.
Um diese starke Wirkung der Geschichte zu verstehen, möge ausnahms-
weise eine nachtalmudische Quelle angeführt werden, nämlich die Antwort

des Gaon Scherira, dem Historiker der Mischnageschichte, der im zehnten Jahrhundert in Pumbedita, der rabbinischen Metropole in Babylonien lebte. Er wurde gefragt, ob man aus dieser Geschichte lernen solle, daß es verboten sei, Tiere, die für die Nahrung notwendig sind, wie Kälber, zu schlachten, und es geboten sei, schädliche Tiere am Leben zu lassen? Nein, antwortete der Gaon (Titel des Oberhaupts der Gelehrtenschulen in nachtalmudischer Zeit), nicht das ist die Moral dieser Geschichte. Das Leiden Rabbis war ja keine Strafe, sondern Züchtigung, Erziehung, wie sie Gott grade den Großen und Erwählten zuteilwerden läßt. Denn wir haben ja von R. Acha überliefert bekommen, daß Gott es mit diesen haarscharf genau nimmt (P Be 62 b; P Schq 48 d; BQ 50 a; Jb 121 b; vgl. Tn *wa-ethannen* 6 und oft), damit die Vielen von ihnen lernen und aus ihren Handlungen und Leiden Konsequenzen für sich selber ziehen. Rabbi hätte, sagt der Gaon, zum Beispiel das Kalb eine Weile aufhalten können. So hätten andre gelernt, barmherzig zu sein. Oder vielleicht kamen die Züchtigungen auf Rabbi, weil er behauptet hatte, das sei zum Leiden geschaffen. Es stimmt zwar, daß das Tier zur Nahrung bestimmt ist, aber das heißt nicht, daß es dazu geschaffen ist. Es leidet, weil es keine andre Wahl hat, aber es bekommt auch seinen Lohn dafür. Gott entschädigt ja jedes Geschöpf für Leiden, die ihm nicht zukommen (zitiert bei Winter 45 f).

Es muß wohl Leid in der Welt geben, aber Rabbis Sünde war, daß er sich mit der Feststellung dieser Tatsache zufrieden gab. Auch wenn er dem Kalb nicht helfen konnte, so hätte er wenigstens zeigen sollen, daß er sich mit dem leidenden Geschöpf identifizierte. Die Tendenz dieser Geschichte wird grade an dem grotesken Abgrund deutlich, der den vornehmsten Juden seiner Zeit und das niedrigste Tier voneinander trennt. Wenn diese beiden die Solidarität verbinden muß, um wieviel mehr sollte sie zwischen Mensch und Mensch herrschen.

b) Das Erlernen der Abhängigkeit vom Andern

Anders als der Gaon Scherira, der sich mit der ursprünglichen Deutung begnügte, versuchten Rabbis Zeitgenossen und Nachfahren, der Geschichte noch andre Lektionen abzugewinnen. Hier spaltet sich die Tradition.

Nach der palästinensischen Tradition (P Kil 32 b; P Kt 35 a; GnR 33,3), wurde Rabbi am Ende der dreizehn Jahre nicht unmittelbar geheilt, sondern erst dreißig Tage später. Wie kam das?

Es geschah, daß Rabbi über R. Chija den Großen, der zu ihm aus Babylonien nach Zippori gekommen war, zürnte, und zwar wegen einer bestimmten Bemerkung über einen andern großen Babylonier, R. Huna. Rabbi „schalt" den Gast, was ein *terminus technicus* ist und bedeutet, daß er ihn von sich für die Zeit von dreißig Tagen vertrieb (MQ 16 a) und damit tief beschämte. In der Werteskala der Weisen nun steht an oberster Stelle, daß man den Andern ehren solle, nicht lieben, aber ehren! So heißt es in vielen Sprüchen (A

2,10; 4,12 und oft), und so wiederholen es unzählige Geschichten (z. B. So 40 a).

Das klassische Beispiel ist wiederum Mose, von dem jeder lernen soll, den andern, auch den gesellschaftlich niedriger Stehenden, zu ehren wie sich selbst. Als Mose seinem Schüler Josua befahl, für eine bestimmte Aufgabe Leute auszusuchen, sagte er nicht: „Wähle mir Leute", sondern ‚Wähle uns Leute' (Ex 17,9), „das lehrt, daß er ihn sich gleichmachte!" (ARN S. 84).

Umgekehrt ist die Beschämung eine der furchtbarsten Sünden, deren ein Mensch sich schuldig machen kann. Wegen der Beschämung eines einzigen und keineswegs besonderen Menschen, die in Gegenwart von etlichen Weisen geschah, ohne daß sie dagegen „protestiert" hätten, zerstörte der Heilige den zweiten Tempel, so deutete R. El'asar ben Schamua (G 57 a). Eine Generation später kamen angeblich zwölftausend Schülerpaare R. Aqiba's um, „weil sie einander keine Ehre erwiesen hatten" (Jb 62 b). Wie sehr man sich „im Westen", nämlich im Land Israel, „vor Beschämung vorsehe", erzählte man sich voll Staunen in Babylonien und zitierte einen Satz R. Chanina's: Alle Leute, die in die Hölle kämen, hätten Aussicht wieder herauszukommen mit Ausnahme vom Ehebrecher und von dem, der einen Andern öffentlich beschämt. Ja R. Jochanan sei sogar noch weiter gegangen und habe gesagt:

Lieber soll ein Mensch zum Weib eines Andern kommen,
als daß er seinen Andern öffentlich beschäme! (BM 59 a)

Schon viel früher hatte R. El'asar von Modein gewarnt, daß derjenige, der seinen Andern öffentlich beschäme, keinen Teil an der kommenden Welt habe, soviele gute Taten und soviel Weisungsstudium er auch vorzuweisen habe (A 3,11), und R. Schim'on ben Jochai riet einem Menschen, sich eher in einen Feuerofen zu werfen, als jemand öffentlich zu beschämen (Br 43 b). So ist es nicht verwunderlich, daß Rabbi noch weitere dreißig Tage lang krank blieb, eben die Zeit, die er R. Chija beschämte. Das Wundersame nun ist in dieser Legende, daß am Ende der dreizehn Jahre und dreißig Tage der Prophet Elia erschien, und zwar ausgerechnet in der Gestalt R. Chija's, um Rabbi zu heilen. Das sollte Rabbi zeigen, daß er R. Chija's bedurfte, um geheilt zu werden, anders gesagt, daß er von dem, den er beschämt hatte, abhängig war.

Von jener Stunde an
erwies sich Rabbi ehrerbietig gegenüber R. Chija!

Rabbi hatte also, so will wohl der Redaktor dieser beiden Geschichten sagen, durch sein Leid gelernt, sich mit dem Andern zu identifizieren, und zwar nicht nur in dessen körperlichem Leid (dem des Kalbes, das zur Schlachtbank geführt wurde), sondern auch in dessen seelischen Schmerz (dem der verletzten Ehre, d. h. der Selbstachtung und des Ansehens). Die Geschichte von R. Chija erscheint so als die Anwendung der Lektion aus der

Geschichte vom Kalb und den Mäusen: Was bedeutet es, sich mit den Geschöpfen zu identifizieren, wenn die Rede nicht von Ungeziefer sondern von
Menschen ist? Extreme Situationen wie die des Kalbes, da Rabbi ja auch im
besten Fall nichts tun konnte als sein Mitgefühl zum Ausdruck zu bringen,
lehren ja noch nicht, wie sich nun das ‚dein Andrer ist dir gleich‘ im täglichen Miteinander auszuwirken hat. Da gilt das größte Gebot – den Andern
zu achten wie dich selber:

> Die Ehre deines Schülers sei dir so lieb wie deine eigene!
> und die Ehre deines Gefährten wie die deines Meisters!
> und die Ehre deines Meisters wie die des Himmels (A 4,12; ARN S. 84)

Rabbi muß sich des Kalbes erbarmen, denn es kommt die Zeit, da auch
er des Erbarmens bedarf. Rabbi darf seinen Kollegen nicht herabsetzen und
beschämen, denn es kommt die Zeit, da er dieses Andern bedarf.

c) Das Leiden eines Stellvertreters

Damit ist der Interpretationsprozeß noch nicht zuende. Aus der Solidarität
mit dem Andern folgt die Verantwortung. Diese Gesetzmäßigkeit wird in der
Tradition von Rabbis Krankheit deutlich, und zwar unabhängig voneinander
so wohl in der palästinensichen als in der babylonischen.

Wie Rabbi zum Bürgen, zum Stellvertreter wird, drückt der palästinensische R. Jose Sohn des R. Abin (oder R. Bun), der Hauptredaktor des palästinensischen Talmuds, so aus:

> Während all jener dreizehn Jahre
> starb kein Tier im Land Israel
> und gab es keinen Kindesabort im Land Israel. (P Kil 32 b; P Kt 35 a)[20]

---

[29] Wie ungeheuer schwierig und durchaus nicht eindeutig beweisbar die Rekonstruierung solcher Geschichten der rabbinischen Literatur ist, möge an diesem
Beispiel gezeigt werden:

Meiner Ansicht nach spielte sich der literarische Prozeß folgendermaßen ab:
Diese Deutung des R. Jose Sohn R. Abins, wie sie im Palästinensischen Talmud
erscheint, war der ursprüngliche Satz. Doch um die Geschichte vom Kalb mit der
von R. Chija enger zu verknüpfen, schickte der Redaktor der ganzen Geschichte
die Deutung R. Jose's voraus und legte sie in den Mund R. Chija's, der seiner Ansicht nach die Heilung Rabbis durch Elia in seiner, R. Chija's Gestalt, folgendermaßen kommentiert habe: „Wehe euch Tieren im Lande Israel, wehe euch Embryos
im Lande Israel". So scheint es, als ob R. Chija, grade nachdem er von Rabbi eine
so große Beleidigung hatte einstecken müssen, ihm die Anerkennung als Stellvertreter
für die zum Leiden Bestimmten verlieh. Das klingt unwahrscheinlich, es ist auch
nicht mit der Tatsache in Einklang zu bringen, daß das ausdrückliche Wort R.
Jose's, der etwa 200 Jahre später Lebte, dem Ausruf R. Chija's vorangestellt wurde,

Indem Rabbi an seiner Krankheit litt, nahm er gleichsam das Leiden des zum Sterben bestimmten Kalbes auf sich, und solange er dieses Leiden trug, wurde kein andres Kalb geschlachtet, ja überhaupt kein Tier starb. Von daher wird nun der Geltungsbereich von Rabbis Stellvertretung immer mehr erweitert. Auch die, den Tieren ähnlichen, Embryos starben nicht, und eine andre Version fährt fort: auch die Gebährenden hatten keine Schmerzen (GnR 33,3).

Der babylonische Talmud geht in diesem Symbol der Stellvertretung, die sich aus der Identifikation ergibt, noch viel weiter:

All die Jahre der Züchtigungen Rabbis
hatte die Welt keinen Bedarf an Regen! (BM 85 a)

Die ganze Welt zog Nutzen aus Rabbi's Leiden, war ihr doch die schwerste Not, die Dürre (s. S. 17) abgenommen.

7. R. El'asar Sohn Raschbi's: der fingierte Stellvertreter

Es sprach R. Jehoschua ben Levi:
Jeder der sich der Züchtigungen freut,
die auf ihn kommen,
bringt Erlösung in die Welt! (Ta 8 a)

Wie Mose der Archetypus des solidarischen Menschen war, so erwartete man diese Solidarität und die Verantwortung, ja Stellvertretung, die sich daraus ergeben muß, von allen einzigartigen Menschen. Das beweist besonders die Methode, die wir bereits an der biblischen Tradition von David kennenlernten, einer verehrten legendären Gestalt die Züge des solidarischen Menschen zu geben, auch wenn sie dem geschichtlichen Menschen völlig gefehlt hatten. Einen besonders frappierenden Fälschungsprozeß präsentiert die babylonische Redaktion der Geschichte von Rabbis Krankheit.

a) Der Heiligenschein des freiwillig Leidenden

Der unbekannte Redaktor stellt dem Leiden Rabbis ein andres Leiden gegenüber, nämlich das von R. El'asar dem Sohn des R. Schim'on ben Jochai.

---

wie es in der uns überlieferten Redaktion geschah. – GnR 33,3, der den klarsten und logischsten Text der Geschichte enthält, kennt den Ausruf R. Chija's überhaupt nicht.
   Eine andre Quelle – GnR 96,5 (in einigen Handschriften, jedoch nicht in der, die Theodor-Albeck als Text wählten), ließ die Geschichte vom Kalb ganz weg und kannte nur den sekundären Prozeß, nämlich daß Rabbi Tieren und schwangeren Frauen Leiden erspart habe. Ganz unlogisch wurde auch eine Zusammenfassung der Geschichte von R. Chija hinzugefügt.

Dabei ist es seine Absicht, aus unerfindlichen Gründen den Wert des Ersteren herabzusetzen:

> Die Züchtigungen R. El'asars Sohn Raschbi's sind denen von Rabbi vorzuziehen,
> denn die von R. El'asar kamen aus Liebe und gingen aus Liebe,
> diejenigen von Rabbi dagegen kamen wegen einer Tat und gingen wegen einer Tat.

Deswegen konnte auch die Wirkung seiner Stellvertretung ungeheuer gesteigert werden:

> Alle Jahre der Züchtigungen R. El'asars
> legte sich kein Mensch (zum Sterben),
> ehe seine Zeit (zum Sterben gekommen war). (BM 85 a)

Das entscheidende Bindeglied zwischen Leiden und Stellvertretung ging dabei verloren. Rabbi litt, um die Solidarität mit den Leidenden zu erlernen, und die Solidarität brachte es mit sich, daß er auch Leid vermeiden konnte. Der Babylonier dagegen geht von einem ganz andern Verständnis des Leidens aus, nämlich dem von R. Aqiba.

Leiden ist weder Strafe noch Erziehung, sondern ein Gebot, das man erfüllt. Und wie der Mensch, der Gott „aus Liebe" dient, dem, der ihm „aus Furcht" dient, vorzuziehen ist (M So 5,5; Büchler-Atonement 128 ff; Urbach-Rabbinen 355ff; vgl. So 22b; So 31a), so ist auch ein Mensch, „der sich seiner Züchtigungen freut", besser als einer, dem die Leiden aufgezwungen werden (vgl. Mch 239f). In R. Aqiba's Generation der Verfolgung lag in dieser Lehre ein großer Trost: Es liegt zwar nicht in des Menschen Macht, dem Leiden zu entrinnen, aber er kann sich seine Freiheit wahren, wenn er es „aus Liebe" auf sich nimmt. So bleibt er aktiv und Herr seines Schicksals. Es ist gewiß eine wichtige Erkenntnis, daß das Leiden nicht nur erträglicher, sondern auch sinnvoller wird, wenn es „mit Freuden" (Mch S. 210) und „bewußt" (Br 5 a) angenommen wird (vgl. Robinson-Cross 95 und oft; Büchler-Atonement 152). Dieses Motiv formte vor allem die Legenden um Isaaks Bindung (Gn 22). Um Isaak die Entscheidungsfreiheit zu geben, das erwartete Leiden „bewußt", *le-da'ato,* auf sich zu nehmen (GnR 56,7) macht ihn die Tradition zu einem Mann von 37 Jahren und läßt ihn bei dem ganzen Hergang auf dem Moriaberg ganz und gar den Meister der Bindung und nicht das Opfer der Bindung sein (z. B. GnR 56,8; TnB *šelah* 27).

Manche trieben es jedoch zu weit: Es gab Leute, die meinten, man müsse Leiden freiwillig auf sich nehmen, vor allem um zu sühnen (Sn 107 a–b, Sm 3 Schluß). Ja man lobte diejenigen, die sich das Leben nahmen, um Anteil an der kommenden Welt zu bekommen (Ta 29 a; GnR 67,22; Kt 103 b; Lurja 41; Lohse 4–58). Selbst Josephus Flavius versah die Selbstmörder der Mazadafestung mit den prächtigsten Attributen (JK VII 8,6), obwohl er sonst für die terroristischen, die sog. Ehre Gottes höher als das Leben stellenden, Freiheitskämpfer kein gutes Wort übrig hat.

Dieses so hochgeachtete Element der Freiwilligkeit verwendet also der babylonische Redaktor, um seinen Helden aufzuwerten.

Doch verwickelt er sich dabei in Widersprüche. Bereits die Geschichte von Rabbi begann er mit R. Aqiba's Terminologie:

Rabbi sprach: Lieb sind Leiden!
Er nahm auf sich Leiden, dreizehn Jahre lang. (BM 85 a)

Also auch Rabbi wählte sein Leiden bewußt, und es wurde ihm nicht infolge einer bösen Tat aufgezwungen. Auch das Maß seines Leidens, das der Babylonier ins Maßlose übertreibt, unterschied ihn nicht von R. El'asar. Wie kommt er also dazu, dennoch dessen Vorzug zu behaupten?

b) Der antisolidarische Typus

Diese Behauptung dünkt noch merkwürdiger, wenn deutlich wird, daß grade die Züchtigungen R. El'asars die Folge einer überaus bösen Tat waren.

Wer war denn dieser Sohn Raschbi's? Nicht mehr und nicht weniger denn ein Römerdiener, der jüdischen Dieben nachspürte und sie an die Feinde auslieferte:

– Essig, Sohn des Weins (unwürdiger Sohn deines Vaters)!
Wie lange noch lieferst du Gottes Volk der Tötung aus! (BM 83 b; P Mas 50 d)

So schalt ihn R. Jehoschua ben Qarcha. Im Rahmen dieser seiner antisolidarischen Beschäftigung benützte er einmal seine Autorität, um persönliche Rache zu üben. Ein gewisser Wäscher hatte ihn mit demselben Schmähwort, „Essig, Sohn des Weins" beleidigt, das R. El'asar von seinem Kollegen hatte hören müssen. In seiner Wut befahl er, den einfachen Menschen zu fangen, und als Folge davon wurde er gehängt.

Daraufhin plagten ihn denn doch Gewissensbisse. „Er stand unter dem Galgen und weinte". Seine Freunde versuchten, ihn mit der Behauptung zu beruhigen, daß der Wäscher diese Strafe verdient hätte, zwar nicht wegen seiner Schmähung aber wegen eines andren Verbrechens: „Nimm dirs nicht zu Herzen, Meister! Er und sein Sohn sind nämlich mal zu einem Mädchen, das verlobt war, gekommen, und das auch noch am Versöhnungstag!" Zur Ehre von R. El'asar muß gesagt werden, daß er sich davon nicht einlullen ließ, obwohl er sich zunächst freute und sich sogar seiner Intuition rühmte. „Aber dennoch kam sein Geist nicht zur Ruhe!" Ein moderner medizinischer Bericht hätte festgestellt, daß sich nun eine psychosomatische Krankheit zu entwickeln begann.

Man gab R. El'asar einen Schlaftrunk und legte ihn in ein Marmorhaus, um ihn vor Wind zu schützen und suchte gleichzeitig seiner Seele die nötige Behandlung zukommen zu lassen, nämlich den Beweis zu erbringen, daß er schuldlos und die Krankheit keine Strafe für Sünde sei. „Und dennoch verließ sich R. El'asar nicht auf diese Meinung". Er selber verstand am besten, daß er einen Unschuldigen dem Tode ausgeliefert hatte. So „nahm er Züchtigungen auf sich" (BM 84b). Nach allen Regeln der psychosomatischen Lehre hatte also der Meister beschlossen, sich selber zu bestrafen, und gemäß eben jener Regeln beherrschte er auch seine Krankheit, seine „Züchtigungen":

> Abends pflegte er zu ihnen zu sagen:
> – Kommt, meine Brüder und Gefährten!
> Morgens pflegte er zu ihnen zu sagen:
> – Geht, meine Brüder und Gefährten,
> weil ich sonst nicht Weisung lernen kann!

Die Beschäftigung und Ablenkung drängte die Krankheit am Tage zurück, während in der Nacht sein Gewissen wach und die Krankheit quälend war.

Bis hierher ist nichts Besonderes an der Geschichte. Die Meinung, daß man durch die Annahme von Züchtigungen Sünden „ausreinigen" könne, war gang und gäbe (Büchler-Atonement 270; Lohse 29–32. 38–58), genau wie man heute weiß, daß das Unterbewußte eines Menschen unbewältigte Fehlhandlungen oder andern seelischen Druck in körperliche Schmerzen übersetzt. Der Vorteil, den diese Weisen vor andern Leuten hatten, war, daß ihnen die Verbindung zwischen Versagen und Leiden bewußt war und sie daher dies Leiden mit ganzem Herzen zur Heilung ihrer Seele auf sich nahmen.

Warum aber mußte der Redaktor die Sache mit der Konkurrenz zwischen Rabbi und R. El'asar in die Geschichte bringen? Überliefert er nicht ausdrücklich, daß beide aktiv „Züchtigungen auf sich nahmen"? (BM 84 b; 85 a)

Zunächst wird nicht verheimlicht, daß die R. El'asar Nahestehenden keineswegs begeistert von seinem „Leiden aus Liebe" waren. Seine Frau beschuldigte ihn, daß er ihr Geld für Essen zu seiner Gesundung und für den Verschleiß von Leintüchern verschwendete, was nicht zu rechtfertigen sei, wenn die Krankheit keine göttliche Verordnung, sondern eine freiwillige Angelegenheit sei (BM 84 b). Sie verließ ihn und kehrte erst zurück, nachdem ihr Mann wunderbarerweise zu großem Besitz gekommen war. Ebenso wird erzählt, daß sie ihm nicht erlaubte, ins Lehrhaus zu gehen, „damit ihm die Weisen nicht zunahe träten", und er selber befahl vor seinem Tod, man solle ihn auf den Dachboden legen, damit er nicht in die Hände seiner Kollegen falle, die ihm böse gesinnt seien. Es scheint also, daß R. El'asar durchweg unbeliebt und das Gegenteil vom Typus eines Stellvertreters war, zu dem ihn der Redaktor machen will. Interessant ist jedoch, wie er das anstellte.

c) R. El'asar, der leidende Stellvertreter

Er begann damit, die Gestalt R. El'asars der Gestalt Rabbis nachzuformen und die Geschichte seiner Krankheit der Geschichte von Rabbis Krankheit

anzugleichen. Die Behauptung, daß R. El'asars Leiden wertvoller waren, weil
er sie aus Liebe auf sich genommen hatte, machte ihn im Sinne R. Aqiba's
zu einem Gerechten, aber das Bezeichnende ist nun, daß dem Redaktor das
bloße Gerechtsein in den Augen Gottes nicht genügte. Das Leiden sollte auch
einen Wert für die Welt haben, der Gerechte sollte auch ein Segen für die
Menschen sein. Diese Kombinierung zwischen der positiven aber individualistischen Auffassung vom Leiden, die Aqiba gelehrt hatte, und der ursprünglichen Lehre von Haftung und Bürgschaft ist am klarsten auskristallisiert in
dem zu Anfang des Kapitels zitierten Wort von R. Jehoschua ben Levi:

Jeder der sich der Züchtigungen freut,
die auf ihn kommen,
bringt Erlösung in die Welt. (Ta 8 a)

Die Lehre von dem einzigartigen Wert jedes einzelnen Menschen, die aus
dem Gesetz der Haftung folgt, ist hier – nach der Einverleibung der Lehre
Aqiba's – zu ihrer höchsten Entfaltung gekommen. Nicht nur mit seinem
Tun, auch mit seinem Leiden kann der Mensch seiner Verantwortung gegenüber seiner Gemeinschaft gerecht werden.

Diesem Ideal nun hat der von dem babylonischen Redaktor verehrte
R. El'asar zu entsprechen: Während der Tote auf dem Dachboden lag, muß
zunächst seine Gerechtigkeit deutlicher bewiesen werden. Nur eine Sünde ist
dem Leichnam bewußt und belästigt ihn, nämlich die, daß er einmal, als
jemand einem Kollegen gegenüber ein verächtliches Wort äußerte, „nicht
protestierte" (BM 84 b), eine Sünde, die wiederum für die ethische Werteskala der Weisen kennzeichnend ist: Nicht nur du darfst nicht beschämen,
du darfst auch nicht zulassen, daß andre beschämen.

Nun war es an der Zeit, den Gerechten, der ursprünglich mit seinem Leiden nur sich selber reinigen wollte, in eine Beziehung zur Gemeinschaft zu
setzen:

All die Jahre, da R. El'asar auf dem Dachboden schlief,
war kein böses Tier über unsre Stadt hergefallen! (BM 84 b)

So bezeugten die Söhne von Achbere in Galiläa und wollten nicht zulassen, daß die Rabbinen ihren Kollegen schließlich doch begraben wollten.
Wenn weder sein Leben noch sein Leiden der Gemeinschaft Nutzen gebracht
hatten, so tat das wenigstens sein unbegrabener Leichnam! Mit diesem
Nutzen war aber der Redaktor noch nicht zufrieden, und deshalb wagte er
es, im Zusammenhang von Rabbis Krankheit, eine ähnliche Behauptung über
die Segenswirkung von R. El'asars Krankheit einzuschmuggeln:

All die Jahre der Züchtigungen R. El'asars
legte sich kein Mensch (zum Sterben),
ehe seine Zeit (zum Sterben gekommen war). (BM 85 a)

d) R. El'asar, der solidarische Mensch par excellence

Es gibt noch eine letzte Stufe in dem Deutungsprozeß der beiden Krankheitsgeschichten, die die Lehre von der Liebe zu Gott um ihrer selbst willen und die Lehre von der Solidarität mit den Geschöpfen am schönsten kombiniert. Nachdem der Leichnam, der, wie es sich für einen Gerechten schickt, achtzehn bis zweiundzwanzig Jahre ohne Fäulnis auf dem Dachboden gelegen hatte, schließlich begraben war, schickte Rabbi zu der Frau von R. El'asar, sie möge doch seine Frau werden.

> Da ließ sie ihm sagen:
> Ein Gefäß, das dem Heiligen diente,
> sollte nun dem Profanen dienen?

> Er ließ ihr sagen:
> Mag sein, daß er in der Weisung größer ist als ich,
> aber in (guten) Taten ist er doch nicht größer als ich?

> Sie ließ ihm sagen:
> Ob er in der Weisung größer ist als du, das weiß ich nicht.
> von den Taten aber weiß ich es:
> Hat er doch Züchtigungen auf sich genommen! (BM 84 b)

Dieselbe Frau, die „aufbegehrte und in ihres Vaters Haus zurückkehrte", als sie verstand, daß „du es bist, der sie (die Züchtigungen) auf dich bringst und uns damit um den Besitz des Vaterhauses bringst", formuliert hier Aqiba's Lehre: Das freiwillige Aufsichnehmen von Leiden ist die erhabenste Tat.

Diese Verherrlichung des Eigenwerts des freiwilligen Leidens fand keinen Gefallen in den Augen eines andern Redaktors. Im Midrasch zum Buche Qohelet findet sich ein Abschnitt, der ohne Zweifel einen Protest gegen den Babylonier darstellt. Er enthält nur die Geschichte von der Heiratsverhandlung zwischen Rabbi und R. El'asars Witwe. Nach dem Vergleich mit dem Heiligen und dem Profanen fragt Rabbi sie:

> – Und was hat er getan,
> das ich nicht getan hätte?

Da erzählt die Frau Folgendes: Wann immer er sich genügend mit der Weisung beschäftigt hatte, habe er gesprochen:

> Alle Leiden Israels
> sollen auf mich kommen!
> Und sie pflegten zu kommen.

Wenn dann die Stunde der Beschäftigung mit der Weisung wieder kam, habe er gesprochen:

> Jedes einzelne (Leid) gehe an seinen Ort!

Daß R. El'asar sein Leiden beherrschte, Rabbi dagegen nicht, war schon früher behauptet worden, und dieser Redaktor läßt die Witwe den Freier damit sticheln. Aber die entscheidende Variante liegt in der Art der Leiden: Nicht die Züchtigungen seines Gewissens nahm R. El'asar auf sich – sondern die Züchtigungen Israels! Die Leiden Israels nahm er auf sich und trug sie stellvertretend!

So verwandelte sich der, der zu Lebzeiten „das Volk unsres Gottes der Tötung auslieferte" in den idealen Bürgen der Gemeinschaft, in den Heiligen, „der alle Züchtigungen Israels auf sich nahm".

Nicht die Metamorphose selber ist interessant, sondern die Tendenz, die sie wiederspiegelt. Die Menschen erwarteten von dem Einzigartigen nicht nur Aqiba's privates Heldentum, der in der Stunde seiner Folterung und Hinrichtung voll Glückes war darüber, daß er Gott wahrhaftig ‚mit all seiner Seele liebe' (Dt 6,6), „selbst wenn er dir die Seele nimmt" (Br 61 b), sondern daß er mit seiner Gemeinschaft leide, ihren Schmerz mitfühle und, wenn möglich, ihr Leiden auf sich nehme.

Zusammenfassung

Was Solidarität bedeutet, lehrt das Verhalten des „einzigartigen Menschen" gegenüber seiner Gemeinschaft. Ja das Phänomen des einzigartigen Menschen, iš segulah, selber ist eine Konsequenz des Ernstnehmens des Haftungs- und Solidaritätsgesetzes, wie Scharbert (Solidarität 4) mit Recht hervorgehoben hat.

In diesem Zusammenhang konnten nur einige Beispiele angeführt werden, wie sich diese Solidarität ausdrückte oder nach der Erwartung späterer Generationen hätte ausdrücken sollen.

Mose ist der Archetypus des solidarischen und verantwortlichen Menschen. Aus der Fülle der Midraschim, die ihn als diesen Archetypus darstellen, wählte ich einige aus, die noch einmal herausstellen, was die Grundlage für die Solidaritätsforderung ist, nämlich die Abhängigkeit, das Bedürfen der Gemeinschaft. Auch gibt es keinen, weder in der Bibel noch im Midrasch, der wie Mose demonstriert, zu welcher Tat der Verantwortung die aus der Abhängigkeit entspringende Solidarität führen muß: „Von mir hängt es ab!" nämlich ob das Volk gerettet wird oder nicht.

Die Legende von Elimelech dagegen zeigt an einem negativen Beispiel, wie sich die Solidarität gegenüber der Gemeinschaft äußern soll. Zunächst erwartet man von ihm, daß er das Land Israel in der Not nicht verläßt, um sich selber zu retten, sondern bei seiner hungernden Gemeinschaft bleibt. Zweitens hat er seine Gemeinschaft mit dem, was er selber besitzt, zu verpflegen. Drittens erwartet man von dem, der eine besondere Position innnehat, daß er für seine Gemeinschaft um Erbarmen bittet, um sie aus ihrer Not zu befreien. Der wichtigste Ausdruck der Solidarität besteht jedoch darin, daß der Bürge die Verantwortung für das Leiden selber übernimmt, nämlich indem er die Leute warnt, um sie zur Umkehr von dem Weg zu bringen, der ins Leiden führt. Grade dieser fingierte „Gesandte Israels", von dem im Buche Rut nur gesagt ist, daß er von Israel wegen einer Hungersnot abwanderte, zeigt die Erwartung, die man in Israel an das solidarische Verhalten des einzigartigen Menschen stellte.

Keineswegs fingierte, sondern geschichtliche Gestalten waren Jeremia und Ezechiel. Ihr ganzes Leben und Tun war Ausdruck ihrer Solidarität mit ihrem Volk: Zurechtweisung, Warnung und Protest zur Bewahrung vor Leid einerseits; Identifikation, Mitleiden und Tröstung zur Stunde des Leids andrerseits. Die Weisen vertieften diese Züge der beiden Gesandten und verallgemeinerten sie: „Überall wo Leid ist in Israel, da leben die Gerechten mit Israel im Leid."

Der Archetypus eines Gesandten der Gemeinschaft in rabbinischer Zeit war der „Vater der Mischna", der nicht zufällig einfach „Rabbi" genannt wird. Auch von Rabbi ließen sich viele Beispiele anführen für sein tatsächliches solidarisches Werk, doch ich wählte die Legende von seiner Krankheit, weil sie zeigt, wie Solidarität zuweilen durch Leiden erlernt werden muß und kann. Die Legende zeigt auch, wie aus dem solidarischen Menschen zuweilen der Stellvertreter wird, der nicht nur mit den andern leidet, sondern Leid von Menschen auf sich nimmt an ihrer Statt.

Wie die fingierte Gestalt Elimelechs, so bewies die historische Gestalt R. El'asars, Sohn des R. Schim'on ben Jochai, daß nicht jeder Gesandte der Solidaritätsforderung gerecht wurde. Da dieser Meister jedoch von gewissen Leuten verehrt wurde, mußte man der Gestalt wenigstens literarisch den solidarischen Charakter ankleben. Eine derartige Tendenz ist bereits in der Bibel selber erkenntlich, nämlich gegenüber dem König David. Doch ein Kunstwerk an Fälschung bewerkstelligte ein Unbekannter gegenüber R. El'asar. Ein eindeutig antisolidarischer Mensch zu seinen Lebzeiten verwandelte sich in den Stellvertreter, der täglich die Leiden Israels freiwillig auf sich nahm. So absurd die Fälschung ist, so deutlich wird aus ihr die Erwartung, die die Menschen gegenüber dem potentiellen Gesandten hegten: daß er mit seinem Volke solidarisch sei und diese Solidarität in aktive Verantwortung, in Bürgschaft umsetze, um sein Volk vor Leid zu bewahren.

ZWEITES KAPITEL: DIE IDENTIFIKATION MIT DEM SÜNDER

Die Solidarität mit den Leidenden impliziert die Identifikation mit denen, die das Leid verschulden. Weder Mose, noch Jeremia, noch Ezechiel, noch Rabbi „sonderten sich ab von der Siedlung derer, die Unrecht tun", wie es die Sektenleute vom Toten Meer taten.

Wir sahen schon (s. S. 134), daß zu rabbinischer Zeit die Solidarität zwischen dem Menschen und seinem Andern auf der Tatsache gründete, daß beide Sünder sind. Hier soll von der Solidarität mit der sündigenden Gemeinschaft und umgekehrt mit dem sündigenden Einzelnen die Rede sein.

1. Die Identifikation des Gesandten mit der sündigenden Gemeinschaft

Josef Scharbert versucht in seinem Buch, „Die Solidarität in Segen und Fluch" (207.247 f) zu zeigen, daß die Identifikation in der Sünde, wie sie u. a. im liturgischen Sündenbekenntnis zum Ausdruck kommt, die Religion Israels nach der Ersten Zerstörung kennzeichnete. Seiner Ansicht nach war es Jeremia, der als erster von dem ‚ihr habt gesündigt' in das ‚wir haben gesündigt' überging (Jr 14,7.19.20; vgl. auch Scharbert-Mittler 162.173). Auch Scharbert betont die Verbindung zwischen der Solidarität im Leiden und der Solidarität in der Sünde, war es doch der Prophet Jeremia, der das Leid seiner Gemeinschaft wie kein andrer spürte.

Es ist richtig, daß die Solidarität in der Sünde in der Literatur nach der Zerstörung viel mehr ins Auge fällt (Es 9, Nh 9, Da 9, Scharbert-Mittler 156), weil sich das Sündenwußtsein natürlich infolge der Katastrophe vertiefte und weil der Untergang des Königtums die Demokratisierung des Volkes zur Folge hatte (vgl. z. B. 2 C 23 mit 2 K 11). Wenn kein Führer mehr da ist, der verantwortlich gemacht werden kann, wächst das Verantwortungsbewußtsein des Einzelnen. Nur der Einzelne kann ja das „wir" formulieren (s. S. 27). Doch die Erscheinung selber begann nicht mit Jeremia, sondern charakterisierte die außerordentlichen Einzelnen, die Gesandten Israels von Anfang an.

a) Mose's Solidarität mit den Sündern

Es lohnt sich, die Analyse eines typischen Satzes an den Anfang zu stellen:

> Habe ich (ich!) denn Gunst in deinen Augen gefunden, o mein Herr,
> gehe denn mein Herr bei uns Innen!
> Ja, ein Volk hart von Nacken ist es (das Volk!) –
> so verzeihe
> unserm (unserm!) Fehl, unsrer Versündigung. (Ex 34,9)

Nach der Kalbsaffaire hatte Mose von Gott verlangt, entweder ‚des Volkes Versündigung zu tragen', nämlich so wie er, der Gesandte, sie trug, oder ihn aus ‚dem Buch, das du geschrieben hast' auszuwischen (32,32). Der Versuchung, sich abzusondern, die aus Gottes Antwort spricht: ‚Wer mir gesündigt hat, den wische ich aus meinem Buch' (33), erliegt er nicht. Ja er will nicht einmal unschuldig genannt werden. Es ist unser Fehl, unsre Versündigung. Es ist kein Zufall, daß der Titel ṣaddiq, der von Luther mit ‚Gerechter', von Buber-Rosenzweig mit ‚Bewährter' übersetzt wird, in der Bibel keinem einzigen der historischen Gesandten gegeben wurde, im Unterschied zu dem legendären Noah (Gn 6,9). Man kann sein Volk nicht zurechtweisen, wenn man sich nicht mit ihm identifiziert:

> Ich bin ein Mann maklig an Lippen
> und bin seßhaft inmitten eines Volkes maklig an Lippen! (Js 6,5)

Mit diesen Worten begann Jesaja seine Aufgabe. Grade die bewußte Identifikation mit seinem sündigen Volk machte ihn geschickt für diese Aufgabe. Elia dagegen hatte erst mal gründlich scheitern müssen, bis er einsah: ich bin ja nicht besser als meine Väter! (1 K 19,4)

b) SEIN Knecht

So stellt auch das berühmte letzte Lied ‚SEINES Knechts' (Literatur: North; Fascher) nichts Neues dar, sondern nur eine Vervollkommnung des Ausdrucks:

> Unter die Abtrünnigen ward er gerechnet.
> Und trug doch, er, die Sünde der Vielen,
> für die Abtrünnigen ließ er sich treffen. (Js 53,12)

Nur wer sich mit den Sündern identifiziert, kann sie von ihrem Weg, der ins Unglück führt, zurückbringen. ‚Die Sünde der Vielen tragen' bedeutet nicht, ihnen ihre Sünde zu nehmen, d. h. von ihrer Verantwortung für ihr Leiden zu entbinden, wie es unglücklicherweise später, in der Zeit der großen Erlösungssehnsucht, der Erlösung von der Verantwortung für das menschliche Leid, verstanden wurde.

Wir sahen ja, wie Ezechiel, der ein oder zwei Generation vor dem ‚Knecht' lebte, die Verfehlung seines Volkes ‚trug', nicht, weil er sie hätte von ihm nehmen können, sondern weil er sie ins Bewußtsein seines Volkes tragen wollte, wie sie in seinem eigenen Bewußtsein war, damit das Volk die Verfehlung als Ursache seines Unglücks erkannte (Orlinski 26).

Man hat gemeint, das objektiv größere Leiden des Gesandten, des ‚Knechts‘, nehme dieser freiwillig auf sich, um zu sühnen. Sein Leiden ist jedoch nur die Begleiterscheinung seiner Solidarität und der daraus folgenden Verantwortung, die sich im Zurechtweisen des Volkes äußert. Wenn Jeremia nach Ägypten verschleppt wurde (Jr 43,7 f), so weil er trotz seines Wissens um die Selbstverschuldung des Leids bis zum Ende bei seinem Volk blieb. Wenn Jeremia ins Schlammloch geworfen wurde (Jr 38,6), so weil er sein Volk vor der Katastrophe warnen wollte, dieses aber, wie üblich in der Geschichte, mit Widerstand und Haß reagierte.

Schmerzlicher noch als des Volkes Reaktion ist vielleicht der Widerstand, den der Gesandte von den ihm Nahestehenden zu erwarten hat. Es ist kein Zufall, daß zum Beispiel Jesus grade von Leuten aus den Kreisen der Weisen angefeindet wurde. Das Geschick von R. Jochanan ben Sakkai möge das exemplifizieren:

R. Jochanan erreichte, wie gesagt (s. S. 161–2) eine „winzige Rettung" von den Römern und legte in Jawne in Theorie und Praxis den Grund nicht nur für die Weiterexistenz Israels unter einer geeinten Führung sondern für eine geistige Blüte, wie sie Israel seit der Zeit der großen Propheten Jesaja, Amos und Jeremia nicht mehr erlebt hatte. Aber er blieb einsam. Von den Meistern, die eine Rolle vor der Zerstörung gespielt hatten und die der Belagerung Jerusalems entronnen waren, finden wir kaum einen bei ihm in Jawne. Selbst von seinen liebsten Schülern blieben nur R. Jehoschua ben Chananja und R. Elieser ben Hyrkanos bei ihm. Wir treffen seine früheren Kollegen erst wieder, als nach dem Aussterben des flavischen Kaiserhauses im Jahre 96 die römische Besatzungsmacht erlaubte, daß der legitime Erbe des Patriarchats, Rabban Gamliel, Vorsitzender des Sanhedrins in Jawne wurde. Erst jetzt strömten die Weisen nach Jawne, erst jetzt erfuhr dieser geistige Mittelpunkt, der doch die Schöpfung R. Jochanans war, Anerkennung von Seiten der Juden in Israel und im Exil.

Jochanan aber mußte Rabban Gamliel weichen und den Rest seines Lebens in dem abgelegenen Lehrhaus in Bror-Chajil verbringen (Safrai-Geschichte 308–310).

Daß es ohne R. Jochanan kein Jawne und kein Sanhedrin gegeben hätte, das hatte man wohl vergessen. Erst recht konnte man es in seiner Zeit nicht schätzen, daß er seinem Volke, das bisher um den Tempeldienst konzentriert war, durch sein Neudurchdenken des Wesens des Judentums ermöglichte, ohne Opfer und ohne Jerusalem und doch geistig und organisatorisch geeint fortzubestehen (Glatzer 19–37). Man scheint es ihm nicht verziehen zu haben, daß er Jerusalem zur Stunde der Belagerung verließ, obwohl dies ja keiner antisolidarischen Haltung entsprang, sondern er im Gegenteil aus der richtig verstanden Solidarität die Konsequenz der Verant-

wortung zog, die Verantwortung, die sagt: Von mir hängt es ab, ob das Volk
am Leben bleibt! (s. S. 161)

Es war wiederum Qohelet, der einige Jahrhunderte früher diesem Geschick
des Gesandten Ausdruck gab:

> Auch dies habe ich an Weisheit gesehn,
> und sie erschien mir groß:
> Eine kleine Stadt, wenig Leute darin,
> da kam ein großer König herzu,
> und umzingelte sie
> und baute wider sie große Bollwerke.
> Nun fand darin sich ein Mann, ein entbehrender Weiser.
> der hat mit seiner Weisheit die Stadt gerettet.
> Aber nicht gedachte ein Mensch jenes entbehrenden Mannes.
> Da habe ich, ich, gesprochen:
> Besser ist Weisheit als Heldentum,
> aber die Weisheit des Entbehrenden ist verachtet,
> und seiner Reden werden keine gehört. (Qo 9,13–16)

Das Leiden folgt aus des Gesandten Aufgabe, es hat keinen Wert in sich
selbst. Der Midrasch gibt dieser Tatsache einen plastischen Ausdruck:

Als Mose wegen der Feindseligkeit seines Volkes fast den Verstand verliert (Nu 11,11), hilft ihm die Erinnerung an Gottes Worte, die er ihm und
Aaron laut Midrasch gesagt hatte, ehe sie die Befreiungsaktion aus Ägypten
auf sich nahmen:

> Er sprach zu ihnen:
> Ihr sollt wissen,
> daß sie widerborstig und quengelig sind!
> und daß sie, wenn ihr (die Aufgabe) auf euch nehmt,
> euch fluchen und mit Steinen beworfen werden! (SNu S. 91)

Damit kein Zweifel sei, daß diese Regel nicht nur für Mose und Aaron
galt, sondern für jeden gilt, der Verantwortung für seine Gemeinschaft auf sich
nimmt, wiederholt der Midrasch diese „Bedingung", wie er es nennt, ein zweites Mal, als Mose schließlich siebzig Leute gefunden hatte, die bereit waren,
‚mit ihm an der Tracht (Last) des Volkes zu tragen' (Nu 11,16 f). Wozu denn
hätte Mose sie zunächst ins ‚Zelt der Begegnung' genommen (16), wenn nicht,
um ihnen klar zu machen, was ihnen bevorstand?

> Sage ihnen zunächst ermutigende Worte:
> – Wie glücklich seid ihr, daß ihr ernannt wurdet!
> Dann aber sage ihnen Worte der Entmutigung:
> – Ihr sollt wissen,
> daß sie quengelig und widerborstig sind!
> und daß sie, wenn ihr (die Last) auf euch nehmt,
> euch fluchen und mit Steinen beworfen werden! (SNu 93)

In noch schärferen Worten stellte der Heilige-gelobt-sei-er diese Bedingung dem Jesaja, als dieser sich bereit erklärte, zu seinem Volk gesandt zu werden (Js 6,8):

Jesaja!
Meine Söhne sind quengelig und widerborstig!
wenn du es auf dich nimmst,
von meinen Söhnen geschmäht und geschlagen zu werden,
dann gehst du in meinem Auftrag,
und wenn nicht –
so gehst du nicht in meinem Auftrag!

Jesaja antwortet mit den Worten ‚SEINES Knechts':

Deswegen ja ‚gab ich meinen Rücken hin den Schlagenden,
den Raufenden meine Wangen . . .' (Js 50,6),
und ich bin nicht wert,
in deinem Auftrag zu deinen Söhnen zu gehen. (LvR 10,2)

Erst nach dem Tode des Gesandten pflegen dem Volk die Augen aufzugehn, wie es den ‚Völkern' und ‚dem König' im letzten Lied des Knechts (52,15) erging:

Dennoch:
unsere Krankheit hat er getragen! (53,4)

nicht an unsrer Statt, sondern solidarisch mit uns zusammen. Der Unterschied war nur, daß er sich unsrer Verfehlungen bewußt war, daß er sah, wohin unser Weg führte, daß er darunter litt und uns davor bewahren wollte. Wir aber sahen es nicht, im Gegenteil, wir suchten ihn zum Schweigen zu bringen, ihn mit dem zu treffen, was er für uns alle fürchtete.

So schien es denen, die das Schicksal des Gesandten betrachteten, daß Gott ihn ‚für unser aller Verfehlung treffen ließ' (6), doch sie mißverstanden das nicht als Beruhigung, so als seien sie nun ihrer Verantwortung ledig. Das Leiden des Knechts hat keinerlei magischen Wert (vgl. Scharbert-Mittler 87). Es ist nichts denn die Fortsetzung und Folge seines Tuns. Der Unterschied zwischen seiner Bewährung im Leben und der Bewährung bis zum Tode liegt nur in der psychologischen Tatsache, daß der Tod eines unschuldigen Menschen die Herzen mehr erschüttert als tausend mahnende Worte.

Daher wird dem Knecht in fünf synonymen Ausdrücken gesagt, daß sein Scheitern, seine Frustrierung ein Ende haben wird. Wenn er die Aufgabe des Bürgen bis zum Tode erfüllt, wird er ‚noch Samen sehen', ‚lange leben'; ‚durch seine Hand gerät SEIN Wille', ‚von der Mühe seiner Seele wird er (Frucht) sehen', ‚sein Sinn wird ersatten', befriedigt sein! (53,10 f)

Ist doch dies das größte Leiden des Gesandten, daß seine Arbeit so ganz und gar vergeblich erscheint, wie der Knecht bitterlich klagt:

Er berief mich vom Schoße auf . . .
Er machte meinen Mund einem scharfen Schwert gleich,
    (aber) hat im Schatten seiner Hand mich versteckt!
Er machte mich zu einem blanken Pfeil,
    (aber) hat in seinem Köcher mich verborgen!
Er sprach zu mir: Mein Knecht bist du . . .!
    Und doch habe ich sprechen müssen:
ins Leere habe ich mich gemüht,
in Irrsal und Dunst meine Kraft ganz vertan! (Js 49,1–4)

Und nun hat er die Hoffnung, daß er mit seinem Tode erreicht, was ihm
mit seiner Lebensarbeit nicht gelungen ist: Er wird Samen sehen, er wird befriedigt werden, ‚SEIN Wille‘, d. h. des Knechtes Sendung, seine Aufgabe,
‚wird gelingen‘, ‚seine Mühe‘ wird nicht umsonst gewesen sein.

An der irrigen Interpretation ist das kleine Wort ’ašam, ‚Schuldopfer‘, das
in diesem Zusammenhang erscheint, schuld (Buber-Leidende 476; Orlinski 22).
Der Ausdruck ‚macht seine Seele zum Schuldopfer sich‘ (53,10) ist hier nichts
andres als eines der Bilder und Gleichnisse, mit denen dieses Lied randvoll
ist. Es ist ein Bild für des Knechtes Sichabmühen. Wie hätte dem Verfasser
einfallen sollen, den Tod des Gesandten plötzlich mit dem Sühnekult des
Tempels in Zusammenhang zu bringen? Wenn sein Tod das Volk so einfach
von der Verantwortung entbinden würde, so hätte er sich ja während seines
Lebens gar nicht so abmühen brauchen. Dann hätte auch die Mühe all der
Gesandten, die durchaus nicht getötet wurden, keinen Wert!

Es kann in diesem Rahmen nicht auf all die übrigen Argumente eingegangen werden, die sich aus der biblischen Lehre gegen die Verfälschung der
Absicht dieses Liedes ergeben. Es soll nur noch einmal eindeutig herausgestellt werden, daß der Wert des Todes dessen, der sich mit den Sündern identifiziert, nicht in der Erweichung des göttlichen Herzens (= Sühne), sondern
in der Erweichung des menschlichen Herzens (= Umkehr) liegt. Er vollendet
so, was er im Leben begonnen hat, und mit Recht reden einige Forscher vom
„aktiven Werk", das der Gesandte mit seinem Leiden vollbringt (Buber-Leidende 477; Orlinski 24; Robinson-Cross 102). Indem er sein Volk zur Umkehr bringt, erreicht er sein Ziel:

Gerechtmachen soll ein Gerechter, mein Knecht, die Vielen! (53,11)

Indem sie umkehren, werden sie Gerechte.

Die Rabbinen nannten diese Aufgabe: „die Vielen freisprechen" (z. B. A
5,13; Jm 87 a). Sie obliegt jedem, der Verantwortung auf sich nimmt und hat
nichts mit dem Tod zu tun. Das Umgekehrte ist, „die Vielen sündigwerden zu
lassen", was als schlimmste Verantwortungslosigkeit gebrandmarkt wird (LvR
10,3).

Der ‚Knecht‘ entbindet also nicht von der Verantwortung, im Gegenteil
er erweckt Verantwortung, und das Gelingen seiner Aufgabe liegt nicht in
dem, was er bei Gott für seine Gemeinschaft erreichen kann, wie Reinigung

von Sünde oder Aufschub des Unglücks, sondern in dem Maß, in dem er sein Volk zum Tun, nämlich zur Umkehr und zur Übernahme der Verantwortung für sein Schicksal bewegt, wie es Sölle (191) und Cardonnel (23) auch für den „Stellvertreter Jesus Christus" eindeutig klargemacht haben.

Diese Interpretation der Stellvertreteraufgabe entspricht auch den Midraschim über Mose's Solidarität mit den Sündern.

Eine der Anwendungen des ‚unter die Abtrünnigen ward er gerechnet' auf Mose verspricht zwar die Frucht seines solidarischen Sterbens mit „den Toten in der Wüste" (So 14 a) erst für das kommende Leben; aber auch hier ist keine Rede von Sühne: Die Toten der Wüste waren die Leute, die wegen ihrer Angst vor der Unsicherheit, die mit dem verheißenen Land ihrer Freiheit verbunden war, dem Untergang geweiht waren (Nu 14,1–35). Mose nun, der sich sein Leben lang für diese Leute abgemüht hatte, um sie ins Leben und in die Freiheit zu führen, sieht das Land auch nicht, sondern stirbt mit ihnen in der Wüste. „Das gleicht einem", erklärt der Gleichniserzähler R. Levi, „dessen Münzen sich an einem dunklen Ort zerstreuten." Kein Mensch würde ihm zu Hilfe kommen und ihm leuchten, damit er die Münzen einsammeln könnte. Da warf er eine Goldmünze darunter und schrie, man solle ihm leuchten, denn eine Goldmünze sei ihm entfallen. Als dann Leute kamen, um zu leuchten, hatten sie Geduld zu warten, bis er auch noch die Münzen eingesammelt hatte.

> So sprach der Heilige zu Mose:
> Wenn du bei ihnen in der Wüste begraben wirst,
> so kommen sie (ins Leben) um deinetwillen
> und du an ihrer Spitze! (NuR 2,9; vgl. ExR 2,4)

Hier wird der Segen von Mose's Solidarität den bereits Gestorbenen auf passive Weise zuteil. Ein früherer Midrasch will jedoch die Frucht im Tun der Lebenden erkennen. Er benützt einen andern Vers aus dem Knechtslied:

> ‚drum teile ich die Vielen ihm zu' (Js 53,12; MTa 17),

das heißt, nach Mose's Tod ist jeder ein potentieller Mose:

> selbst wenn nur ein einziger Mensch aus Israel
> nur ein einziges Gebot erfüllt,
> so hast du mit ihm teil an der Zukunft! (MTa 17)

Diesen tannaitischen Midrasch benutzte R. Simlai, um das Knechtslied systematisch auf Mose hin zu interpretieren. R. Simlai aus Lod wirkte zur Zeit von R. Schmu'el bar Nachmani sowohl im Land Israel als in Babylonien. Die Tradition bewahrte seine Diskussionen mit den Vertretern des christlichen Dogmas (Bacher-APA I 555), und die Tatsache, daß er fast als einziger unter den Rabbinen dem Lied Beachtung schenkte, läßt von vornherein eine polemische Absicht vermuten. Seine Deutung entspricht der Lehre von Haftung und Solidarität. Er beginnt seine Paraphrase folgendermaßen:

,dafür daß er entblößte seine Seele zum Sterben‘ (Js 53,12),
nämlich dafür, daß er sich der Tötung auslieferte,
wie es heißt: ,und wenn nicht, so wische mich denn aus, usw.‘!
(Ex 32,32; So 14 a)

Nicht der Tod an sich ist notwendig, wie die frühen Ausleger von Jesu
Tod meinten (Lk 24,7.26; Mr 8,31), sondern die Bereitschaft, mit dem Volk
solidarisch zu bleiben, sei es auch um den Preis des Todes. R. Simlai zitiert
die Überlieferung, daß „alle Väter und Propheten ihre Seele für Israel gaben“
(Mch S. 4). Die zitierten Beispiele, Jona, Mose, David, beweisen, daß nicht
der Tod das Entscheidende ist, da sie ja gar nicht getötet wurden, sondern
die Bewährung der Solidarität. Weil es die Aufgabe des Bürgen, das Ziel
jedes Gesandten ist, seine Gemeinschaft vor Leid zu bewahren, kann es nötig
werden, daß er, um seiner Verantwortung gerecht zu werden, in gewissen
Situationen Leid stellvertretend auf sich nehmen muß, um seine Gemeinschaft
vor Leid zu bewahren. Dabei ist „Leid“ wieder im immanenten, diesseitigen,
ja physischen Sinn gemeint. Wir redeten schon vom Leid, das die „Quengeligen und Widerborstigen“ selber ihrem Gesandten zufügen. Es gibt aber auch
Leid, das von außen kommt und das der Bürge auf sich zu konzentrieren
sucht, um es der Gemeinschaft zu ersparen.

Das schönste Beispiel dafür ist wohl der Midrasch von den ,Rollenführern‘
(Luther: ,Amtleute‘), die Mose in der Wüste zusammenholte, damit sie die
Verantwortung für das Volk mit ihm teilten. Gott hatte ihm so geraten, nach-
dem Mose einfach zusammengebrochen war:

Nicht vermag ich selber für mich all dieses Volk zu tragen,
denn zu schwer ist es mir!
Willst du mir solches tun,
erwürge, erwürge mich doch ...

ER sprach zu Mosche:
Hole mir zusammen siebzig Männer ...
die du kennst,
daß sie die Ältesten des Volks und seine Rollenführer sind ...
sie werden mit dir an der Tracht des Volkes tragen,
nicht sollst tragen sie du, du für dich. (Nu 11,14–17)

Der Midrasch schloß aus dem ,die du kennst‘, daß es sich bei den Siebzig
um dieselben ,Rollenführer‘ handelte, die seinerzeit in Ägypten ,die Treiber
Pharaos über sie (die Sklaven) gesetzt hatten‘ und die ,geschlagen wurden‘,
als die Söhne Israels die Arbeitsnorm nicht zu erfüllen imstande waren (Ex
5,14). Bereits die älteste Version sieht ihre Eignung als Gesandte des Volkes
darin, daß sie sich zur Stunde der Not solidarisch mit dem Volk verhielten
(SNu S. 93; JalS zu Nu 11,16, S. 481). Die Späteren gingen einen Schritt
weiter und betonten, daß die Rollenführer die Not nicht nur mit Israel teilten, sondern von ihm abzuhalten suchten:

Die Rollenführer pflegten sich schlagen zu lassen für das übrige Volk
und sie nicht in die Hand der Treiber auszuliefern;
sie pflegten zu sagen:
es ist besser, daß wir geschlagen werden,
als daß das übrige Volk strauchle.

Daher, als der Heilige sprach:
‚Hole mir zusammen siebzig Männer ... die du kennst ...'
und Mose sprach: Meister der Welt, ich weiß nicht, wer würdig ist...,
sprach er zu ihm: ... jene Rollenführer,
die sich auslieferten,
um für sie in Ägypten geschlagen zu werden!
    (TnB be-ha'alotka 23; Tn ibd 13; NuR 15,20; JalS zu Ex 5,14; S. 106)

Sie nahmen die Schläge auf sich, um ihrer Verantwortung für das Volk
treu zu bleiben. Diese Bereitschaft, die Verantwortung zu tragen, selbst wenn
sie mit Leiden verbunden war, machte die Rollenführer zu ‚Propheten', wie
Mose sie in der Bibel nachher nennt (Nu 11,26–29), zu Gesandten des Volkes.
So formuliert eine späte Version zusammenfassend:

‚und geschlagen wurden die Rollenführer der Söhne Jisraels':
von daher lernst du, daß sie geeignet waren,
weil sie sich selbst für Israel auslieferten
und Schläge erlitten,
um es ihnen zu erleichtern.

Deshalb wurden sie des heiligen Geistes teilhaftig (Nu 11,17.25.26) ...
Es sprach der Heilige-gelobt-sei-er:
Sie ließen sich schlagen für sie,
deshalb werden sie zu Propheten ernannt über sie! (ExR 5,20)

In diesem Sinn „gaben alle Väter und Propheten ihre Seele für Israel",
und in diesem Sinn verstand R. Simlai auch die Bereitschaft Mose's, des
‚Knechts', ‚seine Seele zum Sterben zu entblößen', „sich der Tötung auszuliefern".
    Zwar gab es auch unter den Rabbinen hie und da die Ansicht, daß der
Tod des Gerechten magischen Wert habe, d. h. wie ein Opfer im Tempel
sühne (Lohse 64–104). Doch das Knechtslied diente niemals als Stütze für
diese Ansicht. Auch Jesus von Nazareth, der in der christlichen Theologie
mit dem ‚Knecht' identifiziert wurde, legte seinem Tod keinen selbständigen
Wert bei, worin sich heute die Forscher ziemlich einig sind (Reventlow-Rechtfertigung 122), und fand im Knechtslied keinerlei Interpretation für seinen
ihm bevorstehenden Tod (Hooker 23).
    Ehe ich mit R. Simlai's Deutung fortfahre, ist es angebracht, auf einen
christlichen Denker hinzuweisen, der schon längst vor R. Simlai gegen die
Magisierung des Messiastodes zu Felde zog.
    Für „Johannes" war dieser Tod die natürliche Konsequenz der Verantwor-

tung des „Hirten" für seine „Schafe". Der Messias des Johannes sagt nicht, daß er sterben „muß" (vgl. Jh 20,9 mit Mr 8,31), sondern daß „der gute Hirte seine Seele einsetzt für seine Schafe" (Jh 10,11). Der grammatikalisch seltsame griechische Ausdruck weist an sich schon darauf hin, daß der Einsatz, die Verantwortung, wichtig ist und nicht der Tod. Er ist sicher eine Anlehnung an das biblische Idiom: ‚ich setze meine Seele in meine Hände' (Ri 12,3; vgl. LXX), d. h. ich riskiere mein Leben, um jemanden zu retten. Der Hirte des Johannes wurde „gut" nicht durch seinen Tod. Der Tod ist nur im Notfall die letzte Bewährungsprobe für die Verantwortung, aus der heraus er für die Schafe sein Leben lang sorgte.

Auch die Wahl des Bildes ist bedeutsam. Johannes erwähnt zwar das Lamm, das die Sünde der Welt „trägt" (Jh 1,29), aber es leidet nicht. Auch R. Simlai verwandte nicht den Ausdruck vom ‚Schaf', das ‚zur Schlachtbank geführt' wird (Js 53,7), sondern den andern Ausdruck aus dem Knechtslied, der von dem aktiven, freiwilligen Einsatz des Gesandten redet: ‚dafür daß er seine Seele entblößte zum Sterben' (Js 53,12), und so ist es auch bei Johannes nicht das Lamm, das zum Sühnopfer geschlachtet wird, sondern der Hirte, der „seine Seele einsetzt".

Ohne Bild wiederholt Johannes diese Auffassung an zentraler Stelle:

Keiner hat größere Liebe als der,
der seine Seele für seine Freunde einsetzt. (Jh 15,13)

Damit kein Mißverständnis aufkommen kann, konkretisiert Johannes den natürlichen Charakter des Hirtentodes im Rahmen seiner Version der Passionsgeschichte.

Schon die Geschichte vom symbolischen Trinken des Opferbluts und dem Essen des Pesachopfers (Mr 14,22 ff; Mt 26,26 ff; Lk 22,15 ff) hatte er durch eine andre symbolische Handlung ersetzt: Jesus wäscht seinen Schülern die Füße, um dadurch „ein Beispiel" zu geben für das Verhalten zwischen einem Menschen und seinem Andern (Jh 13,1–16). Doch den Hauptbeweis für Johannes' Interpretation des Messiastodes finden wir in seiner Darstellung von Jesu Gefangennahme.

Als die Agenten der Priester und Pharisäer im Garten jenseits des Kidronflusses erscheinen, um Jesus zu fangen, stellt sich dieser sofort freiwillig und sagt:

Wenn ihr mich sucht,
so lasset diese gehen!

Damit wollte er die Aufgabe des Bürgen erfüllen, fügt Johannes ausdrücklich hinzu:

um zu erfüllen, was er gesagt hatte:
von denen, die du mir gegeben hast,
habe ich keinen verloren! (Jh 18,1–9)

Er wollte seine Schafe retten – nicht vor dem Gericht der Hölle, sondern vor dem physischen Tod.

Da nicht der Tod selber, sondern nur die Solidarität und die Verantwortung gefordert sind, gibt Jesus wirklich ein „Beispiel". So läßt Johannes einen der Schüler Jesu, Petrus, eben diesen Ausdruck, „daß ich meine Seele für dich einsetze" (Jh 13,37) benutzen, um ihn versprechen zu lassen, daß er solidarisch zu dem Meister halten werde bis an den Tod. Petrus scheitert zwar kläglich, wie Jesus ihm prophezeit hat: Du wirst nicht nur nicht deine Seele für mich einsetzen, sondern jede Verbindung mit mir leugnen (38). Aber grade der Kontrast zwischen Jesu solidarischem und des Petrus antisolidarischem Verhalten in der Stunde der Not macht besonders deutlich, worum es Johannes geht. So faßt er in anderm Zusammenhang zusammen:

> Darin erkannten wir die Liebe,
> daß jener sein Leben für uns einsetzte!
> So sind auch wir verpflichtet,
> unser Leben für die Brüder einzusetzen! (1. Jh 3,16 f)

Ginge es um den Sühnwert des Messiastodes, wie hätten die Schüler von ihm lernen können?

Johannes' Lehre setzte sich jedoch nicht durch, und so kam es zum Protest R. Simlai's. Die Solidarität des Gesandten in Sünde und Leid ist notwendig, doch der Glaube an die Entbindung von der Verantwortung durch magische Sühne widerspricht dem Gesetz der Wirklichkeit:

> ‚und trug doch, er, die Sünde der Vielen' (Js 53,12),
> nämlich indem er (Mose) für die Untat mit dem goldnen Kalb sühnte! (So 14 a)

Also doch Sühne? R. Simlai zitiert Mose's eigene Worte in jenem Zusammenhang der Kalbsaffaire:

> ‚Ich will für eure Versündigung sühnen!' (Ex 32,30)

Doch wie ‚sühnte' denn Mose? Nicht durch Opfer, schon gar nicht durch das Opfer seines Lebens, sondern durch jene Demonstration seiner Solidarität mit dem sündigen Volk, die aus seiner Forderung spricht, Gott solle ihn vernichten, falls er des Volkes Sünde nicht tragen wolle (Ex 32,31–32). Um jedes Mißverständnis zu vermeiden, fährt R. Simlai in seiner Paraphrase des Knechtslieds fort:

> ‚für die Abtrünnigen ließ er sich treffen' (Js 53,12),
> daß er um Erbarmen bat für die Abtrünnigen Israels,
> damit sie im Umkehr zurückkehrten! (So 14 a)

Was bedeutet, ‚ließ er sich treffen'? Als ordentlicher Exeget zieht er einen andern Zusammenhang, in dem dieses Wort erscheint, heran:

und du bete nicht für dieses Volk
und treffe mich nicht! (Jr 7,16)

Aus dem poetisch üblichen *parallelismus membrorum* ergibt sich, daß ‚treffen' gleichbedeutend ist mit „um Erbarmen bitten". Damit erfüllt Mose, der ‚Knecht', durchaus die Aufgabe des Bürgen, des Gesandten, aber eben nicht, indem er anstelle des Volkes leidet und das Volk von seiner Verantwortung entbindet, sondern indem er es dazu bringt, umzukehren von dem Weg, der ins Leiden führt. Die Bitte um Erbarmen will ja, wie R. Simlai sagt, nicht die bedingungslose Vergebung Gottes erreichen sondern nur die Gelegenheit zur Umkehr der Menschen.

Mit diesem Verständnis der „Bitte um Erbarmen" geht R. Simlai allerdings über das biblische Original hinaus. Den Begriff der Umkehr hatte Mose noch nicht gefunden.

Den Zusammenhang zwischen der Bitte um Erbarmen und der Warnung des Volkes, „umzukehren von seiner Bosheit", lernten wir schon in der Elimelechgeschichte kennen (s. S. 165). Da keine Sühne die Menschen vor den schicksalhaften Konsequenzen ihrer Fehlhandlungen bewahren kann, war es nur logisch, daß die Rabbinen auch die Fürbitte nur so verstehn konnten, daß Gott dem Menschen helfe, die Verantwortung für seine Taten zu übernehmen und umzukehren, ehe es zu spät sein würde.

Es war wiederum Eliahu der Prediger, der dieser rabbinischen Deutung des ‚Knechts' als einem, der sich des Fehlverhaltens seiner Generation bewußt war und sich mit den Sündern identifizierte, um ihnen ihr Fehlverhalten bewußt zu machen, einen treffenden Ausdruck gab:

‚Von der Mühe seiner Seele wird er (Samen)sehen, ersatten!' (Js 53,11)
Von daher sagte man:
Die Weisenschüler, die in einer Generation sind,
laden auf sich die Verfehlungen der Generation,
die in ihr begangen werden,
unter sich (= insgeheim).
Und kein Mensch weiß darum.
Darum heißt es:
‚Ihre Verfehlungen hat er auf sich geladen' (Js 53,11; TER 136)

In dieser Zeit kann das Verb ‚auf sich laden', *sabal*, schon wie im modernen Hebräischen ‚leiden' bedeuten, so wie in dem späten Midrasch von den Rollenführern, die „Schläge erlitten". Natürlich leidet der Mensch, der sieht, wie seine Gemeinschaft blind ins Unglück rennt. Es ist schwer, die Verfehlungen der Generation zu tragen, d. h. sich ihrer Fehlhandlungen ständig bewußt zu sein. Aber von körperlichem Leiden oder gar Tod redet Eliahu nicht. Welche Konsequenzen die Weisenschüler aus ihrem Bewußtsein ziehen, lernen wir aus diesem Zusammenhang nicht. Nur das Eingangszitat von der Frucht, die sie eines Tages sehn werden, weist darauf hin, daß sie sich der

Fehlhandlungen ihrer Zeitgenossen nicht nur bewußt sind und darunter leiden, sondern daß sie auch etwas tun, um sie zu verhindern.

c) Die Verweigerung der Solidarität mit den Sündern

Ein Gesandter, der sich nicht mit den Sündern identifizieren will, wird nie fähig sein, sie zurechtzuweisen und zur Umkehr zu bringen. Der Midrasch erzählt daher von manch einem Gesandten, der es erst bitter hat lernen müssen, die Verantwortung für die Sünden seiner Gemeinschaft auf sich zu nehmen. Ein Beispiel ist der Prophet Hosea:

Der Heilige sprach zu Hosea:
– Deine Söhne haben gesündigt!
Da hätte Hosea sagen müssen:
– Meine Söhne sind deine Söhne!...
Wälze dein Erbarmen auf sie!
Nicht genug damit, daß er so nicht sprach,
sondern er sagte:
– Meister der Welt, die ganze Welt ist dein,
tausche sie doch durch eine andre Nation aus! (Pes 87 a)

Hosea ist es gleichgültig, was mit seiner Gemeinschaft geschieht. Der Heilige-gelobt-sei-er verlangt aber Solidarität und Verantwortlichkeit von ihm und findet ein Mittel, um Hosea dazu zu bringen, die Söhne seines Volkes als seine eigenen Söhne zu sehn:

Was soll ich mit diesem Alten machen?!
Ich werde ihm sagen:
Geh, nimm dir ein Hurenweib,
und die soll dir Hurensöhne gebären! (nach Ho 1,2)
Danach werde ich ihm sagen:
Schick sie weg von dir!
Wenn er sie wegschicken kann,
werde auch ich Israel wegschicken. (Pes 87 a)

Von seiner sündigen Frau kann er sich nicht distanzieren. Sie ist ein Teil seiner selbst, und also ist er selbst Sünder. So sollte er lernen, sich mit seinem Volk zu identifizieren. Hosea versteht aber immer noch nicht, worum es geht:

Als er verstand, daß er gesündigt hatte,
stand er auf und bat um Erbarmen –
für sich selber!

Er bleibt bei seinem Individualismus, worüber der Heilige keineswegs erbaut ist:

Ehe du Erbarmen für dich selber erbittest,
erbitte Erbarmen für Israel!
Ich habe nämlich deinetwegen drei Verhängnisse über sie verhängt! (Pes 87 a)

Da endlich tut Hosea, was von ihm verlangt wird, er bittet um Erbarmen für sein Volk und wendet das Verhängnis ab. Wichtig ist die zweite Pointe in diesem Midrasch R. Jochanans: Der antisolidarische Gesandte verrät nicht nur seine Aufgabe, indem er sein Volk seinem selbstverschuldeten Verhängnis überläßt, sondern letzten Endes ist es er selbst, der dieses Verhängnis verschuldet.

So wird der Gesandte, der seiner Verantwortung nicht nachkommt, der eigentlich Schuldige an Israels Schicksal im rabbinischen Denken (s. S. 250–3), auch wenn nicht immer ausdrücklich erwähnt wird, daß es der Mangel an Identifikation mit dem Sünder ist, der den potentiellen Gesandten seine Pflicht, die Sünder zurechtzuweisen und zur Umkehr von ihrem ins Unglück führenden Weg zu bringen, versäumen läßt.

Trotz der tief im Judentum verwurzelten Lehre von Haftung, Solidarität und Verantwortung wird es viele gegeben haben, die keine praktischen Konsequenzen daraus zogen. Diese bittere Erfahrung mit den potentiellen „Bürden" wurde auf die Idealbürgen der Bibel zurückprojiziert. Selbst die Väter, Abraham und Jakob, wurden in manchen Midraschim der Antisolidarität beschuldigt, und zwar auf Grund der Enttäuschung, die sich bereits nach der Ersten Zerstörung breitmachte:

Abraham ja kennt uns nicht,
Jisrael (Jakob) merkt nicht auf uns!
DU selber bist unser Vater! (Js 63,16)

Der Midrasch von R. Schmu'el bar Nachmani, der auf dem seines Lehrers R. Jonatan basiert (Bacher-APA I 72), möge als Beispiel dienen:
Ähnlich wie Hosea sagt Abraham auf Gottes Vorwurf hin, daß seine Söhne gesündigt hätten, Gott solle sie doch ruhig vernichten. Da wendet sich Gott an Jakob, in der Hoffnung, daß Jakob, „der doch das Leid des Kinderaufziehens kannte", sich mit den Söhnen Israels identifiziere und „womöglich Erbarmen für sie erbitte". Doch auch Jakob reagiert mit dem skrupellosen Vorschlag, Israel auszuwischen.

Nur Isaak, der in dem jesajanischen Vers nicht erwähnt wird, wird seiner Aufgabe gerecht. Er beginnt seine scharfe Verteidigungsrede, indem er nun seinerseits im Heiligen-gelobt-sei-er das Gefühl der Identifikation mit den Söhnen Israels erweckt:

Meine Söhne und nicht deine Söhne?

Als sie sprachen, ‚wir wollen tun und hören' (Ex 24,7), hast du sie ‚meine Söhne' genannt, und jetzt da sie gesündigt haben, sind sie plötzlich nicht mehr deine Söhne? Er benützt dabei das häufige Argument, daß ein Vater für seine Söhne verantwortlich sei, auch wenn sie sündigen. Es geht nicht an, sagt R. Levi in einem Gleichnis, daß der Weinbergbesitzer von seinem Wein redet, wenn er gut geraten ist, aber von des Pächters Wein redet, wenn er schlecht geraten ist. „Ob er gut oder schlecht ist – es ist dein Wein!" So sagt Mose zu Gott, nachdem er infolge der Kalbssünde von ‚deinem Volk' redete (Ex 32,7), während er es vorher ‚mein Volk' nannte (Ex 3,10):

> Ob sie sündigen oder unschuldig sind,
> sie sind dein Volk! (JalS zu Ex 32,7; S. 233)

Damit begnügt sich Isaak nicht, sondern schlägt vor:

> Wenn du alle trägst – ist es am besten!
> Und wenn nicht – sei ein Teil auf mir und ein Teil auf dir!
> Und wenn du sagst: alle seien auf mir,
> so wurde doch bereits meine Seele vor dir geopfert! (Sb 29 b)

Wenn du willst, daß ich die ganze Verantwortung für sie übernehme, so habe ich das ja schon getan und bewiesen, als ich geopfert wurde. Er stützt sich hier auf die Tendenz, die auch bei einem Teil der Rabbinen erkenntlich ist, Isaaks Bindung (Gn 22) als Sühnopfer zu verstehen (RH 16 a), ja aus der bloßen Bindung den Tod zu fingieren und von „Isaaks Asche auf dem Altar" zu reden (GnR 56,10; Ta 16 a; Bacher-APA I 28). Aber die Tat der Opferung ist nach R. Jochanans Legende nur eine der Möglichkeiten, die Verantwortung für die Sünden der Söhne zu übernehmen. Worauf es ankommt, ist Isaaks selbstverständliche Identifikation mit Israel und die Bereitschaft zur Verantwortung, die sich daraus ergibt.

d) Gottes Identifikation mit den Sündern

Wie die Solidarität mit den Leidenden (s. S. 87–99), so wird auch die Solidarität mit den Sündern auf Gott selber projiziert.

In einer Zeit, da das Sündenbewußtsein selber zum Leiden wurde und „dieses selbstquälerische Gefühl in jener traurigen Zeit auch von den Größten nicht fernblieb" (Bacher-AT I 93; Br 28 b; Sn 81 a; Mk 24 a) war die eigentliche Bewährungsprobe die Solidarität mit dem Sünder.

Wie konnte Gott selber dieses Volk, das sogar am Sinai „voller Gebrechen" war, „Söhne heißen"? (SDt § 308). Doch nur, wenn er sich mit diesem Volk identifizierte. Daher behauptete R. Chanina, daß Gott „bei den Makligen wohnt":

Jener Sadduzäer (Christ) sprach zu Rabbi Chanina:
Jetzt (nach der Zerstörung) seid ihr Söhne von Makligen! (nach E 1,8–9)
Da sprach R. Chanina zu ihm:
Komm, sieh, was von ihnen geschrieben steht:
‚der einwohnt bei ihnen, inmitten ihrer Makel!' (Lv 16,16)
Sogar wenn sie maklig sind,
befindet sich Schechina (Einwohnung) unter ihnen! (Jm 52 b)

Gegen die schadenfrohen Christen, die meinen, Gott habe sich von Israel distanziert, betont R. Chanina, daß Gott ja seine Wohnstatt von Anfang an in Israels Lager aufgeschlagen habe und bei ihnen geblieben sei, auch wenn er um ihrer Fehlhandlungen willen Zerstörung auf sie bringen mußte.

Schon die frühesten Midraschsammlungen, Sifra und Sifre, die nur wenig Aggadisches enthalten, lehren diesen Trost von Gottes Einwohnung mit den Makligen:

Obgleich sie maklig sind,
ist Schechina unter ihnen (SLv 79 b)

Sifre wiederholt gradezu eintönig dreimal:

Geliebt sind Israel,
weil Schechina unter ihnen ist,
obwohl sie maklig sind! (SNu S. 4; S. 222)

Der Wortsinn der biblischen Belege (Lv 16,16; 15,13; Nu 5,3) meint nur Warnung und Mahnung, z. B.: ,Bemakle nicht das Land, indem ihr siedelt, in dessen Mitte ich einwohne, denn ICH bins, der inmitten der Söhne Jisraels einwohnt!' (Nu 35,34). Der Midrasch macht daraus eine Tröstung. Anders als die Qumranleute vor der Zerstörung und die Christen nach der Zerstörung behaupten, trennt sich Gott nicht von seinem Volk: „Gleicht er doch", sagt Rabbi, „einem König, der zu seinem Knecht sprach:

Wenn du mich brauchst –
ich bin bei meinem Sohn!
Wann immer du mich brauchst,
so bin ich ja bei meinem Sohn!
Ebenso sagt er:
,der einwohnt bei ihnen inmitten ihrer Makel'. (SNu S. 222)

2. Die Identifikation mit den Sündern: ein Charakteristikum Israels

Das einzigartige Volk trägt das Siegel des einzigartigen Menschen, des Gesandten. Den Gesandten Israels charakterisierte die Solidarität von Anfang an. Zu einem Charakteristikum des Volkes wurde sie erst nach der Ersten Zerstörung.

Mein Gott, schämen muß ich (ich!) mich und erröten . . .
Denn unsre (unsre!) Verfehlungen wachsen uns übers Haupt,
und unsre Schuld ward groß, bis an den Himmel.
Seit den Tagen unsrer Väter (Väter!) sind wir (wir!)
    in großer Schuld bis auf diesen Tag,
denn um unsre Verfehlungen wurden wir (wir!), unsre Könige,
    unsre Priester in die Hand der Könige . . . gegeben! (Es 9,6–9)

Der Stil selber schon drückt die Identifikation zwischen dem Einzelnen und der Gemeinschaft, zwischen der heutigen und der vorigen Generation aus. Dieser Stil und dieser Geist im Gebet des biblischen Esra kennzeichnet bis heute das liturgische Gebet der Juden, angefangen vom täglichen Frühgebet „Tachnun" (Siddur) und aufgehört bei den Gebeten des Versöhnungstags: „Wir sind schuldig . . .".

a) Der Zusammenstoß zwischen Identifikation und Individualismus

Kein liturgischer, sondern ein der Seele entrungener schmerzvoller Schrei der Solidarität mit dem sündigen Israel findet sich in dem apokalyptischen Büchlein von „Esra dem Seher" (s. S. 13–15, 47–49). Obwohl ihn der „Engel", d. h. sein anderes Ich, das dem apokalyptisch-individualistischen Dogma anhängt, drängt, sich unter die Gerechten zu rechnen, identifiziert sich Esra hartnäckig „mit der Mehrzahl der Menschen," und die sind „Sünder" (Licht-Esra 44.51). Deshalb interessiert er sich nicht für die wunderbaren Dinge, die den Gerechten in der zukünftigen Welt zuteilwerden sollen und mit denen der Engel ihn zu verführen sucht. Selig sind die Gerechten,

aber die, denen mein Gebet gilt, sind nicht wie sie.
Denn wer von den in die Welt Gekommenen hat nicht gesündigt? . . .
Und jetzt sehe ich, daß die zukünftige Welt
einigen wenigen Freude bringen wird, aber vielen Leid,
denn in uns (uns!) nahm das böse Herz überhand . . .
und führte uns in die Vernichtung,
und zeigte uns Wege des Todes . . .
und dies nicht nur wenigen,
sondern fast allen Geschaffenen! (EsA 7,45–48)

Der „Engel" weiß nicht nur keine Lösung für „fast alle Geschaffenen", sondern benutzt nun grade Esra's Solidarität als weiteres Mittel, ihn von den übrigen Geschöpfen zu unterscheiden.

Du hast dich viele Male den Bösen gleichgesetzt,
so soll es nicht sein!
Doch auch darin bist du wunderbar vor dem Höchsten,
daß du dich erniedrigt hast, wie es dir geziemt,
und dich selbst nicht für gerecht gehalten hast.
Daher wird deine Ehre sich mehren. (EsA 8,47–51)

Zu dieser den solidarischen Esra wohl zynisch anmutenden Bemerkung fügt sein antisolidarisches Ich noch eine warme Empfehlung hinzu:

Aber du, schau nur auf dich selber,
und frage nur nach der Ehre derer, die dir ähnlich sind! . . .
Fahr nicht fort, nach den Vielen zu fragen, die zugrundegehn. (8,55)

Wir wissen nicht, welcher von den beiden Esras schließlich siegte[11], und auch bei den Rabbinen herrschte das biblisch-solidarische Denken nicht überall vor. Das kindliche Bedürfnis aller Menschen, die Welt in Gute und Böse einzuteilen und natürlich die Bösen zu hassen, wurde durch die apokalyptische Lehre so gründlich befriedigt und gerechtfertig, daß die alte biblische Lehre oft unterlag.

Ein Gegenbeispiel zu dem solidarischen Esra ist z. B. die sogenannte Syrische Baruch-Apokalypse, die nur fünfzehn Jahre später entstand und ohne Zweifel von „Esra" beeinflußt ist, aber auch von R. Aqiba, wie Wichmann (32–50) bewiesen hat.

Auch „Baruch" schrieb in der Situation der Verzweiflung nach der Zerstörung, und auch bei ihm wird der Konflikt zwischen biblischer Solidarität und apokalyptischem Individualismus deutlich. Baruch der Seher stellt die Frage Hiobs in kollektiver Form: Was ist unser „Vorzug" gegenüber den götzenanbetenden Völkern? Hat es sich doch gezeigt, daß die Zugehörigkeit zu Israel gar nichts genützt hat (Bar 14,2; 83,5). Auch der Glaube, daß wenige Gerechte eine Stadt retten können, hat sich als leer erwiesen (14,7). Anstatt daraus wie die Rabbinen zu schließen, daß vielleicht die „Gerechten" ihre Aufgabe versäumt, ihre Gemeinschaft nicht zurechtgewiesen, gegen Verbrechen nicht protestiert, um Erbarmen nicht gebeten hatten, folgert Baruch der Seher, daß es überhaupt kein Gesetz der Haftung und gegenseitigen Abhängigkeit gebe, und daß also auch keine Identifikation und Solidarität mit der Gemeinschaft notwendig sei. Die Welt ist eine Sammlung von Individuen, von denen jeder verantwortlich für sich selber ist und weiter nichts (14, 17–15,8).

Dabei geht es nicht mehr um Verantwortung für das Geschick in dieser Welt. Da der individualistische Mensch den gerechten Zusammenhang zwischen seinem eignen Tun und seinem eignen Ergehen sehen will, muß er eine andre Welt erfinden:

Wenn jeder Mensch nur dieses eine Leben hätte,
so gäbe es nichts Bitteres denn das . . . (Bar 21,13–17)

Für das gegenwärtige Leid der Gemeinschaft hat er keinen Trost und keine Lösung, dagegen sieht er sich als Verkünder „all der Ehre, die den Gerechten bewahrt ist", im nächsten Leben natürlich.

Denn wie ihr in dieser vergänglichen Welt viele Mühe erduldet habt,
so werdet ihr in jener endlosen Welt viel Licht empfangen. (48,52 f)

Wie konsequent dieser „Seher" in seinem Individualismus ist, zeigt sich auch an seiner Leugnung der Haftung zwischen Vätern und Söhnen, die stets in der Lehre von der Sünde Adams symbolisiert wurde. Noch Esra der Seher hatte diese Lehre ausgebaut. Baruch der Seher aber sagt: selbst wenn es richtig ist, daß wegen Adams Sünde alle Menschen vorzeitig sterben, so hat sich doch

„jeder einzelne selbst die zukünftige Pein zugezogen". Adam hat also sein Geschick „allein sich selber" zuzuschreiben, und „wir alle sind ein jeder für sich selbst zum Adam geworden" (54,15. 19).

Ebenso logisch ist es, daß Jeremia, dessen Schüler Baruch der Seher ja zu sein vorgibt, nicht gefangen wird, als die Stadt eingenommen wurde, weil sein „Herz rein war von Sünden" (9,1–2). Zwar gibt er zu, daß es früher Solidarität zwischen Propheten bzw. Gerechten und ihrem Volk gegeben habe, aber jetzt ist es vorbei damit. Baruch der Seher endet seine Vision mit der Abschaffung aller Symbole der Lehre von Haftung, Solidarität und Sendung. In der Stunde des Gerichts wird es nicht nur keine Möglichkeit zur Umkehr geben, sondern auch

> keine Bitte der Väter,
> und kein Gebet der Propheten,
> und keine Hilfe der Gerechten! ...
> Alsdann wird er lebendig machen die, die er zu entsündigen vermag,
> und vernichten die, die durch Sünden befleckt sind! (85,12–15)

Wie anders verhält sich der Heilige-gelobst-sei-er, der von den Vätern und von Hosea Identifikation mit ihrem sündigen Volk verlangt!

b) Gute und Böse „sind Israel"

Trotz der apokalyptischen Erweiterung des Abgrunds zwischen Gerechten und Frevlern ließ sich die Lehre von der Solidarität nicht verdrängen, sondern wurde noch vertieft.

In der frühbiblischen Zeit wußte man noch nicht, wie man die Gemeinschaft vor der Haftung für die Sünde eines Einzelnen anders bewahren konnte als durch die Ausmerzung dieses Einzelnen (Scharbert-Solidarität 22). Der Hauptunterschied zwischen der frühbiblischen Haftungslehre und der rabbinischen Solidaritätslehre besteht in der Haltung gegenüber dem einzelnen Sünder.

Der deutlichste Ausdruck dafür findet sich im Gleichnis vom Feststrauß des Laubhüttenfestes, das bis heute für jedes Kind automatisch mit den vier Pflanzen des Straußes verbunden ist. Das Gleichnis findet sich in den Quellen überall ohne Name des Verfassers, scheint also sehr alt zu sein und wurde wohl schon zu rabbinischer Zeit Jahr um Jahr am Fest ins Gedächtnis gerufen.

> Vier Arten sind im Feststrauß (Lv 23,39):
> zwei davon machen Früchte und zwei davon machen keine Früchte.
> Die, die Früchte machen, bedürfen derer, die keine machen,
> und die, die keine Früchte machen, bedürfen derer, die Früchte machen.

Darum, weil wir alle von einander abhängen, tun wir gut daran, wenn wir alle füreinander verantwortlich sind:

> Kein Mensch wird seiner Verpflichtung ihnen (den vier Arten) gegenüber ledig,
> es sei denn, alle (vier Arten) seien in einem einzigen Bund.

Und wie er das Gebot des Feststraußes nicht erfüllt, es sei denn alle vier Arten seien zusammengebunden, so ist es mit Israel, wenn sie verlangen, daß Gott sich mit ihnen versöhnen solle. Nur wenn sie alle „in einem Bund sind", wird ihnen Gott willfahren. (Mn 27 a)

Die Gemara wagt nicht zu interpretieren, wer diejenigen sind, „die keine Früchte machen". Zwei Varianten in den Midraschsammlungen werden darin deutlicher.

Die vier Lv 23,39 genannten Pflanzen werden traditionsgemäß als die Zitrusfrucht Etrog, als Dattelpalme, als Myrthe und als Bachweide verstanden:

,Frucht vom prangenden Baum': die sind Israel!

denn wie der Ertrog sowohl duftet als zur Nahrung dient, so gibt es im Volk Israel Menschen, die sowohl „Leute der Weisung", also schriftgelehrt sind, als gute Werke tun.

,Palmenfächer' – die sind Israel!

Wie die Dattelpalme Nahrung gibt aber nicht duftet, so gibt es im Volk Israel Leute, die sich in der Weisung auskennen aber keine guten Werke tun.

,Laub vom dichtblättrigen Baum' – die sind Israel!

Die Myrthe dient zwar nicht zur Nahrung, aber sie duftet, und so gibt es in Israel Leute, die sind unwissend, tun aber dennoch gute Werke.

,Bachweiden' – die sind Israel!

Diese Pflanze gibt weder Duft noch Nahrung, wie es Leute gibt, die sich weder in der Weisung auskennen noch irgendein gutes Werk tun. Und dennoch: „die sind Israel"!

Der Heilige sprach:
Sie zu verderben ist unmöglich.
So sollen alle einen Bund machen und füreinander sühnen! (Pq 185 a)

Eine andre Formulierung dieser Variante des Gleichnisses (LvR 30,12) redet, wie es sich dann eingebürgert hat, von „Geschmack" anstatt von Nahrung, aber sie verpfuscht am Ende die Pointe, indem sie Gott den Bund machen läßt, während es doch grade darum geht, daß diese vier Menschenarten in Israel sich miteinander identifizieren und einer dem andern zuerkennt, daß er „Israel ist".

Die Eintönigkeit des „die sind Israel" ist Absicht. Es wird nicht gesagt, die Bösen (um die gehts nämlich, sagt Raschi zu der talmudischen Variante in Mn 27 a) sind „auch ein Teil" von Israel. Nein die, die keine Früchte machen, „sind" Israel.

Zwar waren nicht alle mit dieser bedingungslosen Identifikation einverstanden, und eine andre Variante redet von „Gerechten und Mittelmäßigen" (TnB 'emor 25; Tn ibd 17), aber sie hat sich bezeichnender Weise nicht durchgesetzt. Wenn Israels Existenz von der Verwirklichung der Solidarität abhängt, dann muß dies auch die Solidarität mit den Bösen einschließen.

Ein andres Gleichnis von einem Amoräer der zweiten Generation drückte das noch schärfer aus. Warum hat man im Kult des Begegnungszelts und des Tempels den Weihrauchgewürzen das stinkende Harz Galvanum beigemischt (Ex 30,34)?

> Jede Fastenzeremonie, bei der keiner der Verbrecher Israels anwesend ist,
> ist keine Fastenzeremonie!
> Da doch das Galvanum ein schlechter Duft ist
> und dennoch unter die Weihrauchkräuter gerechnet wird! (Ker 6 b)

So sagen die Juden in der Diaspora von einem Gemeindemitglied, dessen sie sich schämen: „Chelbene derf men äuch hebben" = Galvanum muß man auch haben![30]

Die beiden Gleichnisse erklären nicht, warum denn die vier Arten einander bedürfen. Es war Resch Laqisch, der Kollege R. Jochanans, der das Fehlende durch das Gleichnis vom Weinstock ergänzte:

> Diese Nation ist dem Weinstock zu vergleichen:
> die Reben daran – das sind die Besitzenden;
> die Trauben daran – das sind die Weisenschüler;
> die Blätter daran – das sind die Unwissenden;
> die Ranken daran – das sind die Leeren in Israel (die vom Rande der Gesellschaft).
> Deshalb mögen die Trauben für die Blätter um Erbarmen bitten,
> denn wären nicht die Blätter,
> existierten nicht die Trauben! (Hl 92 a)

Der Gegensatz zwischen Weisenschülern und „Unwissenden" war in der Zeit von Resch Laqisch an die Stelle des Gegensatzes zwischen Gerechten und Frevlern getreten. „Die Unwissenden bringen den Weisenschülern mehr Haß entgegen als die Heiden Israel" (Pes 49 b), so klagte R. Chija schon eine Generation vorher und schloß daraus, daß „jeder, der sich vor einem Unwissenden, Am-Ha-Aretz, mit der Weisung befaßt, ist, als würde er seine Verlobte vor ihm begatten!" (Urbach-Rabbinen 572). Sogar ein Mensch wie R. Schmu'el bar Nachmani, der jüngere Zeitgenosse von Resch Laqisch, überliefert aus dem Munde seines Meisters R. Jonatan, daß „man einen Am Haaretz wie einen Fisch zerreißen darf" (Pes 49 b). Die Unwissenden waren oft identisch mit den Landbesitzern und Wucherern und nicht nur bei den Weisen, sondern auch beim Volk verhaßt (Urbach-Rabbinen 521–3; 570–6; Büchler-Leaders 53–61).

---

[30] Ich danke Prof. Schmuel Safrai für diesen wie für einige andere Hinweise auf Gleichnisse, die das Solidaritätsverständnis vertiefen.

Und dennoch gehören wir alle zueinander, hängen voneinander ab und sind für einander verantwortlich, sagt Resch Laqisch, der einer der Wenigen war, die um die Notwendigkeit der Integrierung nicht nur von Guten und Bösen, sondern auch von Gut und Böse wußte:

Kommt, laßt es uns unsern Vätern, Adam und Eva, zugutehalten,
daß sie gesündigt haben,
denn hätten sie nicht gesündigt,
so hätten sie nicht gezeugt und geboren
und wären wir nicht in die Welt gekommen ... (AS 5 a)

Nur wenn wir die Welt mit ihrem Licht und mit ihrer Finsternis annehmen (Js 45,7); nur wenn wir Licht und Schatten auch in uns selber zu integrieren vermögen, wie es der jüdische Psychologe Erich Neumann in seinem unter dem Eindruck von Auschwitz geschriebenen Buch als Bedingung für die Weiterexistenz der Menschheit forderte; nur wenn wir uns mit allen Menschen unsrer Gemeinschaft, auch mit den „Bösen" identifizieren, werden wir fähig sein, die Verantwortung zu übernehmen, die Finsternis, den Schatten, das Böse in Grenzen zu halten.

c) Die Solidarität mit den Sündern als Funktion des Haftungsgesetzes

Noch einmal muß betont werden, daß die Solidarität und die Verantwortung des Einzelnen, die aus ihr folgt, kein abstraktes ethisches Gebot ist, sondern eine lebensnotwendige Konsequenz aus dem Gesetz der Haftung. Es nimmt nicht wunder, daß auch Resch Laqisch diesem Gesetz seine Aufmerksamkeit schenkte.

Schon vor ihm bestand die Ansicht, daß „am Jordan Israel die verborgenen (Sünden) auf sich genommen hat" (Sn 43 b; P So 22 a). Damit ist gemeint, daß die Achan-Affaire (s. S. 148–9), die unmittelbar nach der Überschreitung des Jordans und vor der Besiedelung des Landes passierte, Israel lehrte, daß es von nun an für die Sünden aller Einzelnen leiden mußte, selbst wenn diese Sünden wie im Falle Achans verborgen waren. Resch Laqisch verschärfte die Bedeutung dieses Charakteristikums von Israels Geschichte durch die Behauptung, daß Josua vor der Überschreitung des Jordans Israel bedroht habe:

Wenn ihr die Verborgenen nicht auf euch nehmt,
so kommt das Wasser und spült euch hinweg! (P So 22 a)

Entweder ihr akzeptiert das Gesetz der Haftung oder ihr könnt nicht weiterexistieren!

Diese Auslegung verfälscht die biblische Geschichte, nach der das Volk ja grade nicht für Achan haften wollte, sondern ihn ausstieß und hinrichtete (Jo 7). Später lernte man, daß man dem Gesetz der Haftung auf diese Weise nicht entgehen kann. Raschi faßt die Meinung der Tradition zusammen, wenn er in Josua's Bedingung für den Jordanübergang den historischen Anfang des

Haftungsgesetzes, unter dem Israel zu allen Zeiten so sehr hat leiden müssen, sieht: Erst als sie den Jordan überschritten, wurden sie „Bürgen füreinander" und „nahmen Bürgschaft auf sich" (Raschi zu Sn 43 b und, sich selber zitierend, zu So 37 b).

R. Levi meinte zwar, daß in „Jawne", d. h. nachdem Israel seiner politischen Unabhängigkeit beraubt worden war, „der Riemen gelockert wurde" und eine Himmelsstimme verkündigt habe, daß Israel von nun an nicht mehr für „die Verborgenen" leiden würde (P So 22 a), und auch viele andre Leute versuchten, nicht nur die Haftung im menschlichen Gerichtswesen, sondern auch die schicksalhafte Haftung abzuschaffen (MTa 187–8; vgl. SDt § 310; SLv 91 c; Tn re'eh 3), aber Resch Laqisch gab sich dieser Illusion nicht hin. Die Geschichte Israels zeigte, daß unzählige Male das ganze Volk für das Fehlverhalten eines Einzelnen haftbar gemacht wurde.

Der entscheidende Unterschied zwischen der biblischen und talmudischen Konsequenz, die aus der Anerkennung des Haftungsgesetzes gezogen wurde, ist, wie gesagt, daß nicht die Ausstoßung des Sünders die Lösung des Problems bringt, sondern im Gegenteil die Identifizierung mit ihm und die Verantwortung für ihn.

Das wird besonders eindrücklich in dem Ausspruch:

„Jisrael sündigte' (Jo 7,11)
Obwohl es gesündigt hat –
ist es Israel! (Sn 44 a)

Dieser Satz stammt von R. Abba bar Sabda, einem Meister, der trotz seines langen Lebens wenig Spuren hinterlassen hat (Hymann 44). Aus der Halacha ist er uns bekannt als der, der ein Kind aus der Verbindung zwischen einer Jüdin und einem Sklaven oder einem Heiden für legitim hielt, im Unterschied zu vielen und respektablen Gelehrten, die ein solches Kind als Mamser definierten, d. h. für einen, der von der Gemeinschaft Israel abgesondert werden muß, hielten (P Qid 65 b–c). Auf dem Gebiet der Aggada ist der Ausspruch vom sündigenden Israel fast sein einziger, und daß er überliefert wurde, ist bedeutsam. Zwar wurde daraus später ein Gesetz, das auf den einzelnen Juden angewandt wird: Selbst wenn ein Jude zu einer andern Religion übergeht oder die Religion gänzlich verläßt, bleibt er Jude (vgl. Katz). Aber auch diese Verfälschung der ursprünglichen Absicht bezeugt noch, daß es aus der Haftung kein Entrinnen gibt.

Was R. Abba bar Sabda meinte, war jedoch ganz Israel:

gesündigt hat Jisrael, . . .
ja, genommen haben sie vom Bann,
ja, gestohlen,
ja, gehehlt,
ja, in ihre Geräte gelegt:
Nicht können sich nun die Söhne Jisraels vor ihren Feinden erheben . . . (Jo 7,11 f)

So sagt die Bibel. R. Abba nimmt die Bibel aber ernster als sie sich selber. Wenn es wirklich nicht nur Achan ist, der gestohlen, gehehlt, in seine Geräte gelegt hat, sondern ganz Israel, d. h. wenn sich ganz Israel mit Achan identifizieren muß, weil so oder so ganz Israel seinetwegen leidet, so kann doch der Einzelne nicht aus Israel ausgestoßen werden. Ganz Israel hat gesündigt, wenn der Einzelne sündigt, und ganz Israel bleibt Israel, auch wenn es gesündigt hat.

Diese Identifikation Israels mit dem einzelnen Sünder war derart eingewurzelt im Denken Israels, daß sich sogar die apokalyptische Lehre, die doch erfunden wurde, um den Einzelnen aus dem Gesetz der Haftung zu befreien und ihn nur für sich selber verantwortlich sein zu lassen, der ursprünglichen Lehre von der Solidarität unterordnen mußte:

Ganz Israel hat Teil an der kommenden Welt,
wie es heißt:
,Dein Volk – sind alle Gerechte!' (Js 60,21; M Sn 10,1)

So sagt nicht irgendein Meister im Midrasch, sondern das Gesetz der Mischna. Ganz Israel hat gesündigt und ganz Israel sind Gerechte, das sind die beiden Seiten derselben Lehre. Nur wenn Israel die Konsequenz aus dem Gesetz der gegenseitigen Haftung zieht, nur wenn sich alle Juden miteinander identifizieren, kann Israel existieren.

d) Die Identifikation mit dem Sünder in der Praxis

Wenn wir sehn, daß es Jesu Identifikation mit den Sündern, seine Freundschaft mit Zöllnern und Sündern war (Mt 11,19; Lk 7,34), die die geistigen Führer seiner Generation gegen ihn aufbrachte, so wird klar, daß wie immer und überall in der Welt der Abgrund zwischen Theorie und Praxis groß war. Das beweist grade die Ausnahme von der Regel, die einer der Weisen zu Anfang des 4. Jahrhunderts, R. Sera, darstellte:

In der Nachbarschaft R. Sera's gab es jene Rowdies,
die R. Sera nahezubringen pflegte,
damit sie Umkehr taten.
Unsre Meister (dagegen) waren streng mit ihnen.
Als nun R. Sera starb, sprachen die Rowdies:
Bis jetzt war es der Kleine mit den versengten Schenkeln,
der für uns um Erbarmen gebeten hat.
Wer wird jetzt für uns um Erbarmen bitten?
Sie überlegten's in ihrem Herzen
und taten Umkehr! (Sn 37 a)

R. Sera war zwergenhaft und behindert. Er schreckte vor jedem Amt, jeder offiziellen Verantwortung zurück. Umso stärker war sein Verantwortungsgefühl gegenüber seinen Mitmenschen. „Mein Leben lang habe ich mich nicht gefreut über das Straucheln eines Gefährten" (Mg 28 a), sagte er am Ende seines Lebens. Er freute sich nicht nur nicht, sondern versuchte, den, der sich ihm gegenüber etwas zuschulden kommen ließ, von seiner Schuld zu befreien:

Wenn R. Sera etwas gegen einen Menschen hatte,
pflegte er vor ihm hin und herzugehen
und sich absichtlich in seiner Gegenwart aufzuhalten,
damit jener käme und es (den Ärger) aus seinem Herzen ziehe. (Jm 87 a)

Das heißt, indem R. Sera den Menschen, der ihm ein Unrecht angetan hatte, zwang, in seiner Gegenwart zu weilen, brachte er ihn dazu, sich mit ihm zu versöhnen. In der Gemara ist diese Geschichte als Beispiel erzählt für jene, die „die Vielen gerechtmachen", im Unterschied zu jenen, die „die Vielen zu Sündern machen" (s. S. 194).

Diese Methode, Menschen dadurch zur Umkehr zu bringen, daß er sie „nahebrachte", wandte er auch gegenüber den Rowdies an. Nicht die Absonderung von ihnen brachte ihnen zum Bewußtsein, daß sie auf dem falschen Wege waren, sondern das Zusammensein mit ihnen.

Doch die andern Weisen sahen das nicht gern. Was damit gemeint ist, lernen wir aus einer ähnlichen Geschichte, die etwa 150 Jahre früher passierte: In der Nachbarschaft R. Meirs gab es ebenfalls einige Rowdies. Die ärgerten den Meister so sehr, daß er betete, sie möchten sterben. Seine weise Frau Brurja überzeugte ihn jedoch, daß nach der exacten Auslegung von Ps 104,35 nicht die Sünder verschwinden sollten sondern die Sünden. Der Weg dazu war in diesem Fall, daß R. Meir für die Rowdies um Erbarmen bat und diese Umkehr taten (Br 10 a). Wie üblich (s. S. 200) bittet er nicht etwa, daß Gott den Sündern verzeihe, sondern daß er die Lümmel dazu bringe, von ihrem falschen Wege umzukehren.

Brurja's verblüffende Uminterpretation des Wortes ḥaṭṭa'im (Sünder) in ḥaṭa'im (Sünden), ein winziger Unterschied im Wort, der zudem in der Konsonantenschrift der Bibel, die ja bis zum 7. Jahrhundert n. d. Z. als einzige existierte, gar nicht zum Ausdruck kam, symbolisiert den einzig wirklich entscheidenden Unterschied zwischen der Konsequenz, die man in biblischer Zeit aus dem Haftungsgesetz zog, und der Konzequenz, die die Rabbinen daraus zogen: nicht der Sünder muß ausgerottet, sondern die Sünde muß verhindert werden. Wie das zu geschehen hat, soll im letzten Kapitel eindrücklich gemacht werden. Hier sei zunächst von einer andern Anwendung der Solidarität die Rede, der Solidarität nicht mit dem „Sünder", aber mit dem „Verbrecher", vor allem dem politischen Verbrecher.

e) Das Verbot der Auslieferung

Wir hörten schon, was R. Jehoschua ben Qarcha von R. El'asar Sohn Raschbi's dachte, weil dieser jüdische Diebe an die Römer auslieferte. Bezeichnenderweise wirft er ihm nicht vor, daß er „Diebe" ausliefere, sondern er beschulddigt ihn, „das Volk unsrers Gottes der Tötung auszuliefern", ganz im Sinne des Gleichnisses vom Feststrauß des Laubhüttenfestes. R. El'asar läßt ihm sagen:

> Disteln vertilge ich aus dem Weinberg!

Doch R. Jehoschua ben Qarcha läßt ihm antworten:

> Möge der Herr des Weinbergs kommen und seine Disteln tilgen! (BM 83 b)

Eine ähnliche Geschichte wird von Jose ben Jischmael erzählt, dem der Prophet Elia erscheint und ihn mit demselben Satz von der Auslieferung des Volkes Gottes zur Tötung beschuldigt. Er zwingt ihn dann auszuwandern, damit er die Befehle der Römer nicht ausführen müsse (BM 84 b).

So genau nahm man es mit der Solidarität mit dem Verbrecher, daß er auch dann nicht ausgeliefert werden durfte, wenn das Leben der ganzen Gemeinschaft auf dem Spiele stand. So sagt eine Baraita: „Angenommen, Heiden sagen zu einer Gruppe von Leuten: – Gebt uns einen von euch, auf daß wir ihn töten; wenn ihr ihn nicht gebt, so töten wir euch alle! –

> so sollen sich alle töten lassen
> und keine Seele aus Israel ausliefern! (T Tr 7,20; GnR 94,9; P Tr 46 b)

Diese Entscheidung war noch um vieles schwerer als die jenes Mannes, der Jahrhunderte später zu Raba kam, weil er nur die Wahl hatte, einen andern zu töten oder selber getötet zu werden (s. S. 147).

Dasselbe Prinzip wurde schon in der Mischna festgelegt, und zwar für den Fall, daß Heiden zu einer Gruppe von Frauen kommen, um eine von ihnen zu vergewaltigen. Auch in diesem Fall sollen sich lieber alle vergewaltigen lassen, anstatt „eine Seele aus Israel auszuliefern"! (M Tr 8,12; Safrai-Pietists 26)

Zwar erkennt jene Baraita eine Ausnahme an: Wenn die Leute, die die Auslieferung fordern, einen bestimmten Menschen nennen, wie einst Joab den des Hochverrats schuldigen Scheba Sohn Bichris verlangt hatte (2 S 20), „so darf man ihn herausgeben, damit nicht alle getötet werden!" (T Tr 7,20; P Tr 46 b; GnR 94,9). Doch der Tannaite R. Jehuda ben Ilai schränkte diese Ausnahme ein: man dürfe den Geforderten nicht ausliefern, wenn „er drinnen ist und sie draußen sind", d. h. wenn die Andern in einer Lage sind, da sie sich verteidigen können. In diesem Fall müssen sie kämpfen und ihr Leben für den Einen, der bei ihnen Zuflucht gefunden hat, riskieren. Nur wenn alle „drinnen", d. h. belagert sind, so dürfen sie den Geforderten ausliefern, weil ja in diesem Fall „sowohl er als sie getötet werden würden", und da ist es dann schon besser, daß nur einer getötet wird (T Tr 7,19; GnR ibd).

Auch die beiden Amoräer Resch Laqisch und R. Jochanan beschäftigten sich noch einmal mit dem harten Solidaritätsgebot. Der Erstere meinte, man dürfe einen Menschen nur ausliefern, wenn er sowieso des Todes schuldig sei wie Scheba Sohn Bichris. R. Jochanan dagegen sagte, man müsse die

Vielen auf Kosten des Einen retten, auch wenn er nicht des Todes schuldig sei (P Tr 46 b).

Diese Auseinandersetzung wird in zwei Midraschim konkretisiert.

Als Davids Feldherr Joab die Stadt Abel-Bet-Maacha belagerte, zu der Scheba Sohn Bichris geflohen war, rief ihm ‚eine weise Frau' zu: ‚trachtest zu töten du eine Stadt, eine Mutter in Jisrael? Warum willst du SEIN Eigen verschlingen?!' Joab erklärt, daß ihm das fernläge, man solle ihm nur den Hochverräter allein herausgeben, so würde er von der Stadt abziehn (2 S 20, 16–20). Die Frau verspricht den Kopf des Gesuchten, kehrt zum Volk zurück, und der Kopf wird abgeschlagen und hinausgeworfen.

Soweit die Bibel. Der Midrasch gab sich mit dieser einfachen Lösung jedoch keineswegs zufrieden. Die Bemerkung der Bibel, daß ‚die Frau mit ihrer Weisheit zu allem Volk kam', ehe der Kopf abgeschlagen wurde, verstand der Midrasch dahin, daß die Frau das Volk erst überreden mußte, von der Solidarität mit dem Verräter Abstand zu nehmen.

Die Verhandlung ist aufschlußreich. Die Leute fragen die weise Frau, was Joab verlange, und sie behauptet: Tausend Männer! Sie fragt: „Ist es nicht besser, tausend Männer auszuliefern anstatt daß die ganze Stadt zerstört werde?" Die Leute waren einverstanden, die tausend Opfer auf jede Familie gerecht zu verteilen. Da fügte sie schlau hinzu, Joab ließe sich vielleicht versöhnen und sei mit weniger Männern zufrieden. Sie tat so, als ginge sie zurück, um Joab zu besänftigen und kam jedesmal mit einer kleineren Zahl zurück, mit fünfhundert, dann hundert, dann zehn, dann einem. Der eine allerdings sei ein „Gast", nämlich Scheba ben Bichri (QoR 9,26; MS 32,3).

Der Midrasch setzt also voraus, daß, wenn die Frau den Flüchtling sofort gefordert hätte, die Stadt die Auslieferung verweigert und die Konfrontation mit Davids Heerführer gewagt hätte. Sie wußte, daß lieber jede Familie ein Mitglied opfern würde, anstatt „eine Seele aus Israel auszuliefern" (GnR 94,9).[31]

Eine andre Geschichte beweist ebenfalls die unbedingte Solidarität mit dem Einzelnen, selbst wenn er offensichtlich schuld an der Situation war, die den Feind, in diesem Fall Nebukadnezar ins Land gebracht hatte. Als Nebukadnezar kam, um Jerusalem zu zerstören, ließ er sich zunächst bei Antiochia nieder. Da stieg das große Sanhedrin zu ihm hinab und fragte, ob die Zeit der Zerstörung des Tempels schon gekommen sei. Nein, sagte er, sondern Jojakim, der König Juda's habe gegen ihn rebelliert. „Gebt ihn mir – so will ich gehn".

Sie kehrten zurück und sprachen zu Jojakim: „Nebukadnezar will dich." Jojakim empört sich: „Macht man so was?" Er zitiert den Satz der Mischna, daß man keine Seele auf Kosten einer andern rette (M Oh 7,6). Ob sie wirk-

---

[31] In QoR und MS wird die Baraita nicht wie in GnR zitiert. Es ist möglich, daß die ursprüngliche Geschichte nur die Solidarität mit dem, in der alten Zeit besonders geschützten, Gast und Flüchtling meinte.

lich ihn opfern wollten, um sich selber zu retten? „Steht nicht geschrieben: ,Du sollst einen Sklaven seinem Herrn nicht ausliefern'?" (Dt 23,16)

Die Richter erinnern ihn daran, daß „dein Vorfahre", nämlich David mit Scheba Sohn Bichris anders verfahre sei. Das historische Beispiel stand gegen die Mischna.

Nun teilen sich die Versionen. Die eine sagt, Jojakim habe sich freiwillig ausgeliefert und dadurch, so muß man ergänzen, das Sanhedrin vor der Schuld der Auslieferung bewahrt (P Schq 50 a). Nach der andern Version (LvR 19,6; GnR 94,9) war er dazu nicht bereit und mußte mit Gewalt ausgeliefert werden.

Zu den theoretischen Auseinandersetzungen und den biblischen Beispielen sei noch die gewiß auf einem historischen Ereignis beruhende Geschichte von R. Jehoschua ben Levi gefügt.

Dieser Meister, der, wie wir immer wieder sahen, solidarisches Verhalten wie kaum ein andrer praktizierte, hatte dem Verbot der Auslieferung ein Symbol gesetzt[32]: Die sogenannten zehn Märtyrer der hadrianischen Verfolgungszeit[33] seien aus keinem andern Grund ausgeliefert und getötet worden als wegen „der Sünde des Verkaufs Josefs" (Gn 37,28). – Ein andrer Meister fügte erklärend hinzu, daß seit der Auslieferung Josefs durch seine Brüder in jeder Generation zehn Menschen dafür zu büßen hätten, „und noch immer müßten Leute für jene Sünde haften" (MPr 1,13, JalS zu Pr 1,13; S. 971). Nach der Bibel hatte Josef seinen Brüdern verziehen, ja ihre Sünde hatte letzten Endes zur Rettung der ganzen Familie geführt (Gn 45,5), doch in rabbinischer Zeit sah man in der Auslieferung Josefs das Verbrechen gegen die Solidarität par excellence.

In welch furchtbaren Konflikt ein Mensch kommen konnte, der es mit der Solidarität ernst meinte, mußte R. Jehoschua ben Levi an der eignen Seele erfahren. Ein Mensch mit Namen Ulla Sohn Quschers, dessen Identität nicht bekannt ist, dessen Tat aber vielleicht in seinem Namen, *qešer* = Verschwörung, symbolisiert ist (Theodor in seiner Ausgabe von GnR), wurde von den römischen Behörden gesucht. Er flüchtete und fand Unterschlupf bei R. Jehoschua in Lod. Als die Römer ihn fanden und sprachen: „wenn ihr ihn nicht herausgebt, so zerstören wir die Stadt!" (P Tr 46 b) redete ihm R. Jehoschua gut zu und überzeugte ihn, daß es besser sei, daß er getötet werde, als daß die ganze Gemeinschaft seinetwegen bestraft werde. Ulla ließ sich überzeugen, und R. Jehoschua gab ihn heraus (GnR 94,9; P Tr 46 b).

Obwohl Ulla seiner Auslieferung zugestimmt hatte, und obwohl R. Jehoschua ben Levi aus Verantwortung für seine Gemeinschaft gehandelt hatte, fand der Meister keine Ruhe. Die Legende konkretisiert das mit der Be-

---

[32] Zu der Authentizität des Verfassers vgl. Salomo Buber in seiner Ausgabe von MS, S. 45.

[33] Vgl. dazu die auf deutsch erschienene Quellensammlung: „Die zehn Märtyrer. Ein Legendenkreis, Bücherei des Schockenverlags 32, Berlin 1935".

hauptung, daß der Prophet Elia, der des Meisters regelmäßiger Gast zu sein
pflegte, nicht mehr erschien. R. Jehoschua fastete, und schließlich nach dreißig Tagen kam er wieder. Als R. Jehoschua ihn nach der Bedeutung seines
Wegbleibens fragte, antwortete der Prophet scharf:

Bin ich denn ein Freund der Auslieferer?

R. Jehoschua rechtfertigt sich, er habe gemäß der Anordnung gehandelt,
einen geforderten Menschen, der wie Scheba Sohn Bichris eindeutig bezeichnet werde, auszuliefern. Der Prophet antwortete:

Ist das etwa eine Mischna der Chasidim? (P Tr 46 b)

und eine andre Version erläutert dieses Argument so:

Diese Sache hätte durch andre getan werden müssen,
aber nicht durch dich! (GnR 94,9)

Das heißt, es gibt zwar eine solche Anordnung, und sie hat ihre Berechti-
gung, aber sie ist unvollkommen, denn sie verstößt gegen die Solidarität. Deshalb hätte er, der doch ein Chasid und also ein Exempel für die Gemeinschaft
war, sich diesem Konflikt irgendwie entziehn und den Juden Ulla durch
einen andern Juden ausliefern lassen sollen. Mit andern Worten, er hätte
seine persönliche Untadeligkeit bewahren müssen.

Die Neigung zu abstrakter, individualistischer Tugend kennzeichnet die
„Mischna der Chasidim". Zwar waren die Chasidim Männer der Tat, die
viel Gutes wirkten, wie die Auslösung von Gefangenen, Tröstung von
Trauernden, Ausgrabung von Zisternen für Wanderer (Safrai-Pietists 15.32),
doch ihr Motiv war nicht Verantwortlichkeit für die Gemeinschaft, sondern
die Sorge für ihre persönliche sittliche Vollkommenheit. Nichts lag R. Jehoschua ferner als solches Privatisieren. Auch in einem andern Punkt unterschied er sich deutlich von ihnen. Die Chasidim verließen sich blind auf die
Vorsehung (M Br 5,1), ja riskierten das Leben andrer im Vertrauen auf Gott
(Safrai-Pietists 31), im Unterschied zu der rationalen und verantwortlichen
Einstellung der Rabbinen, die z. B. festlegten, daß man, wenn man an einem
Schabbat auf einen Skorpion stoße, eine Schüssel über ihn kehren dürfe, damit er niemand gefährde (M Sb 16,7). R. Jehoschua ging darin noch weiter
und legte fest, daß trotz des Schabbats „alle Schädlinge getötet werden" (Sb
121 b) und widerspricht damit ausdrücklich den Chasidim, die das Töten
von Schlangen und Skorpionen am Schabbat verboten (ibd).

Es war also gewiß nicht R. Jehoschua, der in Erwägung gezogen hatte,
nach der „Mischna der Chasidim" zu handeln und sich der Verantwortung
für die Auslieferung Ulla's zu entziehen. Es waren wohl seine Schüler, die
die Geschichte mit Elia erfanden, weil sie den Gedanken nicht ertragen konnten, daß ihr Meister in eine Situation geraten war, in der er die Wahl nur
zwischen zwei bösen Handlungen hatte, zwischen der Gefährdung der ganzen

Gemeinschaft und der Auslieferung eines Einzelnen. Aber grade diese Sorge der Erfinder des Elia-Zusatzes bestätigt, daß die Solidarität mit dem Einzelnen, selbst mit dem Verbrecher, nicht nur in der Theorie, sondern auch in der Wirklichkeit höchster ethischer Wert war.

f) Wurde Jesus ausgeliefert?

Diese Darstellung fordert die alte Frage heraus, ob denn der Jude von Nazareth wirklich von Juden den Römern ausgeliefert wurde. Sollte es Solidarität mit dem Verbrecher gegeben haben, nicht aber Solidarität mit dem Gesandten?

Wir sahen schon, daß die Gesandten von der Gemeinschaft keinen Dank erwarten können. „Sie werden euch fluchen und steinigen!" (s. S. 192). Die Furcht der Menschen vor dem, der ihnen Gutes tut, ist oft größer als die vor dem, der sie beherrscht und tyrannisiert. Wieviele Menschen, die Verantwortung für ihre Gemeinschaft auf sich nahmen, könnten mit Mose in Josephus Flavius' Paraphrase sagen:

> Sehr viel öfter stand ich in Gefahr,
> den Tod von eurer Hand zu erleiden
> als durch die Hand der Feinde! (JA 4,8,2 § 188)

Ein später Midrasch legt in den Mund Jeremia's:

> Meister der Welt!
> Ich kann nicht Prophet sein über sie,
> kam je ein Prophet zu ihnen,
> den sie nicht töten wollten? (PqR 129 a)

Der biblische Gebrauch des seltenen Wortes ‚zerrütten' symbolisiert das. ‚Warum hast du uns zerrüttet?' fragt Josua den Verbrecher Achan, der Unglück über sein Volk gebracht hatte (Jo 7,27) und deshalb später den Titel ‚Zerrütter Jisraels' bekam (2 C 2,7).

Mit eben dieser Bezeichnung wendet sich der König Ahab an den Gesandten des Volkes, an Elia: ‚Bist du es, Zerrütter Jisraels?' (1 K 18,17 f). Er wollte damit sagen, daß er Elia für schuldig hielt an dem Unglück der schweren Dürre, die wie üblich als Folge von Fehlverhalten verstanden wurde. Die Erklärung Elia's, daß der König den Spieß umkehre, denn ‚nicht ich habe Jisrael zerrüttet, sondern du und das Haus deines Vaters...', überzeugte den wahren Zerrütter natürlich nicht.

Dennoch besteht ein entscheidender Unterschied zwischen der Anfeindung und Isolierung, der jeder Gesandte Israels oder eines andern Volkes ausgesetzt ist, und der Behauptung der Evangelien, Israel habe einen der seinen dem Feind zum Tode ausgeliefert.

Man braucht nicht die vielen Argumente wiederholen, die gegen diese Behauptung von Philologen, Historikern und Juristen ins Feld geführt wurden (vgl. vor allem Carmichael und Ch. Cohen). Auch ein oberflächlicher Blick zeigt, daß Jesus nach römischer, grausam-langsamer, und nicht nach jüdischer, human-rascher Art (s. S. 141) getötet wurde. Auch wurde er wie andre von der fremden Besatzungsmacht hingerichtete Juden ordentlich von einem Mitglied des Sanhedrins begraben und nicht wie von jüdischen Gerichten abgeurteilte Verbrecher, die auf einem besonders für sie bestimmten Friedhof ohne Begräbnis- und Trauerzeremonien verscharrt wurden (Ch. Cohen 158). Ganz eindeutig ist die Anklageschrift, die Pilatus zu Häupten des Gekreuzigten anbringen ließ:

> „Dies ist der König der Juden!"
>
> (Mr 15,26; Mt 27,37; Lk 23,38; Jh 19,19)

Damit wollte die Besatzungsmacht ja nicht nur diesen bestimmten Juden treffen, sondern das ganze Volk, wie die in Jh 19,19–22 überlieferte Episode noch eigens hervorhebt (Carmichael 161).

In unserm Zusammenhang interessieren uns nur zwei Fragen. Erstens: wie ist die Behauptung, daß „die Juden den Herrn Jesus und ihre Propheten getötet haben" (1 Th 2,15) mit Israels Wissen um das Gesetz der Haftung zu vereinbaren? Zweitens: wie ließ es das für Israel charakteristische Solidaritätsbewußtsein zu, daß „alle Hohenpriester und die Ältesten des Volkes ... Jesus dem Landpfleger Pilatus auslieferten"? (Mt 27,1–2)

Man könnte sagen, daß es keine Regel ohne Ausnahme gibt. Auch gab es in Israel wie anderswo der Schandtaten genug. Wären nicht die philologischen und historischen Fakten, so würde der Hinweis auf die Haftungs- und Solidaritätslehre nichts beweisen. Da aber die Behauptung von Jesu Auslieferung später soviel unschuldiges Blut gekostet hat, tut man gut daran, diese Behauptung auch noch einmal im Licht dieser Lehre zu prüfen.

Der Wunsch der „quengeligen und widerborstigen Söhne" (s. S. 192), diesen wie jeden andern Gesandten loszuwerden, war gewiß bei einem Teil des Volkes vorhanden. Doch zwischen bösem Traum und böser Tat stand normalerweise die Angst vor der Haftung. An diese Angst hatte Jeremia schon sechshundert Jahre vor Jesus appelliert, als man wegen seiner „defaitistischen" Zurechtweisung das Todesurteil über ihn fällen wollte. Ihr könnt mich ruhig töten, sagt Jeremia, das macht mir nichts aus, aber denkt dran,

> daß, tötet ihr mich,
> daß unsträfliches Blut ihr dann gebt
> über euch, an diese Stadt, an ihre Insassen! (Jr 26,8.11)

In der Tat erkannten die Leute ihr Eigeninteresse und ließen es mit dem bösen Wunsche gut sein:

> wir wollen ein Großböses tun,
> wider unsre eigenen Seelen! (Jr 26,19)

Da es die Aufgabe jedes Gesandten ist, vor dem Leid zu bewahren, das durch Unrecht und Torheit verursacht wird, mußte er auch seine eigene Ermordung verhindern, da das Volk dafür gelitten hätte. Bei Jeremia ging das noch verhältnismäßig einfach ab. Die folgende Legende dagegen zeigt, daß der Gesandte unter Umständen seine eigene Integrität aufs Spiel setzen, d. h. selber schuldig werden muß, will er das Volk davor bewahren, für unschuldig vergossenes Blut haftbar gemacht zu werden:

Als das Volk von Mose's Bruder Aaron das goldene Kalb verlangte (Ex 32,1), gedachte Aaron seines Kollegen Chur, den Mose samt ihm als Verantwortlichen bei dem Volk zurückließ, ehe er auf den Sinai stieg (Ex 24,14). Aus der Tatsache, daß die Bibel Chur's weiteres Schicksal verschweigt, schloß die Legende, daß Chur vom Volke „geschlachtet" wurde, als er wagte, es zurechtzuweisen (Tn *teṣawäh* 10; ExR 41,7). Aaron wußte, daß es ihm nicht besser ergehn würde, wenn er dem Wunsche des Mobs nicht nachkäme. Dieser Mord wäre aber um vieles schlimmer als der von Chur, weil er, Aaron, sowohl Priester als Prophet war. Von einer derartig großen Sünde, der Tötung eines Priesters und Propheten im Heiligtum gibt es keine Umkehr.

Da ist es schon besser, sie machen das Kalb,
denn diese Sünde können sie wieder gutmachen,
indem sie umkehren! (Sn 7 a, vgl. LvR 10,3)

Aaron, „der die Leute liebte" (A 1,12), zog es vor, selber schuldig zu werden, um das Volk vor Schuld und also Leid zu bewahren. Daraus schloß man, daß Aaron nicht nur nicht das Volk zur Sünde verführte, wie Mose in der Bibel ihm vorwarf (Ex 32,21), sondern im Gegenteil, es im Sinne SEINES Knechts „gerechtmachte" (s. S. 220), nämlich es daran hinderte, Unrecht zu tun, wie der Redaktor des Midraschs sagt (Lv 10,1–3)[34].

Ein Echo dieser Verantwortung gegenüber dem Volk findet sich sogar im Neuen Testament. Zwar war die Geschichtsfälschung von Israels Mord an einem Unschuldigen schon zum Dogma geworden, aber Lukas versucht, die Gefahr der Haftung abzuwenden, indem er die Worte des Gekreuzigten überliefert:

Vater vergib ihnen,
denn sie wissen nicht, was sie tun! (Lk 23,34)

---

[34] Interessant ist der Unterschied zwischen der Predigt in LvR 10,1–3 und der späteren Bearbeitung der Aaronlegende in PqR 150 a-b. Anstatt mit dem Volk zu sündigen, um es vor größerer Sünde zu bewahren, sondert sich der Stamm Levi's, zu dem Aaron gehört, in jener Stunde der Sünde ab, denn „er haßt Frevel". Hier wird Aaron Hoherpriester nicht wegen seiner Verantwortlichkeit für das Volk, wie im ursprünglichen Midrasch, sondern weil er sich absondert vom Volk, um seine private Integrität zu bewahren.

Dieselbe Absicht hat Lukas, als er Petrus zu „den Leuten von Israel" sagen läßt:

Ihr habt ihn ausgeliefert ...
aber jetzt weiß ich es, meine Brüder,
daß ihr es ohne zu wissen getan habt,
sowohl ihr als eure Anführer! (Ap 3,13.17)

Ja er zitiert die Angst vor der Haftung ausdrücklich aus dem Mund des Hohenpriesters und „der Leute der sadduzäischen Sekte", die die Messianischen vor Gericht gebracht hatten: „Ihr wollt dieses Menschen Blut über uns bringen!" (Ap 5,16.28). Sollte die Furcht vor der Haftung für diesen Menschen in den Führern Israels wirklich erst nach der Tat erwacht sein?

Nun zur Behauptung von der Auslieferung eines Juden an den Feind: Nehmen wir trotz allem Gesagten an, daß der Wunsch, Jesus zu beseitigen, die Furcht, für seinen Tod haften zu müssen, besiegte und man ihn wirklich töten wollte. Wozu brauchten sie die Römer?

Ich gehe nicht auf das komplizierte Problem ein, ob die Juden damals Todesurteile fällen durften oder nicht (Alon 130; Ch. Cohen 26–35). Man konnte einen Menschen ja auch ganz einfach lynchen, wie man es mit Stephanus oder Jakobus, dem Bruder Jesu, tat. Als Paulus noch Saulus war und die Christen „zu vernichten suchte" (Gl 1,13–14), wäre es ihm nicht eingefallen, die Römer einzuschalten, und das obwohl er stolz war, ein römischer Bürger zu sein (Ap 22,25 ff).

Es ist übrigens bemerkenswert, daß nicht nur Saulus, sondern auch die Initiatoren der Steinigung des Stephanus Exilsjuden waren (Ap 6,9–12), genau wie später die Ankläger des Paulus (21,27 f). Sie mußten ja „den Eifer für die väterlichen Satzungen" (Gl 1,14) besonders zur Schau tragen, um ihre Loyalität zu beweisen. Die Juden, die auf ihrem eigenen Grund und Boden saßen und denen ihre nationale und religiöse Zugehörigkeit selbstverständlich war, konnten es sich eher leisten, tolerant zu sein, wie der Unterschied zwischen den Hetzreden der Exilsjuden und der besonnenen Anwaltschaft R. Gamliels des Alten, „eines Pharisäers aus dem Sanhedrin", (Ap 5,34–39) demonstriert. Doch wie gesagt, selbst die Exilsfanatiker lieferten keinen Juden der Besatzungsmacht aus.

Das gilt auch für die Sadduzäerpartei und Priester, die nach Lukas die eigentlich Aktiven waren. Sie galten als Kollaborateure mit dem Feind. Als jedoch ein Hoherpriester Jakobus, den Bruder Jesu, beseitigen wollte, nahm er dazu keineswegs die Römer in Anspruch. Und was die „Pharisäer" betraf, so waren sie an diesem Mord an einem christlichen Juden nicht nur nicht beteiligt, sondern protestierten gegen ihn mit aller Schärfe (JA 20,9,1). Sollten sie die Auslieferung Jesu an Pilatus durch die Priester mit Schweigen quittiert haben? (Mt 27,2; Jh 18,35)

Johannes war der einzige Evangelist, der sich bemühte, wenigstens ein logisches Argument für die Behauptung der Auslieferung beizubringen (Carmichael 162). Nach seinen Worten fürchteten die Anführer der Juden, daß die Massenversammlungen um Jesus den Verdacht der Behörden erwecken könnten, als wolle das Volk revoltieren, „und dann werden die Römer kommen und uns Land und Leute nehmen". Damit die Gemeinschaft nicht für den Einen haften sollte, schlug der Hohepriester Kaiphas vor,

> daß es besser für uns ist,
> e i n Mensch sterbe für das Volk,
> als daß das ganze Volk verderbe! (Jh 11,47–54)

Mit dieser Argumentation bleibt der Evangelist dem Geiste seines „Guten Hirten" treu (s. S. 198). Ihre Historizität ist aber nicht bewiesen. Zwar war es dieselbe Überlegung, „daß es besser ist, daß jener Mann getötet und nicht die Gemeinschaft seinetwegen bestraft werde", die gut zweihundert Jahre später R. Jehoschua ben Levi dazu brachte, den Aufständischen Ulla auszuliefern, aber in diesem Fall stellten die Behörden die Juden vor die Wahl: entweder der Aufständische oder ihr alle! Außerdem waren das andre Zeiten: man hatte die bittere Lehre aus den Aufständen, die zur Zerstörung geführt hatten, gelernt, und ein Nationalist im dritten Jahrhundert konnte durchaus nicht auf dieselbe Solidarität seiner Mitbürger hoffen wie einer zu Anfang des ersten Jahrhunderts.

Auch hören wir nirgends von einer Auslieferung aus bloßer Angst. Selbst die Terroristen, die nach Meinung der Rabbinen nicht nur indirekt, sondern geradezu direkt „diese Stadt zu zerstören und den Tempel zu verbrennen begehren" (ARN S. 23), wurden weder denunziert noch ausgeliefert. Und wenn ein Jude nicht aus politischen Gründen ausgeliefert wurde, um wieviel unhaltbarer ist die Behauptung, er sei aus religiösen Gründen ausgeliefert worden. Auch Paulus wurde nicht der Besatzungsmacht übergeben, sondern wurde durch einen römischen Offizier gefaßt, als einige Juden ihn lynchen wollten (Ap 21,33; 23,27; 24,7–8).

Das heißt nicht, daß in Israel volle Meinungsfreiheit herrschte, besonders nicht nach der Zerstörung, als die innere Einheit für das geistige Überleben notwendig war (Alon 1,191). Die Bestimmung, daß man einem, „der sich von den Wegen der Gemeinschaft abgewendet hat", nach seinem Tode keinerlei Zeremonie zukommenläßt, sondern sich freut, „daß ein Hasser Gottes zugrundegegangen ist" (Sm 2,6), zeigt die Gefahr des Kollektivismus, die zu gewissen Zeiten die Solidarität des „selbst wenn er gesündigt hat, ist er Israel" (s. S. 211) besiegte. Doch von der Auslieferung eines Juden hören wir nirgends, selbst wenn er sich nach Ansicht der Leute „von den Wegen der Gemeinschaft abgewandt hatte".

Es ist hier nicht der Platz, Vermutungen über die Gründe anzustellen, die die Römer veranlaßten, Jesus zu töten (Carmichael, Ch. Cohen). Was wichtig ist, ist, daß auch Jesus von Nazareth nicht außerhalb des Geltungsbereichs der Solidarität Israels stand.

Zusammenfassung

Solidarität im Leid verlangt auch Solidarität in der Sünde, weil das Leid oft die Folge der Sünde ist. Wer sich mit den Leidenden identifiziert, kann keine praktischen Konsequenzen daraus ziehn, es sei denn er identifiziere sich zugleich mit den Sündern. Das wurde in Israel nach der Ersten Zerstörung immer deutlicher erkannt, diskutiert und praktiziert.

Die Vorbilder waren auch hier wieder Mose und die übrigen Gesandten der Gemeinschaft. Später schuf ein unbekannter Dichter die Gestalt „SEINES Knechts" als Archetypus des Gesandten, der sich der Sünden seines Volkes bewußt ist und sich mit den Sündern seiner Gemeinschaft identifiziert, und der deshalb seine Gemeinschaft zurechtweisen und von ihrem falschen Wege, der ins Unglück führt, zurückbringen kann.

Das Mißverständnis vom sogenannten „stellvertretenden Leiden" wird deutlich. Der Knecht ,trägt' wohl die Verfehlungen seiner Volksgenossen, aber die Verantwortung für ihr Schicksal, das ja aus ihrem Tun folgt, kann er ihnen nicht abnehmen. Schon der christliche „Johannes" widersprach der an Magie grenzenden Sühnebedeutung des Todes Jesu. Sein Tod war eine natürliche Fortsetzung und letzte Bewährung der Solidarität und der Verantwortung, die den „guten Hirten" mit den „Schafen", aber auch den Schüler mit dem Meister, ja überhaupt jeden Menschen mit seinem Andern verbinden soll. Wird das Knechtslied im Kontext jüdischen Denkens belassen, dem biblischen wie dem talmudischen, so wird deutlich, daß jeder „Knecht", jeder Gesandte, jeder Mensch, dem Verantwortung für seine Gemeinschaft obliegt, Stellvertreter für die übrigen Glieder der Gemeinschaft ist. Er ist darin Stellvertreter, daß er sich des Fehlverhaltens seines Volks bewußt ist und darunter leidet, weil er die Folgen des Unrechts und der Torheit, nämlich Unglück und Leid voraussieht. Das Unglück selber kann er in den meisten Fällen nicht stellvertretend auf sich nehmen.

Gewiß, der Knecht leidet mehr als andere Menschen. Er leidet, weil seine Mühe so oft vergeblich ist. Wie selten gelingt es ihm doch, dem Volk das Fehlverhalten und dessen Folgen bewußt zu machen, damit es rechtzeitig umkehre. Zu dem Leid der Frustration kommt dann noch die persönliche Anfeindung derer, denen er Segen bringen will. Aber all dies Leid ist nichts denn die Begleiterscheinung seines Wirkens im Leben, ein Wirken, das aus seiner Solidarität mit seinem Volk hervorgewachsen ist.

Sein Tod verleiht zwar seinem Werk mehr Wirkung, doch ist er kein notwendiger Teil seines Werks. Was sein Tod erreicht, ist nicht die Erweichung des Gottesherzens, als ob dieses nun magische Sühne gewähre, sondern die Erweichung des Menschenherzens. Nicht Gott wird wegen seines Todes dem Volk seine Sünden erlassen, sondern das Volk wird in Erschütterung über seinen Tod von seinem falschen Wege umkehren. Wer sich mit den Sündern identifiziert, entbindet sie nicht von der Verantwortung für ihr Schicksal, im

Gegenteil, er erweckt in ihnen Verantwortung für ihren Weg, den Weg, mit dem sie über Leben oder Tod entscheiden (Dt 30,15.19).

Wie sich nicht alle Gesandten mit den Leidenden identifizierten, so erzählt die Legende auch von Gesandten, die sich weigerten, sich mit den Sündern zu identifizieren, und die Gott erst durch eine harte Schule gehen lassen mußte, ehe sie diese Voraussetzung ihrer Aufgabe akzeptierten. Auch hier ist Gott selber ein Beispiel der Identifikation. Seine „Einwohnung" weilt bei Israel, selbst wenn sie sündigen. Das ist nicht der furchtbare Richtergott der Apokalyptiker, sondern das Abbild des Gesandten, der solidarisch ist mit seinem Volk, auch wenn es schuldig wird.

Der zweite Teil dieses Kapitels zeigt die Solidarität mit den Sündern oder Verbrechern, wie sie in Israel alle Menschen miteinander verband oder doch verbinden sollte. Sowohl das tägliche Sündenbekenntnis als das jährlich am Laubhüttenfest ins Bewußtsein gerufene Gleichnis von den vier Pflanzen des Feststraußes als die Erinnerung an das stinkende Galvanum der Tempelweihrauchkräuter lehrt, daß sich die Welt nicht in Gerechte und Frevler aufteilen läßt, sondern daß zumindest Israel nur dann existiert, wenn sich alle miteinander identifizieren und einander gegenseitig ergänzen.

Die Forderung dieser Solidarität ergibt sich aus der gegenseitigen Abhängigkeit und der schicksalhaften Haftung. Was die Konsequenz aus dem Gesetz der Haftung betrifft, so ist dies der einzige Punkt, wo wir eine entscheidende, qualitative Neuerung der rabbinischen Zeit im Vergleich zur biblischen sehen können.

In der frühbiblischen Gesellschaft versuchte man der Haftung zu entgehen, indem man den einzelnen Sünder aus der Gemeinschaft ausmerzte. Nun aber wußte man, daß solche Antisolidarität, wenn sie einen Unschuldigen trifft, so schlimme Folgen hat, daß man einen andern Weg suchen mußte, nämlich den der Zurechtweisung und des Protests gegen den, der mit seiner Sünde die Gemeinschaft ins Unglück zu reißen droht.

So stark war das Gefühl der Solidarität zwischen Gerechten und Frevlern, daß es sogar in die apokalyptische Lehre, die doch erfunden wurde, um das Haftungsgesetz zu annullieren, hineingetragen wurde: „All Israel haben Teil an der kommenden Welt."

Dieses Solidaritätsgefühl wirkte sich auch im politischen Alltag aus. Durfte man der Besatzungsmacht oder Heiden überhaupt einen Juden ausliefern, um auf seine Kosten die Gemeinschaft zu retten? Auch in diesem Fall war die Solidarität mit dem Einzelnen, selbst wenn er ein Verbrecher war, höchster ethischer Wert. Oft gerieten Menschen, wie R. Jehoschua ben Levi, in schwere Konflikte, weil sie auf der einen Seite die Gemeinschaft retten, aber auf der andern Seite „keine einzige Seele ausliefern" wollten.

Das wirft auch neues Licht auf die Behauptung, Juden hätten den Juden von Nazareth der Besatzungsmacht ausgeliefert. Zwar war und ist die Feindschaft gegen den Menschen, der für sein Volk Verantwortung übernimmt, von allen Gesandten von Mose an erfahren worden, aber der Schritt von der Feindschaft zur Ermordung wurde nur selten getan. Zu groß war die Angst vor der Haftung. Gar nirgends aber hören wir von einem so radikalen Verstoß gegen die Solidarität, wie es die Auslieferung eines Juden an Nichtjuden dargestellt hätte. Lieber hätten die Juden ihn mit eigner Hand getötet, wie es die Exilsjuden mit Stephanus taten, als daß sie „eine Seele aus Israel ausgeliefert" hätten.

DRITTES KAPITEL: QUMRANSEKTE UND CHRISTENTUM

1. Die antisolidarische Sekte vom Toten Meer

Es soll hier nicht auf die historischen Probleme eingegangen werden, auf welche Weise sich die Sekte vom Toten Meer sammelte (Hempel 346 f), oder worin sich die verschiedenen Gruppen unterschieden, oder auf welche Weise sie untergingen. Es genügt, wenn wir annehmen, daß die vielen Einzelnen, die in den zweihundert Jahren vor der Zerstörung Israels in die Wüste gegangen waren, durch eine gemeinsame Ideologie vereinigt wurden, die ihre Absonderung von Israel rechtfertigte. Die andere Annahme ist, daß die Sekte bei der Zerstörung im Jahre 70 oder spätestens infolge der Betar-Katastrophe physisch und geistig verschwand.

a) Der geistige Hintergrund

Was die Sekte mit Israel verband, war die apokalyptische Erwartung auf ein Leben jenseits des Lebens (Licht-QS § 63; Braun-Qu II 265), das, wie gesagt (s. S. 14) die Ungerechtigkeiten dieses Lebens ausgleichen, den Bedrückten Kompensation und den Bedrückern Rache zuteilwerden lassen sollte. Wir sahen schon, daß das Bedürfnis nach diesem Glauben gar nicht hätte entstehen können, wenn sich nicht auch in Israel die Illusion des Individualismus verbreitet hätte, die Illusion, daß es dem Einzelnen möglich sei, dem Gesetz der Haftung und der Abhängigkeit von der Gemeinschaft zu entgehn und einen individuellen Richtspruch zu erlangen.

Ein Meilenstein auf dem Prozeß der Entsolidarisierung ist das Buch Hiob, das sicherlich nicht vor dem vierten oder dritten Jahrhundert geschrieben wurde, aber auch nicht später, denn es kennt noch nicht die allmächtige Lösung für das Problem der individuellen Gerechtigkeit, nämlich die Lösung eines Lebens jenseits des Lebens. Dieser Hiob, der nach Resch Laqisch „niemals existierte und niemals existieren wird" (P So 20 d), oder nach einer andern Meinung „weder lebte noch geschaffen wurde, sondern ein Gleichnis war" (BB 15 a), war von jeglicher Gemeinschaft isoliert. Zwar sehen manche Forscher und Schriftsteller in Hiob das Symbol des leidenden Volkes (z. B. Buber-Leidende 435 f), und so sahen es auch manche der Alten (ER zu 3,1; S. 123; ExR 21,7). Doch im Buch selber findet sich keinerlei Anhaltspunkt für eine derartige Identifizierung zwischen Einzelnem und Gemeinschaft.

Hiobs Leiden war sein privates Leiden, seine Klage seine persönliche Klage. Vielleicht spürten das auch diejenigen Weisen, die glaubten, Hiob sei überhaupt keiner „aus Israel", sondern ein Heide gewesen (BB 15 a; GnR 57,4). Nur die Rahmengeschichte (Fohrer 30–37), die der Redaktor des Hiob-Poems gestaltete, klebt dem ‚Ijob meinem Knecht', – ein Ausdruck, der Prolog und Epilog verbindet und darin nicht weniger als zehnmal vorkommt (Ij 1,8; 2,3; 42,7–8), die Gestalt eines Bürgen an, der für andre verantwortlich ist, nämlich wenigstens für seine Freunde! (Ij 42,8–10). So sagt Fohrer, der im Übrigen diese Rahmengeschichte keineswegs mit den übrigen Zeugnissen jüdischen Solidaritäts- und Verantwortungsdenkens verbindet:

> Man darf diese enge theologische Verknüpfung nicht übersehen (42,10). W e i l Hiob Fürbitte tut, wendet Gott sein Geschick. Schon nach der ursprünglichen Rahmenerzählung ist nicht Hiobs vorangehende Bewährung im Unglück dafür allein ausschlaggebend gewesen, sondern erst die noch umfassendere Bewährung, daß er sogar für diejenigen Fürbitte tut, die „Nicht-Wahres" über Gott geredet haben (42, 7). Und nach der Verarbeitung mit dem Gedicht soll 42,10 besagen, daß nicht das bloße Bekenntnis Hiobs im Anschluß an die Gottesrede den Umschwung herbeiführt, sondern die Fürbitte als das äußere und jedem ersichtliche Zeichen der neuen, veränderten Haltung Hiobs. (Fohrer 32 f)

Der Verfasser des Hiobgedichts machte also keine Schule. Das Solidaritätsbewußtsein, das durch das Auftreten der Qumransekte womöglich noch gestärkt wurde, wurde, wie gesagt, nicht einmal durch den apokalyptischen Glauben beiseitegedrängt. Und auch die ersten Christen, die wie die Sektenleute in der glühenden Erwartung des nahen Weltendes lebten und wirkten (Braun-Qu II 265–286), kamen nicht auf die Idee, daß die Erlösung nicht ganz Israel einschloß, was sie veranlaßt haben würde, sich von der Gemeinschaft abzusondern (Braun-Qu II 152. 230–35).

b) Die Absonderung der Sektenleute vom sündigen Israel

Ganz anders dachte und handelte der „Jachad", der „Zusammen", wie sie ihre neue Gemeinschaft großartig nannten (Hempel 336–8; Siedl 7–34), die das ideale, vollkommene, wahre Israel sein sollte. Diese Leute waren sich wie SEIN Knecht der Verfehlungen ihrer Generation bewußt, doch anstatt ihre Gemeinschaft zurechtzuweisen, aktiv für sie zu bürgen, sonderten sie sich von ihr ab, in der grotesken Vorstellung, es könne privatisierende Gerechte geben. Dieser Ausdruck ist am Platz, obwohl sie sich zu einer neuen Gemeinschaft zusammenschlossen. Die Gemeinschaft kann man sich nicht künstlich schaffen oder willkürlich wählen. Zumindest in der Stunde der Not wird der Mensch bitter erkennen müssen, welches seine wahre, seine schicksalhafte Gemeinschaft ist. Wie lauthals immer er seine Zugehörigkeit zu ihr verleugnen mag, der Feind identifiziert ihn mit seiner Gemeinschaft, ob er will oder nicht:

Israel –
wohin immer er geht, wird man ihn erkennen.
Nie kann er sagen, daß er kein Jude sei! (CtR 6,17)

Die Ideologie der Separatisten war ganz darauf ausgerichtet, eine Scheidewand zwischen sich und dem sündigen Israel zu errichten.

Das klingt absurd, wenn man bedenkt, wie sehr das Bewußtsein ihrer Sünde und Wertlosigkeit das Denken grade dieser Leute beherrschte (Licht-QH §§ 22. 40–42; Licht-QS § 129). Auch Paulus war von diesem Bewußtsein überwältigt, aber während er grade darauf die allgemeinmenschliche Solidarität zwischen Juden und Heiden gründete, vollführten die sündenbewußten Qumran-Leute eine Art intellektueller Akrobatik, um ihre ursprüngliche Gemeinschaft, das Volk Israel, so in den Dreck zu ziehn, daß sie sich als die Reinen von ihnen abhoben und absondern mußten. „Sich abzusondern von den Söhnen des Verderbens" (QD 6,14), „sich abzusondern vom Sitz der Übeltäter" (QS 8,13), „sich abzusondern von der Gemeinde der Übeltäter" (QS 5,1), das war ihr erklärtes Ziel.

Dabei häuften diese Gerechtseinwollenden „Schande und Schmach auf das Haupt des Menschen als Menschen", wie Jakob Licht sagt (Licht-QH § 40), der meiner Ansicht nach besser als irgendein andrer Forscher die ideologischen Grundlagen des „Zusammen" aufzudecken verstand:

Und ich bin ein Gebilde von Lehm ...
Geheimnis der Schamteile und Quelle des Unflats,
Schmelztopf der Verfehlung und Gebäude der Versündigung ... (QH 1,21–23)

Und ich bin Staub und Asche,
was begänne ich, ohne daß du es begehrtest!
was dächte ich ohne deinen Willen!
wie erstarkte ich, ohne daß du mich aufstelltest!
wie würde ich klug, ohne daß du mirs gebildet hättest!
und was redete ich, hättest du nicht meinen Mund geöffnet! ... (QH 10,5–12)

Ein Mensch, der nichts ist denn Wurm und Unflat, Staub und Asche, kann natürlich nicht verantwortlich gemacht werden, weder für seine eigenen Fehlschläge und konkreten Leiden, noch für die seines Andern oder seiner Gemeinschaft. Hirschberg (126) hat sehr schön gezeigt, daß die Theologie, die Gott mit Pracht und Herrlichkeit beehrt, den Menschen aber zu Wurm und Staub macht, die Rückkehr zur primitiven Stufe der Selbsterniedrigung des Sklaven vor dem dräuenden Despoten darstellt.

Wie kommt es nun, daß Leute, die sich theoretisch so machtlos fühlen, praktisch so aktiv werden, so aktiv in der Antisolidarität?

Die sektiererische Tätigkeit war eine der Konsequenzen der Angst, die allen Menschen jener Generationen gemeinsam war, die Angst vor dem apokalyptischen Gericht. Das verschärfte Sündengefühl war ja nicht nur das Ergebnis vertiefter Selbsterkenntnis wie im 51. Psalm, sondern die unvorhergesehene Begleiterscheinung der Trostlehre von der jenseitigen Kompensation für im Diesseits erlittenes Unrecht. Denn der Glaube an ein individuelles Gericht erweckte im Menschen mehr und mehr den Zweifel, ob denn sein Gerechtsein dem Maßstab des obersten Richters wirklich genüge. Und mit den Zweifeln wuchs die Angst vor den Leiden im Jenseits, nicht nur bei Juden (Sn 81 a; Br 28 b und oft), sondern auch bei Christen (Braun-Qu I 53).

Die Sektierer erwarteten „die Zeit der Ausschmelzungen", wie sie das apokalyptische Gericht nannten (Braun-Qu II 269 f) in naher Zukunft und glaubten, ihm entgehn zu können, indem sie die Identifikation mit den „Übeltätern" aufsagten, obwohl sie sich selber so sündig fühlten.

c) Die Absonderungslehre von der Prädestination

Um dieses Paradox zu erklären, erdachten sich die Ideologen der Wüstensekte die Prädestination (QH 15,12–26; QS 3–4; Licht-QH §§ 32.43.194–5; Licht-QS § 62.127). Wann immer die Lehre von der Vorbestimmung in der Religionsgeschichte zu neuem Leben erwachte, war ihre Quelle die Geringschätzung des Menschen (Braun-Qu II 243–50). In diesem Punkt unterschieden sich die Sektierer radikal von den Rabbinen. Obwohl auch sie von ihrem Sündenbewußtsein und ihrer Angst vor dem Gericht gequält wurden, erkannten sie dem Menschen, wie wir sahen (s. S. 124–7) einen ungeheuer großen Wert zu und zwar wegen seines potentiell so weitreichenden Einflusses auf seine Mitmenschen zum Bösen wie zum Guten.

Der Mensch ist nun aber offenbar nicht fähig, mit sich selber als Wurm und Staub zu leben, wie er das ja nach der Qumran-Lehre eigentlich hätte tun müssen. Er sucht daher nach einem Ersatz für seinen natürlichen Wert und findet einen Wert, der ihm von Gott verliehen wird. Doch dieser Wert wird nicht jedem Menschen gleichermaßen verliehen, wie z. B. R. Aqiba glaubte:

> Geliebt ist der Mensch,
> der im Bilde Gottes geschaffen wurde! (A 3,14)

Der Wert wurde nur den Sektenleuten verliehen. Gott „erwählte" sie, und der Anschluß an die Sekte derer, die „für den Zusammen bestimmt sind", ist ein Zeichen der Erwählung (QS 5,16 f).

Wie der Begriff „Jachad", „Zusammen", den Begriff „Zibbur", „Gemeinschaft", von dem in diesem ganzen Buch die Rede ist, verfälscht, so wird auch der Begriff der „Erwählung" in sein Gegenteil verkehrt. Jeder, der der Erwählungslehre auf den Grund gegangen ist (vgl. vor allem J. Heinemann-Erwählung 19.22.24), weiß, daß die Erwählung Israels um einer Aufgabe willen geschah und nicht, um ihm Vorteile vor andern Völkern zu verschaffen. Was Israel durch seine Erwählung zuteilwurde, waren keine Privilegien, sondern größere Verantwortung (Am 3,1 f). Abraham zog aus der Völkerfamilie aus, nicht um dem Schicksal der Menschheit zu entrinnen, sondern um ihr

Segen zu bringen (Gn 18,18).[35] Wer für die Gemeinschaft bürgt, der muß
sich zwar mit ihr identifizieren, aber er muß auch aus ihr herausragen, er
muß besondere Verantwortung auf sich nehmen. Das gilt für den Gesandten
gegenüber seinem Volk, und dasselbe gilt für das ideale Israel gegenüber den
Völkern, wie es die Gesandten Israels prägen wollten.

Die Leute des „Zusammen" erkennen keine Gemeinschaft der Menschen
an. Sie kennen nur Gerechte und Frevler. Wer gerecht ist, ist es nicht wegen
seiner Taten, sondern wegen der göttlichen willkürlichen Erwählung, und
auch der Frevler wurde von vornherein als ein solcher geschaffen,[36] um die
Ehre des göttlichen Ungeheuers auf diese Weise zu verherrlichen:

Frevler hast du geschaffen! . . .
Vom Mutterleib an hast du sie geweiht, sie bereitet,
um an ihnen deine großen Gerichte vor den Augen all deiner Geschöpfe zu
    tun . . .
auf daß alle deine Ehre und deine große Macht erkennen!
                              (QH 15,13–20; vgl. QM 11,13–15)

d) Aggressive Träume

Nicht genug damit, daß die Sektierer ihrer ehemaligen Gemeinschaft Israel
die Solidarität und Verantwortung versagen! Ihre eigentliche Aufgabe sahen
sie darin, das Instrument zu sein, mit Hilfe dessen die Katastrophe an Israel
vollstreckt wird. Solche aggressiven Hoffnungen, wie Licht sie nennt (Licht-QH
§ 26; Licht-QS § 115) charakterisieren allerdings nicht nur die Sektenleute.
Für jeden Menschen ist es leichter, in seiner zukünftig aktiven Teilnahme am
Racheakt zu schwelgen, als sein gegenwärtiges Schicksal und das seiner Gemeinschaft, von dem er abhängig ist, zu bewältigen (Buber-Prophetie). Die
apokalyptische Ideologie erschloß den Racheträumern ein weites Feld, wie
es besonders im 1. Henoch-Buch zum Ausdruck kommt (besonders Hn 56,8;
95,3). Doch was die Sekte auszeichnet, ist, daß ihre eigne Racheaufgabe einen

---

[35] Die Geschichte vom Auszug Abrahams bedarf einer erneuten Forschung, und
zwar einer, die wieder die Ganzheit des ersten Buches der Weisung in Betracht zieht
und es nicht in „Quellen" atomisiert. Einen Pionier der von mir gemeinten Methode
sehe ich in Benno Jacob. Seine Deutung der Geschichte vom sogenannten Turmbau
zu Babel (Gn 11) liefert den Schlüssel zu einem tieferen Verständnis des Auszugs
Abrahams. Jacob beweist, indem er sich auf mittelalterliche jüdische Exegeten stützt,
daß die Leute von Babel nicht wegen ihrer Überheblichkeit gestraft wurden, sondern
wegen dem Kollektivismus, den sie in Gesinnung und Tun zum Ausdruck brachten,
ein Kollektivismus, der sie zu Herdenwesen, nicht aber zu verantwortungsbewußten
Menschen machte (Jacob 301).

[36] Zu dem Ausspruch R. Aqiba's, „Gott schuf Gerechte und schuf Frevler",
vgl. Volz 88 und Urbach-Rabbinen das Kapitel über die „Vorsehung", besonders
S. 234. – Zum Dualismus in Qumran und im Christentum vgl. Braun-Qu II 172–5.

integralen Teil sowohl ihrer Ideologie als ihrer praktischen Vorbereitung in der Wüste darstellte (Licht-QS § 131).

Wie immer, so spiegelt sich auch hier die Anthropologie in der Theologie wieder. Die rabbinischen und messianischen Juden brachten Gott den Menschen immer näher und sahen ihn als einen Gott, der sich mit den Menschen in Leid und Sünde identifiziert. Seine Sorge und Liebe für die Menschen sind diesem Gott viel wichtiger als seine Ehre, und bei den Rabbinen ist Gott sogar fähig zu lächeln und sich zu freuen, wenn ihn seine Kinder in der Diskussion besiegen (s. S. 87).

Der Qumrangott jedoch wurde einem der gräßlichsten Diktatoren, die aus der menschlichen Geschichte bekannt sind, nachgebildet. Dieser Gott schuf die Welt nicht um der Geschöpfe willen, sondern einzig und allein für sich selber, um eine Arena zu haben, wo er seine Macht demonstrieren konnte (QH 10,12; 4,38; Licht-QH §§ 36.37.55). Vor allem „seine Gerichte" dienen dem Genuß seiner Macht. Das Privileg der Jachad-Leute ist es, daß sie das Gericht vollziehen und die Welt von dem nicht priviligierten Israel und den übrigen Geschöpfen säubern dürfen (z. B. QS 11,3.14).

Je mehr ein Mensch mit seiner Ohnmacht und Nichtigkeit flirtet und je geschickter er sich der Verantwortung für sein Leben und seine Gemeinschaft entzieht, umso mehr Energie und Tatkraft scheint er in Aggressivität gegen seine „Feinde" umsetzen zu können. Glücklicherweise scheinen die Qumranleute nicht dazu gekommen zu sein, ihr Phantasieprogramm „des Krieges der Lichtsöhne gegen die Finsternissöhne" zu verwirklichen.

Obwohl die Jachadleute sich nicht entblödeten, den Namen „Israel" für sich in Anspruch zu nehmen, und man meinen könnte, das gesamte bedrängte Israel habe in der nahen Weltrevolution die Aufgabe, den Kosmos vom Bösen zu reinigen, hatte man in Wirklichkeit die Absicht, die Frevler Israels als erste zu vernichten (Licht-QS §§ 132;135;107). Angesichts dieser antisolidarischen Erwartung rückt der rabbinische Glaube, daß „all Israel teilhaben an der kommenden Welt" (M Sn 10,1), erst ins richtige Licht. Dieser Satz stellt bis heute die Einleitung zu allen sechs Kapiteln der „Sprüche der Väter" (A) dar, die an jedem Schabbat der Sommermonate Jahr um Jahr gelesen werden. Alle Einwendungen gegen diese Generalisierung, die von weniger solidaritätsbewußten Weisen wie R. Aqiba kamen (M Sn 10,1.3), konnten dieses Prinzip nicht erschüttern.

Dein Volk – allsamt sind sie Bewährte – (Js 60,21)

Das ist der Bibelvers, auf den sich diese Mischna stützt. Die Sekte dagegen nahm für sich die Fortsetzung des Verses in Anspruch:

auf Weltzeit erben sie das Land,
Schößling meiner Pflanzung,
Werk meiner Hände,
damit zu prangen!

und gründeten darauf ihre Absonderung zu einer Gemeinde von Heiligen (Licht-QS § 106).

e) Antisolidarität innerhalb des Jachad

Man sollte erwarten, daß wenigstens innerhalb des „Zusammen", in dem alles gemeinsam getan und gemeinsam besessen wurde, die Identifikation und Solidarität als oberstes Gesetz herrschte, welches sich u. a. in Gleichheit und Demokratie der Qumran-Gesellschaft hätte ausdrücken müssen. Doch der Sekte lag nichts ferner denn Gleichheit und Demokratie. Es ist merkwürdig, daß Josephus in der Beschreibung der Essener den Widerspruch zwischen der von ihm gelobten Brüderlichkeit (JK 2,8 §§ 119.122.143.146.150) und ihrer peinlichen Hierarchie und ihrem Verhalten gegenüber einem, der nicht im gleichen Schritt und Tritt marschierte (§§ 146.150), völlig übersah.

Unter dem Deckmantel des großspurigen Namens „Zusammen" verbarg sich eine pedantische Klassengesellschaft und die Erziehung zu Kadavergehorsam. Wer dem Jachad beitritt, nimmt es auf sich, daß „der Kleine dem Großen gehorcht" und zwar in totaler Unterwürfigkeit (QS 5,23). Jedem der vollen Mitglieder, ganz zu schweigen von den Kandidaten, wurde sein Platz nach Talenten und Verhalten bestimmt und schriftlich niedergelegt (ibd). Diese Rangordnung wies jedem Einzelnen seine Rolle in Zeremonien und Sitzungen an und forderte von ihm Ehrerbietung und Unterwürfigkeit gegenüber dem, „der vor ihm geschrieben steht" (QH 6,10 11,26; Licht-QS §§ 8,9; Hempel 353; Siedl 224–34; Braun-Qu II 101).

Auf derselben Ebene liegt die Tatsache, daß der Verfasser der Dankpsalmen, den Licht für den geistigen Führer der Sekte hält (Licht-QH § 30), von rein persönlichem Erleben berichtet und seine Einzigartigkeit nicht als verpflichtung zu größerer Verantwortung für die Gemeinschaft versteht, wie es Israels Gesandte tun, sondern „sich selber wichtig ist"! (Licht-QH § 23). Sein Verlangen nach der Nähe Gottes, sein Wunsch, auf der Leiter der Tugenden aufzusteigen, und das Hervorheben seiner Heiligkeit unter seinen Genossen, all das zeigt individualistischen und egozentrischen Geist (ibd).

Auch die Zerspaltung der Gemeinde in eine Elite, die Priester, und in eine Art Anhängsel, die Israeliten (Licht-QS 74.103), bezeugt, daß das Sektierertum nicht nur die Lebensader zwischen diesem „Israel" und der großen Gemeinschaft zerschnitt, sondern auch die eigene Gesellschaft im Innern vergiftete.

So wundern wir uns auch nicht über die antisolidarische Behandlung der Sünder. Denn solche gab es natürlich auch in dem idealen Jachad. Die Strafmethode war nichts andres den eine weitere Anwendung des Prinzips der Absonderung. Der Übertreter wurde aus der Gemeinde teilweise und zeitweise entfernt („Absonderung vom Reinen") oder gänzlich aus ihr vertrieben („weggeschickt") (Licht-QS § 96;Siedl 232–6; Braun-Qu 138 f). Josephus beschreibt, wie diese Vertriebenen oft elend zugrunde gingen.

Nicht weniger konsequent wurde das antisolidarische Prinzip gegenüber leidenden und benachteiligten Menschen angewandt. Hier tritt der Unterschied zwischen der Sekte und Jesus besonders hervor (Braun-Qu 5–6). Manche Forscher halten folgendes von Lukas überliefertes Wort Jesu für Polemik gegen die Sekte: „Wenn du ein Mittags- oder Abendmahl machst, so lade nicht deine Freunde ein..., auf daß sie dich nicht etwa wiederladen und dir vergolten werde, sondern ... lade die Armen ein, die Krüppel, die Lahmen, die Blinden." Als die zu Tische Sitzenden sich wundern, erzählt er das Gleichnis vom großen Abendmahl, zu dem grade die Armen und Krüppel usw. geladen werden (Lk 14,12–24; Braun-Qu I 90). Dem gegenüber wurden Maklige und Gebrechliche aus dem „Zusammen" fein säuberlich entfernt (QS 2,3–11). In der Volksversammlung, sowohl der gegenwärtigen als der zukünftigen, gibt es keinen Raum für die vom Schicksal Benachteiligten (Licht-QS § 134).

Wo die Solidarität verlassen wird, wuchern Kollektivismus, Uniformität und Mißachtung des Individuums auf der einen und Diktatur und Diskriminierung auf der andern Seite (Licht ibd). Dem gegenüber plädierten die Weisen für die Einzigartigkeit jedes Einzelnen, nicht als abstraktes Postulat, sondern als logische Folge des Haftungsgesetzes. Es ist sicher kein Zufall, daß uns die Namen und Gestalten so vieler Persönlichkeiten aus der Zeit der Rabbinen bewahrt sind, während in der Literatur der Sekte, die uns bekannt ist, kein einziger menschlicher Name zu finden ist!

Was nun die Erfüllung der Jachad-Träume betrifft, so können wir nur eines sicher sagen, daß die Katastrophen der Jahre 70 und 136 nicht das Volk Israel vernichteten, wohl aber die Sektierer. Der „Zusammen" verschwand, die Träume zerstoben, und selbst von den Lehren des Jachad ist keine Spur in Israels Literatur bewahrt. Das war das Ende der Sorge um ihre Reinheit und Absonderung von den Übeltätern, das hatten sie nun davon, daß sie diese Trennmauer errichteten, angefangen von der geographischen Trennung, über ihre körperlichen Reinheitsgesetze und aufgehört bei der Schaffung einer künstlichen Sprache (Licht-QS §§ 13.33). Sie gingen zugrunde, wie ein Glied, das vom Leib abgetrennt wurde.

2. Die Identifikation Jesu mit den Sündern und die Identifikation der Leidenden mit dem Gekreuzigten

Die messianische Bewegung nahm ihren Anfang, als die Sekte in voller Blüte stand. Trotz vieler Gemeinsamkeit gab es zwischen den beiden Abkömmlingen Israels einen prinzipiellen Unterschied (Hempel 369; Braun-Qu I 36; II 89. 94 f. 100 f. 105 f. 152 f. 235–242), und dieser ist vielleicht der Grund für die dem Jachad-Schicksal völlig entgegengesetzte Entwicklung des Christentums: die Bewegung ging nicht unter, sondern säte die Samen der Lehre Israels über die ganze Welt (vgl. Jehuda Halevi in Rosenzweig – Stern III, 153).

a) Die Solidarität der ersten Gemeinde und der Schüler Jesu

Jesus und Paulus waren, trotz der Verschiedenheit zwischen beiden, einig in dem Solidaritätsbewußtsein, das die Gesandten Israels charakterisiert. Sie hüteten sich auch nicht vor den Ausgestoßenen und Makligen, im Gegenteil, grade in diesem Punkt übertrafen sie die meisten Rabbinen, was die konsequente Erfüllung der jüdischen Solidaritätsforderung betraf. Jesus und seine Schüler wandelten mitten im Volk, und Paulus gar ging unter die Heiden. Paulus wurde zuweilen ein Opfer der Bitterkeit über sein Volk (1 Th 2,14 f), das ihm wie früheren Gesandten „quengelig und widerborstig" (s. S. 192) erschien, doch die solidarische Verbundenheit mit seinem Volk wurde davon, wie bei den früheren Gesandten, nicht betroffen (R 9,1–5; Gl 2,15; vgl. Ph 3,4–6; Ep 2; Barth; Marquardt).

Zwar ist Paulus von dem Dualismus und Determinismus der Sekte beeinflußt (Braun-Qu II 165–180), und diese Prinzipien kamen dann im Christentum mehr zur Geltung als seine Lehre von der Gleichheit und der Solidarität, genau wie man es vorzog, nur seine Polemik gegen sein Volk breitzutreten, die Solidarität mit seinem Volk dagegen zu ignorieren.

Doch grundsätzlich übernahm Paulus die Orientierung seines Meisters: Trennungsmauern einzureißen, Abgründe zu überbrücken, Solidarität zu schaffen (Dibelius-Paulus 51). Der sich mit Zöllnern und Sündern identifizierende Jesus und der sich mit Heiden und Sklaven solidarisierende Paulus drückten dem Christentum das Siegel des Judentums auf. Es war unverwischbar, wenn auch vielen lang verborgen. Erst in unsrer Zeit wird es wieder sichtbar, wie viele nach Auschwitz geschriebene christlich motivierte gesellschaftskritische Bücher zeigen (Gollwitzer, Cardonnel, Shaull, Sölle).

Es kann sein, daß die gesellschaftliche Struktur der ersten Gemeinde von der des Jachad beeinflußt war (Braun-Qu II 144–165), doch diese Gemeinde befand sich mitten in Jerusalem und nahm am Tempeldienst teil wie ganz Israel (ibd 147.153). Und wie die Messianischen ihre Solidarität mit Israel wahrten, so zeigte sich die Solidarität auch innerhalb der Gemeinde.

Es findet sich keine Spur einer Hierarchie (ibd 152). Die Sorge für die Benachteiligten war oberstes Gebot (s. S. 78). Auch war das Ziel der Gemeinde mitnichten, durch Absonderung der Katastrophe zu entrinnen, im Gegenteil, ihre Absicht war, all ihren Volksgenossen Rettung und Erlösung zu bringen, wie es am deutlichsten in dem Jesus in den Mund gelegten Aussendungsbefehl wird:

> Gehet nicht auf der Heiden Straße,
> und ziehet nicht in der Samariter Städte,
> sondern gehet hin zu den verlorenen Schafen aus dem Hause Israel.
> Geht aber und predigt und sprecht:
> Das Himmelreich ist nahe herbeigekommen:
> Macht Kranke gesund, reinigt Aussätzige...
> Ihr werdet mit den Städten Israels nicht zu Ende kommen,

bis des Menschen Sohn kommt ...
Es ist dem Jünger genug, daß er sei wie sein Meister ...
Haben sie den Hausvater Beelzebub geheißen,
wieviel mehr werden sie seine Hausgenossen so heißen ... (Mt 10,5–25)

Ihr Motiv war also das Motiv der Gesandten Israels, das Motiv der Verantwortung aus der Solidarität heraus, auch wenn sie das Ziel der Erlösung und den Weg zur Erlösung anders sahen als andre Gesandte Israels. Auch war es nichts Neues, daß einfache Menschen wie der Fischer Petrus, so wie früher der Kuhhirt Amos (Am 7,14 f), eines Tages ihren Beruf verließen, weil sie Sendung und Verantwortung ihrem Volk gegenüber fühlten. Das war es ja, was Mose gewollt hatte, als er begriffen hatte, daß er nie und nimmer die Last des Volkes allein tragen konnte, und daß es umso besser sein würde, je mehr Menschen sich als Gesandte des Volkes fühlten:

Wer gäbs,
all SEIN Volk wären Künder (Propheten)!
daß ER seinen Geistbraus über sie gäbe! (Nu 11,29)

So entgegnete er begeistert dem engstirnigen Josua, der, um das Prestige seines Meisters besorgt, atemlos zu Mose gelaufen kam, – zwei Leute außerhalb des Lagers würden sich zu Propheten, Kündern machen: ‚Herr, sperr sie ein!' (Nu 11,26–28)
Wer gäbs, daß jeder Einzelne in Israel dieselbe Verantwortung spürte, die ich spüre, sagt Mose, und mit mir die Last des Volkes trüge (Nu 11,14–17; vgl. Ex 18,14–26). Die ersten Schüler Jesu spürten das, und es ist nicht von ungefähr, wenn erzählt wird, daß der jungen Gemeinde dasselbe mystische Erlebnis des Geistbrauses zuteil wurde, das jene siebzig Ältesten und die beiden Männer außerhalb des Lagers erfuhren, als sie die Verantwortung für das Volk auf sich nahmen (Ap 2,4).

b) Die Ausstoßung des Sünders

Nur in einem Punkt war die christliche Gemeinde womöglich noch härter als der Jachad, nämlich im Verhalten gegenüber dem konkreten Sünder (Braun-Qu I 147 f). Ananias und Saphira fielen einfach tot um (Ap 5,1–10). Und auch Paulus befahl, lang vor dem Zeitalter der Inquisition, einen Mann, der mit seines Vaters Weib hurte, „aus eurer Mitte hinwegzutun". Ja er überschüttet die Gemeinde mit Zorn, daß sie das nicht schon längst getan habe. Er selber habe „beschlossen ... diesen Menschen dem Satan zu übergeben!" Ganz im „alttestamentlichen" Sinn fürchtet er „daß ein wenig Sauerteig den ganzen Teig versäure" und befiehlt daher, „den alten Sauerteig auszufegen":

Ich schrieb euch: ihr sollt nichts mit einem zu schaffen haben, der sich läßt einen Bruder nennen (d. h. ein Glied der Gemeinschaft) und ist ein Unzüchtiger oder ein Geiziger oder ein Götzendiener oder ein Lästerer oder ein Trunkenbold oder ein Räuber; mit dem sollt ihr auch nicht essen! (1 Kr 5,1–13)

Der Grund für diese Distanzierung von der Solidarität ist die frühbiblische Konsequenz aus dem Haftungsgesetz, die er zum Schluß auch ausdrücklich zitiert:

‚Merzen sollst du die Bösen aus deinem Innern!‘

Der Deuteronomist sagt bezeichnenderweise ‚das Böse‘ (Dt 13,6 und oft). Paulus dagegen scheute sich nicht, das konkret Gemeinte zu verdeutlichen und „die Bösen" zu sagen.

Einen Befehl zur Ausstoßung des Sünders legt die junge Gemeinde sogar in den Mund ihres Messias (Bultmann-Tradition 151), ohne zu spüren, daß dies doch dem „Freund der Zöllner und Sünder" diagonal entgegengesetzt war. Man solle sich zu einem Bruder, der Mahnungen in den Wind schlage, verhalten „wie zu einem Heiden und zu einem Zöllner" (vgl. Hempel 352.370). Ausgerechnet diesem antisolidarischen Ratschlag klebt Matthäus den Satz an, auf den die Kirche später ihre Macht gründete (Mt 18,16–19), auch die Macht, Sünder, oder wen sie für Sünder hielt, aus der Gemeinde auszustoßen, ja sie zu foltern und zu verbrennen.

c) Der sich mit den Sündern identifizierende Jesus

Dennoch wurzelt das Christentum in derselben Solidarität wie das Judentum. Wir sahen schon Jesu Identifikation mit den Leidenden (s. S. 65 f), doch keiner war so konsequent in der Identifikation mit den Sündern wie er. Ja seine Sendung galt von vornherein nicht dem Volk im Allgemeinen, sondern den konkreten, individuellen Sündern, „den verlorenen Schafen des Hauses Israel" (Mt 15,24).

Wir sahen, daß ohne Identifikation mit dem Sünder keine erfolgreiche Zurechtweisung, nämlich keine Umkehr des Sünders zustandekommt. Das demonstriert Jesus in einer Geschichte, deren Held, der Sünder, außergewöhnlicherweise mit seinem Eigennamen erscheint: Sakkai (Zachäus), nämlich der Gerechtgesprochene!

Und Jesus zog hinein und ging durch Jericho.
Und siehe, da war ein Mann, genannt Zachäus,
der war ein Oberster der Zöllner und war reich.
Und er begehrte, Jesus zu sehen, wer der wäre ...
und stieg auf einen Maulbeerbaum, auf daß er ihn sähe ...
Und als Jesus kam an die Stätte, sah er auf und sprach zu ihm:
Zachäus, steig eilend hernieder,
denn ich muß heute
in deinem Hause weilen! *(dei menenai)*

Und er stieg eilend hernieder
und nahm ihn auf mit Freuden.

Da sie das sahen, murrten sie alle und sprachen:
Bei einem Sünder ist er eingekehrt!

Zachäus aber trat vor den Herrn und sprach:
Siehe, Herr, die Hälfte meiner Güter gebe ich den Armen,
und wenn ich jemand betrogen habe,
das gebe ich vierfältig wieder.

Jesus aber sprach zu ihm:
Heute ist diesem Haus Rettung widerfahren,
denn auch er ist Abrahams Sohn.
Der Menschensohn ist ja gekommen,
zu suchen und zu retten das Verlorene! (Lk 19,1–9)

Die in Aufbau und Stil vollkommene Geschichte, die natürlich von Lukas erzählt wird, spiegelt Jesu Gestalt und Werk getreuer wieder als irgendeine andre. Da ist keine Spur von Sühnetod und Metaphysik. Ein Mensch wird aus seiner Sünde befreit, einzig und allein durch die Zurechtweisung eines andern Menschen, eine Zurechtweisung nicht durch Worte, sondern durch die konkrete Identifikation des Reinen mit dem Sünder: „Denn ich muß heute in deinem Hause weilen!"

So hat seine Identifikation ohne Zweifel auf viele Menschen gewirkt: Die Stumpfheit des Gefühls mußte einem wachen Bewußtsein vom eigenen Fehlverhalten Platz machen.

Die späte Legende von der Ehebrecherin, die in einige Handschriften des Johannesevangeliums eingefügt wurde, zeigt den psychologischen Prozeß besonders deutlich:

„Die Pharisäer" bringen eine Ehebrecherin zu Jesus, um ihn zu Fall zu bringen. Identifiziert er sich mit ihr, so wird er als mitschuldig vor Gericht gestellt werden. Jesus, der bezeichnenderweise im Tempel sitzt und das Volk lehrt, schweigt eine lange Weile und schafft so bei den Anklägern Unruhe. Schließlich sagt er:

Wer unter euch ohne Sünde ist,
der werfe den ersten Stein auf sie!

Auch in ihrer Seele wollte Jesus die fundamentale menschliche Solidarität schaffen, die aus dem ‚dein Andrer ist wie du' herauswächst. Nur aus dieser Haltung heraus darf man richten und zurechtweisen. In der Tat kommt für die Frau die Stunde der Zurechtweisung, aber erst nachdem sich die Ankläger einer nach dem andern beschämt hinausgeschlichen hatten:

Weib, wo sind sie, deine Verkläger?
Hat dich niemand verdammt?

Sie sprach: Herr, niemand.
Jesus sprach: So verdamme ich dich auch nicht!
Gehe hin
und sündige hinfort nicht mehr! (Jh 8,1–11)

Wie konkret Jesus seine Identifikation mit Leidenden und Sündern verstand, bezeugt auch die Art der Anwendung des Knechtslieds (Js 53) in den Evangelien. Obwohl dieses Lied angeblich das wichtigste Dokument ist, das die Sühnebedeutung des Todes Jesu beweist (Hooker, Lohse), wird es in den Erzählungen über Jesus nur zweimal zitiert, aber eben, um seine Identifikation während seines Lebens zu beweisen, und nicht durch seinen Tod. Bei Matthäus bedeutet das ‚Unsere Krankheit hat der getragen, unsre Schmerzen, sie hat er aufgeladen' (Js 53,4; Mt 8,17) Jesu buchstäbliche Identifikation mit buchstäblichen Kranken, an Leib und Seele. Noch lehrreicher ist der zweite Kontext, in dem ein Vers aus dem Knechtslied zitiert wird:
Ehe Jesus sich auf seinen Todesweg machte, wandte er, sagt Lukas, das Lied auf sich selber an. Doch der Vers, den er „erfüllen" mußte, war nicht:
‚macht seine Seele zum Schuldopfer sich' (Js 53,10), sondern der Vers:
‚unter die Abtrünnigen (Verbrecher) ward er gerechnet' (Js 53,12; Lk 22,17) Um das zu konkretisieren, schuf Lukas eine mit Symbolen gedrängt volle Szene. Nur Lukas zitiert den Vers aus dem Knechtslied, und nur er nützt die offenbar historische Tatsache, daß Jesus zusammen mit andern Leuten gekreuzigt wurde, aus, um Jesus zu ermöglichen, seine Sendung bis zum letzten Augenblick seines Lebens zu erfüllen.
Nach Markus (15,27) und nach Matthäus (27,38) waren es zwei Räuber (nicht etwa „Mörder", wie Luther sagt), die mit ihm gekreuzigt wurden. Lukas verwandelt sie in allgemeine „Übeltäter", damit Jesus wirklich unter die allgemeinen Sünder und Verbrecher gerechnet wird (Lk 23,33). Nach Markus (15,32) und Matthäus (27,44) „schmähten ihn die Räuber" wie alle andern Leute. Für Lukas hatte jedoch die Tatsache, daß Jesus in der Mitte zwischen diesen beiden aufgehängt wurde, tiefe Bedeutung. Sie konnte ihre Wirkung nicht verfehlen. Als der eine Jesus zu verspotten begann, „strafte ihn der andre und sprach:

Fürchtest du dich nicht vor Gott,
der du doch in gleicher Verdammnis bist?
Wir zwar sind mit Recht darin,
denn wir empfangen, was unsre Taten wert sind.
Dieser aber hat nichts Unrechtes getan." (Lk 23,33.37–43)

Noch einmal hatte die Identitikation ihre Wirkung nicht verfehlt. Der Mensch tat Umkehr, wenn es auch erst einen Augenblick vor seinem Tod geschah, und der Gekreuzigte bestätigte ihm, daß er die Schwelle schuldlos überschritt.

d) Die Solidarität des Gottessohnes mit den Menschen

Es ist logisch, daß es diese Solidarität mit den Sündern zu Jesu Lebzeiten war, die auch die Ideologie von der Bedeutung seines Todes bestimmte. Wir sahen zwar, daß die frühen Interpreten verschiedener Meinung über die Bedeutung dieses Todes waren (s. S. 197–8) und daß durch den Begriff „Sühnopfer" (Mr 10,45; Mt 20,28) grade die magische Deutung die Oberhand gewann, wie das dogmatische Meisterwerk des Anselm von Canterbury, Cur Deus Homo, im 11. Jahrhundert am eindrücklichsten zeigt. Diese Interpretation wurde gefördert, als durch die Verbreitung der Lehre unter den hellenistischen, synkretistischen Heiden der reale jüdische Gesandte im Handumdrehn zum metaphysischen griechischen Gottessohn wurde.[37] Daß man von dieser Interpretation in unsrer Zeit Abstand nimmt, zeigt das den Trend einer ganzen Theologengeneration wiederspiegelnde Buch Reventlow-Rechtfertigung. Die Interpretation, die er vorzieht, ist die des Stellvertreters, und, wie Scharbert und andre Forscher vor ihm, anerkennt er die Solidarität als den Boden, der die Idee vom Stellvertreter hervorgebracht hat.

Eine voll wirksame Stellvertretung ist nur in dem Falle möglich, wenn der Stellvertreter selbst ein Angehöriger der Gemeinschaft ist, die er vertritt, und zwar in der Weise, daß er auf der einen Seite voll zu ihr gehört und mit ihr solidarisch ist, daß er auf der andern Seite aber auch ein so hervorragendes Glied dieser Gemeinschaft ist, daß er in sich und seinem Schicksal das Geschick der gesamten Gemeinschaft repräsentieren kann ... Stellvertretung beruht auf Solidarität: das ist der tiefe Sinn der Inkarnation (130–1).

Damals aber herrschte die griechische Metaphysik und zerstörte grade die Besonderheit Jesu, die darin bestand, daß er „Mensch" par excellence war. Nicht zufällig nannte er sich selber immer „Mensch" (Luther: Menschensohn), war er sich doch der Solidarität mit den Menschen wie kein andrer bewußt. Hier war es „Johannes", der dieses Selbstverständnis Jesu als dem Menschlichsten aller Menschen durch eine kleine Szene unterstrich: Als Jesus nach

---

[37] Markus behauptet, daß ein römischer Hauptmann, der die Szene am Kreuz mit ansah, ausrief: „Wahrlich, dieser Mensch war Gottes Sohn!" (Mr 15,39). Matthäus verwandelt den einen Römer in eine ganze Gruppe von Römern, läßt das „dieser Mensch" weg und läßt sie sagen: „Wahrlich, Gottes Sohn war dieser!" (Mt 27,54). Seiner Ansicht nach verbreitete sich das Gerücht schon vorher, denn die Spötter benutzten diesen Ausdruck bereits: „Rette dich selber, wenn du Gottes Sohn bist!" (Mt 27,40). Markus hatte sie nur sagen lassen: „Rette dich selber!" (Mr 15,30). Lukas akzeptierte diesen Ausdruck nicht und ließ den Römer formulieren: „Fürwahr! Dieser Mensch ist ein Gerechter gewesen!" (Lk 23,47). So änderte er auch den Text der Spötter: „Er rette sich selber, wenn er der Messias ist, der Erwählte Gottes!" (23,35). In diesem Fall scheint mir aber die Version von Markus und Matthäus der Wirklichkeit näher zu sein: Der Glaube, daß Jesus Gottes Sohn sei, entstand zuerst in den Köpfen heidnischer Soldaten.

seiner Folterung, mit der Dornenkrone geschmückt und dem Purpurmantel
lächerlich gemacht, aus dem Palast des Römers kam, sagte er:

Sehet, ein Mensch! (Jh 19,5)

oder nach andern Handschriften:

Sehet, der Mensch!

Jesus schämt sich seiner Erniedrigung nicht. Er ist auch nicht überrascht.
Unzählige Menschen wurden und werden auf dieser Erde gefoltert und gedemütigt. Er ist wie sie, ein leidender, erniedrigter Mensch.

Dennoch bot auch der Glaube an den Gottessohn einem der christlichen
Denker Gelegenheit, das jüdische Grundprinzip der Solidarität im christlichen
Glauben erfüllt zu sehn. Es war der Verfasser des Briefes an die Hebräer,
offenbar ein hellenistischer Jude, der einen vollkommenen griechischen Stil
beherrschte, aber gleichzeitig in der jüdischen Tradition mehr als jeder andre
Verfasser der neutestamentlichen Schriften verwurzelt war (Rigaux 241–278;
Michel-Hebräer). Er entkleidet die Idee vom Gottessohn ihrer mythischen
Elemente so weit als möglich und verpflanzt sie in den Boden jüdischen
Denkens.

Er geht wie jeder andre damalige Jude davon aus, daß sich der Mensch
nach vollkommener Befreiung von Sünden sehnt. Diese Befreiung kann aber,
so sagt dieser Denker, nur der Schöpfer bewerkstelligen, da er es ist, der dem
Menschen ein schwaches Herz geschaffen hat (Hb 8,8–12; 10,16 f; nach Jr
31,31 f). Er beweist ausführlich, warum es kein menschlicher, sondern nur
ein göttlicher „Hoherpriester" sein kann, der von Sünden reinigen kann
(7,23–8,3). Wie gesagt (s. S. 67,100–1) gab es merkwürdigerweise keinen christlichen Denker, der wie R. Jehoschua ben Chananja eine Erlösung ohne jegliche
Bedingung, ohne Tat, ohne Opfer, postulierte. Offenbar sucht der Mensch
noch etwas jenseits der abstrakten Vergebung der Sünde!

Obwohl dieser Denker die Interpretation vom Sühnopfer kennt (Hb 9,22),
ist für ihn nicht das Opfer wichtig, sondern der Opfernde (9,13; 7,27). Die
Selbstaufopferung des göttlichen Hohepriesters ist nichts andres denn der
Ausdruck seiner Solidarität mit den Menschen.

Der Grund dafür, daß der göttliche Priester Mensch sein und „durch Leiden vollendet" werden mußte, war nämlich, daß er für die Menschen nur sühnen konnte, wenn er sich vorher mit ihnen identifizierte und „sich nicht
schäme, sie Brüder zu nennen". Wäre er nicht wie sie Fleisch und Blut geworden, wäre er nicht wie sie der Todesfurcht versklavt gewesen, wie hätte
er sie von Sünde und Todesfurcht befreien können? (2,9–15) Nur wer selber
Todesangst erfahren hat, sagt der jüdisch-christliche Denker, kann dem
Andern in seiner Angst zur Seite stehn:

Denn er nimmt sich doch wohl nicht der Engel an,
sondern der Nachkommenschaft Abrahams nimmt er sich an.

Und deshalb mußte er in allem den Brüdern gleich werden.
damit er barmherzig würde
und ein treuer Hoherpriester ... um die Sünden des Volkes zu sühnen.
Denn weil er gelitten hat
und dabei selbst versucht worden ist,
vermag er denen, die versucht werden, zu helfen! (Hb 2,16 f)

Nicht das vergossene Blut des Opfers ist wichtig, sondern die Identifikation zwischen dem „Heiligenden" und den „Geheiligten" (2,11).

Gemäß der jüdischen Lehre vom Gesandten, der sich einerseits mit seinem Volk identifizieren, andrerseits aus ihm herausragen muß, indem er besondre Verantwortung auf sich nimmt, wird „Jesus", wie ihn der Verfasser des Briefes in aller Einfachheit ohne jeden Titel nennt, zum „Bürgen des Bundes" (7,22). Diese Vorstellung vom Bürgen (s. S. 109–10) mußte einem Griechen völlig unverständlich sein, und es kostete die Forscher manche Mühe, den für sie ebenfalls schwierigen Ausdruck zu erklären (z. B. Michel-Hebräer 26).

Daß der Unterschied zwischen dem Gesandten Israels und dem Gesandten der Christen, die beide sich mit den Sündern identifizieren, dennoch so groß ist, liegt an dem Verständnis der Sünde. Bei den Christen ist Sünde – nicht nur, aber vor allem – eine Beleidigung Gottes, die Sühne und Versöhnung erfordert, will der Mensch im Diesseits Seelenfrieden und im Jenseits Erlösung erlangen. Bei den Juden ist Sünde – nicht nur, aber vor allem – ein falscher Weg, ein Weg der ins Unglück führt (Dt 30, 15.19), und zwar hier und jetzt (vgl Am 5,4.6.14; Jr 7,23 und oft). Die Aufgabe des Gesandten ist es daher, dem Volk das Unglück zu ersparen, indem er ihn zur Umkehr von diesem gefährlichen Wege bringt, und zwar heute und in dieser Welt.

e) Der Glaube an die Solidarität des Gottessohns als ethische Motivierung

So lautstark auch immer wieder auf christlicher, vor allem protestantischer Seite dem Judentum entgegengehalten wurde, daß die Erlösung von Sünde allein Gottes Werk sei und vom Menschen höchstens der Glaube hinzugetan werden müsse, so wurde der Alltag doch weiter beherrscht von der Notwendigkeit, den Menschen zu moralischem Tun zu ermahnen und ihn vor den Folgen unmoralischen Tuns zu warnen. „Weiset einander zurecht Tag um Tag", sagt der Verfasser des Hebräerbriefs und spart nicht mit konkreten Beispielen (Hb 3,13; 4,11–13; 10,19–30; 12,12–28).

Es wird doch wohl auch für einen Christen so sein, daß das Sühneereignis, die Vergebung höchstens einen neuen Anfang für die menschliche Anstrengung, allenfalls auch eine Ergänzung dessen, was nach aller Anstrengung noch fehlt, liefern kann. Und so war die Tatsache, daß der leidende Gottessohn ein Wegweiser, „ein Vorbild" für die war, die das alltägliche Leben zu bewältigen hatten, nicht weniger wichtig als daß er den Menschen mit Gott versöhnt hatte. Kein Mensch oder Gott kann aber den sündigenden und lei-

denden Menschen ein Vorbild sein, es sei denn „„er ward versucht und litt"
wie sie.

Diese paränetische Ausnutzung der Lehre von der Solidarität des Gottessohnes findet sich schon in dem sogenannten „Inkarnations-Hymnus", den die
Forscher für einen der ältesten Abschnitte in der neutestamentlichen Literatur
halten (Rigaux 115). Paulus zitiert diesen Hymnus im Rahmen einer Paränese!
Das heißt, die Ermahnung war die Hauptsache, die Dogmatik sollte sie nur
unterstützen. Nachdem er die Gemeinde in allerhand Einzelheiten zurechtweist, stellt er ihnen das solidarische Handeln des Gottessohns vor Augen:

> Diese Gesinnung (im Verhalten zu den Menschen) heget in euch,
> die auch im Messias Jesus war:
> der, als er in Gottes Gestalt war,
> nicht daran interessiert war, wie Gott zu sein,
> sondern sich selbst aufgab,
> Knechtsgestalt annahm und dem Menschen ähnlich wurde...
> sich selbst erniedrigte und bis zum Tode beugte ... (Ph 2,5–8)

Derselbe Gedankengang – die Identifikation des Gottessohns mit den
leidenden und sündigenden Menschen als Motivierung ethischen Verhaltens –
läßt auch den griechisch-jüdischen Denker im Hebräerbrief sein Gleichnis
vom Hohenpriester weiter ausführen:

> Denn wir haben nicht einen Hohenpriester,
> der mit unsern Schwachheiten nicht mitleiden könnte,
> vielmehr einen, der in allem auf gleiche Weise versucht worden ist. (Hb 4,15)

Er fügt zwar rasch hinzu: „doch ohne Sünde", doch immer wieder kommt
er darauf zurück, daß dieser Hohepriester „aus den Menschen genommen ist",
damit er „für die Unwissenden und Irrenden Verständnis habe, da auch er
selber mit Schwachheit behaftet ist" (5,1–2). Er fügt sogar ein Beispiel aus
Jesu Leben hinzu: „der in den Tagen seines Fleisches Gebete und flehentliche
Bitten mit starkem Geschrei und Tränen vor den gebracht hat, der ihn vom
Tod erretten konnte ..." Doch er mußte, „wiewohl er der Sohn war, an dem,
was er litt, Gehorsam lernen" (Hb 5,7–8; vgl. Mt 26,39–46).

Die Sache mit der Sühne ist vergessen, wichtig ist allein das Vorbild des
sich selbst erniedrigenden Gottessohns. Was der Verfasser mit dem Hinweis
auf Gottes Solidarität sagen will, ist dies: Bis jetzt konnte ein Mensch behaupten: Wie darf uns Gott zurechtweisen und richten, da er doch die Mühsale unsres Lebens nicht kennt, die Situation des Scheiterns nie erfahren hat?
Jetzt aber hat niemand eine Ausrede mehr:

> Wir wollen ... jede hemmende Last und ... Sünde ablegen
> und mit Ausdauer laufen in dem Wettkampf, der vor uns liegt,
> indem wir hinblicken auf Jesus, den Anfänger des Glaubens,
> Jesus, der, um die vor ihm liegende Freude zu erlangen,

das Kreuz erduldete, die Schande geringachtete
und sich dann zur Rechten des Thrones Gottes gesetzt hat.

Achtet auf den,
der einen solchen Widerspruch von den Sündern gegen sich erduldet hat,
damit ihr nicht ermattet!
und in euren Seelen nicht verzagt!
Ihr habt noch nicht bis aufs Blut widerstanden im Kampf wider die Sünde.

(Hb 12,1–4)

Der Kampf gegen die Sünde geht weiter, trotz der Sühne. Ja, selbst das alte Lohndenken ist durchs Hintertürchen wieder hereingeschlüpft, und Jesus selber gibt ein Beispiel dafür, daß es sich lohnt, um der Krone willen das Kreuz zu erdulden. Aber dieses Vorbild des solidarischen Gottessohnes hatte für den Gläubigen mehr Gültigkeit als alle mahnenden Worte.

f) Der Glaube an die Solidarität des Gottessohns als Quelle des Trosts

Noch wichtiger als die Solidarität des Gottessohns im Rahmen der ethischen Ermahnung war seine Solidarität für die, die des Trostes bedurften. Es ist nur natürlich, daß die Gestalt des JHWH, des Gottes, der sich mit seinem leidenden Volk identifiziert, eine Religion des Trostes hervorgebracht hat. Der Unterschied zwischen der rabbinischen und der christlichen Lehre von der Solidarität Gottes liegt theoretisch nur darin, daß der christliche Gott mit seinen Geschöpfen nicht „gleichsam" leidet, sondern tatsächlich, konkret, historisch. Es könnte sein, daß eine gründliche Erforschung der psychologischen Wirkung des Christentums auf den Einzelnen im Lauf von zwei Jahrtausenden entdeckte, daß sein eigentlicher Segen nicht von der Lehre vom Sühnetod ausging, sondern vom Vorbild des Gottesmenschen, der sich bis an den Tod mit den leidenden Geschöpfen identifizierte.

Was dabei geschah, war, daß nun ihrerseits die Menschen sich mit dem Gesandten identifizierten. Die Identifikation mit dem leidenden Gekreuzigten war und ist es, die dem leidenden Gläubigen immer wieder, für einen Juden unvorstellbaren, Trost brachte und bringt. Jedes unschuldige Leiden war von nun an *sympathia*, Mitleiden mit dem Gekreuzigten. Aus der *sympathia* des Gottessohns mit den Geschöpfen (Hb 4,51) wuchs die *sympathia* der Leidenden mit dem Gekreuzigten.

Wenn wir mit ihm mitleiden,
so werden wir auch mit ihm mitverherrlicht werden! (Rm 8,17)

schrieb Paulus, ehe er seinen eigenen Todesweg begann. Und als sich die Verfolgungen häuften, verstärkten seine Schüler diesen Trost:

Wenn wir mit ihm mitsterben,
so werden wir mit ihm mitleben,

wenn wir leiden,
so werden wir mit ihm mit-König-sein! (2 Ti 2,11)

schreibt ein unbekannter Apostel aus dem Gefängnis (Rigaux 151–4). Zu Anfang nahm nur der Apostel, der Gesandte des Messias, diesen Trost für sich in Anspruch (Reventlow-Rechtfertigung 134), war doch der Grund für sein Leiden ähnlich wie der Grund für das Leiden des Messias (2 Ti 1,8.12.29). Der Trost lag nicht nur in der Aussicht, daß auf das Mitsterben das Mitleben folgen werde, sondern in dem Wert, den das Leiden an sich bekam. Wenn der Messias seine Aufgabe nur durch Leiden vollenden konnte, so war es doch nur natürlich, daß auch der Apostel leiden mußte, um seine Aufgabe zu erfüllen (2 Ti 2,9; vgl. Kol 1,24).

Doch nicht nur das Leiden des Apostels bekommt durch die Identifikation mit dem Messias seinen Wert, sondern das Leiden jedes Christen.

Ein andrer Apostel schrieb in einem Brief an eine Gemeinde, die angefeindet wurde, daß das Leiden, sofern es unschuldiges Leiden sei, „Gnade ist". Man muß es mit „Geduld" tragen, denn „dazu sind wir berufen" (1 Pe 2,19.21). Zur Stützung dieser Behauptung, daß Leiden etwas Positives ist, eine Ansicht, zu der R. Aqiba ebenfalls, wenn auch auf völlig anderm Weg gelangt war, wendet er als erster das letzte Knechtslied auf den Tod Jesu an:

(Ihr Sklaven usw.,
leidet geduldig,)
denn auch der Messias hat für euch gelitten,
und hat euch ein Vorbild hinterlassen,
damit ihr seinen Fußstapfen nachfolgt,
,der nie Sünde getan hatte,
Betrug nie in seinem Munde war' (nach Js 53,9),
der geschmäht wurde und nicht widerschmähte (nach Sb 88 b),
der litt und nicht drohte ... (1 Pe 2,18.21–23)

Hier umfaßt der Trost der Identifikation bereits alle unschuldig Leidenden, nicht nur die, die um ihrer Sendung oder um ihrer Glaubenstreue willen leiden. Die Gefahr dieser Trostlehre, dieser Freude im Leiden ist es, daß sie die Herrschaft des Bösen in der Welt verstärkt. Es gibt nur Bedrücker, solange es Leute gibt, die sich bedrücken lassen. Wenn aber die Bedrückten ihr Leiden als „Gnade" auffassen, wie soll es da je ein Ende mit der Bedrückung nehmen?

Betrachtet man die Trostlehre jedoch mit den Augen der Bedrückten, so kann man verstehen, welche Macht von ihr ausging:

Lasset euch durch die Feuersglut (der Leiden) ... nicht befremden ...
sondern da ihr ja teilnehmt an den Leiden des Messias, freut euch!
damit ihr auch bei der Offenbarung seiner Ehre frohlocken möget! (1 Pe 4,12 f)

Das Teilhaben am Leiden des Messias verband auch die Verfolgten untereinander. Wenn irgendetwas die neue Gemeinde hat wachsen lassen, so war es diese solidarische Verbundenheit im Leiden. Es ist bezeichnend, daß sich der Verfasser der Johannesapokalypse bei seinen Lesern folgendermaßen vorstellt: „Ich bin Johannes, euer Bruder, und auch mitteilhabend an der Trübsal!" (JhA 1,9) Dieser Trost aus der Identifikation mit dem Gekreuzigten fand den Weg zu jedem christlichen Herzen, in aller Welt und zu aller Zeit:

> Wann mir am allerbängsten
> wird um das Herze sein,
> so reiß mich aus den Ängsten,
> k r a f t deiner Angst und Pein.

Diese Zeilen beenden ein berühmtes Passionslied, und J. S. Bach gab ihm einen Ehrenplatz in seiner „Matthäuspassion". Wer diese Zeilen nicht in seiner Pein gesungen hat, der kann nicht nachfühlen, welch unendlicher Trost für den gläubigen Christen in dem Glauben liegt, daß der Gottmensch solidarisch war mit ihm, dem leidenden Menschen, solidarisch bis an den Tod.

Zusammenfassung

Israels Wissen um Haftung und Solidarität wird auch deutlich auf dem Hintergrund antisolidarischen Sektierertums, wie es die Wüstensekte von Qumran demonstriert. Diese Sektierer waren sich zwar der Sünden ihrer Gemeinschaft und der zu erwartenden Leiden bewußt, zogen daraus aber nicht die Konsequenz der Solidarität und Verantwortung, wie es die Gesandten Israels taten, sondern sonderten sich ab und errichteten Trennwände zwischen sich und den „Übertätern", nämlich Israel, um nicht zusammen mit ihnen in die apokalyptische Katastrophe gerissen zu werden.

Die Antisolidarität des Jachad, des „Zusammen", drückte sich nicht nur in ihrer geographischen und gesellschaftlichen Absonderung aus, sondern auch in einer fein ausgetüftelten Ideologie. Die Sektierer fühlten sich nicht weniger sündig und unwert als andre Juden. Um trotzdem ihre Absonderung von den „Übeltätern" zu rechtfertigen, behaupteten sie, daß der Mensch von vornherein als Frevler oder als Gerechter geschaffen werde. Diese Anschauung vergiftete die ganze Theologie und Ideologie der Sekte: Ihr Gott erscheint in der Gestalt eines willkürlichen Ungeheuers, das sich nicht nur nicht mit seinen Geschöpfen identifiziert sondern die Bösen erschaffen hat, um „sie zur Schlachtung zu bereiten" und auf diese Art seine Macht zu genießen. Die Sektierer selber sahen ihre Einzigartigkeit darin, Instrument der Vernichtung der Bösen zu sein. Selbst in der Organisation der Sekte herrschte das antisolidarische Prinzip! Gemeinsames Eigentum und Bruderliebe maskierten diktatorischen Kollektivismus und eine hierarchische Rangordnung, die der Gleichheit der Menschen spottete und die Einzigartigkeit des Einzelnen mißachtete.

So sehr auch das Christentum der Sekte in gewissen Anschauungen ähnelte, so unterschieden sich die beiden Bewegungen doch grundsätzlich in ihrer Beziehung zu den Menschen. Jesus selber sonderte sich nicht nur nicht von den Sündern ab, sondern sah seine Aufgabe darin, „die verlorenen Schafe des Hauses Israel" zu retten. Er tat das ganz konkret, indem er in der Gegenwart der Sünder weilte und sie durch diese Demonstration seiner Solidarität zur Umkehr brachte.

Das war die Einzigartigkeit Jesu, und Paulus war nur konsequent, wenn er die Solidarität auch auf die Heiden, auf alle Sünder ausdehnte. Allerdings identifizierte sich Jesus auch mit dem konkreten Sünder, während Paulus die konkreten Sünder, die sich in seinen Gemeinden zeigten, „dem Satan überlieferte".

Die Solidarität Jesu hatte auch Einfluß auf den Ausbau des zentralen christlichen Glaubens. Ein besonders lehrreiches Beispiel bildet der griechisch-jüdische, hochgebildete Verfasser des Hebräerbriefs, dem es gelang, den heidnischen Glauben an den Gottessohn in jüdischen Boden zu verpflanzen. Seiner Ansicht nach mußte der Gottessohn Mensch werden und sich mit den Menschen in all ihrem Leid und all ihrer Sünde identifizieren, denn „nur indem er selber litt und versucht wurde, kann er den Versuchten helfen."

So gewann der Glaube an den sich opfernden Gottessohn eine zusätzliche Dimension sowohl für die ethische Ermahnung, die der Mensch ja auch nach dem Sühneereignis noch nötig hat, als für den Trost im Leiden, das ja mit dem Sühnetod nicht verschwand. Weil sich der Gottessohn mit dem Menschen identifizierte, erniedrigte und litt, so kann auch vom Menschen erwartet werden, daß er sich ihn zum Vorbild nehme und die Sünde überwinde. Umgekehrt kann sich der leidende Mensch mit dem leidenden Messias identifizieren und wird in dieser Identifikation unsäglichen Trost finden.

Das Prinzip der Solidarität – in der Form der Identifikation des Gottessohns mit dem Sünder und in der Form der Identifikation des Leidenden mit dem Gekreuzigten – waltete also auch in der Tochterreligion des Judentums. Dennoch besteht ein entscheidender Unterschied. Im christlichen Glauben konzentrierte sich das Prinzip der Solidarität auf einen einzigen Menschen, den Messias. Auch wurde das Prinzip aus der realen, historischen Welt ganz in die metaphysische und apokalyptische Ideologie verpflanzt. Die Solidarität des Messias war keine Funktion der gegenseitigen Abhängigkeit und Haftung aller Menschen und vermochte daher auch nicht, die Einzigartigkeit des Einzelnen in seiner Verantwortung für die Gemeinschaft bewußtzumachen und zu stärken.

Das heikle Gleichgewicht zwischen „Zurechtweisung" und „Tröstung", d. h. das Gleichgewicht zwischen der Notwendigkeit, des Menschen Geschick zu gestalten, und der andern Notwendigkeit, sich mit ihm abzufinden, wurde in der christliche Religion zugunsten der Tröstung verschoben. In einer apokalyptischen Atmosphäre, in der jeder Mensch nur auf kurze Sicht lebte, war diese Entscheidung – sich mit dem Leiden abzufinden – sinnvoll. Aber in der realen Welt, die doch die Gestaltung des Schicksals auf lange Sicht fordert, ist die Vernachlässigung der Zurechtweisung und der Verantwortung des Einzelnen gegenüber der Gemeinschaft gefährlich. So kommt es, daß die Pioniere des modernen Christentums die Forderung nach verantwortlichem Verhalten wieder auf das Prinzip der Solidarität gründen, jenes Prinzip, dem die rabbinische Ethik so tiefe Gedanken gewidmet hat.

VIERTES KAPITEL: DER AUSDRUCK DER VERANTWORTUNG

Weder die Apokalyptik noch die Ideologie der Qumransektierer und der messianischen Gemeinde konnten den immanenten Zusammenhang zwischen Verhalten und Geschick und die Tatsache der gegenseitigen Abhängigkeit und Haftung unter den Menschen aus der Welt schaffen. Die jüdischen Denker mußten sich also weiter mit diesen Gesetzen der Wirklichkeit auseinandersetzen.

Die frühbiblische Lösung der „Ausmerzung" des Bösen kam längst nicht mehr in Frage. Die Angst davor, einen Unschuldigen zu töten und damit an „seinem Blut und am Blut seiner Nachkommen bis ans Ende der Welt" schuldig zu werden (M Sn 4,5), war größer als die Angst vor dem Unglück, das die Sünde eines Einzelnen auf die Gemeinschaft bringen konnte.

Schon das Gebet der Seeleute in der biblischen Legende vom Propheten Jona formuliert den Konflikt, in den das Haftungsgesetz den Menschen verstrickt: Sie bitten Gott darum, daß er sie nicht wegen der eventuellen Sünde des Mannes, den sie in ihr Schiff aufgenommen hatten, in diesem Sturm zugrundegehn lasse, andrerseits möge er sie aber auch nicht an einem Unschuldigen schuldig werden lassen (Jn 1,14 f).

Die Weisen zeichneten sich von Anfang an durch ihre Opposition gegen routinemäßige Anwendung der Todesstrafe aus, wie Josephus bezeugt (JA 13, 10,5). Eine Mischna bestätigt das:

Ein Sanhedrin, das einmal in sieben Jahren tötet,
wird verderbenbringend genannt.
R. El'asar ben Asarja sagt:
– einmal in siebzig Jahren!
R. Tarfon und E. Aqiba sagen:
– Wenn wir im Sanhedrin gewesen wären,
wäre niemals ein Mensch getötet worden. (M Mk 1,10)

R. Schim'on ben Gamliel, der, als der etablierte geistige Führer seiner Zeit größere Verantwortung auf sich lasten fühlte, bemerkt dazu allerdings:
Auch sie (Leute, die so daherreden) mehren die Blutvergießer in Israel. Mit dem bloßen Negieren des „Ausmerzens" ists nämlich nicht getan. Es mußte ein positiver Weg gefunden werden, wie die Gemeinschaft davor bewahrt werden könne, für die Sünden eines Einzelnen haften zu müssen. Nicht

der Sünder mußte beseitigt, aber die Sünde mußte verhindert werden, wie Brurja sagte (s. S. 213).

Diese Alternative war schon den Alten bekannt: Als die ostjordanischen Stämme einen eigenen Kult einrichten wollten und damit das Volk zu spalten drohten, wollte man sie sofort mit Krieg überziehen. Da erhoben sich Stimmen, man solle doch zunächst einen andern Weg versuchen, nämlich den des Protests. Der Versuch gelang, und zwar weil Pinchas, der Enkel des Priesters Aaron, der an der Spitze der Protestgesandtschaft stand, die Ostjordanier an das aus der Achan-Affäre gelernte Gesetz der Haftung erinnerte (s. S. 148–9) und damit an ihr Verantwortungsgefühl gegenüber der ganzen Gemeinschaft appellierte (Jo 22,16–20).

Derselbe Pinchas war es, der, nach einem andern biblischen Buch, in der sogenannten Simri-Affäre den entgegengesetzten Weg eingeschlagen hatte. Ein Mann, vom Midrasch „Simri" genannt, brachte ungeniert eine Midianiterin zum Schlafen ins Lager, und da er damit den ohnehin nach den heidnischen Töchtern hinschielenden Leuten ein übles Beispiel gab, stach ihn Pinchas kurzerhand samt dem Weibe nieder (Nu 25,1–15).

Es symbolisiert die Entwicklung des Denkens, welches sich mit dem Problem der Haftung auseinandersetzte, daß sich nicht der lynchende sondern der protestierende Pinchas durchgesetzt hat, wie bereits die biblische Paraphrase auf die Simri-Affäre in einem der Geschichtspsalmen andeutet (Ps 106,30).

Wie hohe Ansprüche man in rabbinischer Zeit an den potentiellen Bürgen stellte, zeigt die aggadische Gestalt des Pinchas. Er wurde zur Zielscheibe von Vorwürfen, weil er nicht in allen Situationen, die seinen Protest notwendig machten, diese seine Verantwortlichkeit wahrnahm. Man schloß das aus der seltsamen Notiz in einem späten biblischen Buch: ,Pinchas Sohn Elasars war vordem als Vorsteher über ihnen, ER mit ihm' (1 C 9,20), die man so deutete, als ob früher Gott mit Pinchas gewesen sei, später aber nicht, und zwar weil er früher protestiert habe[38], später aber nicht (P Jm 38 d). Die Geschichte mit der Kebse des Leviten (s. S. 112) z. B. konnte doch nur passieren, weil Pinchas, der zu jener Zeit in Bet-El dem Volk als Priester diente (Ri 20,18), nicht gegen die Leute von Giba protestierte. Er war ja gegenwärtig, als die Leute, die in dem Bruderkrieg mit Benjamin furchtbare Verluste erlitten, zweimal weinend nach Bet-El zogen, um zu fragen, ob sie den Kampf fortsetzen sollten (Ri 20, 26–28.23).

Da nur dieser potentielle geistige Führer erwähnt ist, mußte es Pinchas gewesen sein, der versagt hatte.

---

[38] Das „früher" wird allerdings auf „die Tage Simri's" bezogen, obwohl da doch von einer Lynch-Handlung die Rede ist und nicht von einem Protest. Daß den Rabbinen jedoch durchweg der Pinchas des Josua-Buches und des Psalmverses 106,30 vor Augen stand, hat Hengel-Zeloten 172–181 bewiesen.

Auch in einer andern Situation wurde ihm das Versagen zur Last gelegt. Jiftach, der Kriegsheld aus dem transjordanischen Gebirge Gilad hatte, um einen schnellen Sieg über die Ammoniter zu erringen, gelobt, das Erste, was ihm beim Heimkommen in den Weg liefe, Gott zu opfern. Wer ihm entgegenkam, war seine Tochter, und die Bibel läßt keinen Zweifel daran, daß Jiftach das Gelübde erfüllte (Ri 11,29–40). – Die Weisen konnten sich damit nicht abfinden. Wo war der geistige Führer jener Generation, der Jiftach von seinem törichten Gelübde entbunden hätte? „Pinchas war da", sagen die Versionen einstimmig (GnR 60,3; LvR 37,4; TnB be-huqqotai 7; Tn ibd 5; Ta 4 a + Raschi; QoR 10,17), obwohl er in der Bibel in diesem Zusammenhang nicht erwähnt ist. Da aber „keine Generation ohne Weisen ist" (Sn 35 b; Qid 72 b), mußte er ja dagewesen sein.

Es war wiederum Eliahu der Prediger (s. S. 123), der die Pointe in den beiden Geschichten um Pinchas besonders deutlich ins Licht rückte und mit seiner lebendigen Darstellung ein eindrückliches Gleichnis schuf für die Sequenz von Haftung-Solidarität-Verantwortung (TER s. 55–57).

Jene Zweiundvierzigtausend,
die in den Tagen Jiftachs des Giladiters getötet wurden (Ri 12,6) –
weshalb wurden sie getötet?

Er untersucht nun die Hergänge wie ein guter moderner Journalist, mit viel psychologischem Einfühlungsvermögen.

Jiftach hatte „ein ungehöriges Gelübde getan", ein typischer Fehler für einen militärischen Führer, der nach raschem Erfolg strebt, ohne die Folgen auf lange Sicht zu überlegen. Aus diesem Grund tut dem Volk ein geistiger Führer not.

„Pinchas ben Elasar steht da". Es wäre die Pflicht des geistigen Führers gewesen, zu Jiftach zu gehn und ihn von seinem Gelübde zu entbinden. Allerdings hätte Jiftach ebenso die Initiative ergreifen und Pinchas um Rat fragen können. Beide fürchteten jedoch um ihr Prestige:

Pinchas sagte:
Ich bin Hoherpriester, Sohn eines Hohenpriesters, Enkel von Aaron,
und soll zu einem Am-Ha-Aretz, einem Unwissenden gehn? (s. S. 209)
Jiftach sagte:
Ich, das Haupt von ganz Israel,
ich soll zu dem da gehn?

Oder nach einer andern Version[39]:

---

[39] Die Tendenz der Midraschim, auf die sich Eliahu hier stützt, ist anders. Sie wollen zeigen, wie wegen der Rechthaberei von Leuten, die die Pflicht haben, Leiden zu erleichtern, Leiden verursacht werden. Auch reden sie von der gerechten Strafe, die sowohl Pinchas als Jiftach betroffen habe, eine Sache, die Eliahu überhaupt nicht interessiert. Einige Versionen ziehen gegen das Mißverständnis des Menschenopfers in der Bibel zu Felde.

Pinchas sagte: Er braucht mich, und ich soll zu ihm gehn?
Jiftach sagte: Ich bin oberster Befehlshaber Israels und soll zu Pinchas
gehn? (TnB *be-ḥuqqotai* 7)

Und der Prediger fügt hinzu, gleichsam traurig den Lauf der Weltge-
schichte zusammenfassend:

Wehe der (Sucht nach) Größe, die ihre Herren begräbt!
Wehe der (Sucht nach) Größe, die der Welt nichts Gutes verursacht!

Die Schuld des Pinchas war aber größer, muß doch der geistige Führer in
allererster Linie fähig sein, seine eigene Ehre hintanzustellen. Nur weil ‚der
Mann Mosche sehr demütig war, mehr als alle Menschen, die auf der Fläche
des Erdbodens sind' (Nu 12,3), konnte er wünschen, daß alle in Israel Propheten wären wie er (s. S. 235), Und nur weil er dies wünschte, geschah es, daß
immer wieder Einzelne aufstanden, die dieselbe Verantwortung für die Gemeinschaft auf sich nahmen, wie er es tat, und sagten: Das Geschick des
Volkes hängt von mir ab! Wegen dieser Einzelnen wohl lebte Israel weiter,
wie furchtbar auch immer die Katastrophe war, die es auszulöschen drohte,
wie unzählige andre Völker ausgelöscht wurden.

Und wie Mose der Anführer der Propheten war, so war Hillel der Anführer der Weisen. Auch er war ganz und gar erhaben über jede Ehrsucht, frei
und königlich in seiner Demut (Sb 31 a). So hielten es auch die Hilleliten:
Warum, so fragte man später, wird in Zweifelsfällen nach der Halacha der
Schule Hillels entschieden, obwohl doch die Halacha der Schule Schammais
ganz genauso „Worte des lebendigen Gottes sind?" Eben weil „sie sanft und
demütig waren und nicht nur ihre eigenen Worte lehrten sondern auch die der
Schule Schammais. Ja sie stellen die Worte der Schammaiten voran!" (Eru 13 b)

Nicht daß die Demut ein Wert in sich wäre! Das Verhalten Mose's und
der Hilleliten gab Raum zu pluralistischer Entfaltung der geistigen Werte, die
das Judentum durch die Jahrtausende hindurch innerlich am Leben hielten
(Glatzer 127). Mose wie Hillel hatten es nicht nötig, ihre Führerschaft zu
monopolisieren und andern aufzuzwingen, im Gegenteil sie taten alles, um
andre zu aktivieren, um andre zu Einzigartigen, zu Bürgen, zu Gesandten zu
machen. Deswegen ging ihr Werk mit ihrem Tod nicht zugrunde, sondern
blühte und wirkte durch die, in denen Mose und Hillel dieselbe Verantwortlichkeit geweckt und gestärkt hatten, die sie selber motivierte. „Stets sei ein
Mensch demütig wie Hillel" (Sb 30 b) oder wie Eliahu im Zusammenhang mit
der zweiten Pinchasgeschichte zitiert (S. 56):

„Die Weisen lehrten in der Mischna:
Sei demütigen Geistes vor jedem Menschen! (Ab 4,10)"

Die Formulierung stammt von R. Meir, von dem erzählt wird, daß er einmal einer Frau erlaubte, ihm ins Gesicht zu spucken, um zwischen ihr und

ihrem Mann Frieden zu stiften (LvR 9,9; So 16 a). So wenig fürchtete er, sein
Gesicht zu verlieren! (Urbach-Rabbinen 545)

Pinchas jedoch war trotz seiner in der Bibel erzählten erfolgreichen Protestrede nicht aus diesem Holz geschnitzt, jedenfalls nicht nach dem hochge-
steckten Maßstab der Weisen. Er ging nicht zu Jiftach, um ihm das Leid des
Tochteropfers zu ersparen. Das war der Beginn seiner Schuld. Denn die Geschichte ist nun eben, wie es im Leben so ist, mit der privaten Tragödie Jiftachs, die er sich selber eingebrockt hatte, keineswegs zuende. Die Tatsache,
daß ihm Leid widerfuhr, hatte furchtbare Folgen für seine Gemeinschaft.

Ein neuer Faktor kommt hinzu, ein Ereignis, das diesmal nicht Jiftachs
Liebe zu seiner Tochter trifft, sondern seine eigene Ehre, die wegen der Demü-
tigungen, die er in seiner Jugend erlitt (Ri 11,1–2.7) gewiß besonders ver-
wundbar war.

Als Jiftach gegen die Ammoniter kämpfte, wozu die Stämme ja den Ban-
denführer nolens volens gerufen hatten (11,3–11), hatte er angeblich den
Stamm Efrajim vergessen zu beteiligen. Jedenfalls kamen die Efraijimiter, die
glaubten, übergangen worden zu sein, erbost zu ihm, schrien und drohten, ihm
sein Haus über dem Kopf anzuzünden (12,1). Das war zuviel für Jiftach,
zumal der Sachverhalt offenbar genau umgekehrt lag: nicht er hatte sie übergangen, sondern sie hatten ihn im Stich gelassen (12,2–3). Eliahu der Prediger
hat Verständnis dafür, daß Jiftach zutiefst erbittert war. Wo war Pinchas?

Die Bibel erwähnt ihn in diesem Kontext nicht, aber da sie von ihm sagt,
er sei zum Schluß in den Bergen Efrajims begraben worden (Jo 24,33), konnte
der Exeget annehmen, daß auch in dieser Situation Pinchas der potentielle
Bürge war. Auch diesmal versagte er wieder völlig:

> Pinchas hätte den Söhnen Efrajims sagen sollen:
> Ihn von seinem Gelübde zu entbinden, seid ihr nicht gekommen!
> Um Streit mit ihm anzufangen, seid ihr gekommen?
> Pinchas jedoch
> protestierte nicht gegen die Söhne Efrajims!

Jiftach hatte das Volk gerettet, aber anstatt ihm zu danken, kommt man
ihm zu drohen? Sein einziges Kind hatte er geopfert, sein Schmerz war noch
frisch, wie konnte ihn da irgendetwas aufhalten in seiner rasenden Wut: Er
besetzte die Jordanübergänge zwischen Gilad und Efrajim, und 42 000 Menschen, die ihr Dialekt (,sibolet'!) als Efraijimiter verriet, wurden abgeschlachtet
(Ri 12,4–6).

Damit kommt der Prediger zu seiner eigentlichen Pointe:

> Wer war es,
> der diese alle getötet hat?

Nicht der ehrgekränkte Mörder, auch nicht die eifersüchtigen, aber einfachen Leute von Efrajim, sondern –

Sprich:
Kein andrer hat sie getötet
denn Pinchas Sohn El'asars!
Der die Möglichkeit hatte zu protestieren,
aber nicht protestierte!

Und nicht Pinchas allein!
Sondern jeder, der die Möglichkeit hat
zu protestieren,
aber nicht protestiert,
(der die Möglichkeit hat),
Israel zum Besseren zurückzuführen,
aber nicht zurückführt:

Das Blut, das in Israel vergossen wird,
wird durch niemand vergossen denn durch ihn!

Wie es heißt:
‚Du also, Menschensohn –
als einen Späher habe ich dich gegeben
dem Hause Jisrael usw.‘ (Je 33,1–9‹ s. S. 170)

Das bedeutet,
daß all Israel füreinander bürgen! (TER 56)

Zum ersten Mal findet sich hier die Formulierung des Sprichworts in der Form, in der wir es bis heute fast täglich zitieren: nicht: ʿarebin zeh ba-zeh, was ich wiedergegeben habe mit „füreinander haften" (s. S. 3), sondern ʿarebin zeh la-zeh, was der Nuance in „füreinander bürgen" entspricht. Zwar ist sich Eliahu der Prediger genauso wenig wie einer der andern Weisen des Unterschieds zwischen passiver Haftung und aktiver Bürgschaft bewußt, wie das Gleichnis von Raschbi (s. S. 150) und die Achan-Affäre zeigen, die er nun zum Schluß zitiert:

Wem sind sie (Israel) gleich?
einem Schiff, in dem eine Kabine geborsten ist.
Man sagt nicht, eine Kabine des Schiffs sei geborsten,
sondern das ganze Schiff sei geborsten.
Wie geschrieben ist:
‚Ist nicht, als Achan Sohn Sarachs veruntreute, Untreue am Bann usw.‘

Aber der Jiftach-Midrasch, ja Eliahu's ganzes Buch demonstriert die Lehre, daß es nur eine Konsequenz aus dem Gesetz der gegenseitigen Haftung gibt, nämlich die gegenseitige Verantwortung, das Füreinander-Bürgen.

Es ist auch wiederum bezeichnend für diese Lehre, daß Eliahu ohne jeglichen Übergang von der Verantwortlichkeit des potentiellen Bürgen, „der die Möglichkeit hat", Fehlverhalten und Schuld, und damit Leid und Tod, zu verhindern, auf die Verantwortlichkeit jedes einzelnen Menschen schließt: „All Israel bürgen füreinander."

Das zweite Beispiel für die Haftungs-Verantwortungs-Lehre, das Eliahu aus der Richterzeit anführt (TER 56–57) betont aber gleich wieder das Versagen derer, „die die Möglichkeit haben":

> Jene Siebzigtausend,
> die auf dem Hügel der Söhne Benjamins getötet wurden (Ri 20,21.25.35.44) –
> weshalb wurden sie getötet?

Auch hier begnügte sich Eliahu nicht mit der Antwort der Bibel. Nicht der gemeine Mord an der Kebse war der Grund, auch nicht die Solidarität der Söhne Benjamins, die die Schuldigen nicht ausliefern wollten (s. S. 111–14). Verantwortlich waren wieder die geistigen Führer jener Zeit.

Wer war das? Eliahu ignoriert die Andeutung der Bibel und die rabbinische Tradition (s. S. 249), daß in jener Situation der Priester Pinchas hätte verantwortlich sein müssen. Möglicherweise wollte er die Kategorie der potentiellen Bürgen variieren, damit nicht jemand auf die Idee käme, bloß Priester seien geistige Führer. Da von der Richterzeit die Rede ist, muß es Richter gegeben haben. Ja Eliahu behauptet anachronistischerweise, Mose, Josua und Pinchas hätten Israel die Institution des großen Sanhedrin hinterlassen. Was hätten diese geistigen Führer also tun sollen?

> Sie hätten Eisenstricke um ihre Lenden binden
> und ihre Kleider schürzen sollen ...
> und hätten in allen Städten Israels herumgehen sollen,
> einen Tat in Bet-El, einen Tag in Hebron, einen Tag in Jerusalem,
> und hätten Israel richtiges Verhalten beibringen sollen,
> ein Jahr, ein zweites Jahr, ein drittes Jahr,
> bis Israel mit der Besiedelung ihres Landes fertig gewesen wären.

Eliahu dehnt hier das Prinzip vom Protest aus auf das der „Zurechtweisung" (s. S. 165). Eine solche Schandtat wie die in Giba wäre nicht möglich gewesen, wenn die geistigen Führer ihre Aufgabe, dem Volk eine ethische Orientierung zu geben, während all der Jahre der Besiedlung wahrgenommen hätten.

> So aber taten sie nicht!
> Sondern als sie in ihr Land kamen,
> ging jeder in seinen Weinberg und zu seinem Wein
> und sprach: Friede sei mit dir meine Seele!
> um die Sorge (für die Gemeinschaft) nicht weiter zu mehren ...

> Und als man in Giba häßliche und unwürdige Dinge tat,
> verlangte der Heilige-gelobt-sei-er, die ganze Welt zu zerstören,
> Er sprach:
> Nicht dazu habe ich meine Weisung gegeben,

sondern damit sie in ihr lesen und repetieren und aus ihr richtiges Verhalten
lernen ...
Deswegen versammelten sie sich und zogen in den Krieg
und wurden von ihnen siebzigtausend getötet.

Und wer hat diese alle getötet?
Sprecht:
Kein andrer hat sie getötet
denn das große Sanhedrin,
das Mose, Josua und Pinchas Sohn El'asars, der Priester, hinterlassen hatte.
(TER 56–57)

Wir sehen, wie Eliahu immer wieder die Männer des Geistes in den Wein-
bergen, nämlich in den Elfenbeintürmen seiner Zeit attackiert. Sie seien nicht
solidarisch mit der Gemeinschaft in der Not; sie wiesen die Leute nicht zurecht; sie protestierten nicht gegen ihr Fehlverhalten; stattdessen erlägen sie
immer wieder der Versuchung der Privatisiererei: Friede sei mit meiner Seele,
die Gemeinschaft ist mir schnuppe. Er faßte damit nur in besonders lebendige,
eindrückliche Worte, was das Denken der Weisen nach der Zerstörung bestimmte:
Denn warum wurde der Tempel zerstört? Nicht wegen der imperialisti-
schen Römer und nicht wegen der nationalistischen Aktivisten, sondern wegen
derer, „die die Möglichkeit hatten", den Stein, der die Katastrophe ins Rollen
brachte, aufzuhalten:

Es war ein Mensch in Jerusalem, der machte ein Festmahl.
Er sprach zu seinem Laufburschen: Bring mir Qamza, meinen Freund.
Er kam jedoch und brachte ihm Qamza, seinen Feind. (G. 56 a: Bar Qamza)
Er kam und setzte sich unter die Gäste.
Der Mann kam und fand ihn unter der Speisenden und sagte:
Bist du nicht mein Feind? Was sitzt du da in meinem Haus?
Was willst du hier! Auf! Raus aus meinem Haus!
Er sprach zu ihm:
Weil ich nun schon einmal gekommen bin,
so beschäme mich doch nicht!
Ich will dir die Hälfte deines Mahles geben und weder essen noch trinken!
Er sprach zu ihm: Du bist nicht geladen!
Er sprach zu ihm: Ich will dir den vollen Wert dieses Mahles geben!
Er sprach zu ihm: Nein: Steh jetzt auf!
Er packte ihn mit den Händen und schmiß ihn raus.

Es war dort aber R. Secharja ben Abqulos,
(der den Nationalisten nahestand! Hengel 367),
der hatte die Möglichkeit
zu protestieren,
aber protestierte nicht.

Sofort ging er hin
und sprach in seinem Herzen:
Weil jene alten Meister seelenruhig sitzenblieben
und nicht gegen ihn protestiert haben,
es ihnen also angenehm war, (daß ich öffentlich beschämt wurde),
will ich hingehn und im Königshause frühstücken
(d. h. sie verleumden!)

Was tat er?
Er ging zur Regierung und sprach:
Die Juden rebellieren gegen! (ERR zu 4,3. S. 142)

Die babylonische Quelle redet von den Weisen ganz allgemein:

Weil die Meister dort saßen und nicht protestierten.
was bedeutet, daß ihnen angenehm war,
will ich hingehn und sie verleumden! (G 56 a)

Öffentliche Beschämung eines Einzelnen war es, die den Heiligen-gelobt-
sei-er veranlaßte, Zerstörung über sein Volk zu bringen, wie R. El'asar ben
Schamua ausdrücklich festellt: „Schau wie folgenreich die Beschämung ist!"
(G 57 a; s. S. 179). Verleumdung bei der Fremdherrschaft von Seiten eines Einzelnen war es, die die Lawine in Gang setzte, die die Gemeinschaft begrub
(s. S. 32). Aber schlimmer als diese beiden furchtbarsten aller Sünden war es,
daß die, die die Möglichkeit hatten, sie zu verhindern, sie nicht verhinderten.
    Weil die Weisen die Verantwortung für die Zerstörung auf sich nahmen,
waren sie auch fähig, für die Wiederherstellung des Volkes verantwortlich
zu sein.
    In dieser Anforderung an die potentiellen Bürgen des Volkes gingen die
Weisen weit über die Bibel hinaus. Nicht nur Pinchas genügte ihren Ansprü-
chen nicht, trotz seiner auch am Schluß von Eliahu's Pinchas-Midrasch zitierten Protestrede in der Bibel. Eine andre gradezu klassische Protest-Rede gegen
den Bruderkrieg wird in der Bibel von Abner, des König Sauls Heerführer
zitiert:

Abner rief Joab zu, er sprach:
Soll immerzu das Schwert fressen?
weißt du nicht, daß hinterher Verbitterung sein muß?
bis wann wirst dus ungesprochen lassen zum Volk,
daß sie sich abkehren von hinter ihren Brüdern her?!
. . .
Joab stieß in die Posaune,
da blieben sie, alles Volk, stehn und jagten nicht mehr hinter Jisrael her und
kämpften nicht mehr weiter! (2 S 2,26.28)

Diese Rede machte ihn, der doch eigentlich ein Mann der Gewalt war,
in den Augen der Weisen wohl zum geistigen Führer. Wie sonst wären sie

auf die Idee gekommen, ihm vorzuwerfen, daß „er die Möglichkeit hatte",
gegen Sauls grauenvollen Mord an den Bewohnern der Priesterstadt Nob
(1 S 22,9–20) „zu protestieren, aber nicht protestierte"? (P So 17 b, P Pea 16 a;
Sn 20 a)

In der Bibel heißt es nur, daß, als Saul, übrigens auch in der Stadt Giba,
die böse Tat vorbereitete, ‚ihn all seine Diener umstanden' (1 S 22,6). Abner
muß also auch dabei gewesen sein. Und obwohl ausdrücklich gesagt wird, daß
‚die Diener des Königs' den Befehl verweigerten und ‚nicht gesonnen waren,
ihre Hand anzuschicken', um die Priester zu töten (22,17), sodaß Saul sich
an einen Fremden wenden mußte, sprach das Abner von Schuld nicht frei.
Darum, weil er die Möglichkeit hatte, des Königs Degenerierung aufzuhalten,
meinen die Weisen, aber sie nicht nützte, ist es nur logisch, daß er schließllich
in dem Kampf um die Königsherrschaft zwischen Saul und David das tragische
Geschick seines Königs teilte. Denn er wurde trotz seines zunächst erfolgreichen Protests gegen Joab später durch Joab umgebracht (2 S 3,25–27).

Die Verantwortlichkeit dessen, „der die Möglichkeit hat", war den Exegeten der Bibel so wichtig, daß sie sich nicht scheuten, den Sinn eines biblischen
Textes in sein Gegenteil zu verkehren, wenn er dieser Erkenntnis von der
Konsequenz der Haftung widersprach. Von besonders großer Tragweite war
die Uminterpretierung einer Vision Ezechiels:

Ezechiel beschreibt den Tag, an dem der ‚Verderberengel' die Erlaubnis
hat, alle Einwohner Jerusalems zu töten, einschließlich der ‚Alten, Jünglinge,
Mädchen, Kinder und Weiber'. Nur diejenigen solle er übergehen,

die seufzen und ächzen
über all die Greuel, die in seiner Mitte getan sind. (Je 9,4–8)

Mit andern Worten, unschuldige Kinder werden nicht gerettet, aber die in
der Verborgenheit ihres Herzens gegen das Unrecht toben und denen die Torheit ihres Volkes das Herz zusammenkrampft, die werden dem Schicksal der
Gemeinschaft entrinnen. Der Bote soll ein Mal auf ihre Stirnen zeichnen, um
sie von den zum Untergang Bestimmten abzusondern.

Diese Vision ist doch ganz unrealistisch, sagen die Weisen, denn wer
könnte das Gesetz der Haftung aufheben?

Es sprach der Heilige-gelobt-sei-er zu Gabriel:
Geh und zeichne auf die Stirn der Bewährten ein Mal von Tinte,
damit die Verderberengel keine Gewalt über sie haben,
und auf die Stirn der Frevler ein Mal von Blut,
damit die Verderberengel Gewalt über sie haben.

Da sprach die Gerechtigkeit vor dem Heiligen-gelobt-sei-er:
Herrscher der Welt!
Was ist denn für ein Unterschied zwischen diesen und jenen?
Der Heilige sprach:

Die einen sind vollkommene Bewährte (Gerechte)[40]
und die andern vollkommene Frevler!

Da sprach die Gerechtigkeit:
Herrscher der Welt!
In ihrer Hand lag es zu protestieren,
aber sie protestierten nicht! (Sb 55 a)

Der Erzähler des Midraschs war R. Acha bar Chanina, der im Land Israel
zu Anfang des vierten Jahrhunderts lebte und ein bekannter Halachist war.
Außer diesem Midrasch ist von ihm kaum eine aggadische Auslegung überliefert, eine Tatsache, die dem Midrasch besondere Bedeutung gibt.

Der Interpret fährt fort, die himmlische Gerichtssitzung zu beschreiben.
Der Heilige verteidigt sich:

Offenbar und bekannt ist es vor mir,
daß selbst wenn sie protestiert hätten,
keiner es von ihnen angenommen hätte!

Doch die Gerechtigkeit bleibt bei ihrer Strenge:

Herrscher der Welt!
Wenn es vor dir offenbar war –
war es auch ihnen offenbar? (Sb 55 a)

R. Acha bar Chanina, der sich hinter der „Gerechtigkeit" verbirgt, erklärt
damit, daß nicht die Aussicht auf Erfolg das Kriterion für die Verantwortlichkeit ist (s. S. 161–2). Sicherlich lehrt die Erfahrung aller Gesandten, daß die
Gemeinschaft keineswegs auf den Protest hört. Doch diese Erfahrung entbindet sie nicht von ihrer Verantwortung.

Und siehe da, Gott akzeptiert die Meinung der „Gerechtigkeit", was, nach
Ansicht des Exegeten, durch den Schluß von Ezechiels Vision bewiesen wird,
der ganz offensichtlich dem Anfang widerspricht:

Und an meinem Heiligtum beginnt!
Sie begannen mit den Männern, den Ältesten, die vor dem Haus (Tempel)
waren. (Je 9,6)

Auch hier sah die Tradition in den ‚Ältesten' die geistigen Führer des Volkes (s. S. 108) und identifizierte sie mit' denen ‚die seufzen und ächzen über
all die Greuel'. Um den Sinn noch besser herauszuheben, wird empfohlen, ein
paar Buchstaben umzustellen und zu lesen:

An meinen Geheiligten beginnt! (Sb 55 a)

---

[40] Um den allzusehr an den Begriff „Gerechtigkeit" und „Gerechte" gewohnten
Leser nicht zu sehr vor den Kopf zu stoßen, habe ich Buber-Rosenzweigs Übersetzung „Bewährte" erst hier, zum Schluß, benutzt. Vgl. Buber-Wortwahl 1124–5.

In all den legendären Diskussionen zwischen dem barmherzigen Heiligen und der anklagenden Gerechtigkeit ist es immer die Barmherzigkeit, die die Gerechtigkeit besiegt. „Niemals ging ein positiver Urteilsspruch vom Mund des Heiligen aus, den er dann in einen negativen verwandelt hätte – außer in diesem Fall." Unter dieser Überschrift wird die rabbinische Interpretation von Ezechiels Vision zitiert, um zu zeigen, was die drei Großen, R. Chanina, R. Jochanan und Rab (s. S. 105) mit ihrer Warnung meinten, daß „jeder, der die Möglichkeit hat, gegen sein Haus, seine Stadt, die Welt zu protestieren, aber nicht protestiert, für sein Haus, seine Stadt, die Welt gefaßt wird". Mit andern Worten, ,die seufzen und ächzen über all die Greuel, die in Jerusalems Mitte getan sind', sind diejenigen die, da sie sich der Greuel bewußt sind und unter ihnen leiden, „die Möglichkeit haben", sie zu verhindern. Daher sind sie die Ersten, die für die Greuel haften müssen, die Ersten, die das böse Geschick erreicht. Dies ist das Gesetz der Haftung, und auch der Heilige muß sich ihm beugen, denn dies ist die Wirklichkeit, das Leben, die Geschichte.

Warum ist es so schwer, Seufzer des Herzens in hörbaren Protest zu übersetzen? Das lernen wir aus der palästinensischen Redaktion des Midraschs:

In jener Stunde sprang die Anklage vor den Heiligen und sprach:
Herrscher aller Welten,
weswegen schonst du ihrer?
Ist auch nur einer unter ihnen,
dessen Hirn verwundet wurde um deinetwillen?
Oder ist einer unter ihnen,
der seine Seele um deines Namens willen gegeben hat?

Da sprach der Helige:
Gut hat die Anklage ihre Sache vorgetragen!

Das ist es, was geschrieben steht:
,Und an meinem Heiligtum beginnt!'
Sofort:
,Sie begannen mit den Männern, den Ältesten, die vor dem Haus waren.'

(ER zu 2,1, S. 99)

Die „Anklage" lenkt die Aufmerksamkeit des Richters auf die Tatsache, daß die seufzenden Bewährten ja gar nichts riskiert haben, um die Greuel der Stadt, die zu deren Untergang führten, zu verhindern. Das heißt, wenn die Rabbinen von den geistigen Führern der Gemeinschaft fordern, ihrer Verantwortung nachzukommen, so wissen sie sehr gut, welche Gefahr für sie damit verbunden ist. Aber das muß den potentiellen Bürgen von vornherein klar sein: „Sie werden euch fluchen und steinigen!" (s. S. 192)

Immer noch könnte man behaupten, daß die Protestpflicht eine theoretische Lehre der Rabbinen war, die den Zweck hatte, Leute herauszufinden, die für das nationale Unglück verantwortlich gemacht werden konnten. Es ist uns jedoch eine Geschichte überliefert, die zeigt, wie Ezechiels Vision und die Warnung der drei großen Amoräer die Weisen selber, in ihrer eigenen Situation, beeinflußt hat.

Von R. Sera (s. S. 212–3), dem sanftmütigen und asketischen Meister, der von Babel ins Land Israel eingewandert und bei den Leuten sehr beliebt war, wird erzählt, daß er der Degenerierung des Patriarchats im Lande Israel mit Abscheu zusah. Das muß ungefähr zur Zeit des R. Gamliel V. gewesen sein. Das geistige Niveau des Amtes, das einmal Persönlichkeiten wie Hillel, R. Gamliel I, R. Gamliel II, R. Schimon ben Gamliel II und Rabbi innehatten, war seit langem geschwunden, genau wie das des „Exilsoberhaupts" in Babylonien, das dem R. Sera ebenso bekannt war.

Der Meister begnügte sich nicht mit Fasten und Kasteien. Eines Tages beschloß er, Protest zu erheben, und wandte sich zu diesem Zweck an R. Simon, der dem Haus des Patriarchen nahestand. R. Simon hatte einmal von Hiob behauptet, daß seine Leiden über ihn gekommen seien, weil er nicht gegen Pharaos Ertränkung der hebräischen Säuglinge (Ex 1,22) protestiert habe, wozu er die Möglichkeit hatte, weil er in der Ratssitzung, in der das beschlossen wurde, anwesend war (So 11 a; Sn 106 a; ExR 1,10; s. S. 23).

Es lohnt sich, den Wortlaut der Diskussion bzw. der Korrespondenz zwischen R. Sera und R. Simon in seinen drei Versionen anzuführen.

> Es sprach R. Sera zu R. Simon:
> Möge der Herr doch die da vom Haus des Exilsoberhaupts zurechtweisen!
> R. Simon (rechtfertigt sich:)
> Sie nehmens nicht an von mir!
> R. Sera sprach:
> Obwohl sie's nicht annehmen,
> soll der Herr zurechtweisen! (Sb 55 a)

Nach einer palästinensischen Quelle verteidigt sich R. Simon dagegen mit den ersten Worten der Ezechiel-Vision:

> Laß uns doch zu denen gehören,
> von denen geschrieben ist:
> ‚die seufzen und ächzen'!

R. Sera lenkt seine Aufmerksamkeit auf das Ende der Vision:

> Beginnt nicht grade bei denen die Katastrophe?! (ER zu 2,1, S. 99)

Oder nach einer späteren Version, der auch die Geschichte von Abners Versagen angesichts des Mordens seines Königs hinzugefügt ist:

> R. Sera sandte zu R. Simon:
> Du hast die Möglichkeit
> zu protestieren,
> warum also protestierst du nicht?

R. Simon ließ ihm sagen:
Sind wir nicht von denen, die da seufzen und von denen, die ächzen?

R. Sera ließ ihm sagen:
Was geschah mit jenen Seufzenden und Ächzenden?
Hat nicht mit ihnen das Strafgericht begonnen?! (MPs zu 12,2)

Die Tatsache an und für sich, daß R. Simon in der Nähe des Patriarchen lebte ("dafür daß du im Haus des Schöffen bist", wie R. Sera verächtlich sagt. ER ibd), gab ihm die "Möglichkeit zu protestieren". Und wer die Möglichkeit hat, hat die Pflicht. Private Sensibilität, private Rechtschaffenheit, die nichts riskiert, errettet dich nicht vom Geschick der Gemeinschaft.

Deshalb ist auch die alte Frage des Individualismus, warum der Bewährte zusammen mit dem Frevler dahingerafft werde, unlogisch, wie R. Abba bar Kahana, ein Freund R. Sera's sagte:

Weil es in ihrer (der Bewährten) Hand lag
zu protestieren,
sie aber nicht protestierten,
waren sie ihm (Gott) wie Bewährte, die nicht vollkommen waren! (AS 4 a)

Wenn wir diese Gedankenlinie konsequent zuende führen, erkennen wir, daß es überhaupt keine "Bewährten" gibt. Denn es genügt nicht, daß ein Mensch sich selber bewährt, er ist Bürge auch für die Bewährung seines Andern. Einer der drei Großen, die die Protestpflicht formulierten, Rab, exemplifizierte das im Rahmen der Diskussion über die Söhne des Priesters Eli, Chofni und Pinchas, die zur Zeit, da der Prophet Samuel zu seiner Aufgabe berufen wurden, ihr Unwesen im Heiligtum trieben (1 S 2,11–36). Entgegen dem Wortlaut der Bibel behauptete die Tradition, daß nur Chofni vom Opferfleisch gestohlen und mit Weibern vor dem Heiligtum geschlafen habe. Das ist richtig, sagt Rab, aber

da Pinchas gegen Chofni hätte protestieren sollen,
aber nicht protestiert hat,
rechnet es ihm die Schrift an,
als hätte er gesündigt (Sb 55 b)

Die Schärfe der Formulierung ist kaum überbietbar. Wer andre nicht verhindert hat zu sündigen, hat die Sünde des Andern selber begangen, oder wie Eliahu der Prediger sagte:

Jeder, der die Möglichkeit hat
zu protestieren,
aber nicht protestiert,
(der die Möglichkeit hat),

Israel zum Besseren zurückzuführen,
aber nicht zurückführt:

Das Blut, das in Israel vergossen wird,
wird durch niemand vergossen denn durch ihn! s. S. 253

Zusammenfassung

Das Gesetz der gegenseitigen Haftung verlangt die gegenseitige Verantwortung. Ohne die Frucht der Verantwortung bleibt die Solidarität wirkungslos. Die Verantwortung äußert sich darin, daß der Mensch, der die Möglichkeit hat, Unrecht und Leid zu verhindern, diese Möglichkeit nützt. Tut er es nicht, hat er selber das Unrecht getan, hat er selber das Leid auf die Gemeinschaft gebracht. Ja er wird zu den ersten gehören, die den Folgen des Fehlverhaltens seiner Gemeinschaft zum Opfer fallen. Heimliches Seufzen über die Greuel, die er sieht, helfen ihm da gar nichts. All Israel haften füreinander, und wohl nicht nur Israel! Daraus gibt es nur einen Ausweg, nämlich den, daß auch alle füreinander bürgen, die Verantwortung für einander auf sich nehmen.

Zugegeben, diese Lehre hat sich nicht bei allen durchgesetzt. Die Zweiteilung der Menschheit in Gute und Böse war bequemer und war ja durch die Apokalyptik, die das Gesetz der Haftung aufheben zu können meinte, erst recht betont worden. Der Mensch sehnt sich nach gerechtem, und damit meint er, individuellem Ausgleich für seine Taten und will nicht leiden wegen der Taten andrer. Da erfindet er sich eben eine Welt, die seiner Sehnsucht gefällt.

Aber es ist ein rabbinischer Grundsatz, daß obwohl die Halacha immer der Ansicht der Mehrheit folgt, auch die Worte der Einzelnen memoriert werden, „für den Fall, daß eine Stunde kommt, da man ihrer bedarf und man sich dann auf sie stützen kann" (T Ed 1,4; Simon-Totalität 133). Wenn das für menschliche Gesetzesentscheidungen gilt, um wieviel mehr muß es für die Erkenntnis von Lebensgesetzen gelten.

Mir scheint, daß dies das Geheimnis Israels war, das ihm ermöglichte, sein Leiden immer wieder zu bewältigen: Die fremden Machthaber, die nationalistischen Aktivisten, die antisolidarischen Sektierer sind verschwunden und vergessen. Wer in die Bresche sprang, waren immer die Einzelnen, die Männer des Geistes: „Das hängt von mir ab", rief Mose im Midrasch, als das Volk vernichtet werden sollte. Welches Leid und Unglück auch immer auf Israel kam, durch den Haß der Völker oder durch eigene Torheit, – nichts konnte Israel bezwingen, weil immer einer aufstand, der sprach:

Ich bürge für mein Volk! Ich bin verantwortlich! Von mir hängt es ab, ob Israel am Leben bleibt!

ANHANG

QUELLENLITERATUR

Zu jeder Quelle ist angegeben, zu welcher im Altertum redigierten Sammlung oder zu welcher literarischen Kategorie sie gehört. Die folgenden Abkürzungen beziehen sich auf diese Sammlungen:

(Apo) = Apokryphen und Pseudepigraphen, im Orginal teils griechisch, teils syrisch, teils hebräisch. Wenn nicht anders angegeben, wurde nicht das Orginal sondern die hebräische Übersetzung (Hasefarim Hachizonim, ed. A. Cahane, Tel-Aviv 1959) und die deutsche (ed. E. Kautzsch, Tübingen 1900) benutzt.

(Bib) = Bibel (altes Testament). Die Namen der einzelnen Bücher sind der Buber-Rosenzweig Übersetzung (Hegner 1954–1962) entnommen und die sonst gebräuchlichen protestantischen bzw. katholischen Namen in Klammern beigefügt worden.

(Mid) = Midraschim. Die meisten Midraschim sind als einzelne Bücher erhalten und ediert worden. Nur der Midrasch Rabba zu den fünf Büchern der Weisung und den sog. fünf Rollen – Ester, Hoheslied, Rut, Klagelieder, Qohelet – ist redigiert und, wenn nicht anders angegeben, in der Warschauer Edition von 1868 zu finden. Diese Edition liegt auch der bequemeren Ausgabe des Midrasch Rabba zu den Büchern der Weisung, ed. Arie Mirkin, Tel-Aviv 1956–65, zugrunde.

(NT) = Neues Testament, Griechisches Original, ed. Nestle/Ahland, ed. 25, Stuttgart 1963. Bei der Übersetzung habe mich teils an Luthers, teils an die der Zürcher Bibel gehalten oder selber übersetzt.

(Qum)= Schriften der Qumransekte. Wenn nicht anders vermerkt, wurde der Sammelband „Megillot Midbar Jehuda", ed. A. M. Habermann, Israel 1959, benutzt. Übersetzung von mir.

(Trk) = Traktate, wie sie in Mischna, Tosefta, Palästinensischem und Babylonischem Talmud redigiert sind. Wenn bei den Quellenangaben nur der Traktar genannt wird, ist stets der entsprechende Traktat im Babylonischen Talmud gemeint, und zwar in der üblichen Wilnaer Ausgabe. Die beste deutsche Auswahl ist die von meinem Lehrer, Reinhold Mayer, Der babylonische Talmud, Goldmanns Taschenbücher 7902, Dritte Auflage, München 1963. Zuweilen habe ich eine Übersetzung daraus entlehnt.
Ist der entsprechende Traktat in Mischna, Tosefta oder im Palästinensischen Talmud gemeint, ist das mit einem M, T, oder P vor dem Namen des Traktats klargemacht. Die Anordnung der Traktate in den Quellen s. Strack 365.

Mn 13,22 .... 26, 32 Sn 13,2 .... 60 So 15,10 138
Qid 5,4 .... 69 Sn 14,3 .... 113 Su 2,1 21
Sch 1,4 .... 55 So 3,6–12 .... 19 Tr 7,19–20 214
Sn 12,10 ...-........... 53

Ta = (Trk) Ta'anit
3b .... 106 8b 18 21a 74
4a .... 250 11a .... 122–3 25b 55, 65
7a .... 60 16a 203 29a 182
8a 181

TER = (Mid) Tanna de be Eliahu Rabba, Ed. Friedmann, Wien 1902
TER .... 123 S. 56 .... 3, 251, 262 S. 128 127
S. 17 .... 89 S. 89 .... 96 S. 136 200
S. 48 .... 125 S. 112 .... 124 S. 149 29
S. 55–57 .... 250–255 S. 127–8 .... 124–5 S. 167 123

TES = (Mid) Tanna de be Eliahu de be Suta, ibd
S. 198 123

Th = (NT) 1. Brief an die Thessaloniker
2,14–15 .... 234 2,15 219

Ti = (NT) 2. Brief an Timotheus
1,8.12.29 .... 244 2,9 .... 244 2,11 244

TnB = (Mid) Tanchuma Haqadum zu den fünf Büchern der Weisung, Ed. S. Buber, Wilna 1885 (die Einteilung ist gemäß der sog. Paraschot, nämlich der wöchentlichen Schabbatlesungen)
berešit (Gn 1, 1ff.) 40 .... 19 ibd 7 .... 107, 250–51
noaḥ (Gn 6, 9ff.) 8 .... 76 beha'alotka (Nu 8, 1ff.) 23 197
meqeṣ (Gn 41, 1ff.) 16 .... 17, 53 šelaḥ (Nu 13,1) 27 182
jitro (Gn 18, 1ff.) 12 .... 82 qoraḥ (Nu 16, 1ff.) 6 113
'emor (Lv 21, 1ff.) 25 .... 209 balaq (Nu 22, 2ff.) 1 166
be-ḥuqqotai (Lv 26, 3ff.) 3 .... 107 wa-etḥannen (Dt 3, 23ff.) 6 61
ibd 5 .... 101 tabo' (Dt 26, 1ff.) 2 62

Tn = (Mid) Tanchuma, Druck Venedig
berešit (Gn 1, 1ff.) 12 .... 19 ibd 6 76
wa-jišlaḥ (Gn 32, 3ff.) 1 .... 109 ibd 17 209
šemot (Ex 1, 1ff.) 14 .... 95 be-ḥuqqotai (Lv 26, 3ff.) 5 250
jitro (Ex 18, 1ff.) 8 .... 81 ibd 6 107
ibd 16 .... 53, 103 be-ha'alotka (Nu 8, 1ff.) 13 197
teṣaweh (Ex 27, 20ff.) 10 .... 220 wa-etḥannen (Dt 3, 23ff.) 6 ..... 61, 178
šemini (Lv 9, 1ff.) 9 .. 18, 32, 149, 162, re'eh (Dt 11, 26ff.) 3 .... 113, 211
164, 166 teṣe' (Dt 21, 10ff.) 2 53
'emor (Lv 21, 1ff.) 2 65

Tr = (Trk) Trumot
vgl. M und T

Tu = (Apo) Tuwia (Tobias)
2,14 60–1

FORSCHUNGSLITERATUR UND REGISTER

Ächad-Ha-Am = Ächad-ha-Am, Mose, in „Al Paraschat-Drachim", Band I, Jerusalem –Tel Aviv 1946. (Hebräisch) S. 22, 88.

Albright = W. F. Albright, Yahweh and the Gods of Canaan. A Historical Analysis of two contrasting faiths, London 1968. S. 88.

Alon = Gedalja Alon, Die Geschichte der Juden im Land Israel in der Zeit der Mischna und des Talmuds, 2 Bände, Tel-Aviv 1961–67. (Hebräisch) S. 31, 51, 141, 221–2.

Atlas-Carta = Atlas Carta, Jerulasem 1972 (Hebräisch). Zur Bibel: von Yohanan Aharoni. Zur Periode des Zweiten Tempels, der Mischna und des Talmuds: von Michael Avi-Yonah, Unterstützt von Shmuel Safrai S. 298.

Bacher-ABA = Wilhelm Bacher, Die Agada der Babylonischen Amoräer, 2. Aufl. 1913. S. 72, 147.

Bacher-APA = Wilhelm Bacher, Die Agada der Palästinensischen Amoräer, Band I–III 1892–1899. S. 17, 69, 82, 195, 202, 203.

Bacher-AT = Wilhelm Bacher, Die Agada der Tannaiten, Band I–II, 1.–2. Auflage, Straßburg 1890–1903. S. 8, 17, 29, 53, 60, 133, 138, 170, 203.

Bacher-Terminologie = Wilhelm Bacher, Die exegetische Terminologie der jüdischen Traditionsliteratur. 1899–1905. Neudruck Darmstadt 1965. S. 105.

Barth = Markus Barth, Israel und die Kirche im Brief des Paulus an die Epheser, Theologische Existenz Heute, Heft 75, München 1959. S. 80, 100, 234.

Becker = Jürgen Becker, Das Heil Gottes, Heils- und Sündenbegriffe in den Qumrantexten und im Neuen Testament, Göttingen 1964. S. 2, 49.

Bergmann = Hugo Bergmann, Erweiterung und Begrenzung in der jüdischen Ethik, in „Der Himmel und die Erde". Tel-Aviv (ohne Jahreszahl, ungefähr 1966). (Hebräisch) S. 42.

Bickermann = Elias Bickermann, Der Gott der Makkabäer. Berlin 1937. S. 52.

Blake = Buchanan Blake, The Problem of Human Suffering. A study of the book of Job. New York 1911, S. 1, 56, 92.

Blank = H. Sheldon Blank, The Death of Zechariah, in Rabbinic Literature, Hebrew Union College Annual 1937/8, p. 327–346. S. 36.

Boman = Thorleif Boman, Das hebräische Denken im Vergleich mit dem griechischen. Göttingen 5. Aufl. 1968. S. 7, 14, 26.

Braun-Qu = Herbert Braun, Qumran und das Neue Testament, 2 Bände, Tübingen 1966. S. 30, 31, 68, 226–7, 229–30, 232–3, 235.

Braun-Theologie = Herbert Braun, Die Problematik einer Theologie des Neuen Testaments, in Zeitschrift für Theologie und Kirche, Beiheft 2, September 1961, p. 3–18. S. 7.

Brown = R. E. Brown, The Gospel according to John, New York 1966. S. 63.

Buber-Botschaft = Martin Buber, Die Sprache der Botschaft, Werke Band II, München-Heidelberg 1964, p. 1095–1110. S. 143.

Buber-Dein Andrer = Martin Buber, ,Halte lieb deinen Genossen, dir gleich', in „Darko schel Miqra". Jerusalem 1964, p. 103–105. (Hebräisch) S. 135–7.

Buber-Führertum = Martin Buber, Biblisches Führertum, Werke II, p. 901–916. S. 87.

Buber-Königtum = Martin Buber, Königtum Gottes, Werke II, p. 485–724. S. 89–90.

Buber-Leidende = Martin Buber, Der Gott der Leidenden, in „Der Glaube der Propheten", Werke II, p. 100–484. S. 167, 194, 226.

Buber-Prophetie = Martin Buber, Prophetie und Apokalyptik, Werke II, p. 925–940. S. 15, 26, 230.

Buber-Wortwahl = Martin Buber, Über die Wortwahl in einer Verdeutschung der Schrift. Dem Gedächtnis Franz Rosenzweigs. Werke II, p. 1111–1130. S. 258.

Büchler-Atonement = Adolf Büchler, Studies in Sin and Atonement in the Rabbinic Literature of the first century. London 1928. S. 182, 184.

Büchler-Leaders = Adolf Büchler, The political and the social leaders of the Jewish Community of Sepphoris in the Second and Third Centuries. London (ohne Jahreszahl). S. 209.

Bultmann = Rudolf Bultmann, Geschichte der synoptischen Tradition, Göttingen, 5. Auflage 1968. S. 33, 76, 236.

Burtt = A. Edwin Burtt, Man seeks the Divine, A Study in the History and Comparison of Religions, 2nd ed. New-York 1964. S. 25, 27, 301.

Cahane = A. Cahane, Hasefarim Hachizonim, 2 Bände, Tel-Aviv 1959 (Hebräisch). S. 22.

Cardonnel = Jean Cardonnel, Gott in Zukunft, München 2. Aufl. 1969. Originalausgabe: Jean Cardonnel et un groupe de Chrétiens, Dieu est mort en Jesus Christ, Bordeaux 1967. S. 7, 195, 234.

Carmichael = Joel Carmichael, The Death of Jesus, New York 1962. S. 35, 219, 221–2.

Ch. Cohen = Chajim H. Cohen, Der Prozeß und Tod Jesu des Nazareners, Tel-Aviv 1968. (Hebräisch). S. 219, 221–2.

H. Cohen = Hermann Cohen, Der Nächste. Vier Abhandlungen über das Verhalten von Mensch zu Mensch nach der Lehre des Judentums. Neuausgabe Schocken Berlin 1935. S. 135.

Cox = Harvey Cox, The Secular City, Secularization and Urbanization in Theological Perspective. The Macmillan Company 1965, 1969. S. 7.

Dibelius = M. Dibelius/W. G. Kümmel, Paulus, 3. Aufl. Berlin 1965. S. 63, 234.

Eusebius = Eusebius, The Ecclesiastical History, with an English Translation and Introduction by Kirsopp Lake, London 1926 (1959). S. 31, 32, 33, 51.

Fascher = Erich Fascher, Jesaja 53 in christlicher u. jüdischer Sicht. Berlin 1958. S. 190.

Flusser-Christentum = David Flusser, Der Ursprung des Christentums im Judentum, Jubiläumsbuch für Jizchak Baer, Jerusalem 1961 (Hebräisch), pp. 75–98. S. 31.

Flusser-Sensitivity = David Flusser, A new Sensitivity in Judaism and the Christian Message, in Harvard Theological Review 61, 1968, pp. 107–127. S. 61, 134, 136.

Fölkel = Charles Fölkel, Human Life in Plotinus and Judaism, New-Port 1954, S. 27.

Fohrer = F. Fohrer, Studien zum Buche Hiob, Gütersloh 1963. S. 23, 47, 227.

Fromm = Erich Fromm, You shall be as Gods. A radical interpretation of the Old Testament and its tradition, New-York 1966. S. 83.

Fuchs = Harald Fuchs, Der geistige Widerstand gegen Rom, Basel 1938. S. 27.

Gan = Mosche Gan, Die Esterrolle im Spiegel des Geschicks Josefs in Ägypten. In „Tarbitz" 32, 1962, p. 145–9. (Hebräisch) S. 118.

Gillis = Gerleman Gillis, Studien zu Esther, Stoff, Struktur, Stil, Sinn, Neukirchen-Vluyn 1966. S. 22, 114, 118, 120.

Glatzer = Nahum Norbert Glatzer, Geschichte der talmudischen Zeit, Berlin 1937. S. 2, 125, 161, 191, 251.

Goldschmidt = Daniel Goldschmidt, Die Pesach-Haggada, Ihre Quellen und Geschichte. Jerusalem 1960. S. 129–30.

Gollwitzer-Arme = Helmut Gollwitzer, die reichen Christen und der arme Lazarus. Die Konsequenzen von Uppsala. München 1970, 3. Auflage. S. 7.

Gollwitzer-Sinn = Helmut Gollwitzer, Krummes Holz -aufrechter Gang, Zur Frage nach dem Sinn des Lebens. München 3. Aufl. 1971. S. 7, 126, 234.

Gutmann = Julius Gutmann, die Philosophie des Judentums, München 1933. S. 14, 15.

J. Heinemann-Aggada = Jizchak Heinemann, Darke-Ha-Aggada, Jerusalem, 2. Aufl. 1954. (Hebräisch) S. 52, 54, 65, 87, 112, 124–5.

J. Heinemann-Erwählung = Jizchak Heinemann, Die Erwählung des Volkes Israel in der Bibel. Jerusalem 1945. (Hebräisch) S. 229.

Jos. Heinemann = Josef Heinemann, das Gebet zur Zeit der Tannaiten und Amoräer. Jerusalem 1964, (Hebräisch) S. 28, 128.

(Jetzt auch Englisch: J. Heinemann, Prayer in the Talmud: Forms and Patterns, Studia Judaica IX, Walter de Gruyter, New-York – Berlin 1977.)

Hempel = Johannes Hempel, Weitere Mitteilungen über Text und Auslegung der am Nordwestende des Toten Meeres gefundenen hebräischen Handschriften. Göttingen 1961. S. 30, 226–7, 232–3, 236.

Hengel = Martin Hengel, Die Zeloten. Untersuchungen zur jüdischen Freiheitsbewegung in der Zeit von Herodes I. bis 70 n. Chr., Leiden/Köln 1961. S. 52, 87, 249, 255.

Hirschberg = Harris H. Hirschberg, Hebrew Humanism, Los Angeles 1964. S. 136–7, 228.

Hooker = M. Hooker, Jesus and the Servant, London 1959. S. 197, 238.

Hymann = Aaron Hyman, die Geschichte der Tannaiten und Amoräer, drei Bände, Jerusalem 1964. (Hebräisch) S. 34, 82, 211.

Isaac = Jules Isaac, The Teaching of Contempt, Christian Roots of Anti-Semitism. English Translation, New York 1964 (L'Enseignement du Mépris, 1962). S. 35.

Jacob = Benno Jacob, Das erste Buch der Tora, Genesis, Berlin 1934. S. 21, 230.

Jastrow = Marcus Jastrow, A Dictionary of the Targumim, the Talmud Babli and Yerushalmi, and the Midrashic Literature, New York 1950. S. 109.

Johansson = Nils Johansson, Parakletoi, Vorstellungen von Fürsprechern für die Menschen vor Gott in der alttestamentlichen Religion, im Spätjudentum und Urchristentum. Lund 1940. S. 97, 157.

Johnson = Aubrey Rodway Johnson, The One and the Many in the Israelite Conception of God, 2nd ed. Cardiff 1961. S. 87.

Katz = Jakob Katz, „Obwohl er gesündigt hat, ist er Israel", in „Tarbitz" 1958, p. 203–217. (Hebräisch) S. 211.

Klausner = Josef Klausner, Die Geschichte der Zeit des Zweiten Tempels, fünf Bände, Jerusalem 1963. (Hebräisch) S. 52.

Koch = Klaus Koch, Sühne und Sündenvergebung um die Wende der exilischen zur nachexilischen Zeit, Evangelische Theologie 26, Mai 1966, p. 217–239. S. 2.

König = Franz König, Zarathustras Jenseitsvorstellungen und das Alte Testament. Wien 1964. S. 14.

Leibowitz = Nechama Leibowitz, Neue Studien im Buch NAMEN auf Grund alter und neuer Auslegungen. Jerusalem 1969. (Hebräisch). S. 83, 89, 131, 139.

Licht-Esra = Jakob Licht, Die Esra-Apokalypse, Übersetzung, Erklärung und Einleitung. Jerusalem 1968. (Hebräisch) S. 13, 14, 15, 47, 205.

Licht-QH = Jakob Licht, Megilat-Ha-Hodajot, aus den Rollen vom Toten Meer. Jerusalem 1957. (Hebräisch) S. 228–32.

Licht-QS = Jakob Licht, Megilat-Ha-Serachim, aus den Rollen vom Toten Meer. Jerusalem 1965. (Hebräisch). S. 226, 228–32.

Löwenstamm = Schmuel Löwenstamm, die Tradition des Auszugs aus Ägypten in ihrer Entwicklung, Jerusalem 1965. (Hebräisch) S. 2, 20.

Lohse = Eduard Lohse, Märtyrer und Gottesknecht, Untersuchungen zur urchristlichen Verkündigung vom Sühntod Jesu Christi. Göttingen 1963. S. 33, 182, 184, 197, 238.

Loretz = Oswald Loretz, Qohelet und der alte Orient. Untersuchungen zu Stil und Theologischer Thematik. Freiburg 1964. S. 11.

Lurja = Ben-Zion Lurja, Megilat-Ta'anit, Ereignisse in der Geschichte des Hasmonäerhauses im Licht einer alten Mischna, Jerusalem 1964. (Hebräisch) S. 51, 52, 182.

Luther = Martin Luther, Gesammelte Werke, Weimarer Ausgabe, ed. J. Knacke etc. Weimar 1883ff. S. 68.

Mann = Thomas Mann, Das Gesetz, 1943. S. 88.

Marmorstein = Arthur Marmorstein, The Doctrine of Merits in old Rabbinical Literature, 1920. New edition New York 1968. S. 101, 106–7.

Marquardt = Friedrich-Wilhelm Marquardt, Die Juden im Römerbrief, Theologische Studien, Heft 107, Zürich 1971. S. 80, 234.

Mayer-Hermeneutik = Reinhold Mayer, Geschichtserfahrung und Schriftauslegung, Zur Hermeneutik des frühen Judentums, in „Schriften zum Weltgespräch", 3, Die hermeneutische Frage in der Theologie, ed. O. Loretz und W. Strotz, Freiburg 1968. S. 87.

Mayer-Christentum = Reinhold Mayer, Christentum und Judentum in der Schau Leo Baecks, Stuttgart 1961. S. 35.

Michel-Hebräer = Otto Michel, Der Brief an die Hebräer, Göttingen, 6. Aufl. 1966,. S. 240–41.

Michel-Römer = Otto Michel, Der Brief an die Römer, Göttingen, 4. Aufl. 1966. S. 13, 80.

Neumann = Erich Neumann, Tiefenpsychologie und Neue Ethik, Tel-Aviv 1963. (Hebräisch. Deutsches Original geschrieben 1948 in Tel-Aviv, Deutsche Ausgabe: Kinder Taschenbücher, 3. Aufl. 1973). S. 46, 210.

Neusner = Jacob Neusner, A Life of Rabban Yohanan Ben Zakkai, ca. 1–80 C. E., Leiden 1962. S. 50–52.

North = R. North, The Suffering Servant in Deutero-Isaiah, 1948. S. 190.

Orlinsky = H. M. Orlinsky, The so-called „Suffering Servant" in Isaiah 53. Cincinnati, Ohio, 1964. S. 191, 194.

Oxford = The Oxford Dictionary of the Christian Church, ed. by F. L. Cross, London 1957 (1966). S. 13.

Peake = S. Arthur Peake, The Problem of Suffering in the Old Testament, 1904 (1947). S. 1.

Peretz = Jizchak Peretz, Iwrit ke-halacha, Tel-Aviv 1964. (Hebräisch). S. 3.

Podro = Joshua Podro, The last Pharisee, The Life and Times of Rabbi Joshua ben Hananyah. A first-century Idealist, London 1959. S. 32, 48, 50, 52, 60.

Raschi = Rabbi Schlomo Jizchaki (geboren 1040 in Troyes/Frankreich, gestorben 1105 in Worms). Populärster Kommentator zu Bibel und Talmud. Er gibt, in knappster Formulierung, die seit den rabbinischen Exegeten traditionelle Interpretation problematischer Worte und Abschnitte wieder. Sein Kommentar zum Talmud ist jeder Talmudausgabe beigedruckt. S. 75, 90–91, 105, 108, 131, 141, 148, 151, 208, 210, 211, 250.

Reventlow-Hoheslied = Henning Graf Reventlow, Das allegorische Verständnis des Hohenlieds im Judentum, Freiburger Rundbrief, Jahrgang XIX, 1967, Nr. 69/72, p. 77–83. S. 53, 55.

Reventlow-Rechtfertigung = Henning Graf Reventlow, Rechtfertigung im Horizont des Alten Testaments, München 1971. S. 2, 33, 36, 106, 107, 114, 197, 239, 244.

Reventlow-Wächter = Henning Graf Reventlow, Wächter über Israel, Ezechiel und seine Tradition. Berlin 1962. Beihefte zur Zeitschrift für die Alttestamentliche Wissenschaft 82. S. 106–7, 128, 171–2.

Rigaux = Béda Rigaux, Paulus und seine Briefe, Der Stand der Forschung, München 1964 (Saint Paul et ses lettres, Etat de la question, Paris 1962). S. 240, 242, 244.

Robinson-Cross = H. Wheeler Robinson, The Cross in the Old Testament, ed. 1955. S. 1, 182, 194.

Robinson-Personality = H. Wheeler Robinson, The Hebrew Conception of Corporate Personality, in Beihefte zur Zeitschrift des Alten Testaments 66, 1936, p. 49–61. S. 107.

Robinson-Suffering = H. Wheeler Robinson, Suffering Human and Divine, New York 1939. S. 1.

Rosenzweig-Anthropomorphismus = Franz Rosenzweig, Zum zweiten Band der Encyclopaedia Judaica. Mit einer Anmerkung über Anthropomorphismus, in „Kleinere Schriften", Berlin 1937. Neuerscheinung in „Franz Rosenzweig, Der Mensch und sein Werk, Gesammelte Schriften", Herausgeber: Martinus Nijhoff, '-Gravenhage,

Holland. III. Abteilung: Zweistromland. Kleinere Schriften zu Glauben und Denken. Erscheinungjahr vermutlich 1978. S. 54.

Rosenzweig-Arbeitspapiere = Franz Rosenzweig, ibd, IV. Abteilung: Sprachdenken im Übersetzen, 2. Band: Arbeitspapiere zur Verdeutschung der Schrift gemeinsam mit Martin Buber, hrsg. von Rachel Rosenzweig. Erscheinungsjahr vermutlich 1979. S. 90–1, 135–6.

Rosenzweig-Briefe = Franz Rosenzweig, Briefe 1935, hrsg. von Edith Rosenzweig. Neuerscheinung bei Nijhoff 1978, ibd I. Abteilung: Briefe und Tagebücher, hrsg. von Rachel Rosenzweig und Edith Scheinmann-Rosenzweig. S. 90, 91.

Rosenzweig-Ewige = Franz Rosenzweig, „Der Ewige", Kleinere Schriften, Berlin 1937. Neuerscheinung ibd. III. Abteilung. S. 89, 90.

Rosenzweig-Schrift = Franz Rosenzweig, Die Einheit der Bibel, ibd. S. 140.

Rosenzweig-Stern = Franz Rosenzweig, Der Stern der Erlösung, 1. Aufl. 1921. „Schriften, II. Abteilung" 1976. S. 233.

Safrai-Aqiba = Shmuel Safrai: Rabbi Aqiba ben Josef, sein Leben und seine Lehre. Jerusalem 1970 (Hebräisch). S. 53.

Safrai-Geschichte = Shmuel Safrai, Geschichte Israels zur Zeit von Mischna und Talmud, in „Geschichte Israels im Altertum", ed. Ben-Sason, Tel-Aviv 1969. (Hebräisch) S. 31, 34, 50, 51, 52, 60, 69, 87, 161, 191.

Safrai-Pietists = S. Safrai, Teaching of Pietists in Mishnaic Literature, Journal of Jewish Studies, Vol XVL, 1965, p. 15–34. S. 214, 217.

Sanders = Jim Alvin Sanders, Suffering as divine Discipline in the Old Testament and Post-Biblical Judaism, Rochester 1955. S. 1.

Scharbert-Mittler = Josef Scharbert, Heilsmittler im Alten Testament und im alten Orient, Freiburg 1964. S. 98, 106–8, 157, 189, 193.

Scharbert-Solidarität = Josef Scharbert, Solidarität in Segen und Fluch im Alten Testament und in seiner Umwelt, Bonn 1958. S. 28, 85, 106, 107, 112, 124, 169, 187, 189, 207, 239.

Schoeps = Hans Joachim Schoeps, Die jüdischen Prophetenmorde, in „Aus frühchristlicher Zeit", Tübingen 1950. S. 36.

Shaull = Richard Shaull, Befreiung durch Veränderung. Herausforderungen an Kirche, Theologie und Gesellschaft, München 1970. S. 126, 234.

Siddur = Die jüdische Gebetsordnung für alle Tage des Jahres. Ausgabe z. B.: Siddur, Schira Chadascha, ed. Rosenstein, Jerusalem 1949. S. 64, 83, 205.

Siedl = Suitbert H. Siedl. Qumran, eine Mönchsgemeinde im Alten Bund, Studie über Serek ha-yahad, Roma, 1963. S. 30, 227, 232.

Simon-Midrasch = Ernst Simon, Der neue Midrasch, in „Aufbau im Untergang", Tübingen 1959. S. 8, 36.

Simon-Totalität = Ernst Simon, Totalität und Antitotalitarismus als Wesenszüge des überlieferten Judentums, in „Münchner Akademieschriften", Ed. F. Henrich. Band 47. 1968. p. 99–139. S. 87, 167, 262.

Sölle = Dorothee Sölle, Stellvertretung. Ein Kapitel Theologie nach dem „Tode Gottes". Stuttgart–Berlin 3. Aufl. 1966. S. 7, 195, 234.

Strack = Hermann Strack, Introduction to the Talmud and Midrash, New-York 1955. S. 123, 265.

Szczesny = Gerhard Szczesny, Die Zukunft des Unglaubens. Zeitgemäße Betrachtungen eines Nichtchristen. München 1965. S. 138.

Taylor = J. B. Taylor, Ezekiel, An introduction and commentary, London 1969. S. 170, 173.

Tillich = Paul Tillich, Systematische Theologie, Band II, Stuttgart 3. Aufl. 1958. S. 44–45.

Urbach-Leiden = Efraim Urbach, Askesis und Leiden in der rabbinischen Lehre, Jubiläumsbuch zu Ehren von Jizchak Baer, Jerusalem 1961, p. 48–68. (Hebräisch). S. 1, 56, 103, 116.

Urbach-Rabbinen = Efraim Urbach, The Sages, Their Concepts and Beliefs. Jerusalem 1970. (Hebräisch) S. 2, 16, 29, 36, 52, 53, 56, 73, 74, 182, 209, 230, 252.

Urbach-Seele = Efraim Urbach, „Jeder der eine Seele am Leben erhält", die Wandlungen des Texts, Willkür von Zensoren und Druckern. Tarbitz 1971, p. 268–284. (Hebräisch) S. 42.

Urbach-Sklaven = Efraim Urbach: Die Sklavengesetze als Quelle für die Geschichte der Gesellschaft zur Zeit des Zweiten Tempels, der Mischna und des Talmuds. In „Zion" 25, 1960, p. 141–189. (Hebräisch) S. 143.

Vogt = Joseph Vogt, Sklaverei und Humanität, Studien zur antiken Sklaverei und ihrer Erforschung. Wiesbaden 1965. S. 68.

Volz = Paul Volz, Die Eschatologie der jüdischen Gemeinde im neutestamentlichen Zeitalter, Tübingen 2. Aufl. 1934. S. 7, 14, 15, 230.

Wichmann = Wolfgang Wichmann, Die Leidenstheologie. Eine Form der Leidensdeutung im Spätjudentum, Stuttgart 1930. S. 1, 206.

Winter = J. Winter und Aug. Wünsche, Geschichte der jüdisch hellenistischen und talmudischen Literatur, Trier 1894. S. 7, 178.

Zlotnik = Dov Zlotnik, The Tractate „Mourning" (Semachot), Regulations relating to death, burial and mourning, Yale Judaica Series, Vol. XVII, 1963. S. 23.

Zuri = Sch. Zuri, Rabbi Aqiba, Jerusalem 1924. (Hebräisch) S. 71.

Die hebräische Arbeit wurde im November 1971 abgeschlossen. Da mir mein Beruf bisher keine Gelegenheit gab, mich mit dem jüdischen Denken weiter systematisch zu befassen, geschweige den, mich in der Forschung auf dem Laufenden zu halten, konnte ich die inzwischen erschienene Literatur leider nicht berücksichtigen.

NAMENSREGISTER

Personennamen

Aaron 124, 158, 192, 220, 250
Abbahu 17, 31
R. Abba bar Cahane 261
R. Abba bar Sabda 211–12
Abner 65, 256–7, 260
Abraham 20, 28, 29, 89, 97, 114, 117, 124–5, 127, 141–2, 153, 202, 229–30, 237, 240
Absalom 175
R. Acha 19, 36, 70, 167–8, 173, 178
R. Acha bar Chanina 258
Achan, Sohn Sarachs 148–9, 151, 210–12, 218, 249, 253
Adam (und Eva) 12, 13, 18, 125, 206
Ahab 158, 166, 218
R. Alexander 16
Amos 21, 191, 235
R. Ammi und R. Assi 162
Ananias und Saphira 235
Anselm v. Canterbury 239
Antiochos IV 6
R. Aqiba 39, 53–56, 58, 62, 70, 71, 73, 74, 95, 100, 101, 103–4, 116, 125, 131–3, 138, 142–3, 145–7, 152, 154, 159, 161, 163, 165, 179, 182–3, 185, 187, 206, 229, 231, 244, 248
Augustinus 13, 68

Bach, J. S. 245
Bar-Kochba 6, 38, 44, 161
Bar-Qamza 32
Bar-Qappara 72, 75
Barrabas 78
Barth, Karl 68
Baruch ben Nerja 159
„Baruch der Seher" 206–7

Batseba 174–5
Ben Asai (s. Schim'on ben Asai)
Benjamin 109
Ben Petura 146
Bileam 165
Brurja 213, 249
Buber, Martin 90, 95, 101, 135–6, 190, 258, 265

Chananja ben Chiskija 51, 170
R. Chanina 102, 104–6, 108, 143–4, 158, 179, 203–4, 259–60
R. Chanina ben Gamliel 113
R. Chanina ben Papa 62
R. Chanina der Priestervorsteher 133–4
R. Chija bar Abba 17, 102, 152
R. Chija (der Große) 61, 129, 178–80, 209
R. Chiskija 151
Chofni 261
Chur 220
Cohen, Hermann 135

Daniel 170
Daniel der Schneider 69
David 124, 174–6, 181, 196, 215–6, 257
Debora 125
Dio Cassius 51
R. El'asar ben Asarja 69, 101, 165, 248
R. El'asar (ben Pedat) 2, 102–3, 160
R. El'asar ben Schamua 179, 256
R. El'asar von Mode'in 8, 44, 61, 179
R. El'asar, Sohn des R. Schim'on ben Jochai 73, 181–8, 213

Elia 75, 158, 166, 179, 190, 214, 217, 218
„Eliahu der Prediger" 89, 96, 123–5, 127, 153, 161, 200, 250–6, 261

Lukas 34, 35, 78–80, 220–21, 233, 237
Luther, Martin 68, 190, 196, 238–9

Makkabäer 51–2, 64
Malkizedek 114
Marcion 13
Markus 239
Mayer, Reinhold 35
Matthäus 236, 239
R. Meir 16, 18, 21, 55, 70–1, 125, 142–3, 213, 251
Menachem-Messias 32
Mendelssohn, Moses 135
Mordechai 114–20
Mose 2, 3, 20, 23, 25, 29, 49, 59, 61, 65, 82–4, 87–92, 94–5, 97–9, 117, 120, 122–4, 127, 151, 157–61, 165, 167, 174, 179, 181, 187, 189, 192, 195–7, 199, 200, 203, 218, 220, 223, 225, 235, 250, 254–5, 262
Rab Nachman (bar Jakob) 127, 141
R. Nachum aus Gamso 73–75, 77

Nadab und Abihu 65
Naomi 162
Natan 175
Nebukadnezar 18, 39, 40, 151, 167, 215
Nebusaradan 37–43, 167–8, 173
Noah 170, 190

Origines 13

Paulus 12–13, 19, 31, 42, 45, 65, 67–68, 77–80, 81, 84, 100–1, 135, 221, 222, 228, 234–6, 242–3, 246
Petrus 199, 221, 235
Pharao 82, 88, 90, 136, 144, 196, 260
Philo 7
Pilatus 63, 219, 221
Pinchas Sohn El'asars 249–56
Pinchas Sohn Elis 261
Platon 14, 90

Qamza 255
„Qohelet" 11–19, 53, 59, 69, 82–3, 134, 161, 170, 192

Rab (= Abba Aricha) 105, 259–61
Raba 8, 147–8, 154, 158, 214

Rabbi 4, 96, 178–182, 184–6, 188–9, 204, 260
Rahel 29, 97
Raschbam 90–91
Raschbi (s. R. Schim'on ben Jochai)
Raschi (s. Forschungsliteratur)
Resch Laqisch 128, 209–11, 214–5, 226
Rosenzweig, Franz 90–1, 101, 135, 190, 258, 265
Rosenzweig, Rafael 66
Rut 162

Safrai, Shmuel 123, 209
Salomo 142
Samuel 261
Saturninus 3
Saul 65, 256–7
Saulus (s. Paulus)
Schammai 132
Schammaiten 16, 69, 144, 251
Scheba Sohn Bichris 214–7
Scherira der Gaon 177
R. Schim'on (der Märtyrer) 152
Schim'on ben Asai 126, 132, 147–8, 159
R. Schim'on ben Gamliel 40, 51–2, 248, 260
R. Schim'on ben Jehozadaq 152
R. Schim'on ben Jochai (Raschbi) 44, 73, 77, 81–2, 94, 150–1, 179, 253
Rab Schmu'el bar Nachmani 18–9, 28, 32–3, 64, 195, 202, 209
Rab Schmuel ben Jehuda 162
Schmuel (der Große) 100, 127, 157
Secharja ben Jehojada 34, 35–47, 57, 117
R. Secharja ben Abqulos 255
R. Sera 31, 212–3, 260–1
R. Simlai 195–9
R. Simon 260–1
Simri 249
Stephanus 78, 221, 225

R. Tanchuma (bar Abba) 132
R. Tanchuma bar Chija 17
R. Tarfon 126, 165, 248
Tiberius 3
Tobias 61

Geographische und nationale Namen

(ohne „Volk Israel")

AUSGEWÄHLTES SACHREGISTER

Die folgenden, das gesamte Buch durchziehenden Schlüsselbegriffe, wurden nicht in das Register aufgenommen:

Gesetze der Geschichte, der Wirklichkeit, des Lebens
Tun und Schicksal, Verhalten und Geschick
Sünde, Unrecht, Schuld, Scheitern, Fehlverhalten, Frevel, Böses, Verbrechen
Leid, Not, Unglück, Bedrückung, Benachteiligung, Unheil, Katastrophe
Vermeidung und Bewältigung von Leid
Haftung und Bürgschaft
Identifikation und Solidarität
Verantwortung und Sendung
Gott, der Heilige-gelobt-sei-er, die Schechina
Gemeinschaft, Volk, Israel, Knesset, Zion
der Einzelne und seine Gemeinschaft
der Einzelne und sein Andrer

Sühne, Versöhnung 40, 182, 191, 208
Sühnetod 33, 35, 65, 68, 194–5, 197–9, 203, 237, 240, 242–3
Stellvertreter 180–1, 184–7, 195, 200, 239
Synagoge 5, 93, 123, 127, 128, 141

Testament 37, 43, 44
Teufel, Satan 31, 235
Tod 1, 11, 14, 16, 141, 193, 200
Todesstrafe 248–9
Töten 141, 147, 183, 214, 219, 221, 257–9
Theologie 53
Theorie und Praxis 71, 102, 142–5
Tragische Schuld 45
Träumereien 1, 25–6, 50
Trösten 32, 54, 59, 71, 104–5, 162
Trost 14–16, 23, 29, 32, 47, 49, 50, 52–4, 68–9, 94, 99, 103–5, 123, 182, 204, 243–5
Trostlehre 53–4, 59

Übersetzen 90
Umkehr 101, 108, 125, 162, 165, 166, 170, 172, 194–5, 199–202, 206, 212–3, 220, 236,
  241
Universalismus 13, 15, 17, 18, 33, 42, 83
Unvollkommenheit 11–2, 14

Vater (Gott) 102
Väter und Söhne 3, 24–26, 40, 110, 169, 206
Vergebung 34, 67, 101, 125, 134, 200, 220, 246
Vergeltungsdogma 1, 2, 7, 13, 59–65
Verleumdung 64, 256
Versöhnen (vgl. auch „Sühne") 97, 101, 213, 241
Verteidigung 29, 31, 97–8, 108, 119

Wahrheit 144, 170
Warnung 157, 167, 200, 204
Weisung
  Bedeutung 132–3, 150
  Kennen 208
  Lehren 76
  Lernen 73f., 127, 177
  Tun 110
  Verleihung 18, 53, 81–2, 90–1
Wert des Leidens und des Todes 1–2, 52, 194
Wertlosigkeitsbewußtsein 68, 228–9, 231
Witwen und Waisen 64, 78, 130, 139
Wunder 63, 66–7, 74, 76, 89, 91
Wirklichkeit, Sinn für 138, 161

Zeloten (Eiferer, Terroristen) 34, 52, 87, 161, 164, 182, 222, 255
Zurechtweisung, Mahnung 5, 29, 34, 46, 105, 165–7, 173, 190–1, 201–2, 206, 219–20,
  236–7, 246, 254–5

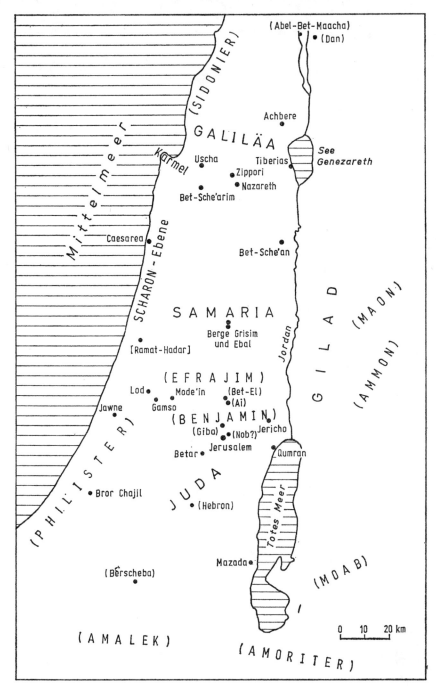

DAS LAND ISRAEL ZU (BIBLISCHER) UND RABBINISCHER ZEIT:
Geographische und nationale Namen, die in diesem Buch eine Rolle
spielen. (Hergestellt mit Hilfe der Karten I 82, 23, 63, 90, 94; II 47, 96,
116, 123, 138; III 179 in „Atlas-Carta" mit Genehmigung des Verlags
Carta Jerusalem)